富强与启蒙
中国近代史探索

张登德 著

中国社会科学出版社

图书在版编目(CIP)数据

富强与启蒙:中国近代史探索/张登德著. —北京：中国社会科学出版社，2022.1
ISBN 978 - 7 - 5203 - 9670 - 7

Ⅰ.①富⋯　Ⅱ.①张⋯　Ⅲ.①中国历史—近代史—研究　Ⅳ.①K250.7

中国版本图书馆 CIP 数据核字（2022）第 017493 号

出 版 人	赵剑英
责任编辑	刘　芳
责任校对	夏慧萍
责任印制	李寡寡

出　　版	中国社会科学出版社
社　　址	北京鼓楼西大街甲 158 号
邮　　编	100720
网　　址	http://www.csspw.cn
发 行 部	010 - 84083685
门 市 部	010 - 84029450
经　　销	新华书店及其他书店
印　　刷	北京明恒达印务有限公司
装　　订	廊坊市广阳区广增装订厂
版　　次	2022 年 1 月第 1 版
印　　次	2022 年 1 月第 1 次印刷
开　　本	710×1000　1/16
印　　张	20
插　　页	2
字　　数	308 千字
定　　价	108.00 元

凡购买中国社会科学出版社图书，如有质量问题请与本社营销中心联系调换
电话：010 - 84083683
版权所有　侵权必究

目　录

自序 …………………………………………………………………（1）
亚当·斯密在晚清中国的境遇考察与分析 ……………………（1）
近代中国学界对亚当·斯密的纪念与评论 ……………………（22）
亚当·斯密及其《国富论》在近代中国的传播和影响 …………（41）
理论与现实：近代中国学界论亚当·斯密与李斯特 ……………（52）
晚清《富国策》的译刊与传播 ……………………………………（65）
《富国策》与西方经济学在近代中国的传播 ……………………（72）
汪凤藻与《富国策》的翻译 ………………………………………（82）
唐庆增对民国大学经济学教育的关注和评论 …………………（90）
晚清中国对俄修西伯利亚铁路的反应 …………………………（105）
论陈炽《续富国策》中的富国思想 ………………………………（119）
论陈炽的农业近代化思想 ………………………………………（131）
晚清国人译书与社会进步 ………………………………………（141）
《大众日报》对淮海战役的报道和评论 …………………………（148）
《齐鲁公报》对辛亥革命后中国政局的关注和评论 ……………（159）
《齐鲁公报》与山东辛亥革命 ……………………………………（171）
北京盐务学校研究（1920—1935） ………………………………（182）
陈炽教育思想述论 ………………………………………………（191）
试论陈炽的海防思想 ……………………………………………（202）
百年陈炽研究的回顾与展望 ……………………………………（214）
清流派与甲午战争 ………………………………………………（221）

甲午战争前后陈炽的日本认识 ……………………………………（232）
许景澄与晚清海军建设 ……………………………………………（244）
周自齐与晚清维新运动 ……………………………………………（257）
救亡图存的重要探索
　　——纪念戊戌变法120周年 …………………………………（272）
近现代山东吕剧的兴衰与发展 ……………………………………（280）
周馥与李鸿章 ………………………………………………………（293）
陈炽交游述论 ………………………………………………………（303）

自　序

梁启超在《三十自述》中曾说："风云入世多，日月掷人急。如何一少年，忽忽已三十。"对我来说，自己早已过了三十，快要"奔五"了。从1997年读研选择了中国近现代史专业，到2000年首次发表这一方向的文章，我的学术生涯也已"忽忽"走过了20余年。收入本书的这些文章，即个人20余年的部分研究成果，以中国近代经济史和思想文化史为主，大致可分为四类。

第一类，关于陈炽研究的文章。这类文章是由1997年至2000年撰写硕士论文延伸而来。为了写好毕业论文，我在1998年从山师西北角的致远书店购买了《陈炽集》（赵树贵、曾丽雅编，中华书局1997年版）一书，在导师孙占元教授的指导下，初步完成对陈炽思想的研究。后来在北京师范大学跟随龚书铎先生读博时，先生认为学界有关陈炽的研究较为薄弱，建议继续深入研究。于是，在先生的指导下，我先对学界有关陈炽研究的已有成果作了系统回顾，写成《百年陈炽研究的回顾与展望》一文，发表在2002年的《江西社会科学》；后继续努力，完成了《寻求近代富国之道的思想先驱：陈炽研究》的博士论文，并在2005年由齐鲁书社以同名出版。2015年，受中国人民大学出版社委托，我承担了《中国近代思想家文库·陈炽卷》的编校工作，又收集了10万余字的新资料，为进一步研究陈炽提供了方便。这次收录的关于陈炽的文章，便是自己多年来思考和研究的成果。其中，《陈炽交游述论》一文，受到龚先生的论文《姚莹交游述略》（《北京师范大学学报》1982年第5期）启发。现在看来，陈炽研究可以说是我的学术发展的重要起点。目前，包括我的成果在内，学界关于陈炽的研究虽已有较多的成果，但仍有很多文章可做。尤其是陈炽《庸书》的百篇文章、《续富国策》的60篇文章，可以说篇篇皆是时代的反映，都值得进一步的分析研究。方世藻的《陈炽与台湾海防浅谈》(《赣南师范学院学报》1991年第4期)一文，即围绕陈炽《庸书》中的《台湾》篇所写。因此，对于陈炽《庸书》《续富国策》的研究足可写成160篇文章，关于陈炽的研究还远未到终点，有志于研究陈炽者可以继续探讨下去。

第二类，关于《富国策》的研究论文。这是基于龚先生的启发。当年在北师大读书时，课内课外经常向龚先生请教。先生告诉我，学界知道陈炽著有《庸书》《续富国策》两书，是阐发早期维新思想的重要著作，但是《续富国策》所"续"《富国策》究竟是怎样一本书，学界对此尚缺乏研究。于是，我设法从国家图书馆、中国人民大学图书馆找到了《富国策》英文底本，在北京师范大学图书馆抄录京师同文馆出版的8万余字的《富国策》。这些英文、中文的资料，奠定了我的博士论文中"《续富国策》和《富国策》的关系研究"的坚实基础，并且使我在《广西社会科学》得以发表《晚清〈富国策〉的译刊和传播》一文。博士毕业后，我继续从事《富国策》的研究，写过《汪凤藻与〈富国策〉的翻译》《〈富国策〉与〈重译富国策〉关系研究》等文，后成专著《求富与近代经济学中国解读的最初视角：〈富国策〉的译刊与传播》(黄山书社2009年版)，是对《富国策》的系统研究。不过，这方面还有很多工作可做，如经济词汇概念的译介、传播及其所对应的思想史和观念史的研究，还有《富国策》资料的整理等。

第三类，国家社科基金项目的阶段性成果。由于多年对《富国策》《国富论》的关注和积累，2016年我以"亚当·斯密学说在近代中国的传播和影响研究"为题申请国家社科基金项目并得以立项。在这五年内，我与课题组成员围绕这一问题搜集史料，撰写论文，参加有关学术会议。其中，《亚当·斯密在晚清中国的境遇考察与分析》是2020年11月参加北京师范大学主办的"近代中国与近代文化"学术会议的参会论文，后发表在《聊城大学学报》。2020年是斯密去世230周年，我写了《近代中国学界对亚当·斯密的纪念与评论》一文，发表在《山东师范大学学报》。在项目研究中，因涉及斯密和德国经济学家李斯特的关系，我和研究生刘倩合作撰写了《理论与现实：近代中国学界论亚当·斯密与李斯特》一文，发表在《鲁东大学学报》。虽然这项课题将在2021下半年结题，但还有很多问题尚待探讨，如斯密在近代中国的形象，斯密与重农学派的关系，斯密的师友关系，斯密的自由放任、分工、税则说在近代中国的传播和影响等。

第四类，为参加学术会议而撰写的论文。《清流派与甲午战争》是2000年8月在山东威海召开的关于北洋海防的学术会议参会论文。当时，我已经研究生毕业，还未到北京师范大学读博。这是我第一次正式参加学术会议。《许景澄与晚清海军建设》是为参加2008年在威海召开的纪念北洋海军成军120周年学术会议而写。《〈大众日报〉对淮海战役的报道和评论》是为参加2009年纪念淮海战役爆发60周年学术会议而写。《近现代山东吕剧的兴衰与发展》是2009年在北京师范大学召开的"近代中国与近代文化"学术会议的参会论文。《〈齐鲁公报〉对辛亥革命后中国政局的关注和评论》为2011年7月安徽大学新闻传播学院举办"中国报刊与社会历史"学术会议的参会论文。《〈齐鲁公报〉与山东辛亥革命》为2011年10月参加山东大学和山东省政协文史委举办的"纪念辛亥革命100周年"的参会论文。《唐庆增对民国大学经济学教育的关注和评论》为2013年参加暨南大学举办的"精英人物与近代中国"学术会议的参会论文。《晚清中国对俄修西伯利亚铁路的反应》是2014年参加苏州大学召开的"中国近代交通社会史"的参会论文。《北京盐务学校研究》是2015年在山东潍坊学院召开的"海盐文化与盐业史研究"研讨会的参会论文。这些文章主要根据会议内容而写，有的是为纪念某一事件，有的是自设主题，多是当时学界关注学术和时代的一种反映。

这些关于中国近现代史方向的论文，主要围绕富强与启蒙而展开，与近代中国面临的两大历史任务即寻求民族独立和国家富强有着一定的关系。这些点滴收获，主要得益于我在本科时期就读的苏州铁道师范学院历史系、硕士研究生时期就读的山东师范大学历史系、博士研究生时期就读的北京师范大学历史系，以及在我的成长道路上给予指导和帮助的诸位师友，尤其是硕士生导师孙占元教授、博士生导师龚书铎先生在我的学术发展道路上的指导和提携。当年跟随龚先生读博时，先生已过七十到了"不逾矩"的年龄，但是其依旧严谨治学的态度和工作精神为我树立了榜样。

  收入本书的文章，是在不同时间撰写和发表的。在此，诚挚感谢发表拙文的期刊和编辑，感谢参会时专家对拙作的批评和指导。其中，有些文章所谈的内容相近，难免有重复之处，敬请读者见谅。所收文章内容、观点未作改动，只是个别文字作了必要校订、个别注释有些调整。还需要说明的是，有两篇文章为合作完成：《北京盐务学校研究》是与柴德强同志合写，《理论与现实：近代中国学界论亚当·斯密与李斯特》是与刘倩同志合写。书稿中文字疏漏之处，感谢责任编辑刘芳老师细心指出并改正。本书的出版得到了山东师范大学马克思主义学院"山东省高峰学科（马克思主义理论）建设经费"的资助，特此感谢。

张登德

2021 年 8 月 22 日

亚当·斯密在晚清中国的境遇考察与分析

亚当·斯密（Adam Smith，1723—1790）是18世纪英国伟大的经济思想家，尤其以《国富论》闻名世界，但其为中国所知则是在19世纪中期之后。出于西学东渐和寻求国家富强之需要，有关斯密的知识渐次传入晚清中国。但至于究竟是谁，在何时，通过哪些方式将这位著名的英国思想家带进我们的文化世界之中，晚清知识界如何看待与评价斯密及其思想，目前学术界虽然有所探讨，但在史料和视角上均有需要进一步研究之处。本文在前人成果之上，通过分析涉及斯密的百余种出版物来系统探讨斯密在晚清中国的境遇，尤其是当时中国知识界是如何传播和评价斯密及其学说，以揭示斯密名字背后的表征及其对晚清中国思想世界的深远意义，借以探讨知识界的英国观，同时对影响近代中国的其他西方思想家的研究提供一定的借鉴。

一 传播过程：斯密与晚清中国的相遇

中国与英国虽然相隔数千公里，不过13世纪两国即有接触和交往。生活在18世纪的斯密虽然没有到过中国，但是他通过阅读游记和与法国重农学派的交往对中国有所了解，并在《道德情操论》《国富论》中多次谈到中国。因清代乾隆朝缺乏中英文化交流的条件和媒介，当时中国没人知晓斯密。中国人的思想世界中这位西方哲人的出现，是在晚清尤其是在洋务运动、维新运动和清末新政时期。

1856年，英国传教士慕威廉编译的《大英国志》由上海墨海书馆出版。该书卷七在介绍英国历史上汉诺威王朝时期的"英之士人"时提到"天文士""医士""作中外史记者""能绘画者"等,其中"著书述国政商贾贸易事者,曰亚丹·斯密(Adam Smith,1723—1790)"。虽然语言不多,但是蕴含着不少信息。这是晚清中文读物中最早出现斯密的中英文名、生卒年及著述方向,也是斯密与晚清中国社会联系的开始。因墨海书馆中有不少中国人参与工作,如王韬、蒋敦复等曾为慕威廉润色文字,故他们通过《大英国志》应该对斯密有所知晓。①

洋务运动时期为斯密学说传播的第一个阶段。为了"求强""求富",中国开始效法西方,创办企业、编练新式军队、兴办新式教育、派驻外使臣等。不少中国人在这场运动中初晓斯密及其学说。1874年,京师同文馆开设"富国策"也就是经济学课程,应该讲到斯密,惜未见文字记载。目前所见最早评论斯密的中国人是出使英国的使臣郭嵩焘和刘锡鸿。两人在英国伦敦与日本人井上馨交谈时对斯密有所了解。1877年2月,郭嵩焘记载:"询其所读洋书,一种曰阿达格斯密斯[Adam Smith,亚当斯密],一种曰长斯觉尔密罗[John Stuart Mill,约翰穆勒]。所言经国事宜,多可听者。中国人才相距何止万里,为愧为愧!"② 而副使刘锡鸿记载更详细:"正使叩以查考英之税课当看何书?并以书名《威罗士疴弗呢顺士》者为答(威罗士者丰也;疴弗呢顺士者国也,书言丰裕其国之道,故名)。此书系挨登思蔑士所著,难于翻译,非习英文者不能阅。"③《威罗士疴弗呢顺士》是《国富论》在近代中国最早的中文译名;"阿达格斯密斯""挨登思蔑士"为晚清中国人笔下的斯密名称。

1880年,京师同文馆副教习汪凤藻将馆内教材——英国经济学家法思德的《政治经济学手册》(*Manual of Political Economy*)译成《富国策》并由同文馆出版。书中提到包括斯密在内的不少西方经济学家及其学说。④ 例如,斯密以造针为例的分工理论及分工加速的"专一则

---

① 王韬在《西学原始考》(1890)中有英国学校中"著书述国政及贸易事宜者,曰亚丹斯密"之语,与《大英国志》的叙述类似。
② 郭嵩焘:《郭嵩焘日记》第3卷,湖南人民出版社1982年版,第169页。
③ 刘锡鸿:《英轺私记》,岳麓书社1986年版,第120页。
④ 张登德:《〈富国策〉与西方经济学在近代中国的传播》,《山东师范大学学报》2008年第4期。

能生巧""无更役之劳则时不废""各以私智创机器则事半"3个原因；造成工价贵贱的"托业有苦有不苦""学艺有难有不难""工作有常有不常""责任有重有不重""成败有可必有不可必"5种因素；"量民力以均税""取民有常制""因时因便民""节费以恤民"4种征税之法。这是国人首次了解斯密的工资、工价、税收等学说。

1885年，江南制造总局翻译馆出版了英国传教士傅兰雅译《佐治刍言》。该书第14章《论财用》内提到斯密著书《万国财用》，"言人家生财之法，必于家内随事撙节，免其浪费，铢积寸累，久之自能足食足用，成为小康之家。一家如是，一国如是，即极之万国亦无不如是。旨哉其言，诚能探源立论也"①。认为生财之法是"随事撙节"。次年，艾约瑟编译的《西学略述》中指出斯密著书"以民勤工作为富国之本""富亦非多金银之谓""国家利在通商"。同年，艾约瑟编译的《富国养民策》中曾引用斯密的分工说、"论工价五则"、赋税等学说。

1894年8月，美国传教士卜舫济在《万国公报》上发表《税敛要例》，介绍斯密的赋税学说，分别是"须照公纳税，富户比贫民理宜多征"，"纳税须有定时，亦有定数"，"征税之时，应乘民便始行催令清缴"，"税吏经费不可越分"，认为"照此四理，虽属难行，惟各国宜使民欢乐，毋使民怨怼，故各国官员应以此四理为要务也"。这是继《富国策》《富国养民策》之后第三次见到斯密的赋税学说。同年，英国传教士李提摩太在《万国公报》发表《泰西新史揽要》。该文卷六《万国通商免税》《商船运货新规》和卷九《通商贸易章程》，谈到斯密著书经过及对英国政策的影响，并首次指出《国富论》的出版时间为1776年。

甲午战争前后，关注斯密的中国人逐渐增加。上海格致书院学生杨然青，称赞斯密"才优识广，见理极明，而于格致制造之功，养民治国之要，凡可以兴大利致富强者，无不拳拳致意，考察精详，思欲公之天下，遂著一书"②。评价斯密著述主旨为"民生之勤俭"，并以希腊、

---

① [英]傅兰雅译：《佐治刍言》，上海书店出版社2002年版，第56页。
② 杨然青：《序〈富国探源论〉》，载夏东元编《郑观应集》（上），上海人民出版社1982年版，第496页。

罗马、意大利为例，认为这些国家未能把握这一要图而导致富强未成。陈炽、严复等维新志士在甲午战败后出于寻求国家富强的考虑认识到斯密的重要性。陈炽在《重译富国策序》《续富国策》中高度赞扬斯密著述的影响。严复在《原强》《天演论》中称赞斯密之经济学对于国家富强的影响，并有翻译斯密著作之设想。康有为在戊戌变法时上皇帝奏折中提及斯密之"《富国策》，明生利分利之义，旧章尽废，而泰西民富百倍"①。变法失败后，严复与梁启超并没放弃对斯密的关注，两人在1899年分别称赞斯密对于经济学"开山立学"，是"资生学之鼻祖"。

清末新政时期为斯密传播的重要阶段，尤以1902年、1903年为要。1902年严复译《原富》出版，中国读者终于用自己的语言读到了斯密的完整作品。时人反应强烈，周作人、孙宝瑄在日记中记载了读《原富》的感想。梁启超与严复讨论《原富》的翻译，并在《新民说》中根据《原富》评论中国的"生利分利"。顾燮光将《原富》录在《增版东西学书录》中并予以高度评价。梁启超在《生计学学说沿革小史》中将欧美经济学说史以斯密为界，划分为前后两个部分，强调斯密《原富》的作用，并首次列出《原富》英文书名。许多刊物如《绍兴白话报》《政艺通报》《鹭江报》《政法学报》，以严复的《亚当·斯密传》为依据刊载了斯密的相关传记。《国民丛书》社翻译了日本东京文学士著的《哲学十大家》，介绍了斯密等10位西方著名学者的生平和思想；王阑、周流编辑的《泰西学案》（名权社出版）中的"经济学案"第三位为斯密亚丹。1907年，日本的本多浅治郎的《西洋历史参考书》（山左博文社）第十章"学问之进步"将斯密列为"哲学者"予以简介。1908年，山西大学堂译书院出版了由张伯尔撰、窦乐安等译的《世界名人传略》，介绍斯密的生卒年、中英文名，学习、工作经历，交友、著述情况。

在这一阶段中，国人开始有意识地利用斯密学说谈论中国社会经济问题。1903年浙江乡试试题、恩正并科会试、京师大学堂译学馆试题之中，皆出现了斯密学说。《申报》载"电传癸卯恩科浙江乡试二场

---

① 清华大学历史系编：《戊戌变法文献资料系日》，上海书店出版社1998年版，第734页。

题"："今之策富强者，言练兵则侈谈英水军德陆军之制；言理财则首举斯密《原富》之篇。"① 1903年癸卯恩正并科会试的"各国政治艺学策"的考题之一："泰西最重游学，斯密氏为英大儒，所论游学之损，亦最挚切，应如何固其质性，限以年例，以期有益无损策。"②《大公报》载"京师大学堂译学馆第一场试题"的"外史题"中有："亚丹斯密亦云，火器日精，天下强弱之势不可猝反，凡此皆能详其所以然之故而著之于篇欤。"③ 另孙诒让、宋恕、严复、刘师培、马君武、孙中山等人的著作中，《齐鲁公报》《东方杂志》《申报》以及留日中国学生创办的杂志刊文中皆谈到斯密或《原富》的内容。

根据笔者统计，晚清中文读物内涉及斯密及其学说的文献资料有100多种，这些材料囊括晚清的译著、报刊、书籍、文学作品、科举试卷、学校课艺、信件等纸媒。出版机构涉及上海墨海书馆、江南制造局翻译馆、总税务司署、京师同文馆、上海南洋译书院、商务印书馆等。报纸杂志国内以上海为主，如《申报》《万国公报》《时务报》《东方杂志》《政艺通报》；分散于天津的《大公报》，浙江的《绍兴白话报》（绍兴）、《萃新报》（金华），四川的《四川学报》（成都），山东的《齐鲁公报》（济南）、《芝罘报》（烟台）、福建的《鹭江报》（厦门）、湖北的《湖北商务报》等，国外以创办于日本横滨的《新民丛报》为主。信件讨论主要表现在严复在翻译《原富》前后与吴汝纶、张元济、梁启超等人的往来信函，涉及《原富》翻译进度及出版、稿酬、写序、译名等。日本途径主要表现在郭嵩焘、刘锡鸿首知斯密，即是通过与日本人井上馨的谈话，1902年吴汝纶从日本考察回国后在调查报告中介绍日本启蒙思想家福泽谕吉曾教育人要读斯密的著作。④ 清末留日中国学生通过翻译日本书籍传播斯密。通过这些资料的研究，我们能大致勾勒出斯密在晚清中国的境遇及呈现的特征。

---

① 《申报》1903年10月6日。
② 《清代科举朱卷》光绪癸卯年（1903）。
③ 《大公报》1903年8月25日。
④ 王勇、［日］中西进主编：《中日文化交流史大系·人物卷》，浙江人民出版社1996年版，第298页。

二 形象与阐释：对斯密著述或学说的介绍和应用

斯密学说传到晚清中国后，阅读者、传播者对其理解是不同的。其中对亚当·斯密姓名的称谓有"斯密斯""斯美氏""斯密亚丹"等十余种，同时冠以"英儒""西儒""英之士人""英学士""英博士""哲学者"等称呼；《国富论》有《威罗士疴弗呢顺士》《邦国财用论》《富国策》《富国探原》《富国探源论》《万国财用》《原富》等译法。斯密传记中有斯密对母亲的孝顺、性情温和、慷慨周济穷人等形象。当然，晚清中国知识界对斯密的关注主要表现在肯定其在西方经济学说史上的地位；赞扬其著述的作用；对斯密学说的接受和应用等。

（一）肯定斯密在西方经济学说史上的地位

对于斯密在西方经济学说史中的地位，外人早有评价。例如，马克思认为斯密是古典政治经济学体系的创立者，"在亚·斯密那里，政治经济学已发展为某种整体，它所包含的范围在一定程度上已经形成"①。19世纪上半期的一些资产阶级学者，如麦克库洛赫等人也尊称斯密为政治经济学之父。而最早出现在晚清中文读物中则为1880年美国传教士丁韪良的《富国策·凡例》。他指出经济学"在泰西以英国为最，百年来名家迭出，如斯美氏、梨喀多、弥耳氏"②。其中"斯美氏"即亚当·斯密，丁韪良将其与大卫·李嘉图、约翰·穆勒并称为西方经济学"名家"。《富国策》中也有"富国策所论述者，乃生财、用财、货殖、交易之道。昔斯密氏首创是学"，肯定斯密"首创"经济学的贡献。此后，英国传教士傅兰雅在《佐治刍言》称"著理财之书者，始于英人阿荡司"③，李提摩太在《泰西新史揽要》中称斯密为"讲求富国策之第一名流"。这些评价代表了晚清中文读物中外人对斯密的认识。

除了外人将斯密看作"名家""名流""首创"者外，中国学者也

---

① 《马克思恩格斯全集》第26卷第2册，人民出版社1973年版，第181页。
② ［美］丁韪良：《富国策·凡例》，汪凤藻译，光绪六年（1880）京师同文馆聚珍版。
③ ［英］傅兰雅译：《佐治刍言》，上海书店出版社2002年版，第56页。

肯定斯密在西方经济学说史上的贡献。1890年，上海格致书院院长王韬认为斯密是英国著述国政贸易的"专门名家""著名之士"①。1897年，严复在《天演论》中说"晚近欧洲富强之效，识者皆归功于计学"，而"计学者，首于亚丹斯密氏"②，将斯密看作经济学之"首"者。1899年8月，严复在给张元济的信中称斯密之书"不仅于理财法例及财富情状开山立学，且于银号圜法及农工商诸政，西国成案多所征引。且欧亚互通以来一切商务情形皆多考列，后事之师，端在于此"③，强调斯密对经济学"开山立学"和后人"多所征引"之贡献。此后，严复在《斯密亚丹传》中指出斯密"书出，各国传译，言计之家，偃尔宗之"，再次肯定斯密在西方经济思想史上的影响。所以尽管西方经济学著作众多，严复还是选择斯密的书加以翻译，以推动国家富强。

梁启超更是对斯密充满了赞誉。1899年，他在《文野三界之别》中将斯密看作"善治国""造时势"之"英雄"，"资生学之鼻祖"，认为"非有亚丹斯密之徒"，"则英国不能行平税之政"。1902年，他在《新民丛报》发表的《新民说》中说，"斯密破坏旧生计学，而新生计学乃兴；卢梭破坏旧政治学，而新政治学乃兴"，将斯密和卢梭并列，肯定两人在近代西方经济学和政治学发展史上的奠基作用。同年，他在《论学术之势力左右世界》文中指出："泰西论者，每谓理财学之诞生日何日乎？即一千七百七十六年是也。何以故？盖以亚丹斯密氏之《原富》（Inquiry into the Nature and Causes of the Wealth of Nations 此书侯官严氏译），出版于是年也。"④ 在《新民丛报》"绍介新著《原富》"时再次指出："至谓此书出版之日，即为此学出世之日。虽其言未免过当，要之使此学确然成一完全独立之学科者，实斯密氏之功也。此书印行后，迄今百有余年，其间学说之变迁，不下数十派，愈辨愈精，愈出

---

① 王韬：《西学原始考》，光绪十六年（1890）淞隐庐铅印本，第43—44页。
② 严复：《天演论·恕败》，科学出版社1971年版，第48页。
③ 王栻主编：《严复集》第3册，中华书局1986年版，第533页。
④ 梁启超：《饮冰室合集》文集之六，中华书局1989年版，第113页。

愈新。至今此书，几如夏鼎商彝，视为陈迹。然后起诸家之说，总不外引申此书，是正此书之两途，虽谓不能出斯密氏之范围可也。然则欲治此学者，固万不可不读此书。"① 次年，他在《生计学学说沿革小史》里说，借助德国经济学家罗士哲之言，认为斯密"立于生计学史之中心"，而"斯密以前诸家，皆为斯密学说之准备者耳；斯密以后诸家，皆为斯密学说之修补者耳"②。

除了严复、梁启超等人外，1901年赵维熙在《西学书目答问》中解释计学时指出："计学，即理财学也，英人言之最精，专门名家者不一其人，故国以富饶，如斯密亚丹、如马罗达、如安得生、如威斯特等其尤著者也。"③ 马君武说18世纪经济学"完全成一新科学，实自亚当·斯密始"④。《湖北学生界》载文指出"经济学之出生于欧西，能独立而为一家言者，自一千七百七十六年，斯密亚丹《原富》一书始"⑤。这些中外一致的论述，说明了斯密在西方经济学史上的地位以及人们对其主要形象的认同与提倡。

（二）谈论斯密著述的影响

斯密一生著述多，但当时为中国人所知者甚少。对于斯密的著述，中国人较早提及者为严复。他在《原富·译事例言》中指出："斯密生平著作，传者仅十余种，《原富》最善，《德性论》次之。"1908年，山西大学堂译书院出版的《世界名人传略》中有斯密"著作除《原富》《德性论》二书外，尚有各种国语原始论、天文学史、古代物理学，及格拉斯哥各种讲义"⑥。但在晚清中国传播较多的还是《国富论》。

1. 译作中的评价

我们通过《富国策》知晓斯密的分工、赋税学说，通过《西学略

---

① 《新民丛报》1902年第1号。
② 梁启超：《饮冰室合集》文集之十二，中华书局1989年版，第28页。
③ 熊月之主编：《晚清新学书目提要》，上海书店出版社2007年版，第576页。
④ 莫世祥编：《马君武集》，华中师范大学出版社1991年版，第196页。
⑤ 王璟芳：《普通经济学·序论》，《湖北学生界》1903年第1期。
⑥ ［英］张伯尔撰：《世界名人传略》，窦乐安等译，山西大学堂译书院1908年版，第35页。

述》中知晓斯密著书中"民勤"是"富国之本""国家利在通商"等,通过《富国养民策》知道斯密"著有《富国探源》书""能使人洞晓贸易应无遏禁,工作应无定限之一应利益。书出至今足百载,独惜人之不钦佩其良法,违忤其智谋而行,若等差谬者何其多也"。《泰西新史揽要》卷六《万国通商免税》中说斯密"特创一书,名曰《富国策》,家弦户诵,名震一时,甚至他国文字与英有异者亦复遍加翻译。其创议策中有警句云:'民间通用之物,公家忽设一法使之腾贵,谓特以保本国之业,此真愚之又愚者也,保一业灾害万民也。此书既出,于是昔之人但知加税之法之善也,今之人又知免税之法之善,彼此辩论,各执一理。英相譬特细读数过,拍案叫绝,谓此书真暗室之灯、迷津之筏,于是独居深念,竟欲查照此策尽改旧例"。《商船运货新规》中说《富国策》"论各种富国之事,皆明白晓畅,说理圆透";《通商贸易章程》中提到"《富国策》一书,镂版通行,立通商之根本,新策既行,旧章尽废,诸英人所创之新机至是始大用之而大效矣"①。除了肯定该书的重要性外,1899年李提摩太、蔡尔康在编译的《大同学》中指出斯密之书虽然"苦心孤诣,推究入微",不过"书中多讲积财之法,并未究安民之学",所以"抱道而忧时者,多未能心悦诚服"②。这些译作既肯定斯密著述对国家富强的贡献,也指出其缺点。

清末新政时期,严复译著《原富》将斯密作品首次全面传入中国。虽然严复在翻译时将原文"繁赘""琐节"之处"删削"或"概括要义译之",但译作中对斯密贡献的内容并没忽视。此后,他在《社会通诠》中提到斯密"《原富》书出,风行全洲,其中于国家官府,干涉工商民生之事,反复诰诫,此风乃以渐戢"。1908年,山西大学堂译书院出版《世界名人传略》,谈到《原富》"是书议论创辟,词意简明,且揭破当时之税法,有习为固然,而实不合于理者。此类甚多,故初版时,颇为世界所欢迎。然一般常识之民,固执旧见,而以为此等新说,

---

① [英]麦肯齐:《泰西新史揽要》,[英]李提摩太、蔡尔康译,上海书店出版社2002年版,第94、99、147—148页。

② 钱钟书主编:《万国公报文选》,生活·读书·新知三联书店1998年版,第617页。

大足为害。又法国革命之变,适起于是时,英人益以变法为戒,凡稍涉新理之说,无不反对矣"①。这些译作客观地评价了斯密著述对世界的影响,也为中国人认识斯密及其著述提供了借鉴。

2. 中国人笔下主要关注其与国家富强之关系

较早对斯密著述进行评价者为郭嵩焘、刘锡鸿,称此书"多言经国事宜","丰裕其国之道",不懂英文者难以翻译。杨然青认为斯密著《富国探源论》"备述国家兴衰强弱之理,古今上下之情,洞烛数千年。下笔万言,深入显出,刊行于世"。"各国之君见此书者,莫不恍然大悟,心领神会,以为确论。于是遵其法而推行之,乃得旧弊销除,政治日新。"呼吁大国小国"均当奉为圭臬"②。中日甲午战争以后,康有为、梁启超、严复、陈炽等维新志士对战争的失败进行了深刻反思并提出富强之策,掀起维新运动。1896年,陈炽重译《富国策》并在《时务报》发表,指出斯密《富国策》一书,"西国通人,珍之如拱璧","推原英国富强之本,托始于是书","欧美各国,以富强为本,权利为归,其得力实在《富国策》一书,阐明其理,而以格致各学辅之,遂以纵横四海",得出"《富国策》,洵天下其文"的感叹。③ 同年,他在《续富国策》序言中对斯密的著作倍加赞扬,认为斯密"著《富国策》,极论通商之理,谓商务衰多益寡,非通不兴。英人举国昭若发蒙,尽涤烦苛,以归简便,而近今八十载,商务之盛,遂冠全球。……其国势之胜,人民之富,商力之雄,天下无与为比。识者推原事始,归功于《富国策》一书"④。陈炽看出英国之富强,与斯密一书关系极大,因此续该书而撰成《续富国策》,希望中国踵英国之后富甲寰宇。

与此同时,严复也对斯密之书作了高度评价。1896年,严复在《原强修订稿》中说:"东土之人,见西国今日之财利,其隐赈流溢如是,每疑之而不信;迨亲见而信矣,又莫测其所以然;及观其治生理财

---

① [英]张伯尔撰:《世界名人传略》,窦乐安等译,山西大学堂译书院1908年版,第35—36页。
② 夏东元编:《郑观应集》(上),上海人民出版社1982年版,第496页。
③ 张登德编:《中国近代思想家文库·陈炽卷》,中国人民大学出版社2015年版,第319页。
④ 张登德编:《中国近代思想家文库·陈炽卷》,中国人民大学出版社2015年版,第224页。

之多术，然后知其悉归功于亚丹斯密之一书，此泰西有识之公论也。"①次年，他在《天演论》中再次介绍斯密的主要观点："有最大公例焉，曰：大利所存，必其两益。损人利己非也，损己利人亦非；损下益上非也，损上益下亦非。"强调该书致英国"商务大兴，国民俱富"，同时认为斯密开创之"计学"为欧洲国家富强之因。1899年8月，他在给张元济的信中说："此书的系要务，留心时务、讲求经济者所不可不读。"② 其后在《原富》"译事例言"中进一步指出翻译此书的原因："计学以近代为精密，乃不佞独有取于是书，而以为先事者，盖温故知新之义，一也；其中所指斥当轴之迷谬，多吾国言财政者之所同然，所谓从其后而鞭之，二也；其书于欧亚二洲，始通之情势，英法诸国，旧日所用之典章，多所纂引，足资考镜，三也；标一公理，则必有事实为之证喻，不若他书，勃萃理窟，洁净精微，不便浅学，四也。"③ 他在《斯密亚丹传》中指出："时英宰相弼德，于其学尤服膺，欲采其言，尽变英之财政。适与拿破仑相抗，兵连军兴，重未暇及也。然而弛爱尔兰入口之禁，与法人更定条约，平其酒榷，不相龃龉，则皆斯密氏之画云。"④ 在《原富》按语中说："洎斯密氏书出，英人首弛海禁，号曰无遮通商（亦名自由商法），而国中诸辜榷垄断之为，不期自废，荡然维新，平均为竞。"⑤ "至弼德为相，其经国通商诸大政，皆遵用此书成算。自护商之法既除，英之国财，如川方至矣。"⑥ 这些评述，反映了严复对斯密学说的理解，以及希望借助斯密理论以发展中国的设想。

《原富》的出版使梁启超对斯密的认识更进一步。1902年2月，他在《新民丛报》评述10位对西欧近代文明有贡献的学者，其中第六位是亚当·斯密，评价斯密"此书之出，不徒学问界为之变动而已，其及于人群之交际，及于国家之政治者，不一而足。而一八四六年以后，

---

① 王栻主编：《严复集》第1册，中华书局1986年版，第29页。
② 王栻主编：《严复集》第3册，中华书局1986年版，第532页。
③ ［英］亚当·斯密：《原富》，严复译，北京时代华文书局2014年版，第20页。
④ ［英］亚当·斯密：《原富》，严复译，北京时代华文书局2014年版，第26页。
⑤ ［英］亚当·斯密：《原富》，严复译，北京时代华文书局2014年版，第101页。
⑥ ［英］亚当·斯密：《原富》，严复译，北京时代华文书局2014年版，第60页。

英国决行自由贸易政策（free trade），尽免关税，以致今日商务之繁盛者，斯密氏《原富》之论为之也。近世所谓人群主义（socialism），专务保护劳力者，使同享乐利，其方策渐为自今以后之第一大问题，亦自斯密氏发其端，而其徒马尔沙士大倡之，亚丹·斯密之关系于世界何如也！"① 认为该书对于"学问界为之变动""人群之交际""国家之政治"等方面影响巨大，尤其是英国贸易繁荣归功于此书。次年，他在《生计学学说沿革小史》再次评价斯密之影响："吾著生计学史至斯密时代，使吾生一种异感，吾乃始惊学问左右世界之力，如此其宏大，吾乃始惊二百年来欧美各国以富力霸天下，举环球九万里为白种人一大'玛杰'，而推其波助其澜者，乃在一眇眇之学士。"② 再次震惊于斯密著述对于西方社会产生的巨大作用。1905 年，他在《杂答某报》中评价斯密学说对欧洲社会冲击之大，认为斯密书中"攻击政府干涉主义，而以自由竞争为揭橥"的观点，"此论既出，披靡一世"，"其骤变之影响，既已剧矣"，同时称赞斯密与瓦特对于工业革命（The Industrial Revolution）之贡献，"斯密与瓦特之二杰，相提携以蹴踏旧社会，如双龙扰海，而工业革命之时代以届"③。

除了陈炽、严复、梁启超较为集中关注斯密著述外，吴汝纶在 1898 年 8 月给严复的信中说："斯密氏元书，理趣甚奥赜，思如芭蕉，智如涌泉，盖非一览所能得其深处。"④ 于右任在陕西宏道大学堂求学答卷中根据严复所说"大利所存，必其两益"，认为"斯密亚丹创此旨，作书数十卷。生计学出版之日，即政治界革命之时，而经济主义遂飞跃于地球。数百年来，蠲保富之法，平进出之税，皆斯密氏此宗旨所振动。"⑤ 孙宝瑄在日记中写道："美国十三州之联合而共认中央之主权

---

① 梁启超：《饮冰室合集》文集之六，中华书局1989年版，第113页。
② 梁启超：《饮冰室合集》文集之十二，中华书局1989年版，第28—29页。
③ 赵靖、易梦虹主编：《中国近代经济思想资料选辑》中册，中华书局1982年版，第273页。
④ 王栻主编：《严复集》第5册，中华书局1986年版，第1562页。
⑤ 《于右任在宏道大学堂答卷》，载中国人民政治协商会议陕西省委员会文史资料委员会等编《于右任先生》，陕西人民出版社1991年版，第282—283页。

也，实感动于弥尔敦、佛朗克所发之杂志。英国自由贸易之盛行也，因亚丹斯密《经济学理》之编入蒙学书。甚矣，书籍、报纸足为社会运动之机关。"①《湖北学生界》载文指出《原富》"距今不过百二十寒暑也，而其学之左右世界之力，已足使欧西诸国各臻一道以致富强"②。可见，中国人通过阅读传教士译作或《原富》等，也看到了斯密著述对于经济发展和国家富强的意义。

（三）与中国结合之分析

《国富论》中曾谈到中国富有但停滞、不重视对外贸易、人口众多等，但在晚清中文读物中很少有人将斯密与中国联系起来谈论。直到1899年8月，严复在给张元济的信中说斯密"其书所驳斥者多中吾国自古以来言利理财家之病痛"，应是中国首次将斯密学说直接与中国国情联系起来分析。此后，严复在《原富》"译事例言"中指出斯密书"其中所指斥当轴之迷谬，多吾国言财政者之所同然，所谓从其后而鞭之"，这成为他下决心翻译此书之重要原因之一。他在《原富》按语中多次结合中国情况进行分析。例如，严复赞成斯密肯定牟利是人之本性的观点，并据此为逐利正当性辩护，驳斥传统的义利观。他指出："斯密之言，其一事耳。尝谓天下有浅夫，有昏子，而无真小人。何则？小人之见，不出乎利。"③吴汝纶在给严复的信中即称赞严复翻译《原富》"时时纠其违失，其言皆与时局痛下针砭，无空发之议，此真济世之奇构"④。顾燮光在《增版东西学书录》收录《原富》时认为该书"其言繁博精辟，多足为我国近状之药石"，"又时援我国近状以相证，可谓完善矣"⑤。梁启超在《新民说》中多次引用《原富》内的劳动创造价值学说和分工理论，结合中国社会实际情况，分析中国的"生利与分利"，尤其对中国"分利者之种类而细论之"。孙宝瑄根据《原富》"论

---

① 孙宝瑄：《忘山庐日记》上册，上海古籍出版社1983年版，第805页。
② 王璟芳：《普通经济学·序论》，《湖北学生界》1903年第1期。
③ 王栻主编：《严复集》第4册，中华书局1986年版，第859页。
④ 王栻主编：《严复集》第5册，中华书局1986年版，第1562页。
⑤ 顾燮光：《增版东西学书录》，载王扬宗编校《近代科学在中国的传播》（下），山东教育出版社2009年版，第752页。

人功有生利有不生利"在日记中写出自己的感想："斯密氏教人崇俭。俭之道，在损其支费，以益母财。益母财能生利者也，支费不能生利者也。我国生利之人少，不生利之人多，此所以日贫也"①。他赞成少消费以移作资本，并联系实际，认为中国直接从事生产的人手太少，是中国日趋贫穷的原因之一。1907年，《东方杂志》载文指出，儒家"大为人心风俗之害，至于今而不可救药者，则讳言利之说也是已"，相比"西儒惟深明此义，斯密亚丹及边沁之书尤能推阐详尽，故其国群进步之势一日千里，遂以有今日之富强"②。在作者看来，西方之富强与斯密等研究求利之道有着密切关系，而我国"儒者之视功利，如蛇蝎之不可手触"的空谈义理、耻言功利的思想，是导致"今日贫瘠衰弱之极"的重要原因。

还有人将斯密与中国的《周礼》《左传》，以及管子、王夫之相联系，来看待、认识斯密及其学说。1904年，孙诒让在《周礼政要序》中指出："《周礼》一经，政法之精详，与今泰东西诸国所以致富强者，若合符契。然则华盛顿、拿破仑、卢梭、斯密亚丹之论所经营而讲观，今人所指为西政之最新者，吾二千年之旧政，已发其端。"③认为斯密等人"致富强"之"西政"与中国的《周礼》相似。1906年，宋恕认为《左传》中"生财有大道：生之者众，食之者寡，为之者疾，用之者舒，则财恒足"等语，"实已提挈海外最新理财学说之纲领"，而"今自命新学家之谈理财也，往往闻斯密·亚丹《原富》之书名则新之，闻《学》《庸》《语》《孟》之书名则旧之，不知《原富》之宗旨何尝与《学》《庸》《语》《孟》之宗旨稍异"④。认为《原富》之宗旨与《大学》《中庸》《论语》《孟子》的宗旨无异。梁启超认为管子为斯密学说之渊源。他在《管子传》中说："自百余年前，英人有亚丹斯密者起，天下始翕然知此之为重。……然吾国有人焉于二千年前导其先

---

① 孙宝瑄：《忘山庐日记》上册，上海古籍出版社1983年版，第354—355页。
② 蛤笑：《论中国儒学之误点》，《东方杂志》1907年第4卷第6期。
③ 孙诒让：《周礼政要》卷2，光绪三十年（1904）上海书局石印本。
④ 宋恕：《代批知县张大鹏革弊兴利条议》，载胡珠生编《宋恕集》（上），中华书局1993年版，第406页。

河者，则管子也。"① 1906 年 11 月，《东方杂志》刊载《王船山学说多与斯密暗合说》文，将斯密与王夫之相提并论并进行对比，认为王夫之之书中所言"有与斯密《原富》不谋而合者"，指出"生计自由之论"并非创于斯密，而"船山先生早剀切言之"。作者从"金银多而后为富""任物自己则物价常趋于平""通商互市之事"等方面分析王夫之学说与斯密学说之间的相似，并指出"船山固先斯密而言之"和"吾服斯密吾尤服船山"等语。最后作者将之与中国国情联系，感叹"欧西有斯密，而生计界乃揭启新幕。我国有船山，而经济上仍日虞匮乏"，并分析原因："斯密之书甫经出版，各国传译，言计之士翕然宗之，而英相弼德与罗士勃雷尤为服膺，其弛爱尔兰入口之禁，行无遮通商之法，皆本斯密《原富》之意。而我国士夫于船山之学说，读之者百无一焉，读之而解其理者千无一焉，读之而能措诸政事者万无一焉。国势之所以异于欧美者，其原因虽不一，而此或其一端也。"② 这种评价得到了《申报》的呼应，认为"本期除选录各报论说外，自撰稿有王船山学说与斯密氏暗合论，两两比较，读书得间，尤觉精彩夺目云"③。这种以传统儒学为本去融会西学的比附，是晚清"西学源于中学"的延续，当然以这种形式来探求两人的联结点，在一定程度上也有利于斯密学说的传播。

三　效果和影响："生不逢时，曲高和寡"

"一定的文化（当作观念形态的文化）是一定社会的政治和经济的反映，又给予伟大影响和作用于一定社会的政治和经济。"④ "晚清五十年政治经济思想之中心，可一言以蔽之曰：求富强而已。……晚清咸同以后，多数士大夫之思想皆以讲求富强为第一事也。"⑤ 对于斯密在晚清中国的境遇这一文化现象，我们可以从西学东渐和寻求国家富强之需

---

① 梁启超：《梁启超全集》第 3 册，北京出版社 1999 年版，第 1883 页。
② 《王船山学说多与斯密暗合说》，《东方杂志》1906 年第 3 卷第 10 号。
③ 《申报》1906 年 11 月 19 日第 4 版，"赠书鸣谢"。
④ 《毛泽东选集》第 2 卷，人民出版社 1991 年版，第 663—664 页。
⑤ 赵丰田：《晚清五十年经济思想史》前篇，哈佛燕京学社 1939 年版，第 1 页。

要进行考察分析。在与列强的多次较量和交往中,晚清中国有识之士逐渐认识到列强的强大不仅仅是坚船利炮,更重要的是西方的文化、思想及制度。龚书铎指出:"西学的接受,是中国人根据时局的变化和社会的需要所做的一种努力。值得注意的是,传播和吸收西学,包括翻译西方书籍在内,从一开始目的就很明确。这就是为了救国,为了中国的独立、民主和富强。"[1] 近代国人接触和学习西学的主要就是为了救亡图存,所以西方思想家能否进入国人视野,很大程度上看其能否解决晚清中国存在的问题。《国富论》对国家富强和世界发展关系重大,自然能够引起近代中国人的关注。

原因之一是西学东渐之需要。翻译外国书籍为晚清中国人了解西方的重要方式。梁启超说:"今日中国欲为自强第一策,当以译书为第一义矣。""国家欲自强,以多译西书为本。"[2] 国人通过传教士译介的《富国养民策》《佐治刍言》《泰西新史揽要》等译作,知道了斯密的节省、自由贸易、分工、征税等学说。因这些译著主要选自英美且主要是靠传教士完成,所以我们既要看到译著中宣扬的自由经济主义学说为列强的经济利益服务的目的,也要看到其冲击中国传统的封建经济理念的进步性。

原因之二是寻求国家富强之需要。甲午战败促使中国人之觉醒,人们的危机意识和民族意识明显增强。陈炽为"救中国之贫弱",使中国"他日富甲寰瀛,踵英而起"[3],重译《富国策》,撰写《续富国策》。严复宣传达尔文学说,要"原强",同时还要"原富"。他看到英国的发达,起因于资本主义工业化,而占支配地位的经济理论是以斯密为代表的古典经济学。于是他开始翻译《原富》,并加了近六万字的按语。《原富》的出版,受到爱好西学之维新人士的欢迎和好评。"自甲午之创,庚子之变,大江以南,六七行省之士,翘然于旧政治、旧学术、旧

---

[1] 龚书铎:《社会变革与文化趋向:中国近代文化研究》,北京师范大学出版社2005年版,第146页。

[2] 梁启超:《读〈日本书目志〉书后》,载《梁启超全集》第1册,北京出版社1999年版,第82、128页。

[3] 张登德编:《中国近代思想家文库·陈炽卷》,中国人民大学出版社2015年版,第224页。

思想之非，人人争从事于新智识、新学术。"① 吴汝纶在为《原富》所作的序中指出："亚当氏是书欧美传习已久，吾国未之前闻。严子之译，不可以已也。"② 盛宣怀给张元济的书信也说《原富》"此书风行最广"。当然，很多人可能只是赶风尚，将之看作趋新的符号和身份的象征，并非真正对经济学本身感兴趣。夏曾佑曾函告严复："《原富》前日全书出版，昨已卖罄，然解者绝少，不过案头置一编以立懂于新学场也。"③ 严复在《与熊季廉书》中也坦言："《原富》全书闻已于岁杪发售千余部，入市辄罄。购者未必能读其书，然必置案头，聊以立懂而已。"④ 不过，这在一定程度上说明了《原富》受欢迎的程度。

严复译《原富》目的之一是借斯密的经济自由思想来抨击当局的迷谬，为中国富强献策。严复向国人描绘说，英国之富强，在于实行斯密的自由放任经济主张："英国计政之所以变，而国势之所以日臻富强者，虽曰群策，斯密氏此书之功为多。"⑤ "自此以还，民物各任自然，地产大出，百倍于前，国用日侈矣。"他呼吁给人民的生产、经营以充分自由，废除国家一切束缚经济发展的禁制。"国家去一禁制，市廛增一鼓舞之神"，民气抒发，各自努力，才能"为利至众"。因此"凡可以听民自为者，其道莫善于无扰"⑥。这种说法给部分国人以极大的鼓舞。有人疾呼欧洲诸国百年来能够"国家雄富，为地球最"，很大程度上是根据斯密所说"竞争为经济社会之基础"，所以"物产之所以发达于今日之世界也，我将以自由竞争一言蔽之"⑦。梁启超说"百年以来，自由竞争（Free Competition）一语，几为计学家之金科玉律"，所以不管是国际通商、国内交易，还是生产、制造、贩卖种种营业，"上自政

---

① 杜士珍：《论德育与中国前途之关系》，《新世界学报》1903 年第 5 期。
② 吴汝纶：《原富序》，载［英］亚当·斯密《原富》，严复译，北京时代华文书局 2014 年版，第 17 页。
③ 王栻主编：《严复集》第 5 册，中华书局 1986 年版，第 1574 页。
④ 孙应祥、皮后锋主编：《〈严复集〉补编》，福建人民出版社 2004 年版，第 237 页。
⑤ 王栻主编：《严复集》第 4 册，中华书局 1986 年版，第 886 页。
⑥ ［英］亚当·斯密：《原富》，严复译，北京时代华文书局 2014 年版，第 431、523—524 页。
⑦ 黄群：《公利》，《新世界学报》1902 年第 2 期。

府，下及民间，凡一切生计政策，罔不出于自由。斯密氏所谓供求相剂，任物自已，而二者常趋于平。此实自由竞争根本之理论也"①。不过，随着社会主义学说和李斯特贸易保护学说在中国的传播，斯密自由贸易学说受到了质疑和反对。梁启超在戊戌变法失败后逃亡日本途中，曾借《佳人之奇遇》中红莲女士之口批判英国古典学派倡导的自由贸易主义，认为土耳其、印度、埃及之所以受英国压迫，完全是受了世界主义自由贸易理论的空论蛊惑的结果。② 1902 年 10 月，他在《干涉与放任》文中指出，由于近世资本主义社会实行斯密等人倡导的自由放任，导致"富者益富，贫者益贫"，因而有"社会主义者出而代之"，故而"社会主义，其必将磅礴于二十世纪"③。1903 年，由作新社编译并发行的《最新经济学》中提到与斯密学说相反的四种"非斯密派"学说之一是"共产主义派"，认为"此学派欲废除私有财产之制，而以天下财产，为各人之公有，而措各人于平等，与斯密派之以私有财产为本者，渊源互异"④。同年，《经济丛编》刊文讨论国内贸易和国际贸易时曾引用斯密的观点，并指明其缺点。"亚丹斯密氏谓：内国商业必较外国贸易更宜着重。虽就以往之经验与当时之实况言之，实经济上圆满无漏之至论也。故当自由贸易之说炽行，经验学者，偏重外国贸易，几于风靡一时。而内地商业，毫不介意，反逊于昔日。按诸自由贸易论者完全国际分业之语，不免犹有缺点焉；彼徒汲汲焉奖励外国贸易者，所谓目见千里而不见其眉睫者也。"⑤ 这种多元的评价促使国人进一步思考斯密学说在中国实行的可能性。

当时中国知识界不少人赞成德国经济学家李斯特的保护贸易学说。李斯特认为各国要依自己的国情，发展符合自身利益的经济学说；自由

---

① 梁启超：《饮冰室合集》文集之十四，中华书局 1989 年版，第 35 页。
② ［日］狭间直树编：《梁启超·明治日本·西方——日本京都大学人文科学研究所共同研究报告》，社会科学文献出版社 2001 年版，第 222 页。
③ 《梁启超全集》第 1 册，北京出版社 1999 年版，第 384 页。
④ 潘世伟、徐觉哉主编：《世界社会主义研究年鉴（2017）》，上海人民出版社 2018 年版，第 611 页。
⑤ 《论中国商业不发达之原因》，《经济丛编》1903 年第 35 期。

经济不是每个国家都适用的万灵丹药。1901—1902年,《译书汇编》《译林》《新世界学报》等杂志连载过李斯特的《理财学》中译本。这种与斯密自由贸易学说相对立的观点,引起了当时一些中国人的共鸣。刘鹗对《译书汇编》中的《理财学》表示赞赏,认为"论理之精,译笔之洁,均甚佩服,惜未终而止矣"[①]。孙宝瑄赞成李斯特的分析,认为"自由、保护,亦随时而变"[②]。梁启超改变了过去推崇自由贸易主义的观点,认为"斯密之言,治当时欧洲之良药,而非治今日中国之良药也"[③]。《商务官报》所载的《论各国经济竞争之大势》,《东方杂志》转载的《论中国工业之前途》《论中国宜为工业国》等文也根据历史学派的经济观点,呼吁发展和保护民族工业。

有人客观地分析了自由贸易或保护贸易两种学说。1903年,《湖北学生界》刊载《国际商业政策》文章,详细分析了自由主义和保护主义政策,认为斯密是"阐明自由贸易学说之大家",这种"自由贸易之实行,益以促英国工业之进步,而立其富强之基础"。但是"如下所举当万不容己之时,亦仍以保护政策为当:一当国防上有关系之时;二当国内货物所课之税重于外国输入货物之时(当此之时,则不得不课输入税,使外国货物与国内货物,同一负担,以保护国内之产业);三当我之货物输入于外国而受其制限之时(当此之时,若设复仇之关税,使外国解其制限,则不得不课税)"。至于"保护贸易派"最著名者为德国的李斯特,"持一时保护之说,而尤为发达",其"因时主义"为"德之宜斯特氏所主唱",其主要内容是"贸易政策必不可拘于一定不变之主义,以自误其一国之大计。在未开之时代,则以发达农业为最初第一手段,务与世界先进国行自由无制限之贸易。渐次取保护手段,奖励制造、渔业、航海及国际贸易等业,使一国之富强程度达于极点,而后乃归于自由主义"[④]。《汉声》第6期《国际商业政策(续前)》文中

---

① 刘鹗:《刘鹗集》上册,吉林文史出版社2007年版,第695页。
② 孙宝瑄:《忘山庐日记》上册,上海古籍出版社1983年版,第605页。
③ 梁启超:《饮冰室合集》文集之十二,中华书局1989年版,第34页。
④ 《国际商业政策》,《湖北学生界》1903年第4期。

进一步分析了自由贸易和保护贸易的优缺点。留日中国学生编出的《最新经济学》《普通经济学教科书》等,主张自由贸易和保护贸易的灵活使用。"在1903年至1911年的八年中,我国所出经济学原理书大约四十种,几乎都是一个调子:不能片面吸取一国一家之言,应该权衡斟酌,择善而用。"① 这是晚清知识界接触多元的经济学说后作出的客观反应。

以上内容说明,斯密在晚清中国已经产生了相当影响,但也要看到斯密学说在中国的传播有一定限度,整体社会影响不大。原因首先是斯密的经济自由主义思想不适合当时中国的国情。马克思说,理论在一个国家的实现程度,总是取决于理论满足这个国家需要的程度。斯密学说诞生于18世纪的英国,但未必适合中国。晚清中国屡遭外国侵略,激起中国人强烈的爱国意识。"收回利权""抵制外货"等群众运动,坚决主张国人自办工矿交通,不让外人插手。这与斯密的国际自由贸易理论不能相容。当时中国经济急需政府的引导,需要政府保护民族工商业,与斯密倡导的"小政府"也相矛盾。所以王亚南说:"由于清末当时的现实社会经济文化等条件,和它的要求相距太远了。"② 尹伯成也指出:《国富论》发表时,英国已经是资本主义制度了;100多年后的中国清朝末年,仍然是封建制度,危机四伏,没有通过发展自由市场经济来把国家经济和生产力搞上去的背景和土壤。③ 所以斯密学说在20世纪初的影响只能局限在较小范围内,是"生不逢时,曲高和寡"④。另外,20世纪初期的中国社会出现了经济自由主义、社会主义、保护贸易主义、民生主义等多元化的经济学说,知识界可以根据实际进行选择,作为解决中国问题的药方,加之当时还有革命和立宪的论争,使得知识界很多人难以投入较大精力去研究斯密学说,倒是同样为18世纪

---

① 戴金珊:《亚当·斯密与近代中国的经济思想》,《复旦学报》1990年第2期。
② 王亚南:《国民财富的性质和原因的研究》"改订译本序言",载[英]亚当·斯密《国民财富的性质和原因的研究》,郭大力、王亚南译,商务印书馆1974年版。
③ 尹伯成:《亚当·斯密经济思想在中国的价值》,《江海学刊》2016年第6期。
④ 俞政:《严译〈原富〉的社会反应》,载王晓秋主编《戊戌维新与近代中国的改革》,社会科学文献出版社2000年版,第653页。

著名思想家的法国人卢梭及其《民约论》受到倾向革命的知识界的青睐。加之《原富》一书在当时印刷量较少，乡村士子难以获取，译笔又刻意模仿先秦文体而使理解困难，使得本来将四书五经摆在心中重要位置的读书人更加不愿关注斯密学说了。这也在一定程度上影响到斯密学说在中国的传播。

（原载《聊城大学学报》2020 年第 1 期）

近代中国学界对亚当·斯密的纪念与评论

亚当·斯密（1723—1790）作为英国古典政治经济学的奠基人，英国乃至世界伟大的思想家，对人类经济思想和社会发展作出了重要贡献。斯密去世之后，与斯密相关的1723年斯密诞辰、1776年《国富论》出版、1790年斯密去世，成为后人纪念斯密的重要时间节点。近代中国学界对斯密的纪念主要集中在1923年斯密诞辰200周年、1926年《国富论》出版150周年、1936年《国富论》出版160周年。虽然学界没有专门举行学术会议，但不少报刊纷纷推出纪念专号、特刊，以此表达对斯密的纪念和敬仰。尤其以《东方杂志》《学艺杂志》《食货》《民国日报》等报刊最为活跃。这些报刊发表20余篇文章，阐述纪念斯密的原因和意义，介绍斯密的生平与形象，分析斯密学说的来源和主要内容，探讨斯密的贡献与影响，较好地展示了斯密的全貌，推进了读者对斯密及其学说的了解和认识。目前学术界尚无成果探讨这些纪念斯密的文化活动。通过这项研究，可以让我们了解20世纪二三十年代中国学界的文化心态和社会诉求，加深对近代中国社会的理解；同时在斯密去世230周年之际，此研究可以引起学界对斯密的关注和记忆，让世界更好地了解中国的斯密研究成果，促进中外文化交流。

一 近代中国学界纪念斯密的缘起与历程

文化是一定社会政治和经济的反映。近代中国出现的关于斯密纪念的文化活动，与20世纪二三十年代的中国社会政治经济有一定的联系。自19世纪中期以后，受外国侵略之冲击，中国被卷入世界全球化的浪潮之中。为追求民族独立和国家富强，"外国的经济学说便被一些进步知识分子看作救亡图存、振兴中国经济的不可或缺的理论工具"①。斯密及其学说由此在清末逐渐被国人所知。特别是1902年严复所译《原富》的出版，使国人真正了解到了斯密的全部学说。当然，这些活动并非为纪念斯密而为，且多为译介而少有研究性成果。中华民国建立尤其是五四新文化运动之后，"人们的思想得到了进一步的解放，在民族危机的驱动下，越来越多的中国人自觉地寻求救国救民的真理，将眼光更广泛地投向了世界各地，引进和学习国外的先进文化"②。在这种时代潮流的影响下，亚当·斯密引起了学术界的广泛关注。

1923年是世界和中国学界共同关注斯密的重要年份。这年6月5日是斯密诞辰200周年。国际学界为此开展了各种形式的纪念活动，或陈列斯密的肖像、遗著、纪念品，或开纪念会，或重新为斯密作传记，或在报刊发文纪念。我国很多报刊报道了世界各国对斯密的纪念活动。③ 日本人在中国创办的《顺天时报》也有记载。④ 这些纪念活动，表现了国际学界对斯密的尊重和敬仰；我国报刊的及时报道，体现了国人对国外学术前沿的认识自觉。同时，我国学界也发表了一些纪念斯密诞辰200周年的文章。其中《民国日报·觉悟》1923年6月26日发表黄慰华的《亚丹斯密与现代思想》一文，应是近代中国学界最早标明纪念斯密的文章。同年9月，《东方杂志》刊出了纪念斯密诞辰200周年的专号，并表述纪念斯密的原因和目的。针对世界正在举行纪念斯密的活动，而"学术饥荒的中国对此竟不闻有一点小小的表示，这是我们所十二分不满意的。因此，我们就在这期略将斯氏的一生及其学说叙述一番，以略表我们纪念先哲的微忱"⑤。同时指出纪念斯密的两个目

---

① 张申、信瑶瑶：《近代学人构建中国经济学的努力》，《文汇报》2020年1月17日。
② 黄兴涛主编：《中国文化通史·民国卷》，北京师范大学出版社2009年版，第102页。
③ 黄慰华：《亚丹斯密与现代思想》，《民国日报·觉悟》1923年6月26日；黄典元：《亚丹斯密非资本主义者说》，《学艺杂志》1923年第5卷第7号；朴之：《斯密亚丹二百年纪念》，《东方杂志》1923年第20卷第17号。
④ 黄惟志：《二百年诞辰纪念之亚丹斯密》，《顺天时报》1923年11月17日。
⑤ 朴之：《斯密亚丹二百年纪念》，《东方杂志》1923年第20卷第17号。

的。其一，敬仰他的宏大的学问。斯密不独湛深于经济学而有名著《原富》，还有文学哲学著作《道德感情论》名于世，这是其他经济学者难以企及的。其二，服膺他的高尚的人格。斯密在临死之前，将遗稿焚毁殆尽；这种不务虚荣而自谦的道德，也决非他人所能及的。所以，"斯氏的学问与人格不仅可为后世经济学者的师表，就是其他学问家亦可奉为模范，所以我们以为纪念他的人不必限于研究经济学的，无论何人都应该在这位经济学始祖的二百年诞辰表示一种相当的敬意"①。专辑刊载5篇关于斯密的文章，并首次刊发了斯密的肖像。《学艺杂志》专门发表纪念斯密诞辰200周年的征稿通讯，并在第5卷第7号刊出纪念斯密专刊，发表12篇文章，并刊出斯密的笔迹和全身画像、塑像。《太平洋》杂志刊发杨端六的《斯密亚丹小传》，作者表明，为纪念斯密200周年诞辰，中国"各报多有作文以志景仰之诚者"，受《太平洋》杂志之委托，"不得不有一文以纪念之"②；《青年进步》发表了善哉翻译的《二百岁亚丹斯密的不朽》；《顺天时报》从1923年11月17日至24日连载《二百年诞辰纪念之亚丹斯密》。

  1926年为《国富论》出版150周年。西方学界为此举行纪念会，并出版了一本纪念文集《亚当·斯密：1776—1926》。③ 反观1926年的中国，国共合作的北伐战争正在胜利进军，北洋军阀政府呈现分崩离析的败象；英国干涉中国革命，引发国内的反帝斗争。在这样的形势下，学界并没有出现像1923年那样大规模地刊文纪念斯密，仅《东方杂志》刊载在英国伦敦学习的胡善恒写的纪念文章。④ 1936年为《国富论》出版160周年。由于受民族危机和世界经济危机的影响，学界对斯密的认识发生了变化。除少数学者认同斯密学说外，绝大多数学者认为中国应该采用统制经济或社会主义。但是，《食货》杂志仍然刊发3篇纪念文章，《国立北京大学社会科学季刊》刊发赵迺抟的《〈国富论〉

---

  ① 朴之：《斯密亚丹二百年纪念》，《东方杂志》1923年第20卷第17号。
  ② 杨端六：《斯密亚丹小传》，《太平洋》1923年第4卷第4号。
  ③ 赵鑫珊：《天才与疯子》，江西人民出版社2007年版，第158页。
  ④ 胡善恒：《〈原富〉一百五十岁寿言》，《东方杂志》1926年第23卷第6号。

学说述原》，以纪念《国富论》出版160周年。此后，在全民族抗战和国民党发动战争时期，学界没有开展斯密纪念活动。

这些论文中有的是译作，展示了国外学者对斯密的理解，绝大多数文章为国人独立撰写，是我国学界专题研究斯密学说的一批重要成果。这些成果涉及斯密的生平形象、学说渊源和内容、斯密的贡献和影响等，有些文章还列出了注释和参考文献，增加了我们对国外相关斯密成果的认识，在一定程度上促进了斯密学说在近代中国的传播和影响。

二 斯密的生平与品格形象

斯密对于人类经济思想和世界发展的贡献有目共睹，但近代国人对其人生经历和品格形象并非全部了解。在近代中国学界纪念斯密的文章中，不少涉及斯密的家庭、求学、从教、游学、著述、交友等方面，通过这些叙述和描写，我们了解斯密生平及"孝义""和蔼""乐善""拘谨""天才""谨严"等形象，有助于研究斯密经济思想的形成和发展。

（一）生平和著作

斯密去世后，国外出版了一些关于斯密生平的著作，但近代中国人并不知晓。国人了解斯密生平主要通过严复在《原富》所附的《斯密亚丹传》，但内容较简单。1923年，《东方杂志》《学艺杂志》《太平洋》刊发评论斯密生平的文章。其中，黄惟志指出斯密"一生之经历，亦与常人殊，不知其经历者每不易理解其著书也"。所以，他节译英国伦敦经济杂志记者倍局德所撰《亚丹斯密评传》。林骙将日本学者河上肇在《资本主义经济学之史的发展》中关于斯密的内容译成《亚丹斯密先生传》。这两篇文章较全面地反映了斯密的生平。杨端六的《斯密亚丹小传》分"斯密氏行状""斯密氏学说"两部分，简介了斯密的生平和学说。其他关于斯密的文章中也常涉及斯密的生平事迹，例如斯密"终身不娶"及其理由，斯密的"三大爱好"[①]。著作涉及最多的是

---

① 即他的母亲、朋友、书籍。参见［日］河上肇《亚丹斯密先生传》，林骙译，《学艺杂志》1923年第5卷第7号；赵迺抟《斯密亚当〈国富论〉撰述经过与学说渊源》，《食货》1936年第3卷第7期。

《国富论》和《道德情操论》,还有《斯密亚丹之正义警察收入军备演讲集》①、《哲学问题论文集》(Essays on Philosophical Subjects)②,斯密写给《道德情操论》在伦敦的出版人的一封信。③ 这些叙述和介绍,超过了严复所写的斯密传记,让我们看到了更加全面的斯密。

(二) 品格形象

"孝"的形象。斯密一生无兄弟姐妹,他的母亲始终是其生活的中心,因此他对母亲"怀着美好的眷恋和尊敬的感情"④。学界在纪念斯密的文章中多次提到这点。"斯密氏的家庭,终鲜伯叔,又无兄弟,只有一位老母。他纯孝至笃。"⑤ "斯密生前丧父,一无兄弟,二无妻子,所以他的母亲,可算是他一生涯最重要的人。"⑥ "亚丹生而羸弱,其母尽力抚之成人。亚丹亦极孝,相依为命,六十二年……故其知友曰斯密有三道:母与书及政论,而母居其首。当母疾革时,每逢牧师祈祷,斯密必在床侧同致其诚。母卒,斯密不乐,由是渐入衰境。呜呼,终身不娶以养亲,虽在中国亦不多觏,而竟出之大唱自利之说之斯密亚丹,孰谓欧人不知孝义乎哉。"⑦

斯密的性情。其一,性格和蔼,乐善好施。杨端六指出:"斯密为人,性极和蔼,乐善好施;生平所得资财,不得谓之少,然死后无多余蓄。施舍不以告人,故无知之者。"⑧ 其二,教学谨严,责任心强。斯密大学毕业后曾任爱丁堡大学讲师、格拉斯哥大学教授。在担任逻辑学、道德哲学教授时,他根据学生听课的反应而改变教学方式。"当他讲解的时候,倘若这几位高才生的身位向前,他就知道他所讲的已经能够引起学生的兴趣;不然,倘若这几位高才生有身位向后斜倒的样子,

---

① 胡善恒:《〈原富〉一百五十岁寿言》,《东方杂志》1926 年第 23 卷第 6 号。
② 孙德修:《亚丹斯密先生的著作》,《学艺杂志》1923 年第 5 卷第 7 号。
③ 淑清:《最近公表的亚丹斯密的一封信》,《学艺杂志》1923 年第 5 卷第 7 号。
④ [英] 约翰·雷:《亚当·斯密传》,胡企林、陈应年译,商务印书馆 1983 年版,第 6 页。
⑤ 赵迺抟:《斯密亚当〈国富论〉撰述经过与学说渊源》,《食货》1936 年第 3 卷第 7 期。
⑥ [日] 河上肇:《亚丹斯密先生传》,林骙译,《学艺杂志》1923 年第 5 卷第 7 号。
⑦ 杨端六:《斯密亚丹小传》,《太平洋》1923 年第 4 卷第 4 号。
⑧ 杨端六:《斯密亚丹小传》,《太平洋》1923 年第 4 卷第 4 号。

他就知道非改变教授法不可。"1763年，因陪同公爵赴法游学而辞去教职时，"他一定要把已经收受的束脩，退还学生，学生不愿收回，他就把修金一包一包地封好，塞到学生的衣袋里去。这种谨严的人格，学生受他的感化不浅。所以学生对于斯密氏的印象，曾说过'斯密先生的风度，并不标逸，然而态度的淡泊与待人的诚恳，实使我们感佩难忘。'"这两件事"可以表示他服务的精神与责任心"①。其三，特殊之天才。斯密"待人接物虽沉默寡言，不甚娴礼节，但对于形而上学之讲演则具有特殊之天才。普通谈话时苟一触其机，即滔滔不绝，而向大众讲演尤为其能事。斯密氏之演讲，未尝起草，其初往往嗫嚅不能达意，然一二分钟后，其论调即十分流畅，听者均赞赏不置矣"。斯密晚年曾加入爱丁堡会，"在会中不多发言，仅倾听他人之议论。然对于某种问题，须发表意见时，则常能详尽委婉加以妙解；有时自欲提出问题亦能迅速立说，陈诸会众。斯脱华德Stewart谓：'斯密平时仅纪事之概略，至时机既熟，乃能旁通曲畅，推阐无遗。'此诚可谓具特殊之天才者矣"②。其四，不重细节，不通时务。斯密"对于日常生活，是一个非常不注意的人"③，"在当时实不过苏格兰一拘谨之学者，性嗜书，日以思考为事，毫不通时务。尝在公文署名，不签己名而摹写他人所签之名；又尝参观外国军队操练，兵士向之行礼，彼即模仿其仪式以答之，兵士以为有意侮己，甚为愤怒。某日午饭，谈及政治，斯密氏极口斥某政治家。既而悟其至戚亦在座中，始不复语，然口中尚自言：'请勿怪！此皆实事也。'类此之事，不可胜记"④。学界关于斯密形象的评价，丰富了人们对斯密的认识，有利于促进斯密研究的展开。

三 斯密学说之渊源和主要内容

任何理论发展都需要追溯其理论渊源。近代中国学界认为，斯密虽

---

① 赵迺抟：《斯密亚当〈国富论〉撰述经过与学说渊源》，《食货》1936年第3卷第7期。
② 黄惟志：《斯密亚丹评传》，《东方杂志》1923年第20卷第17号。
③ ［日］出井盛之：《二百岁亚丹斯密的不朽》，善哉译，《青年进步》1923年第66册。
④ 黄惟志：《斯密亚丹评传》，《东方杂志》1923年第20卷第17号。

然为经济学鼻祖，但是，他是在博采众长的基础上提出的学说。阮湘指出，斯密"博学多识，集前人之种种经济学说而独创一系统的科学的经济学，故其思想之渊源，驳杂而多端"①。杨端六认为，斯密学说"并无何等特点，其所云云，前辈皆已云之，惟斯密能集其大成，金声而玉振之耳"②。郭心崧指出，斯密"非必以其所论，皆为独创之说，乃以其伟大之头脑内，网罗先人之研究，含英咀华"③。学界主要从师友影响、重农学派、书籍、时代要求四个方面探讨斯密的学说渊源，并重点评价其自由放任政策及道德观，以及斯密与马克思、斯密与中国的关系。

（一）学说渊源

1. 师友之影响

学界认为对斯密影响最大的师友是哈奇逊和休谟。哈奇逊（1694—1746）是斯密在格拉斯哥大学读书时的伦理学教师。斯密关于财产权、道德情操的论点都是在哈奇逊的启发下提出的，而且是哈奇逊将斯密介绍给了休谟。④ 休谟（1711—1776）是斯密交往20多年的老朋友，两人经常以交谈和通信的方式交换意见。杨端六指出，斯密在格拉斯哥大学读书期间，"其时有名教授哈哲孙（Francis Hutcheson）重斯密之为人，渐绍介于当时名士休蒙大辟（David Hume）。斯密一面在学术上受哈哲孙之陶冶，一面在社交上渐为休蒙所援引；学成名就，所赖于二氏者居多"⑤。连士升认为，哈奇逊和休谟对斯密"有断然的影响""从赫起逊处他学到哲学和经济学入门""他相与一生的朋友休谟，在智识的交谊上彼此可以相互帮忙"⑥。林骤的译作谈到，在格拉斯哥大学中对斯密"最予以感化的"是哈奇逊，"在思想上研究斯密个人的历史的时

---

① 史维焕：《亚丹斯密之价值论》，《学艺杂志》1923年第5卷第7号。
② 杨端六：《斯密亚丹小传》，《太平洋》1923年第4卷第4号。
③ 郭心崧：《亚丹斯密之自由放任政策论》，《学艺杂志》1923年第5卷第7号。
④ 斯密非常感激哈奇逊。多年后，他曾说："永远不能让人忘记的哈奇森。"[英]约翰·雷：《亚当·斯密传》，胡企林、陈应年译，商务印书馆1983年版，第12页。
⑤ 杨端六：《斯密亚丹小传》，《太平洋》1923年第4卷第4号。
⑥ [英]费：《论〈原富〉》，连士升译，《食货》1936年第3卷第4期。

候,他的思想,实在有不能放过的地方"。至于斯密与休谟的关系,他引用斯密给休谟信中所说:"我(著者按:"我"指亚当·斯密)不论何时,只要你想见我,我都可以来候你,这一层我希望没有屡说的必要,不论何时,你只要一想着我,我希望你不要踌躇,就来访我",由此断定两人的"交情是如何亲密",所以"斯密由休谟受着不少思想上的影响一层,也可以不用说了"①。胡善恒认为,斯密"师事休谟,因得到哲学文学政治经济各方面之智识,启迪其思想之处不少,而斯密之文章典雅条达,亦得力于休谟者为多"②。赵迺抟指出,斯密与休谟是密友,交谊甚笃,"二人之思想行动,彼此潜移默化,感应最深"③。学界的这些论述,对我们认识斯密经济思想的形成无疑是很有帮助的。

2. 法国重农学派之影响

1763年,斯密受汤申德公爵的邀请,陪同其子前往欧洲游学。1764年2月抵达巴黎,次年11月返回英国。在游学时间内,他先后陪同公爵拜访了伏尔泰、霍尔巴赫、奎奈、杜尔阁等法国知识界的知名人士,尤其是与重农学派的交往,使斯密受益匪浅。杨端六指出,斯密在巴黎常与法国政治家兼经济学者拓尔古、经济学者格斯尼等"讨论各种问题""受格斯尼,拓尔古等自然学会(physiocrats)之熏陶"。所以,"斯密之成功,半由于游法所得,故法人谓斯密为格斯尼之弟子"④。胡善恒说,斯密辞去教职后,"伴毕莱公爵游学欧洲大陆者三载,因得与当时法国重农学派学者土果格雷往来论学;又随时调查法国财政工商状况,及其财务行政制度,皆为后来著《原富》之资料"⑤。叶元龙说,斯密"游历瑞士、法兰西,在法与达伦柏(Diderot D'alenbert)、魏士雷(Quesnay)、狄观(Turgot)诸人相交游,更与狄观常讨论经济问题。其经济学说之染有法国重农学派之色彩,实基于此"⑥。孙倬章的

---

① [日]河上肇:《亚丹斯密先生传》,林骙译,《学艺杂志》1923年第5卷第7号。
② 胡善恒:《〈原富〉一百五十岁寿言》,《东方杂志》1926年第23卷第6号。
③ 赵迺抟:《斯密亚当〈国富论〉撰述经过与学说渊源》,《食货》1936年第3卷第7期。
④ 杨端六:《斯密亚丹小传》,《太平洋》1923年第4卷第4号。
⑤ 胡善恒:《〈原富〉一百五十岁寿言》,《东方杂志》1926年第23卷第6号。
⑥ 叶元龙:《斯密亚丹经济学说概观》,《东方杂志》1923年第20卷第17号。

译作中谈到，斯密"有极多之学理，系渊源于重农学派……彼与重农学派虽系短时间之交际，然实不乏极深之影响于彼也"①。而赵迺抟有不同看法，认为《国富论》的经济理论，大都以在欧洲大陆旅行之前的演讲稿为蓝本，"一部分人说《国富论》是法国的舶来品，实在是对于斯密氏有点冤枉"，因此，"《国富论》的源流，与其说是重农学派的薪传，不如说是英国经济思想的遗产"②。斯密学说与法国重农学派的渊源关系，早已为当时学者认同，近代中国学界也基本无异议。

3. 书籍之影响

斯密爱好书籍，曾藏书3000多册。他曾对人说有三大爱好：母亲、朋友和书籍。学界认为这些书籍是考察斯密思想来源的途径之一。杨端六谈到，斯密"所遗书籍约三千卷，散于四方，至十九世末，伦敦经济学会始嘱波那博士（James Bonar）搜集约二千二百卷之书名，著为《斯密亚丹文库目录》刊行于世。由是斯密思想之渊源可得而略考矣"③。赵迺抟说，斯密在1766年从欧洲游学归来后，"埋头著述，对于经济学的文献，收藏既富，鉴别自精。我们从他私人的藏书里，加以整理，不下三千余部。他对于文学、哲学及社会科学，均饶有兴趣。因此我们从哲学家和经济学家的典籍中，可以寻出他思想的源流"④。还谈到哲学家曼德费尔的《蜜蜂的语言》、哈奇逊的《道德哲学》、经济学家勃格雷的《问难》、樊特林的《钱可通神》、休谟的《人性论》《政论》等，对斯密思想影响较大。

4. 时代之要求

杨端六在《斯密亚丹小传》中指出，斯密学说之渊源首先可以从"时代之要求"论述。他认为，18世纪中叶英国农业大部分尚未开发，工业以手工居多，工人的工作和迁居受到很大限制，"至于商业，在国内尚难自由，在国际，则各国均竟使种种妨害之政策"，所以"当此

---

① ［法］基德：《亚丹斯密经济学之渊源》，孙倬章译，《学艺杂志》1923年第5卷第7号。
② 赵迺抟：《斯密亚当〈国富论〉撰述经过与学说渊源》，《食货》1936年第3卷第7期。
③ 杨端六：《斯密亚丹小传》，《太平洋》1923年第4卷第4号。
④ 赵迺抟：《斯密亚当〈国富论〉撰述经过与学说渊源》，《食货》1936年第3卷第7期。

时，斯密之宣传，全在打破此种束缚政策；其所著书，自始至终，语语皆为自由情感所激动"①。连士升的译作《论原富》中说："时代、国家和作者的经验，都适合创造这种性质的经济名著。那时代颇适合于著述这种书，因为新自由的精神已经四布。在宗教的方面，大家已从喀尔文主义（Calvinism）的非常黑暗里转向自由之光了。私人利益和公共政策根本上的冲突，这种中古的观念已经消灭了，在各方面，局部的定章在大规模的企业兴起时即成泡影。"② 时代造学说。斯密生活和著书之时，虽然英国的资本主义农业、工场手工业、商业有所发展，但旧的制度以及重商主义观念仍然是影响资本主义发展的障碍。反对封建势力，为发展新兴资本主义开辟道路，成为时代使命，斯密学说即在这样的历史条件下产生。

（二）分析斯密学说及其与马克思、中国的关系

1. 自由放任政策及道德观

叶元龙在《斯密亚丹经济学说概观》中较系统地分析了斯密学说的哲学与方法、价值、工资、利息、地租、公家财政学等。另有文章具体探讨这些学说。例如，戴时熙考察斯密"关于工资多寡之决定，工资与国富，人口，以及物价等之关系"③。史维焕探讨斯密的价值学说，以及与其先驱者及后继者之价值思想之关系。④ 郭心崧重点分析了斯密的自由放任政策。他说："斯密氏之经济政策，一言以蔽之，曰自由放任主义而已。其对内也，则主张自由竞争；其对外也，则主张自由贸易。"同时，他认为斯密学说的根本思想或出发点是"以人间利己性为前提"，指出："人间天性，既为自利，则为人谋，不如己之周。人人基此自然之欲求，各为自利之活动，其必然之结果，斯密氏所谓'不可见之手'（an invisible hand）'不可知之理'（an unknown principle）指导期间，不期而能增进社会全体之公益。"⑤ 杨端六也指出，斯密学

---

① 杨端六：《斯密亚丹小传》，《太平洋》1923年第4卷第4号。
② [英]费：《论〈原富〉》，连士升译，《食货》1936年第3卷第4期。
③ 戴时熙：《亚丹斯密之工资论》，《学艺杂志》1923年第5卷第7号。
④ 史维焕：《亚丹斯密之价值论》，《学艺杂志》1923年第5卷第7号。
⑤ 郭心崧：《亚丹斯密之自由放任政策论》，《学艺杂志》1923年第5卷第7号。

说为乐观的个人主义,"人生而自为谋者",追求自身利益最大化,"然于此自私自利(self – interest)之中,不知不觉,为造化所引导,促进公众之幸福"①。这些评价,已揭示出斯密学说的核心内容,尤其提到"不可见之手"和"不可知之理"的作用则更有启发性。

阮湘以《道德情操论》和《国富论》为例,探讨斯密对道德生活和经济生活的看法,认为两书立论一致,皆包括同情与利己的内容。"前者以同情为基础,而仍未废利己之主张,后者以利己为基础,而仍高标正义之旗帜。利己为两书所同认,固显然有一致之表示;即同情与正义,亦复巧为结合,理论一贯。而其所以贯之者,则为亚氏之乐天的幸福观,亦即亚氏之人生观。明乎此,而亚氏之根本思想,即可了如指掌矣。"② 作者认为两书的人性论是一致的,是利己与利他的结合。长期以来,学界认为《国富论》奉行的是利己主义,《道德情操论》奉行的则是利他主义,所以两部书的人性论是矛盾的,即所谓"亚当·斯密问题"。阮湘的评判实际上已经解决了这个问题,这在当时是比较深刻的认识。

2. 斯密与马克思

斯密与马克思的学说虽在清末已传至中国,但学界少有谈及两者关系。十月革命之后,随着马克思主义在中国的传播,不少学者经常谈斯密与马克思的关系。黄典元指出:"现代有许多经济学者的著书,因为想提倡社会主义,颂扬社会主义的初祖马克思(Karl Marx)底功绩,便肆口攻击斯密氏的经济学说,为个人主义或资本主义,不适合于今日社会的潮流。"这种看法是不恰当的,实际上斯密与马克思有不少相同之处:斯密"以劳力为生产的根源",与马克思等社会主义者"所谓劳动为社会伦理的中心,不劳动者不得衣食",同是主张"劳力主义";斯密认为"人类经济行动的根本,在个性自利",马克思也"承认这个个性自利的原则",不过马克思"更加多一句,谓'人类是进步向上的动物',虽是自利的,遇着束缚生产的障碍,必起而打破他,免至陷于

---

① 杨端六:《斯密亚丹小传》,《太平洋》1923 年第 4 卷第 4 号。
② 阮湘:《亚丹斯密之根本思想》,《学艺杂志》1923 年第 5 卷第 7 号。

退化灭亡"①。李权时说:"吾国晚近各处咸唱社会主义,以为不如是不足以适应世界之潮流也。不知社会主义者,经济学中之一部耳。提倡社会主义最力者,断推德之犹太人马克思。然马氏主张之立足点,在劳力价值论;而此论则固斯氏所大书特书,不俟马氏而始彰者也。世人只知介绍崇拜马氏之学说,而对于经济学鼻祖斯氏之平易学说,反寂焉置之若有若无之乡;未免使人兴人性喜新厌旧之叹也。"② 资耀华从理论和政策两个方面分析两者的关系,认为"从表面上看起来,二者真似冰炭不相容;然其实二者结论虽异,其观察的出发点则纯粹相同。……不过各因时势的推移,潮流的影响,其结论遂大相径庭而已"③。这些论述认为,斯密与马克思在很多方面是一致的,希望知识界在传播马克思主义时不要忽视斯密学说的价值。这是学界在五四新文化运动之后面临多种主义和学说时呈现的不同反应。

3. 斯密与中国

斯密生活和著述之时,适逢中国清代雍正和乾隆时期。他虽然没来过中国,但通过传教士、商人和旅行者的记述对中国有所了解,并经常引用中国经济情形作为著述的证据。1923 年,李超桓指出:"斯氏之立说也,参引各方之经济现象以为例证,即当时中国经济情形曾经引证者,亦复不少,斯氏之所论本取材于当时曾来中国之教士与旅行者之记述,虽未必尽符事实,然亦可为吾人之参考。"他从"中国之富裕""贱商主义之思想与对外贸易"等方面评论斯密的中国观。④ 1926 年,胡善恒分析斯密关于中国的"文化之发展""国富""劳动状况""中国通商情形"等内容,同时考察《原富》未能尽早传到中国的原因:"其时吾国士夫皆潜心于章句考据之学,于人类生活问题,鲜有论及者。其后继以太平天国之乱,全国骚然,更无人过问是项问题。盖乱离之际,人民忙于医头医脚之不暇,对于根本生

---

① 黄典元:《亚丹斯密非资本主义者说》,《学艺杂志》1923 年第 5 卷第 7 号。
② 李权时:《斯密亚丹学说之批评》,《东方杂志》1923 年第 20 卷第 17 号。
③ 资耀华:《亚丹斯密与马克思之关系》,《学艺杂志》1923 年第 5 卷第 7 号。
④ 李超桓:《亚丹斯密之中国经济观》,《学艺杂志》1923 年第 5 卷第 7 号。

活,鲜能为平心静气穷源溯本之研究,《原富》之未能早传于吾国,固不足怪也。"① 1936 年,《食货》杂志刊载连士升原作、陶希圣改写的《斯密亚丹论中国》,联系 18 世纪中国的情形,分析斯密对中国的富有但停滞、不重视工业和国外贸易、农民与工匠的困苦等看法,指出斯密学说在当时是正确的,但不能救助 20 世纪初期的中国。

萨孟武将斯密经济思想与儒家经济思想进行比较,认为"经济行为之根源,全为欲望,故经济之根本思想,每由欲望出发",斯密对于"欲望""不问是非善恶,皆欲纵其增长";中国儒家对于"欲望""则欲加以制限"。这是两者经济思想的根本差异。两者在经济政策上同样差异明显。斯密以自由放任主义为经济政策之原则,生产方面采取丰富主义,分配方面采取竞争主义,消费方面采取纵奢主义;儒家以干涉管理主义为经济政策之原则,生产方面采取有益主义,分配方面采取平等主义,消费方面采取节俭主义。萨孟武指出:"二者孰得孰失,今可不论……西洋根据斯密氏主张,遂令物质文明,趋于极盛;中国根据儒家主张,遂致中国经济,日形萎缩,此实吾人不可不注意也。"② 可见,这些评价不仅谈斯密对中国的认识,更重要的是与中国社会经济相联系,感悟中国存在的问题,探寻中国经济发展道路,具有很强的现实关联性。

四 斯密的贡献与影响

斯密学说既有学术影响也有社会政治作用,其学说奠定了英国古典政治经济学的基础,英国政府及一些欧洲国家采取其学说而致国家富强。对于斯密学说的影响,严复认为,英国"国势之所以日臻富强",斯密学说"之功为多"③。梁启超认为斯密学说对"学问界为之变动""人群之交际""国家之政治"等影响深远,称赞"关系于世界何如也"④。民

---

① 胡善恒:《〈原富〉一百五十岁寿言》,《东方杂志》1926 年第 23 卷第 6 号。
② 萨孟武:《亚丹斯密之经济思想与儒家之经济思想之差异》,《学艺杂志》1923 年第 5 卷第 7 号。
③ 王栻主编:《严复集》第 4 册,中华书局 1986 年版,第 886 页。
④ 梁启超:《论学术之势力左右世界》,《饮冰室合集》文集之六,中华书局 1989 年版,第 113—114 页。

国学界纪念斯密时，赵迺抟明确指出，《国富论》"不仅在思想学术上之影响甚巨，即在实际政治上之关系，亦甚密切"①。近代中国学界从学术和社会政治层面评论斯密学说的影响。

（一）学术影响

从斯密开始，经济学才真正成为一门科学，斯密因此成为经济学鼻祖。这种影响主要归功于他的《国富论》。赵迺抟谈道："《国富论》之内容，旁征博引，理论既透彻，事实又详尽，故出版以后即博得社会好评。"例如，文学家约翰生盛赞《国富论》能将重商主义之缺点一一指出，非学力充足有广大之识见者不能写此书；史学家勃格尔谓《国富论》对于增进人类之幸福，其贡献之大，虽综合历代之政治家和立法家多数人之精力企图，犹有所不及。② 所以，"德儒克劳士谓欧洲书籍传译最广势力最大者，除新约圣经而外，当推《原富》"③。近代中国学界发表的文章中也提到《国富论》的各种版本、译本，认识到《国富论》出版后对世界各国的影响。

近代中国许多学者赞赏斯密对经济学的贡献。赵迺抟认为，"百余年以来，凡习经济学者，莫不尊斯密氏为英国学派之宗师，《国富论》为正统经济学之圣经"④。胡善恒指出，《原富》出版后"经济学脱离旧日伦理学之范围，自完成一有系统有范围之科学"，所以"众皆奉之为经济学之祖，古典学派之主人"⑤。叶元龙说，《原富》"书中包罗万有，后有之经济学说，其痕迹俱可于此书中索得之"⑥。赵迺抟也说该书"如昆仑岗星宿海，为群山众水发源之地，后世经济学者，拾其片言绪论，亦足以成一家之言"⑦。黄典元的《亚丹斯密非资本主义者说》、李权时的《斯密亚丹学说之批评》、朱朴的《斯密亚丹以前之经济思想》

---

① 赵迺抟：《斯密亚当〈国富论〉撰述经过与学说渊源》，《食货》1936 年第 3 卷第 7 期。
② 赵迺抟：《斯密亚当〈国富论〉撰述经过与学说渊源》，《食货》1936 年第 3 卷第 7 期。
③ 胡善恒：《〈原富〉一百五十岁寿言》，《东方杂志》1926 年第 23 卷第 6 号。
④ 赵迺抟：《斯密亚当〈国富论〉撰述经过与学说渊源》，《食货》1936 年第 3 卷第 7 期。
⑤ 胡善恒：《〈原富〉一百五十岁寿言》，《东方杂志》1926 年第 23 卷第 6 号。
⑥ 叶元龙：《斯密亚丹经济学说概观》，《东方杂志》1923 年第 20 卷第 17 号。
⑦ 赵迺抟：《斯密亚当〈国富论〉撰述经过与学说渊源》，《食货》1936 年第 3 卷第 7 期。

等文，也肯定斯密学说在经济学说史上的重要地位。同时，这些文章还谈到推崇斯密学说的追随者和信徒，如英国的李嘉图、马尔萨斯，法国经济学家萨伊，以及反对古典学派的德国历史学派。当然，也有学者探讨斯密学说存在历史和哲学方面的缺点，① 有"逻辑上的错误""道德上的玷瑕"②。这也从另一方面看出斯密学说的影响。

（二）社会政治影响

英国政府采纳《国富论》的观点，主要体现在弗雷德里克·诺思和威廉·彼特担任英国首相期间。诺思在 1777 年至 1779 年编制预算方案时，曾"乞灵于《国富论》"③。彼特担任首相 17 年，曾深入研究斯密的著作，是斯密的忠实信徒。他把斯密的理论应用在与法国签订条约和财政改革过程之中。杨端六指出，"《原富》出版未久，其课税四大原则，均（equality）实（certainty）便（convenience of payment）约（economy in collection），即已渐入于官吏议员之脑中"，尤其是 1778 年之预算案、1786 年英法通商条约，"直接受斯密之影响"，所以英国的财政和商业，"不得不谓之大受其赐"④。赵迺抟详细指出斯密学说对英国社会政治的影响："我们若把英国国会史翻阅一过，从一七八三年至一八〇〇年，这十余年间，在国会议事录上，引证《国富论》之学说，以为解答实际问题之南针者，共有三十七次之多。差不多在参众两院讨论租税问题关税问题以及与他国缔结商约的时候，都引用《国富论》的学理，以为辩论之根据。"⑤ 斯密去世后，彼特在 1792 年 2 月议会演说时，明确提出斯密学说能够解决一切的经济问题。⑥

斯密学说不仅影响英国的经济政策，而且对欧洲其他国家也有很大影响。"因莫灵（Mollien）的介绍，他变成拿破仑的财政导师。在

---

① ［英］费：《论〈原富〉》，连士升译，《食货》1936 年第 3 卷第 4 期。
② 杨端六：《斯密亚丹小传》，《太平洋》1923 年第 4 卷第 4 号。
③ 赵迺抟：《斯密亚当〈国富论〉撰述经过与学说渊源》，《食货》1936 年第 3 卷第 7 期。
④ 杨端六：《斯密亚丹小传》，《太平洋》1923 年第 4 卷第 4 号。
⑤ 赵迺抟：《斯密亚当〈国富论〉撰述经过与学说渊源》，《食货》1936 年第 3 卷第 7 期。
⑥ ［日］出井盛之：《二百岁亚丹斯密的不朽》，善哉译，《青年进步》1923 年第 66 册；［英］费：《论〈原富〉》，连士升译，《食货》1936 年第 3 卷第 4 期。

法国革命以前,他已经指出法国财政的弱点。他说,'假如法国的人民像大不列颠的人民那样照人数的比例来纳税,她的赋税一定比现多一倍。'他的忠告——以繁重的土地税代替从前的国税(Taille)和人头税,取消那种包办岁入的浪费的方法——被拿破仑和他的后任接收了。德国也采取斯密的学说,而斯坦因(Stein)和哈登堡(Hardenburg)还传授他的学说呢;一八三四年德国的关税联盟(German Zollverein)使她领土内的人民比从前更能够享受自由贸易。"①"欧洲各国政策同趋于对外贸易,国民经济之组织,渐次完成,皆《原富》一书启导时人思想之力也。"② 学界看到了斯密学说对欧洲资本主义国家的政策选择的影响,但没有看到其对美国等其他国家政治经济政策的影响。

五 结语

通过上述对斯密纪念历程和内容的分析,我们看出近代中国学界对斯密的纪念和评价具有三个特点。第一,斯密纪念的主体是新式知识分子,尤其是具有留学背景者。清末民国社会文化的变革,造就了一批新式知识分子群体。这些19世纪的"80后""90后",不少人到海外留学时接触到西方经济学的知识,自然对于经济学鼻祖斯密有所了解,所以当遇到1923年、1926年、1936年这3个与斯密相关的年份时,能够抓住机会对他进行介绍和研究。其中留学美国的叶元龙、李权时、赵迺抟,留学英国的杨端六、胡善恒,留学日本的黄惟志、孙德修、郭心崧、萨孟武等人,即在这些年份纷纷撰文表达对斯密的纪念。相比之下,当时中国官方和政治人物对斯密纪念则缺乏兴趣和热情。第二,报刊作为传播媒介在斯密纪念中扮演了重要角色。与国际多种形式的纪念活动相比,近代中国学界对斯密的纪念主要是通过报刊文本进行的。近代中国"报刊业的发达和社会舆论的相对自由,给人们自由地表达自己的思想和主张提供了可能性",尤其是民国北京政府时期,"国家的

---

① [英]费:《论〈原富〉》,连士升译,《食货》1936年第3卷第4期。
② 胡善恒:《〈原富〉一百五十岁寿言》,《东方杂志》1926年第23卷第6号。

不统一，也在客观上给人们自由地表达思想提供了空间，有利于百家争鸣的形成"①。所以，同样是在1923年，不少报刊出版纪念马克思诞辰105周年特刊，本文所提到的报刊也发表了20余篇纪念斯密诞辰200周年的文章。因报刊发行量大，传播迅速，社会关注度高，所以这些纪念斯密论文发表后，产生了广泛影响。《申报》（1923年12月31日）和《清华周刊》（1924年第9期）分别在广告和副刊中介绍了《学艺杂志》的纪念斯密专号；《晨报》介绍《学艺杂志》的斯密纪念专号，"颇为治经济学者所称许"②；《北大经济学会半月刊》赞赏这些纪念斯密专号，"发扬学术""实是可钦"③。刘秉麟在撰写《亚丹斯密》时曾借鉴这些杂志的文字。④ 1926年，尽管中国的政治军事形势发生了很大变化，但《东方杂志》还是刊出了胡善恒的纪念《国富论》150周年的文章。1936年《国富论》出版160周年之时，斯密的经济自由主义陷入困境。赵迺抟承认，"当此自由主义衰微之日，民族统制经济高唱入云之时"，《国富论》"已失去了他的重要性"⑤。但《食货》还是刊出纪念专号，并客观评价斯密的作用。"大众传媒不仅是一种信息传播手段，而且是人类文化、民族精神在传承和延续过程中不可或缺的渠道。"⑥ 所以，这些报刊积极参与和策划斯密纪念，既体现了它的重要社会功能，同时使对斯密的历史记忆及其所承载的思想学说得以表达和延续，也是近代中西文化碰撞交流的重要反映。第三，学界在纪念斯密时不仅仅是学理层面的探究，而且将斯密学说与中国国情结合起来分析研究。胡善恒指出，《原富》在18世纪末被欧洲一些政治家野心家奉为圣经，"是可知彼辈以商业侵略吾国者，有由来矣"，但是

---

① 郑大华：《论五四时期百家争鸣出现的原因》，《中国文化研究》2019年第2期。
② 《学艺杂志之康德纪念号》，《晨报》1925年1月22日。
③ 正声：《珊氏的经济学说和他同斯密亚丹的关系》，《北大经济学会半月刊》1923年第17期。
④ 刘秉麟：《亚丹斯密（导言）》，商务印书馆1926年版。
⑤ 赵迺抟：《斯密亚当〈国富论〉撰述经过与学说渊源》，《食货》1936年第3卷第7期。
⑥ 熊秋良：《论大众传媒对历史记忆的表达——以建国后孙中山"逢十"诞辰纪念活动为考察对象》，《江苏社会科学》2016年第5期。

"吾国之王公士夫,则俱茫然无知,可慨也",并将斯密所说中国与今日中国进行比较,让读者"见吾国各方面之进步"①。黄典元、李权时、资耀华建议国人在传播马克思主义时不要忽略斯密学说的价值,应客观分析斯密学说与马克思理论之间的关系。萨孟武通过对斯密学说与儒家思想的比较,提醒国人反思中国经济落后的原因。陶希圣指出,斯密的自由主义学说不适合救20世纪初期的中国,只有社会主义道路才能救中国。这些评论,反映了当时中国学界通过"文以载道"形式表达对社会现实的关注。

当然,这些纪念活动也有欠缺之处,如纪念主体主要为新式知识分子,英国、中国政府及政治人物少有参加;纪念媒介主要集中在上海的报刊;纪念形式较单一;纪念文章内容不全面,分析不够深入等。美国学者马克斯韦尔·麦库姆斯指出,报刊媒介"对历史事件的选择性纪念对公众议程影响深远,它不仅凸显了历史事件的显要性,也强调了我们记忆中这些事件的特殊面与细节"②。近代中国学界认识到斯密学说的价值,所以在斯密诞辰200周年和《国富论》出版150周年和160周年时,通过报刊发文表达对斯密的纪念,其中既有赞扬和肯定,也有反思和批评,代表着学界部分人士的文化心态和社会诉求,不仅为我们了解斯密及其学说提供了很大的帮助,同时对于理解和认识马克思主义的理论来源也有着一定的借鉴意义。中华人民共和国成立尤其是改革开放之后,随着国际交流的频繁,国内出现了越来越多的斯密阅读者和研究者。通过这项纪念活动的追溯和探讨,我们可以进一步推动对斯密的研究,促进中外文化交流,同时可以借鉴国外优秀文化成果为我国社会主义建设服务。正如我国著名经济学家朱绍文(1915—2011)在访问日本的"亚当·斯密文库"后所说:"通过这次对'亚当·斯密文库'的访问,使我对伟大的政治经济学的创始人,十八世纪的伟大思想家亚当·斯密产生了进一步

---

① 胡善恒:《〈原富〉一百五十岁寿言》,《东方杂志》1926年第23卷第6号。
② [美]马克斯韦尔·麦库姆斯:《议程设置:大众媒介与舆论》,郭镇之、徐培喜译,北京大学出版社2008年版,第175页。

的尊敬和爱戴,我们必须从人类的共同精神财富中汲取养料,以利于我国现代化这一伟大事业的不断进展。"① 我们希望这项研究也能起到同样的作用。

(原载《山东师范大学学报》2020 年第 2 期)

---

① 朱绍文:《访"亚当·斯密文库":纪念亚当·斯密逝世一百九十周年》,《国外社会科学》1980 年第 7 期。

亚当·斯密及其《国富论》在近代中国的传播和影响

1776年，英国经济学家亚当·斯密著《国民财富的性质和原因的研究》(An Inquiry into the Nature and Causes of the Wealth of Nations，简称《国富论》)出版。此书出版后在英国和欧洲引起很大反响。斯密生前出了5版，以后逐渐被译成多国文字在世界传播。鸦片战争以后，随着西学东渐，包括亚当·斯密理论在内的西方资产阶级经济学说也传入中国，并受到中国知识界的广泛关注。对于亚当·斯密及其学说在近代中国的传播情况，学术界虽然有些相关论述，但大多语焉不详，缺乏深入的阐述和专门研究。因此，我们有必要对亚当·斯密及其《国富论》在近代中国的传播进行全方位的考察，以阐明它对中国的意义和影响。

一

19世纪70年代，中国人已开始关注亚当·斯密的著作。当中国第一任驻英公使郭嵩焘出使英国时，曾与正在此考察财政的日本人井上馨等人讨论"查考英国税课当看何书"的问题。他在光绪三年（1877）二月的一篇日记中写道："询其所读洋书，一种曰阿达格斯密斯［Adam Smith，亚当斯密］，一种曰长斯觉尔密罗［John Stuart Mill，约翰穆勒］。所言经国事宜，多可听者。中国人才相距何止万里，为愧为愧！"[①] 随同郭嵩焘出使英国的副使刘锡鸿也在出使笔记中提到此事："正使叩以查

---

① 郭嵩焘：《郭嵩焘日记》第3卷，湖南人民出版社1982年版，第169页。

考英之税课当看何书？并以书名《威罗士疴弗呢顺士》者为答（威罗士者丰也，疴弗呢顺士者国也，书言丰裕其国之道，故名）。此书系挨登思蒐士所著，难于翻译，非习英文者不能阅。"① 他们所"查考"的书，实际上就是亚当·斯密的《国富论》。这已经是在这部名著问世整整 100 年之后，中国人第一次接触到亚当·斯密及其《国富论》的名字，不过两者对该书的具体内容皆言之未详。

《富国策》的翻译出版，则使亚当·斯密的经济理论首次传入中国。从 1874 年起，京师同文馆即以"富国策"之名开设经济学课程。当时的总教习、美国传教士丁韪良以英国经济学家亨利·法思德（Henry Fawcett）《政治经济学手册》（Manual of Political Economy）为教材，介绍西方经济思想；1880 年，京师同文馆副教习汪凤藻在总教习的督率下，将其译为中文并以《富国策》为名出版。在该书的凡例和内文中曾经多次提到亚当·斯密及其学说。在《凡例》中，丁韪良说："论此学者在泰西以英国为最。百年来名家迭出，如斯美氏、梨客多、弥尔氏"②。第 1 卷《论生财》写道："富国策所论述者，乃生财用财货殖交易之道。昔斯密氏首创是学，名其书曰《邦国财用论》。"③ 该卷第 5 章《论三要滋生之力》中详细论述了亚当·斯密的分工理论；第 2 卷第 4 章《论工价》论述了亚当·斯密提出的造成工价贵贱的五种因素："托业有苦有不苦""学艺有难有不难""工作有常有不常""责任有重有不重""成败有可必有不可必"；第 3 卷第 10 章《论税敛之法》则详细载述了亚当·斯密的"量民力以均税""取民有常制""因时因便民""节费以恤民"等征税之法。④ 这里"斯美氏""斯密氏""司美氏"即指亚当·斯密，《邦国财用论》即《国富论》中文译名。《富国策》问世后，先后出现多种版本，对近代中国思想界和社会经济生活产生了重要影响。

---

① 刘锡鸿：《英轺私记》，岳麓书社 1986 年版，第 120 页。
② ［英］法思德：《富国策》，汪凤藻译，光绪六年（1880）京师同文馆聚珍版。
③ ［英］法思德：《富国策》，汪凤藻译，光绪六年（1880）京师同文馆聚珍版。
④ ［英］法思德：《富国策》，汪凤藻译，光绪六年（1880）京师同文馆聚珍版。

1885 年，英国传教士傅兰雅编译《佐治刍言》一书，由江南制造局出版。该书是钱伯斯兄弟（W. & R. Chambers）教育丛书中的一种，名为《政治经济学》（Political Economy）。原书共有 35 章，傅兰雅翻译了前面的 31 章，其中第 14 章《论财用》中有这样一段话："著理财之书者，始于英人阿荡司，按其书名曰《万国财用》，言人家生财之法，必于家内随事撙节，免其浪费，铢积寸累，久之自能足食足用，成为小康之家。一家如是，一国如是，即极之万国亦无不如是。旨哉其言，诚能探源立论也。"①"阿荡司"即亚当·斯密，《万国财用》即《国富论》。该书出版后曾多次重印，在晚清知识界产生了重要影响，章太炎、梁启超等人皆曾阅读该书，并给予高度评价。

1886 年，清朝总税务司署出版了英人艾约瑟编译的《西学略述》，介绍西方的语言、科技、经济等学说。在第 8 卷"经济卷"中，作者概述了亚当·斯密的经济理论："当中朝乾隆年间，英人斯米得为苏格兰地方书院中之性理教习，著有一书，内专详论富国之本，甚为时人所称许。盖昔人论富国之原，或言多聚货财，或言广辟土地，而斯公概以为非，而惟以民勤工作为富国之本。其言曰，国俗尚勤……将不求富而自富也。"② 同年，艾约瑟编译了《富国养民策》，主要是向读者介绍西方的富国养民之道，书中有多处直接引述亚当·斯密的学说。如第 1 章第 2 节写道："英人亚当·斯米著有《富国探原》书。英国斯时兴盛，多由于研求其生财之学术致之也，缘其书能使人洞晓贸易应无遏禁，工作应无定限之一应利益。"③ 这里清楚地表明了亚当·斯密的确切名字，并给了《国富论》另一个中译名《富国探原》，后该书因曾分节刊登在《万国公报》（1892 年 8 月—1896 年 5 月）上，更是扩大了影响力度。

直到此时，《国富论》有《万国财用》《邦国财用论》《富国探原》等名，但是仍没有资料说明《国富论》出版的确切年份。1894 年，英

---

① ［英］傅兰雅译：《佐治刍言》，上海书店出版社 2002 年版，第 56 页。
② ［英］艾约瑟译：《西学略述》，光绪十二年（1886）总税务司署印本，第 56 页。
③ ［英］艾约瑟译：《富国养民策》，光绪十二年（1886）总税务司署。

国传教士李提摩太在《万国公报》上发表了他口译的《泰西近百年来大事记》，次年改名《泰西新史揽要》正式出版。其第9章写道："一千七百七十六年（乾隆四十一年）英人师米德·雅堂著《富国策》一书，镂版通行，立通商之根本，新策既行，旧章尽废，诸英人所创之新机至是始大用之而大效矣。"① 这里的"斯米德·雅堂"就是亚当·斯密，《富国策》就是《国富论》。李提摩太用《富国策》作为《国富论》的代名称，并准确指明该书出版于1776年。

此后，《万国公报》刊载的美国传教士卜舫济的《税敛要例》，李提摩太、蔡尔康编译的《大同学》，马林与李玉书的《各家富国策辨》《论地租归公之益》等文也提到了亚当·斯密的有关理论。

除了外国传教士外，一些先进的中国人开始尽其所知介绍亚当·斯密及其著作，阐述斯密学说对经济发展的意义。1890年，王韬撰写的《西学原始考》中谈到了亚当·斯密的经济思想："一千八百四年……时英国学校中多著名之士……著书述国政及贸易事宜者，曰亚丹·斯密，俱以专门名家著称。"② 1893年，驻英使馆参赞宋育仁对西方政治制度、文化生活、社会风俗进行了考察，著有《泰西各国采风记》，其中曾介绍亚当·斯密的分工理论："西人书富国策，言理财之术，贵在分业。以琢针为喻，自熔铁抽丝，以至磨尖穿鼻，如一人兼为之，则一日不能成数十针；以十人分业为之，则一日约可成万针。故西人每事皆分业而治，工业如此，推之国政皆然：一，事有专司，则无所牵制；二，熟极生巧，则变通不穷；三，用志不纷，则精神少耗，中间无有旷时（凡人初操此事，必踌躇审顾，此即旷时）。"③ 上海格致书院杨然青④曾为亚当·斯密之书作序说："英国博士名司密司者，才优识广，见理极明，

---

① ［英］麦肯齐：《泰西新史揽要》，［英］李提摩太、蔡尔康译，上海书店出版社2002年版，第147—148页。
② 王韬：《西学原始考》，光绪十六年（1890）淞隐庐铅印本，第43—44页。
③ 宋育仁：《泰西各国采风记》，光绪二十二年（1896）袖海山房石印本。
④ 《序富国探源论》，载《郑观应集》（上），没有指明作者。戴金珊在《亚当·斯密与近代中国的经济思想》（《复旦学报》1990年第2期）一文中明确指出此文作者是杨然青。本文从戴说。

而于格致制造之功，养民治国之要，凡可以兴大利致富强者，无不拳拳致意，考察精详，思欲公之天下，遂著一书，名《富国探原》，备述国家兴衰强弱之理，古今上下之情，洞烛数千年。下笔万言，深入显出，刊行于世。各国之君见此书者，莫不恍然大悟，心领神会，以为确论。于是遵其法而推行之，乃得旧弊销除，政治日新。"① 杨然青为上海格致书院的高才生，有机会阅读亚当·斯密原文或译作，认识也比前人更为深刻。

1896 年，近代早期维新派陈炽在《续富国策·自叙》中对亚当·斯密倍加赞扬，认为其书"极论通商之理，谓商务寡多益寡，非通不兴。英人举国昭若发蒙，尽涤烦苛，以归简便，而近今八十载，商务之盛，遂冠全球"，"识者推原事始，归功于《富国策》一书"②。同年，他在《重译富国策》中指出："英人斯密德，著《富国策》一书，西国通人，珍之如拱璧。李提摩太译述《泰西新史》，推原英国富强之本，托始于是书。……斯密德者，英人也，首创是学，名之曰邦国财用论。"③ 他清楚地看到了英国之所以有如此之盛的国势、如此之富的人民、如此之雄的商力，与《富国策》一书关系极大。因此，他打算续写《国富论》，以使中国像英国一样富甲环球。

总之，从 19 世纪 70 年代开始，《国富论》虽然尚未译成中文，但是有不少人在著述内提及亚当·斯密和这部名著，介绍和宣传亚当·斯密的观点，不过这时中国人对于斯密的经济理论还只是道听途说，且大都极其简略，很难起到启蒙的作用。

二

甲午战争以后，维新思潮兴起，清廷放宽了对民族企业发展的限制，为经济自由主义思想在中国广泛传播提供了条件。以严复、梁启超为代表的先进中国人，开始用亚当·斯密的经济理论具体分析近代中国

---

① 夏东元编：《郑观应集》（上），上海人民出版社 1982 年版，第 496 页。
② 赵树贵、曾丽雅编：《陈炽集》，中华书局 1997 年版，第 149 页。
③ 赵树贵、曾丽雅编：《陈炽集》，中华书局 1997 年版，第 274—276 页。

的经济问题,而在分析中国经济问题的过程中,又系统全面地传播了亚当·斯密的经济理论,并在学习和研究中形成了自己的经济思想。从传播学角度来看,这一阶段实际上是更深入、更广泛的思想传播。

严复在英国留学期间,有机会阅读了不少西方哲学、社会学、经济学等方面的书籍,其中就包括亚当·斯密的《国富论》。甲午战争的失败给了中国人极大的刺激。严复接连发表文章,对甲午战败进行了深刻反思,认识到西方经济学对国家富强的重要性。他在《原强修订稿》中说:"东土之人,见西国今日之财利,其隐赈流溢如是,每疑之而不信;迨亲见而信矣,又莫测其所以然;及观其治生理财之多术,然后知其悉归功于亚丹斯密之一书,此泰西有识之公论也。"[①] 他认为西方国家之所以富强,其原因在于采用了亚当·斯密《国富论》中的经济理论和政策。因此,他从1897年开始着手翻译《国富论》,1902年全部译完,名为《原富》,由上海南洋公学译书院出版。这是亚当·斯密的《国富论》第一次译成中文。他为《原富》一书所写的6万多言按语,处处流露出崇拜经济自由主义之情:反对清政府干涉,主张听民自为;反对清政府的官办政策,主张听任民族资产阶级自己发展工商业的民办政策。可以说,他借助亚当·斯密的理论,宣传经济自由主义原则以为发展中国的资本主义服务,既反映了他对斯密经济理论的理解,同时也集中反映了他对寻求国家富强问题的见解和主张。

《原富》刊行后,对当时的中国思想界产生过一定的影响。梁启超曾在《新民丛报》上撰文介绍该书:"严氏于中学西学,皆为我国第一流人物,此书复经数年之心力,屡易其稿,然后出世,其精美更何待言!"此书出版,转变了数千年来中国知识界讳言谋利、轻视商贸的传统思想,人们由此认识到中国要彻底摆脱困境,实现现代化,必须发展工商,走富国强民之路。但是,由于严复的译文渊雅古奥,一般读者对政治经济学又十分陌生,所以能够看懂《原富》的人还是相当有限的,加之当时中国正遭受着西方列强的经济侵略,斯密宣扬的自由贸易主张不适于保护中国民族资本主义经济的发展,这种情况也在客观上限制了

[①] 王栻主编:《严复集》第1册,中华书局1986年版,第29页。

《原富》对当时中国的影响。

严复之外，梁启超也是当时介绍亚当·斯密学说的重要人物。1902年，梁启超在《新民丛报》上发表了《论学术之势力左右世界》一文，介绍了哥白尼、培根、孟德斯鸠、卢梭、亚当·斯密等10位对西欧近代文明有贡献的学者。他把19世纪的英国贸易繁荣归功于亚当·斯密及其《国富论》："一八四六年以后，英国决行自由贸易政策Free trade，尽免关税，以致今日商务之繁盛者，斯密氏原富之论为之也。"[①] 1902年，他撰写了《生计学学说沿革小史》，这是第一部由中国学者编写的西方经济学说史方面的著作。书中将欧美经济学说史以亚当·斯密为界，划分为前后两个部分，重点介绍了亚当·斯密的学说，进一步促进了《国富论》在中国的传播。从导言部分可以看出，梁启超对斯密学说的评价相当高，他说："吾著生计学史至斯密时代，使吾生一种异感，吾乃始惊学问左右世界之力如此其宏大，吾乃始惊二百年来欧美各国以富力霸天下，举环球九万里为白种人一大'玛杰'，而推其波助其澜者，乃在一眇眇之学士。"但是，他对亚当·斯密理论进行了全面介绍以后，从中国国情出发，认为中国应实行贸易保护政策，读亚当·斯密的书应该"审其时、衡其势"，"斯密之言，治当时欧洲之良药，而非治今日中国之良药也"。该书与读者见面后，使人们对西方经济学和亚当·斯密的地位有了更深刻、更广泛的认识，扩大了经济学知识的传播和影响。同时，梁启超运用亚当·斯密的理论探讨中国的经济问题，提出了一系列的经济改革设想，逐步形成了自己的经济思想。

同年还出版了另一本系统介绍西方资产阶级经济学发展史的书，即美国人C. 兰德著、陈昌绪译，由南洋公学译书院出版的《计学平议》。书中特别介绍了英国的亚当·斯密及大卫·李嘉图等经济学家的经济学说。

这一阶段可以称为严复、梁启超时代。无论是严复主张的经济自由主义思想，还是梁启超推崇的贸易保护主义观点，皆根据西方经济学说，结合中国国情而进行分析论说，目的都在于寻找救治中国的灵丹妙

[①] 梁启超：《饮冰室合集》文集之六，中华书局1989年版，第113页。

药。它反映了新兴资产阶级想把亚当·斯密的学说当作反对封建压迫、在中国发展资本主义的理论依据，同时也把经济学在中国的传播推进到了一个新的阶段。

三

从20世纪20年代开始，亚当·斯密的学说在中国得到更为广泛的传播。从事这种传播活动的主要是一些受过西方教育的经济学者或留学生，主要的场所是大学经济系科的讲坛和有关报纸杂志，以及出版的有关亚当·斯密的论著。

（一）纪念文章

1923年是亚当·斯密诞辰200周年。当时《太平洋杂志》第4卷第4期（1923年12月）刊登了《二百周年纪念：斯密亚丹小传》。同年，《东方杂志》第20卷第17号刊出了纪念亚当·斯密诞生200周年的纪念专集。朴之在《斯密亚丹二百年纪念》中说："我们纪念斯氏有两个目的：（一）敬仰他的宏大的学问……（二）服膺他的高尚的人格。""我们觉得斯氏的学问与人格不仅可为后世经济学者的师表，就是其他学问家亦可奉为模范，所以我们以为纪念他的人不必限于研究经济学的，无论何人都应该在这位经济学始祖的二百年诞辰表示一种相当的敬意。"[①] 该期还发表了叶元龙的《斯密亚丹经济学说概观》《自斯密亚丹之二十世纪之经济学说》、李权时的《斯密亚丹学说之批评》、黄惟志的《斯密亚丹评传》、朱朴的《斯密亚丹以前之经济思想》。这些论文是近代中国专题研究亚当·斯密经济理论的第一批成果。

为纪念《国富论》发表160周年，1936年《食货杂志》第3卷第3期发表了《国富论》纪念论文专辑，评价亚当·斯密的经济理论。《食货》第3卷第1期（1935年12月1日）登载的《原富出版一百六十周年纪念征文启事》中指出："斯密·亚丹的《原富》是经济学的基础，同时也是经济史学的先锋。因为他娴熟历史，所以能够产生彻底的理论，有了理论，更能进一步解释历史。而第三、四卷的几篇文章，就

[①] 朴之：《斯密亚丹二百年纪念》，《东方杂志》1923年第20卷第17号。

是一部简明扼要的经济史大纲。明年（1936）是《原富》出版一百六十周年纪念。我们为纪念经济史学的斯密·亚丹起见，拟于明年一月发行特刊，请国内同好惠赐关于此项的稿件！"在《食货》第3卷第3期刊登了陶希圣、连士升的《斯密亚丹论中国》，其中指出："斯密亚丹是工厂手工业时代的经济学家。工厂手工业在英国的发达，已准备着机器工业的到来。《原富》虽然是在工业革命以前写的，斯密亚丹已感觉这将要到来的巨大的进步。"接着作者从"中国之富""国内市场的大兴富""农工业的进步之早"等9个方面进行论述，最后则对斯密亚丹的中国论提出两点评论意见。第3卷第4期刊登了英国费著、连士升译的《论〈原富〉》一文。译者在前言中指明原作者是剑桥大学经济史讲师，这篇文章是其《近代不列颠经济社会史》一书的导言，"他先述斯密的生平和环境，次论他的造诣，然后分析《原富》的优点和缺点，最后又论述《原富》对于经济政策的影响。引证详确，段落分明，读之令人洞悉《原富》的伟大"①。第3卷第7期刊登的赵迺抟的《斯密亚当〈国富论〉撰述经过及其学说渊源》，主要探讨了《国富论》的撰述经过和出版后的评论以及《国富论》中各种学说的渊源。由此可以看出，研究与传播亚当·斯密的《国富论》已在当时学术界启动，学者们企图借鉴《国富论》的思想来复兴中国，这也在一定程度上深化了对亚当·斯密思想的传播、运用和发展。

（二）传播马克思主义经济学背景下的《国富论》翻译

五四运动之后，马克思主义经济学开始在中国传播。李大钊是中国最重要的早期宣传者。他在宣传马克思主义经济学说的过程中，提出在经济思想史上有个人主义经济学、社会主义经济学和人道主义经济学三大派系，其中个人主义经济学以亚当·斯密为代表，"根本思想是承认现在的经济组织为是，并且承认在此经济组织内，各个人利己的活动为是"②。20世纪30年代，为了帮助读者理解和区分马克思主义经济学与

---

① ［英］费：《论〈原富〉》，连士升译，《食货》1936年第3卷第3期。
② 李大钊：《我的马克思主义观》，载《李大钊文集》（下），人民出版社1984年版，第47页。

古典经济学，郭大力、王亚南用现代白话文重新翻译了斯密的巨著，并定名为《国富论》，于 1931 年正式出版。王亚南在该书的改订译本序言中说道："我们当时重新翻译这部书的动机，主要是鉴于在十月社会主义革命以后，在中国已经没有什么资本主义前途可言。我们当时有计划地翻译这部书以及其他资产阶级古典经济学论著，只是要作为翻译《资本论》的准备，为宣传马克思主义政治经济学做准备。我们知道《资本论》就是在批判资产阶级经济学，特别是在批判亚当·斯密、李嘉图等经济学著作的基础上建立起来的马克思主义经济学。对于亚当·斯密、李嘉图的经济学著作有一些熟悉和认识，是会大大增进我们对于《资本论》的理解的。事实上，我们在翻译《资本论》的过程中，也确实深切感到亚当·斯密、李嘉图著作对我们的帮助。"[①] 可见，他们翻译亚当·斯密《国富论》，并不是像严复的时代那样当作反对封建压迫、发展资本主义的思想武器，而是为翻译《资本论》做准备。这个译本对原文的理解和表达都远远超过了严复译本，对中国思想界学习和理解经典经济学也起到了很大的作用，扩大了英国古典政治经济学在中国的传播力度。

（三）其他论著之涉及

20 世纪 20—30 年代，学术界对外国经济思想史研究发展很快，许多大专院校先后开设外国经济思想史课程。中国学者的著作许多都涉及亚当·斯密的理论。1924 年，上海商务印书馆出版了一套百科小丛书，其中包括刘秉麟所著的《亚丹斯密》。该书前 2 章分析 1760 年前后英国的经济状况以及当时哲学和经济学上的思潮，阐明亚当·斯密的时代背景及其学说渊源；后 2 章介绍亚当·斯密的生平、著述及学说。1929 年，上海商务印书馆编印了一套"汉译世界名著丛书"，其中"万有文库"的第 1 集将《原富》分为 9 个分册印出。

1930 年，上海黎明书局出版了唐庆增的《西洋五大经济学家》一书，其中第 2 章介绍亚当·斯密的"传略与环境""分工论""价值及

---

① ［英］亚当·斯密：《国民财富的性质和原因的研究》，郭大力、王亚南译，商务印书馆 1974 年版。

分配论""财政理论""斯密斯学说之影响"。1933年,上海世界书局出版的《唐庆增经济演讲集》中论述了亚当·斯密及其《国富论》中的价值学说。1936年,唐庆增在《中国经济思想史》中讨论了中国传统思想对西方经济思想的影响,他说:"研究本国之经济思想,于下述二端,俱应加以相当之注意:(一)本国经济思想所受他国经济思想之影响,例如研究英国经济思想者,当知亚丹·斯密斯(Adam Smith)曾受法国重农经济家(Physiocrats)之影响。(二)他国经济思想所受本国经济思想之影响。"接着他论述了中国传统经济思想对法国重农派的影响,并进而断言,中国传统经济思想通过影响重农学派又影响到了亚当·斯密:"重农派以外,继之而阐发西洋经济思想者为亚丹·斯密斯(Adam Smith),彼受重农派之影响,故其学说间接的与中国经济思想,亦不无关系。"① 另外,胡寄窗的《二十世纪之社会主义经济理论》(《经济评论》1947年第4—6期)、夏炎德的《中国近百年经济思想》(商务印书馆1948年版)等论著也都涉及了亚当·斯密的学说。

总之,亚当·斯密及其《国富论》在中国的传播经历了传入、扩展、深化三个阶段。这个过程,反映了亚当·斯密学说深入中国社会的程度。

(原载《理论学刊》2010年第9期)

---

① 唐庆增:《中国经济思想史》,商务印书馆2010年版,第435、440页。

理论与现实：近代中国学界论亚当·斯密与李斯特

亚当·斯密（1723—1790），英国著名经济思想家，古典经济学的开创者，主要倡导自由贸易学说。李斯特（1789—1846），德国历史学派的先驱，主张保护贸易。两者的学说在英国和德国的发展中分别发挥了重要作用。因两者所代表的学说皆有成功的经验，故而为世界不同国家所争论和实践。两者学说为中国所知则是19世纪中期之后。因受外国侵略，追求民族独立和国家富强成为近代中国的历史任务，在向西方寻求救国真理的过程中，斯密、李斯特的学说开始为近代学人所关注，尤其在民国时期，学界并列探讨两者的学术分歧、共同性、道路选择等。对于这一文化现象，目前学界尚无研究成果予以探讨。通过研究发现，近代学者对亚当·斯密与李斯特关系的分析，一方面是基于学理层面，出于译介和撰述经济学论著的需要；另一方面是立足近代中国经济情形而呈现的经济道路抉择的现实反馈，既具理论价值亦具现实意义。

一 两者进入学界的视野

19世纪中期以后，中国逐渐沦为半殖民地半封建社会。在追求民族独立和国家富强的过程中，"外国的经济学说便被一些进步知识分子看作救亡图存、振兴中国经济的不可或缺的理论工具"[①]。近代经济学者"每谈世界经济竞争事，辄为中国前途危，盖有志于输入学说以救

---

① 张申、信瑶瑶：《近代学人构建中国经济学的努力》，《文汇报》2020年1月17日。

时久矣"①。严复即说"晚近欧洲富强之效,识者皆归功于计学"②,"夫计学者,切而言之,则关于中国之贫富;远而论之,则系乎黄种之盛衰"③。梁启超在《〈史记·货殖列传〉今义》中谈到经济学在欧洲社会变革中的作用,"西士讲富国学,倡论日益盛,持义日益精,皆合地球万国土地人民物产而以比例公理,盈虚消息之。彼族之富强,洵有由哉!"④ 他在《生计学学说沿革小史》谈到经济学说与国家存亡的关系,认为:"兹学左右世界之力,将日益大,国之兴亡,种之存灭,胥视此焉。"⑤ 所以,自由主义、保护主义等西方经济学说,在传教士、留学生、学者等传播主体的共同作用下,进入近代中国学人视野并受到重视。

1856年,英国传教士慕威廉和蒋剑人编译《大英国志》,由上海墨海书馆出版。该书在介绍英国汉诺威王朝的"士人"时,提到"著书述国政商贾贸易事者,曰亚丹·斯密",为晚清中文读物中最早出现斯密之名。此后,《富国策》《富国养民策》《佐治刍言》等译作中片段介绍斯密学说。1902年,严复译著《原富》出版后,国人得以系统获知斯密的经济自由主义学说。同时,以保护贸易出名的德国经济学者李斯特,其提出的后进国家实行保护主义的崛起经验,亦引起近代中国学界的注意。中国留日学生在《译书汇编》上以《理财学》为名连载李斯特的学说。学界开始分别译介和评述两者学说,后来在撰述经济史著作时,既谈及两者在经济学说史上的地位、影响等共同性,又分析两者在国家经济与世界经济、自由贸易与保护贸易、生产力学说、研究方法等方面的分歧;更重要的意义在于,学界讨论了这两种不同的经济学说以

---

① 马凌甫:《国民经济学原论·序》,载[日]津村秀松《国民经济学原论》,马凌甫译,群益书社1920年版,第1页。
② [英]托马斯·赫胥黎:《天演论》,严复译,译林出版社2014年版,第43页。
③ [英]亚当·斯密:《原富》,严复译,商务印书馆1929年版,第7页。
④ 梁启超:《史记货殖列传今义》,载《饮冰室合集》文集之二,中华书局1989年版,第35—36页。
⑤ 梁启超:《生计学学说沿革小史》,载《饮冰室合集》文集之十二,中华书局1989年版,第5页。

及所代表的两种不同的国家富强之道路,以求为近代中国经济发展之路提供学术与理论上的指导。

二 分析二者存在的学术分歧

在理论出发点上,斯密选择了自由放任发展经济理论,李斯特则主张以国家经济发展为前提实行保护主义,并提出对斯密学说的批评。二者的这种学术分歧,是近代中国学界阐述的重点。1914年,东方法学会编撰的《经济学要览》一书中论述了斯密和李斯特对物质交换的不同看法:"斯密等以人类为先天的交换,因谓交换者甚于人类之天性,交换者自古而存在",而李斯特则表示,"自昔人类以自己之制物势如自己身体之一部分,割自己身体之一部分以与他人,为人类绝对所不喜,其后欲望发达,始觉非交换无以充足之乃徐徐有交换之事"[①]。这是学界较早注意到的分歧之点。之后,学界主要关注二者在国家经济与世界经济、自由贸易与保护贸易、生产力学说、研究方法等方面的分歧。

首先,二者关于国家经济与世界经济的态度。郭心崧提到,"从学说上首足反对斯密氏之自由贸易论,为保护政策之有力辩护者,则为德国历史学派经济学者李斯特氏",李斯特以为斯密经济学说"为世界经济学","只知有个人与世界,不知有国家"[②]。刘秉麟在《李士特经济学说与传记》一书中指出,李斯特批评斯密学说为"无限制之世界主义,国家观念,既在所不顾","对于国家之经济利益漠不关心"[③]。国家主义学派的领导人李璜,尤为支持李斯特的国家主义理论,认为"亚丹斯密与其自由学派所以有超国界的假设,因为他们以为人类自今以后便会集合成一个大团体,而战争便要会不存在了",此种观点实忽略了介于个人与人类之间的国家,"这个历史造成功的东西简直为自由学派所忘怀了!"[④] 赵兰坪认为,李斯特的国家主义学说"为史密斯世

[①] 东方法学会编:《经济学要览》,泰东图书局1914年版,第26页。
[②] 郭心崧:《亚丹斯密之自由放任政策论》,《学艺杂志》1923年第5卷第7号。
[③] 刘秉麟:《李士特经济学说与传记》,商务印书馆1925年版,第68页。
[④] 李璜:《述国家主义的经济学》,《醒狮》1925年第29期。

界主义之反动",指出"李士特以为史密斯一派,但知个人与世界,不知个人与世界之间,尚有国家",斯密的观察点"一从世界各国之经济状况,一从个人之经济状况,而不及一国之经济也"①。区克宣在其书中谈到李斯特对斯密的批评,表现在"李士特反对亚丹斯密以利己放任政策为基础的世界主义,提倡各国以国民生活为中心的经济思想,努力建设国民经济学"②。这些论述,目的在于介绍李斯特的国家主义经济学说,以区分斯密的世界主义,唤起国民以国家利益为导向的经济民族意识。

其次,二者所持自由贸易与保护贸易的对立。蔡庆宪认为,李斯特学说的主要部分是关于国外贸易,其明显的目的是推翻亚丹斯密和其他继起者的自由贸易原理,"且含有指导国家如何能够推翻英国商业的优势的愿望"③。李权时指出:"斯密氏的自由主义之宰制欧洲大陆的经济思想几及一世纪之久,及至十九世纪中叶而反动逐起",其主要表现是"德人李斯特之倡保护关税论或新重商论"④。黄曦峰对此持同样看法,认为"在德国最初翻起反对亚丹斯密的自由放任政策的旗帜,而高唱保护主义经济思想的学者,第一即是里士特"⑤。

再次,二者在生产力学说上的差异。区克宣提到"亚丹斯密只研究交换价值,并且只研究物质的财货的交换价值,以肉体的劳动为唯一的生产动力,这种价值说必须由价值之基础的一种生产力说来补充的"⑥,这一补充理论即为李斯特的学说。朱通九、金天锡指出,"李氏除攻击斯密司的世界主义外,又非难他极端的物质主义",李氏认为斯密"否认官吏、教员、牧师、音乐家及女仆等是生产者,以为能增加交易价值的,才是生产者"⑦。蔡庆宪对李斯特观点中"生产财富的力,

---

① 赵兰坪编:《近代欧洲经济学说》,商务印书馆1928年版,第164页。
② 区克宣编:《近代经济思想史纲》,乐群书店1929年版,第142页。
③ 蔡庆宪编:《经济思想小史》,大东书局1929年版,第67页。
④ 李权时:《经济学》,黎明书局1931年版,第3页。
⑤ 黄曦峰编:《经济学史大纲》,开明书店1933年版,第397页。
⑥ 区克宣:《德国历史学派经济学溯源》,《现代学术》1931年第2期。
⑦ 朱通九、金天锡:《近代经济思想史》,黎明书局1932年版,第218页。

较财富本身不知重要得多少"这一看法表示认同,赞扬"李氏解释生产力和非物质资本的学说,实居最超越最成功的地位,他的学说可矫正斯密只看重交易而不讨究生产力的偏见"①。周伯棣谈到"李斯德之生产力说,是由批评正统学派领袖自由贸易论者斯密斯开始,认为斯密的经济学有两大错误,第一是主张绝对的自由贸易,第二是倾向极端的物质主义",而且"斯密斯对于精神的要素大不重视"②,由此陷入物质主义与个人主义。

最后,两者研究方法的不同。区克宣认为,李斯特的研究方法"在经济科学中他的地位尤为重要",他"以严格的方式去从历史上观察经济","超过了亚当·斯密和李嘉图之抽象的和原子论的见解"。谢俊认为,斯密采用"演绎与归纳两法",而李斯特"纯用归纳法"③。学界对二者学说分歧的学理分析论述,在李斯特的《国家经济学》中文译本出版后,更具丰富性和多样性,但基本以李斯特对斯密之批驳为论点展开,体现出近代学人对李斯特文本内容的刻意遵照。此时期也有学者就李斯特对斯密的批评提出质疑。臧启芳认为"李士特对于斯密之批评亦每有不当之处。关于国家与战争诸端斯密固未如李士特所言而绝对不问也"④。陈国光也对李氏给予斯密的批评提出异议,说"彼以为斯密对于国家与争端漠不关心,实则斯密并非如李氏所言之甚,而绝对不问。即对于一定之关税与事业奖金,亦不如他人之想象,纯采自由主义,坚决反对"⑤。此种对文本内容之质疑,其分析亦具可参考性。

三 肯定二者的学术地位

埃里克·罗尔在《经济思想史》一书中指出:"李斯特学说的性质并不是完全不同于英国古典主义的。诚然,在着重点上是有许多差

---

① 蔡庆宪编:《经济思想小史》,大东书局1929年版,第68—69页。
② 周伯棣编:《经济浅说》,中华书局1935年版,第68、69页。
③ 谢俊:《李士特之生平及其学说》,《民钟季刊》1935年第2期。
④ 参见[美]韩讷《经济思想史》,臧启芳译,商务印书馆1926年版,第433页。
⑤ 陈国光:《李士特之经济思想》,《经济丛刊》1935年第4期。

别的……不过要是适当考虑到经济环境的差别,李斯特的社会和政治意义也颇与他们相似。"① 日本经济学家大河内一男说"李斯特是德国的亚当·斯密"②。可见,斯密与李斯特之学说具有相似之处。近代中国学者亦从这两方面讨论二者的关系。

1906年,重远在《外国贸易论》一文中写道:"亚当·斯密立自由贸易派世称旧经济学派之鼻祖,李斯德创保护贸易派为历史经济学派之先驱。二氏者真经济学史上二大人杰哉。"③ 民国时期,不少著作将二者视为经济学各派之"鼻祖""先驱""领袖",以体现二者在西方经济学发展史上的重要地位。刘秉麟将经济学成立后之经济学分为正宗派、历史学派、社会主义派,认为其中斯密是"经济学的始祖",李斯特为"历史学派的首领"④,同时指出斯密和李斯特学说,均为"当时经济学界最占势力者",两者的著作"皆有声于时"⑤。周伯棣讲到经济学派中的正统派或古典派,"以亚丹斯密为斯派之首领","国家主义派以李士特为首领",两人"各有巨著,各有系统的学说,对于今日以及未来之经济学均给予以莫大的贡献"⑥。林光澂称"现在最占势力的"的经济学派是个人主义、国家主义、社会主义,"各有各的开山鼻祖",其中斯密是个人主义的代表,李斯特是国家主义的代表。⑦ 杨定宇认为,斯密和李斯特的学说虽然"各有醇疵,但在经济思想界都发生了很大的影响"⑧。学界对二者学术地位及其贡献的肯定,彰显出二者的影响力。

四 对二者学术共同处的阐述

有学者从不同视角论证二者之共通点。刘秉麟指出,斯密与李斯特

---

① [英]埃里克·罗尔:《经济思想史》,陆元诚译,商务印书馆1981年版,第226页。
② 王俊凯:《李斯特政治经济学思想与中国当代社会问题》,中国商务出版社2014年版,第86页。
③ 重远:《外国贸易论》,《新民丛报》1906年第22号。
④ 刘秉麟:《经济学》,商务印书馆1928年版,第43页。
⑤ 刘秉麟:《李士特经济学说与传记》,商务印书馆1925年版,第3页。
⑥ 周伯棣:《经济浅说》,中华书局1935年版,第8、26页。
⑦ 林光澂:《"国家经济学"的内容和阅读方法》(上),《出版周刊》1935年第128期。
⑧ 杨定宇:《近代经济思想之三大派别》,南京书店1932年版,第1页。

的思想都是在前人思想的基础上完成的，均受到卢梭思想的影响。"李士特之国家主义与保护学说，亦非李士特一人之所创造者也，其所承接于前人者，亦由个人主义之并非创自亚丹斯密一人也。""以卢梭之霹雳一声，全欧登时响动……十八世纪之经济思潮，完全受此说之支配，为之放大光明者也，证之亚丹斯密如此，回而证之李士特亦何莫不然。"刘秉麟还表示，二者对于国家统一是经济发达的先决条件这一看法均表示认同，"国内统一，实为经济事业发达之先决条件，李士特夙持此说"，斯密"亦与李士特有同一之论调"①。李权时在《自由贸易与保护关税》一书中提到斯密与李斯特学说的共同之处。其一，李斯特坚持保护贸易政策的首要原因，即"为欲巩固国防起见，不得不采行保护关税"，"此曾就是斯密亚丹也承认的，因为他在原富论里是主张保护造船业的"。至于实行保护政策的又一原因，李斯特"为欲图报复起见，不得不采行保护关税"，"此曾斯密亚丹在原富论里亦认为正当的，因为外国课国货以高税率，本国自亦可课该国货以高税率以示报复也"。其二，李斯特认为"国际生产力之合作，常为战争、政治策略、商业恐慌等事所破坏，故为一至不完全之合作。虽国际生产力之合作，亦有重大之意义，因其能联合世界各国而为一也；然自文明先进之各单独国家言之，实无如何之重要"。而斯密"于此亦承认之，曾谓一国内市场之重要远超于其外国市场"。其三，两者在贸易最终目标方面的一致性。"李斯特的最后目标也是与自由贸易论者的最后目标一样的，就是世界和平与大同。"②

马寅初将西方经济思想分为以斯密为代表的"自由贸易论派"或"古典学派"和以李斯特为代表的"保护贸易论或国家主义派"，认为斯密与李斯特有四处共同之处。其一，斯密注重经济发展中之个人主义，"李斯特虽主张保护贸易，着重国家经济，但仍不废私人企业之意"；其二，斯密认为"政治制度与经济制度应绝然分开"，李斯特"亦有此意，但以为政府对于经济制度，可以稍加干涉"；其三，二者

---

① 刘秉麟：《李士特经济学说与传记》，商务印书馆1925年版，第4、30、31页。
② 李权时：《自由贸易与保护关税》，东南书店1929年版，第59、61—62、68、92页。

皆讲求扩大财富之总额；其四，斯密主张自由贸易，而李斯特亦承认自由贸易之理论上的正确。基于以上四点，马寅初认为斯密和李斯特是"所谓殊途同归者"，两人"同是主张个人企业，同是承认自由贸易为经济上最高原则，顾斯密氏所着眼者，为世界之财富，而李氏所着眼者，为国家之财富。结果则均以繁荣世界，谋全人类之利益为目的。故其所取之途径不同，而目的则一"[1]。

学界对二者共同点的分析，是近代学人基于经济学理论上的独立思考，其中亦体现出对国内现实的考虑。近代学人认为二者重要之共同点首先是以国家为中心的，二者的出发点都以国家利益为导向，这在学者的论述中均有提及；其次为二者对国家幼稚时期实行保护主义的认可，最后之落脚点即迈向自由主义的目标，其实质都是强调建立以本国利益为中心的经济民族意识，进而再谈论适合本国的具体经济政策。

五 选择"斯密道路"还是"李斯特道路"

斯密与李斯特对自由贸易与保护贸易的看法，是近代中国学界争论的话题。其背后是"斯密道路"抑或"李斯特道路"的对比抉择，是"英国式经验"或者"德国式经验"的参考借鉴。

清末民初，不少学者已开始对比斯密学说与李斯特学说，权衡中国经济发展之道。1901年，中国留日学生翻译的《理财学》按语中谈到"泰西讲商学者"，分为以斯密为代表的"主自由贸易之说"和以李斯特为代表的"主保护贸易之说"两派，而"我中国出口税重，而进口税轻，损己利人，已不可为训，况进口之货，又漫无稽查，鸦片之入，即由于此"。所以，李斯特的"力倡保护贸易之说者，以德国当时之情形，与我国相仿佛也"[2]。可见，留日学生是主张中国实行保护贸易的。1911年，京师法政学堂笔记中对二者学说进行了对比，指出"两种主义，各有短长"，"中国各种产业，现在俱极幼稚，论理宜用保护政策，

---

[1] 马寅初：《资本主义国家经济思想之两大派》，《银行周报》1934年第46期。
[2] 李士德：《理财学》，《译书汇编》1901年第2期。

以防外人之竞争，无如进口税率，因为条约所限，不能自由加减，虽欲施其保护而无由，殊可慨矣"①。陈家瓒认为，李斯特的保护主义理论"固吾国所急宜效法者"，他坦言："今日而言外国贸易，则自由贸易政策，既据优胜劣败之公理，为列国所不取，其不宜于我国，亦何待言。然即在保护贸易之中，其当专采商工业保护政策乎？抑径采农工商保护政策乎？此不可不一研究者也。"② 这些主张与严复等经济自由主义学者形成"对仗"之势，然在清末经济自由主义的大潮流中，并未引起多大重视。

20世纪二三十年代，随着李斯特保护贸易学说在中国的广泛传播，学界关于中国实行自由贸易还是保护贸易的争论亦随之扩大。刘秉麟将亚当·斯密、李斯特的学说介绍给国人，其目的在于"能省察今日世界之情形，与吾国特殊之地位，与何种学说之可以采用"。针对国人对李斯特学说关注不够的状况，刘秉麟表示"二者之学说，终不以反对与欢迎之不同，而其效力有异"③。其所著《李士特经济学说与传记》一书则是提醒时人关注李斯特的经济理论。唐庆增虽然奉行个人主义经济学说，但也认为个人主义"偏重于抽象的交换理论，于一国工商业发展之程序，政治上之计划，人民之幸福，悉置不顾，此为最大诟病处"，而"实以国家主义与吾国最切也"④。姚嘉椿对斯密的自由贸易政策与李斯特的保护贸易政策做了对比，认为中国不宜于自由贸易，当行保护政策，但他指出，保护政策之范围"不可不失之太广，或失之太狭，保护之程度，不可失之过高，或失之过低，庶几本国产业，因保护而发达，因奖励而振兴，不仅中国幸甚，抑世界幸甚矣"⑤。马寅初表示，中国"根本谈不到自由贸易"，斯密学说"实可置诸不论"，因当时中国为"外货倾销之场所，高筑关税壁垒，犹不足以抵制于万一，

---

① 熊元楷、熊元襄编，王红曼点校：《经济学》，上海人民出版社2013年版，第104—105页。
② 金井延：《社会经济学》，陈家瓒译，群益学社1913年版，第25页。
③ 刘秉麟：《李士特经济学说与传记》，商务印书馆1925年版，第3、6页。
④ 唐庆增：《经济学中之国家主义》，《醒狮》1926年第82期。
⑤ 姚嘉椿：《从保护贸易与自由贸易政策讨论中国今后应取之方针》，《中央大学商学院丛刊》1929年第4期。

若再主张自由贸易,是自愿为外货之尾闾。而国内气息奄奄、脆弱不堪之工业,更将因此而促其夭亡","故在中国之不能言自由贸易,实无人敢置异议"。马寅初赞同李斯特式道路,提出中国应该实行保护政策,"以卵翼本国方在萌芽之工业,以图挣脱帝国主义者之经济锁链"①。任树邨将斯密、李斯特理论与中国经济状况结合起来,认为斯密的自由主义"已成为历史上之陈物,不适于今日之中国",而李斯特的国家主义经济学"或较适合于今日之中国"②。可见,当时大多数学者是支持"李斯特道路"的。

当然,其中不乏反对与质疑之声音,有学者虽赞成保护贸易政策,但是他们结合中国实际经济情形,认为中国应该先清除实行贸易政策的障碍,方可谈自由与保护。李璜在1925年撰文介绍国家主义经济学时,阐述了斯密与李斯特经济学的学术分歧,在文章结尾谈道:"我们中国不是李斯特所谓的地处温带,人口众多,文化已发达,工业已萌芽的国家吗?我们如何不应该实行保护政策?我们之所以未能,实因我们的税关在外国人的手里。这样看来,我们不收回关税,而实行保护政策借以提倡发展新生工业,我们实无自救的第二个办法。"③周伦超认为斯密的自由贸易政策与李斯特的保护贸易政策,"皆持之有故,言之成理;而自由贸易与保护贸易之政策,有行之而奏效者,亦有行之而失败者,今若欲凭个人片面之观察,以判定其是非,良非贸易事"。就中国的经济情形,"外货流入,无法制止;利权外溢,无术挽回,使此项修约之束缚不能解除,则国内工业将永被压抑而不能发展矣。经济侵略,令人寒心!"他希望"有志青年努力奋起,达到解除不平等修约之目的,庶可以言吾国对外贸易之政策也"④。李如棣撰写的《吾国关税自主后采自由贸易乎?抑采保护政策乎?》一文提到,"自由贸易者,正统对派经济学之祖亚当·斯密之所倡也;保护政策,则为历史学派经济学之创造

---

① 马寅初:《中国经济改造》,载《马寅初全集》第8卷,浙江人民出版社1999年版,第569、570页。
② 任树邨:《李士特氏之生平及其经济学说》,《校风》1935年第250期。
③ 李璜:《述国家主义的经济学》,《醒狮》1925年第29期。
④ 周伦超:《自由贸易说与保护贸易说之比较观(续)》,《京报副刊》1925年第323期。

者李士特所持之说也",在中国实行保护政策,"不庸稍缓,已无疑义矣",但是中国关税未能自主,必须"立即宣布废除或修改不平等条约实行自主,则保护政策终无实现之时,一即国家永无出头之日!"①

有学者则认为中国对斯密与李斯特的学说应该兼收并蓄。丘咸指出:"虽然多数论者好像都跟李士特的学说,以为中国工商业十分幼稚,想助他发展,而不受外国货物的压迫而失其存在,非实现保护关税的政策不可!但我以为未必然!"他以为,"我们要分别轻重,而主张同时为自由及保护了"②。黄介民认为,"吾华外受列强之经济侵掠,内而变乱相寻,民生凋敝已极。所谓'个人经济'、'国家经济'与夫'社会经济'等等主张,皆可兼收并蓄而考较之;融会觉通,取长弃短"③。鲁深认为,英国奉行斯密的自由贸易政策成为世界强国,德国信仰李斯特的经济学说迅速崛起,"呜呼!我国经济状况,陷于此境?是亚当士虽所主张者,适用欤?抑李士特所主张者,适用欤?"在他看来,"我国经济状况,既然如前云之现象,是较英德两国从前之经济状况,尤为恐慌;故当兼取斯二者之长,以补救之"④。

自 20 世纪 40 年代后,由于抗战之因素,学界亦处于动荡之中,学术研究实属不易。尽管如此,学界关于二者经济模式的讨论,实际上是回归到中国经济发展的实际中考量,试图将学术层面的理论应用到实际,以解决现实层面的困境。但是,学界的努力,没有政治力量的扶持,再加上中国社会性质的种种不成熟因素,此种讨论,最终亦在热闹过后趋于平静。

六 结语

"一定的文化(当作观念形态的文化)是一定社会的政治和经济的

---

① 李如棣:《吾国关税自主后采自由贸易乎?抑采保护政策乎?》,《台中半月刊》1928 年第 1 期。
② 丘咸:《我国关税政策之自由与保护》,《商学季刊》1925 年第 1 期。
③ 黄介民:《泰西近代经济思想史·序》,载文公直《泰西近代经济想史》,三民书店 1929 年版,第 1 页。
④ 鲁深:《读"原富"和"国家经济学"的偶感》,《商职月刊》1936 年第 1 期。

反映，又给予伟大影响和作用于一定社会的政治和经济。"① 近代学界关于斯密与李斯特的讨论，既有学术层面的争鸣，亦有基于现实的权衡考量，是对近代以来国家经济诉求的策应，其中夹杂着时代性的多重互动与阐释个体的复杂性回馈。近代以来的经济处境，"召唤"着多数学者为早日实现国家富强、民族振兴而不断求索，西学东渐被赋予了不同的时代内涵，学界对二者学术关系的论述亦是如此，其源于国家经济困境，引入西方经济学说试图弥补国家存在的"漏洞"，同时在历史发展的不同阶段又别具风采。

学界的讨论主要集中于 20 世纪二三十年代，首先，是第一次世界大战后列强国家再次将中国作为商品倾销的市场，国内之工商业再度面临"崩溃"之境，巴黎和会中国外交失败之后的民族主义浪潮迅速席卷全国，而在列强国家内部，为修复伤痕累累的经济，已然实行一定程度的保护贸易。"英国长期以来奉行自由贸易的政策，直到第一次世界大战前，包括张伯伦的关税改革在内的贸易保护主义主张均未付诸实施。第一次世界大战中，迫于战争费用的压力，英国于 1915 年开始对某些奢侈进口货物征收 33.33% 的关税，标志着英国开始放弃传统的自由贸易政策。"② 英国等一些奉行斯密自由贸易政策的国家的动摇，无不引起对保护贸易与自由贸易的思考。又 1929 年蔓延全球的经济危机，自由放任的资本主义经济政策备受质疑，各国纷纷建立关税壁垒，实行保护贸易政策，自由还是保护的"交锋之战"弥漫整个学术界，近代学人亦是如此，对斯密与李斯特关系的讨论被推至学术前沿，呈现出时代性的特点。其次，学界讨论的深度与广度取决于二者学说的在华传播程度。斯密的著作早在 1902 年就已全貌展示予国人，而李斯特的书籍迟至 1927 年方才出版，这在很大程度上决定了学界讨论既具分散性又兼集中性的特点，亦蕴含了派别学术交锋的意味。德国学术与英美学术在华的"邂逅"，对于留学英美的学者和留德学人，因其信仰不同，亦加剧了学术层面的争辩与论战。

---

① 《毛泽东选集》第 2 卷，人民出版社 1991 年版，第 663—664 页。
② 钱乘旦等：《英国通史》第 6 卷，江苏人民出版社 2016 年版，第 316 页。

"西学的接受，是中国人根据时局的变化和社会的需要所作的一种努力。值得注意的是，传播和吸收西学，包括翻译西方书籍在内，从一开始目的就很明确。这就是为了救国，为了中国的独立、民主和富强……一个民族、国家对外来文化的吸收，总是从本民族、国家的现实需要出发，有所分析和选择的。"[①] 学界关于二者学术关系的探讨，其最终落脚点依旧是中国经济道路的发展问题，面对积贫积弱的中国经济，为了救亡图存，实现中国的独立、民主、富强，适合中国的是斯密的自由放任学说，还是李斯特的贸易保护学说？学人大多选择站在李斯特这边。然而，在实际执行中，由于特殊的国情，关税不能自主，国家政权不稳定等因素，理论层面的讨论最终只能化为一代学人的合理幻想。事实证明，中国经济学以及中国经济发展的路径，必须要在对西方不同经济学说的引进与交锋中，再结合中国特殊国情，以及在相关政治力量的扶持下才能得以确定。

（原载《鲁东大学学报》2021年第1期，与刘倩合作）

---

① 龚书铎：《社会变革与文化趋向：中国近代文化研究》，北京师范大学出版社2005年版，第146、149页。

晚清《富国策》的译刊与传播

《富国策》是清末西方资产阶级经济学的最早中译本。而"富国策"最初即京师同文馆按照西方学制设置的一门新兴课程。1867年同文馆聘请美国人丁韪良为"富国策"教习。尔后公布的八年制和五年制课程表的最后一年均开设"富国策"课。至于为何放在最后一年,据《大清会典》记载,当学完前几年课程,"则习公法或富国策","富国策,农工商事也。三者裕国之源,明乎其术,惟士为能,故必择颖悟之资、精于格致者习之"。在同文馆的影响下,"富国策"课程在上海中西书院和山东登州文会馆陆续开设。由于大部分课程在中国是首次开设,没有现成的教材可用,所以丁韪良组织同文馆的教习、副教习和学生翻译、编写了一批教科书。这些书多译自西方原著,其中即包括英国资产阶级经济学家法思德的《政治经济学提要》(Manual of Political Economy)。该书1880年出版,由汪凤藻翻译,丁韪良鉴定,译名则为《富国策》。

法思德(1833—1884,Henry Fawcett),出生于英国一贫苦家庭,中学毕业后,考入剑桥大学。由于其父亲不小心,致使法思德双目失明,他虽然很痛苦,却仍然保持了学术上和政治上的兴趣。经过努力,1863年他应聘担任剑桥大学政治经济学教授。同年出版《政治经济学提要》。1865年被选为议员。1880—1884年,法思德在格莱斯顿内阁中任邮政总长。马克思在《资本论》中称他为"英国的博爱主义经济学家"[①]。

[①] 马克思:《资本论》第1卷,人民出版社1975年版,第817页。

丁韪良在《富国策·凡例》中谈到法思德,"英国当今之名士也,幼而丧明,仍矢志勤学,先充国学教习,嗣擢为国会大臣,凡政务之涉于斯学者,无不与议",并说"'富国策'为西国之新学,近代最重之","百年来名家迭出,如斯美氏、梨喀多、弥耳氏等,均未如法思德之详而且明"。

《政治经济学提要》刊印后,受到当时英国社会的好评,很快风靡欧洲经济学界,到1883年已出版过6次,1907年有第8版。在政治经济学发展史上,该书是一本占有重要地位的著作。

关于《富国策》中文本的翻译出版,学术界有不同意见,有两点需要说明。一是《富国策》的初版时间问题。学术界存在一些不同说法:有的认为1882年同文馆所用教材为最早版本;有的认为同文馆出版《富国策》的时间为1883年;也有认为"译本于1882年在上海出版,定名为《富国策》"。其实,这些说法都值得商榷。经过笔者查证,美华印书馆出版过《富国策》不假,但时间是在1882年,并不是最早版本。在这之前,同文馆已于1880年出版聚珍版本。该版本扉页上印有"光绪六年(1880年)"和"同文馆聚珍版"字样,卷前有时任总署大臣的崇礼所作的序文,总教习丁韪良所写的凡例以及中西历对照表。这才是《富国策》刊行的最早版本。二是同文馆译本所依据的是英文哪一年版本。目前学术界存在1863年、1874年、1876年版三种不同看法。笔者根据同文馆1880年出版的聚珍版中译本中所涉及"普法之战"及文中多次所提到的数据年份最晚是1873年,因此持依据1863年版本的说法是不对的,而到底是依据1874年版还是1876年版尚需进一步研究。

有关《富国策》翻译上的一些问题,应该说此书的翻译存在一些不尽如人意的地方,如除了把《政治经济学提要》(*Manual of Political Economy*)译为《富国策》外,把亚当·斯密的《国富论》(*An Inquiry into the Nature and Causes of the Wealth of Nations*)译为《邦国财用论》、工资(wages)译为工价、劳动(labour)译为人功、社会主义(socialism)译为均富等。当然,翻译者在当时很难从中文中找到与西方经济学相对应的词汇。近20年后,严复在翻译西方名著时尚"一名之立，旬月踟蹰"。梁启超在1902年《生计学学说沿革小史·例言》中也说"草创之初，正名最难"。可以想见汪凤藻和丁韪良还是付出了很大的努力。正如现代学者胡寄窗所指出，"1880年出版的《富国策》是资产阶级经济学的第一部中译本"，"无论在名称或译文的内容上均不足取"，但"创始意义""不应抹杀"[①]。

同文馆译本《富国策》并不是严格依原著进行的翻译，在译述过程中，译者作了变动。原著本为4卷，而译者仅仅翻译了3卷，省略了一些章节。译本分为生财、用财、交易3卷3册26章。该译本对当时英国经济学理论所包含的生产、交换、分配等观点进行了较详细的论述，系统地介绍了英国政治经济学的基本内容。

《富国策》涉及许多西方的著名人物及其理论观点，如亚当·斯密的分工理论与赋税理论、李嘉图的地租论、马尔萨斯的人口论、欧文与傅立叶的空想社会主义学说及约翰·穆勒的学说等。中国人知道这些人物与学说恐怕最早见于此。例如，书中介绍马尔萨斯及其人口理论："工价之贵贱，既与民数之消长相因，则民数所以增损之理，又不可不讲矣。英国马耳德氏所著《民数论》一书，最为详备，每发诸家所未发。其论民数之所以阻其增者，其端有二：曰天数，曰人事。凡人事无权，如饥馑、水旱、疫病、兵革之类，皆系乎天数者也。自人身世之谋益工，室家之计益熟。而婚姻之迟缓者多，婚姻迟则生齿少，而户口不能增，此系乎人事者也。马氏遍考列国之风土人情，各究其民数消长之故，以著为论，或因乎天数者多，或因乎人事者重。观风者盖深有取焉。其书之出，于今数十年矣，而诸家之说，卒无能出其右者，其书不重可贵乎？"

书中对空想社会主义学说有所介绍："均富之说所由来也。英国温氏首创此说，其法令若干家联络一气，通力合作，计利均分，相助相济如家人然。""法国傅氏之说，较为变通。其法以二千人为一邑，每邑受地方九里，制为恒产，世世相传，或劳心，或劳力，或供资本如合伙

[①] 胡寄窗：《二十一—四十年代中国的经济基本理论》，载《胡寄窗文集》，中国财政经济出版社1995年版，第695页。

经商然。其地出产,无分老弱壮者,各给以衣食之需,有余则计邑人之工力资本才能,而分之以为酬。分之法,由邑长区别才力,列为三等(列等之法,由邑人公定),酌其多寡,称量而与。"

由于原著刊行的时代是19世纪中叶,此时英国已经过渡到自由资本主义阶段,当时代表工业资产阶级利益的自由党执政,推行自由贸易政策。法思德为自由党议员,拥护该党的自由贸易政策。故他的书中充满了要求自由贸易的言论。如"宇宙之大,邦国之多,不独天时地利互有不同,即人巧亦各有所擅。故往往此之所有者,或彼之所无;彼所有余者,或此所不足。自邦国通商互市,而后以有易无,以易济难,以有余补不足,上以裕国计,下以厚民生也。获益维均,其为利甚溥,国不待智者而后知之也",推行自由贸易政策便理所当然。这种宣扬经济自由主义的论调,不只在《富国策》中有所反映,随后输入的《佐治刍言》《富国养民策》等西方经济学译著中也有同样类似的声音。

《富国策》出版后有多少人读过,有何反应,没有具体文献记载。不过时任总署大臣的崇礼为最早阅读该译本的官员之一。当时同文馆副教习汪凤藻译述完后经过丁韪良校订,并请崇礼为该译本作序。该序着重阐发了翻译出版的意义,同时也是清政府官方对《富国策》的简单认识与评价。崇礼在序中称"天地之大德在好生,圣人之大业在富有,发政之始以足食,聚人之术曰丰财",提出了与传统"重义轻利"完全不同的见解。陈炽曾在该书出版后阅读,也是热心的读者之一,而且后来撰写《续富国策》,重译过《富国策》。梁启超在1896年将同文馆《富国策》译本作为商政之书收入《西学书目表》,并在《读西学书法》中谈道:《富国策》"精义甚多。其中所言商理商情,合地球人民土地,以几何公法盈虚消长之,盖非专门名家不能通其窔奥也"。1903年美华书馆版《中国学塾会书目》谈道:"(《富国策》)为此学最早之译本,今日坊间理财学之本,层见叠出,然细按之,则大半徒有虚名,其内容多不合教科之用,反不如此本之繁简得中,说理清楚为独胜也。"

有的学者在关注《富国策》的同时,也对其进行了批评。梁启超在《读西学书法》中说:"同文馆所译《富国策》,与税务司所译《富国养民策》，或言本属一书云，译笔皆劣。"陈炽也认为同文馆所译"弃菁英，存糟粕，名言精理，百无一存"①。严复在《论译才之难》中说："曩闻友人言，已译之书，如《谈天》、《万国公法》、《富国策》，皆纰漏层出，开卷即见。"

虽然此书受到一些人的批评，但在洋务运动的求富阶段，该书还是被多次刊刻翻印。《湘学报》（光绪二十三年三月二十日）有商学书目提要介绍给读者，1898年丁韪良充任京师大学堂教习仍然用《富国策》作为教材。《富国策》在变法运动中亦深受维新派的重视，1896—1897年《时务报》连载了陈炽译述的《重译富国策》，1898年同文馆聚珍版译本又有校印本问世。

《富国策》的内容还被收集在经世文编中。于宝轩辑《皇朝蓄艾文编》，即包括《富国策》的部分内容，如《论增益财用之利》《论制产之义与均富之说》《论财所自分》《论地租角逐之道》《论工价》《论利息》《论合本同工》（以上载该书卷17）、《论邦国通商》（卷28）、《论钱币》《论钱币贵贱之理》《论金银流通各国之理》（卷31）。

光绪二十五年正月（1899年2月）《万国公报》刊登的《各家富国策辨》中提到："昔格物家有马耳德者，深思人民患贫之苦，手著一书，历来作富国策者，皆以为笃论而宗之。"所以"丁韪良先生《富国策》中亦曰：数十年来，诸家之说，俱无能出马氏之右者"。这在一定程度上说明同文馆译本，不仅在中国知识分子中引起反响，就是外国人也以它所讲的理论作为自己说理的依据了。

《富国策》在1880年刚问世时并未引起知识界的足够重视，与同文馆所译出的《万国公法》的传播形成了鲜明对比。这与当时中国的社会环境有关。在"诸夷环伺"的情况下，同文馆所译的外交方面的书籍自然更适合形势需要。当时清政府在西方冲击下被迫走上国际外交的舞台，"如何处理对外关系成为晚清最为棘手、也最为关键的政治事务"②。所以《万国公法》一出版即受到当时学者的注意，而且成为清

---

① 赵树贵、曾丽雅编：《陈炽集》，中华书局1997年版，第274—275页。
② 田涛：《国际法输入与晚清中国》，济南出版社2001年版，第59页。

政府的外交官的必备参考书,"在19世纪七八十年代,《万国公法》是中国通商口岸地方官员以及一切涉外人员必备书,影响相当广泛"①。相比之下,《富国策》出版后就没那么幸运了,仅有刚刚进入总理衙门的崇礼作序,虽是免费送给各地官员阅览,但未见多少反响。不过,考虑到此时的译书特点,正如梁启超所说"当时之人,绝不承认欧美人除能制造能测量能驾驶能操练之外,更有其他学问"②。整个社会关注的主要是自然科学和应用科学的译书,以及同文馆所译外交史地之类部分书籍,并不重视社会科学著作的翻译。

另一个原因是该书内容的制约。《富国策》原著出现年代的英国已经过渡到自由资本主义阶段。此时代表工业资产阶级利益的自由党执政,推行的是自由贸易政策。《富国策》原著即此历史条件下的产物,主要适应英国社会需要,阐述的是自由贸易理论。而在19世纪80年代的中国,民族资本主义企业刚刚诞生,需要官方支持,"处在幼年时期的新的生产方式还难以独立行走,它在学步时还必须依靠国家之手的搀扶"③。虽有一些先进之士鼓吹发展资本主义,但多受西方重商主义思想影响,主张"重征进口税,轻征出口税",而且对西方的经济侵略有抵制的爱国情绪,要求"收回利权""抵制外货",主张中国自制机器,自办工矿交通业,保护民族工业,这很自然与《富国策》一书中所讲的分工理论和国际自由贸易理论有许多抵触之处。梁启超在1902年所写《生计学学说沿革小史》中谈到读亚当·斯密的书应该"审其时、衡其势","斯密之言,治当时欧洲之良策,而非治今日中国之良策也",而"重商主义在16世纪以后之欧洲,诚不免阻生计界之进步,若移植于今日中国,则诚救时之不二法门也"。这已经是20世纪初,社会上仍然弥漫着对经济自由主义的不以为然,而要求在这之前20年的理论能有广阔的市场是不可能的。

影响《富国策》传播因素之三是传播媒介的作用。19世纪80年代

---

① 熊月之:《西学东渐与晚清社会》,上海人民出版社1994年版,第318页。
② 梁启超:《清代学术概论》,上海古籍出版社1998年版,第97页。
③ 吴易风:《英国古典经济理论》,商务印书馆1988年版,第520页。

西学传播途径主要是各类西书翻译出版机构。当时政府组织译书机构主要是上海江南制造局翻译馆和京师同文馆。其中同文馆所译书大部分是免费送给各地官员阅览，且皆是聚珍版，数量当然有限。加之当时交通运输条件落后，该书的传播范围自然就有限了。傅兰雅曾针对中国当时现状说过，"缺乏正常的交流手段，没有邮局和铁路帮助，没有中间商撮合、没有广告等宣传手段，书籍滞销还是可以理解的"①。在这种情形下，对于一些西书译本，除北京、上海以及一些沿海通商口岸有条件获得外，"腹地各省乡僻绩学士，犹往往徒睹目录，如宋椠元钞，欲见而不可得"②。本来翻译《富国策》的目的之一是"俾留心时务者文人学士皆得阅之"，但客观因素的存在也自然在一定程度上影响了《富国策》的传播范围。

汪凤藻"致力于西书翻译之引介"，利用自己所受的传统教育及在馆中所打下的外文基础，对《富国策》原书"熟读备探秘奥"，"脱稿后复经总教习详加核对"而成。当然他对该书的理解有所偏颇，而且需要外人的协助，与严复、马君武独立翻译相比有些差距。书中所宣扬的经济理论也与当时中国的环境并不合拍，因而未获得如期的效果，不过该书作为近代中国第一部西方经济学中译本的地位却是可以肯定的。

（原载《广西社会科学》2003 年第 3 期）

---

① ［美］乔纳森·斯潘塞：《改变中国》，曹德骏等译，生活·读书·新知三联书店 1990 年版，第 153 页。

② 《梁启超全集》第 1 册，北京出版社 1999 年版，第 137 页。

《富国策》与西方经济学在近代中国的传播

"富国策"最初是近代西方经济学学科的中文名称。19世纪60年代,京师同文馆成立后,美国传教士丁韪良开设经济学课程,课程名称即定为"富国策",并以英国经济学家法思德(Henry Fawcett)《政治经济学提要》(*Manual of Political Economy*)为讲义,介绍西方各种经济思想,后丁韪良督率同文馆副教习汪凤藻将该书加以翻译,1880年以《富国策》为名由同文馆刊印。这是近代中国第一部专门介绍西方经济学的著作,从框架体系、制度原则、概念术语乃至思想观念等各个方面,将西方的经济学理论移植到了中国,从而对中国学术界产生了巨大的启蒙作用。遗憾的是,长期以来该书未受到研究者的充分重视,一直没有翔实的成果问世,故撰此文探讨以《富国策》为代表的西方经济学在近代中国的传播情况,既可以加深理解近代中国知识分子向西方寻求真理的过程,也有利于认识西方经济思想对清政府经济政策的影响程度。

《富国策》正文前面有总署大臣崇礼所作序言,丁韪良所写八条凡例,中西历对照表。崇礼在序中阐明了翻译此书的目的:"天地之大德在好生,圣人之大业在富有。发政之始以足食,聚人之术曰丰财。生之者众,沛然讫于四海;用之以礼,浩乎式于九围。此法思德所以有《富国策》一书,而丁冠西先生所以督率汪生凤藻译之而详加核焉。冠西先生陈席上之珍为泰西之彦,以珠算牙筹之法,施于有政;极航海梯山之远,貂其德音,其于中国政教尤惓惓,因以此书付剞劂氏焉。"[1]

---

[1] [英]法思德:《富国策》,汪凤藻译,光绪六年(1880)同文馆聚珍版。

在凡例中，丁韪良进一步介绍："富国策为西国之新学，近代最重之，其义在使民足衣足食。……论此学者，在泰西以英国为最。百年来名家迭出，如斯美氏、梨喀多、弥耳氏等，均未如法思德之详而且明。故同文馆向以此学课读诸生。今译汉文刊行，俾文人学士之留心时事者皆得阅之。"① 故他选择了法思德的《政治经济学提要》作为同文馆经济学教材，后又以《富国策》之名翻译出版。《富国策》的问世，给中国人带来一个全新的经济学体系。

在这之前，外国传教士和中国留学生虽然也涉及一些经济学知识，但都是一些支离破碎的内容。而《富国策》一书则比较系统完整地将西方经济学体系带到了中国人面前。该书并非完全按照全书翻译，而是有所变动。对此，译者在书中也有所提示，如有的地方进行合并，有的地方给以省略，有的地方予以调整，有的地方给以注释。虽然不是完整的译本，但是《富国策》所开启的经济学的框架体系，基本上涵盖了近代西方经济学的内容，即从研究生产、交换、分配和消费的规律到这些规律要求的经济政策等。中国人通过阅读此书，对英国古典经济理论能够有较全面的了解和理解。

一

该书主要阐述政治经济学所包含的生产、交换、分配等理论，同时对亚当·斯密分工学说、马尔萨斯的人口论、以欧文和傅立叶为代表的空想社会主义学说进行了介绍和评论。

（一）政治经济学的对象和内容

法思德继承了前人关于政治经济学是研究财富的生产和分配规律的基本观点，他说："富国策所论述者，乃生财用财货殖交易之道。""富国策之学，不独言日进富强之理，亦以明不进不退，及不进而退之故焉。""富国策者，理财之书也。所讲求者，生财用财贸迁交易之道耳。"② 当然，要在短时间内"综论其指归，推原夫奥窔"，掌握这些内

---

① ［英］法思德：《富国策》，汪凤藻译，光绪六年（1880）同文馆聚珍版。
② ［英］法思德：《富国策》，汪凤藻译，光绪六年（1880）同文馆聚珍版。

容是非常困难的，为了使读者理解和掌握政治经济学的内容，法思德编写了《政治经济学提要》一书。

《富国策》共3卷26章，分别从不同角度和层面研究和发挥了上述主题思想。第一卷是《论生财》（*Production of Wealth*），即现在的生产理论，主要包含两部分内容：第一，生产要素论；第二，生产增长规律或决定劳动生产力的各种因素。关于生产要素，法思德继承前人的观点，也把它归纳为地利（土地）、人功（劳动）和资本。关于决定劳动生产力的要素，他提出分工与合作是提高劳动生产率的重要途径。

第二卷是《论用财》（*Distribution*），即现在的消费理论，主要包括论制产之义与均富之说（Private Property and Socialism）、论财所自分（The Classes among whom Wealth is distributed）、论地租角逐之道（Rents as determined by Competition）、论工价（On Wages）、论利息（Profits）、论小农躬耕之法（Peasant Proprietors）、论兴乡学以维工价（National Education and other Remedies for Low Wages）、论齐行罢工（Trades's Unions and Strikes）、论合本同功（On Cooperative Institutions）。

第三卷是《论交易》（*Exchange*），即现在的交换、分配理论。主要包括论价值之别（On Value and Price）、论物价贵贱之理（On the Causes which Regulate the Price of Commodities）、论农田物产贵贱之理（On the Price of Agricultural and Mineral Produce）、论人功制造之货物及其贵贱之由（On the Price of Manufactured Commodities）、论钱币（On Money）、论钱币贵贱之理（On the Value of Money）、论邦国通商（Foreign Commerce or International Trade）、论金银流通各国之理（On the Transmission of the Precious Metals from One Country to Another）、论邦国货币互易之理（Foreign Exchanges）、论税敛之法（On the General Principles of Taxation）。

法思德的经济理论主要由生产论、分配论、交换论和赋税论等部分组成。这样的结构大体上是对亚当·斯密、约翰·穆勒等人所奠定的著作结构的继承。他综合了前人和同时代人在该问题上的主要研究成果，并给予了系统论述。其所包含的内容可以说比前人的任何一部经济学著作都要广泛和丰富，但凡到当时为止经济学所涉及的一切问题，法思德的《政治经济学提要》都论述到了。这些论述无疑具有积极的历史意义，在很大程度上反映了当时英国社会生产力发展的现状和水平，其中许多原理在后来的西方发展经济学中得到了进一步的发挥。

(二) 西方主要经济理论或学说

该书资料丰富，利用和引用了前人的大量论述，如法思德经常引用的亚当·斯密、大卫·李嘉图、约翰·穆勒、马尔萨斯等学者的著作，此外还涉及达尔文、罗伯特·欧文、傅立叶等人的思想。法思德所提到的经济学家，不下二十余人，可见其涉猎之广。这是西方经济学学者第一次全面进入国人的视野。

1. 亚当·斯密的分工理论

"昔斯密氏首创是学，名其书曰《邦国财用论》。……增益之法，尤有要者，如斯密氏所论佣工分职之利，其一端矣。今夫针之为物，至小也，而一针之造，凡更历者几八十役。铸钢而成线，截线以合度，由是而锐其端，利其锋，磨之砺之，整齐而束缚之，使以一手而兼诸役，虽至巧者，日不过造针二十而已。今第分司其役，而一日之间，一人之手，可成五千枚之多，其速二百余倍，即其利亦二百余倍矣。按斯氏之说，分职之所以加速者，其故有三：专一则能生巧，一也；无更役之劳则时不废，二也；各以私智创机器，则事半功倍，三也。"[①] 可见，法思德基本上沿袭了亚当·斯密的学说，论述了分工的好处及其原因，指认亚当·斯密是政治经济学的创始人。亚当·斯密在 1776 年出版的《国富论》中明确指出，分工是"富国裕民"的重要途径。在他看来，分工能够提高劳动生产力；分工有利于促进社会普遍富裕；等等。斯密的分工理论对后世经济思想的发展有深远的影响。但是亚当·斯密及其理论进入中国则是很晚的事了。19 世纪 70 年代，在英国考察财政的日本人井上馨曾向中国驻英公使郭嵩焘介绍了亚当·斯密的著作。[②] 驻英国的副使刘锡鸿也在出使笔记中提到亚当·斯密的书是"言丰裕其国之道"[③]。但两者均没有提及书的具体内容。《富国策》的引介则使亚

---

① [英]法思德：《富国策》卷1，汪凤藻译，光绪六年（1880）同文馆聚珍版。
② 郭嵩焘：《郭嵩焘日记》第 3 卷，湖南人民出版社 1982 年版，第 169 页。
③ 刘锡鸿：《英轺私记》，岳麓书社 1986 年版，第 120 页。

当·斯密的经济理论首次进入中国。

2. 马尔萨斯及其人口理论

"工价之贵贱,既与民数之消长相因,则民数所以增损之理,又不可不讲矣。英国马耳德氏所著《民数论》一书,最为详备,每发诸家所未发。其论民数之所以阻其增者,其端有二:曰天数,曰人事。凡人事无权,如饥馑、水旱、疫病、兵革之类,皆系乎天数者也。自人身世之谋益工,室家之计益熟。而婚姻之迟缓者多,婚姻迟则生齿少,而户口不能增,此系乎人事者也。马氏遍考列国之风土人情,各究其民数消长之故,以著为论,或因乎天数者多,或因乎人事者重。观风者盖深有取焉。其书之出,于今数十年矣,而诸家之说,卒无能出其右者,其书不重可贵乎?"①

文中"马耳德氏"即马尔萨斯,英国经济学家。面对当时英国出现的人口问题和贫困问题,他在1798年发表《人口论》(*An Essay on the Principle of Population*),提出了一种人口理论。其主要观点是:人口的增长总是快于生活资料增长,最后将导致人口过剩。对于如何克服这种情况,马尔萨斯提出两种办法:一是"积极抑制",就是以贫困和罪恶(包括战争、瘟疫和饥荒等)来解决人口多的问题;二是"道德抑制",就是无抚养能力的人不要结婚生育。《富国策》的介绍是马尔萨斯的人口理论首次进入中国。

3. 空想社会主义学说

"贫富之不均,由于人之有私产。国愈富则愈不能均,天下古今之常势也。于是有创为均富之说者。……仁人长者,深悯夫贫夫之苦,虽在至富之国而亦不免也。因思不去私产之制,必无以均民财,遂创议立策,革除私产,使人共享其利,此均富之说所由来也。英国温氏首创此说,其法令若干家联络一气,通力合作,计利均分,相助相济如家人然。""法国傅氏之说,较为变通。其法以二千人为一邑,每邑受地方九里,制为恒产,世世相传,或劳心,或劳力,或供资本如合伙经商然。其地出产,无分老弱壮者,各给以衣食之需,有余则计邑人之工力

---

① [英]法思德:《富国策》卷2,汪凤藻译,光绪六年(1880)同文馆聚珍版。

资本才能，而分之以为酬。分之法，由邑长区别才力，列为三等（列等之法，由邑人公定），酌其多寡，称量而与。令邑人同作而不同爨，异室而居，使其知所撙节焉。"①

　　文中"温氏"即罗伯特·欧文，"傅氏"指夏尔·傅立叶。罗伯特·欧文（1771—1858），英国空想社会主义者。他主张消灭私有制，建立公有制，实行按需分配。夏尔·傅立叶（1772—1837），法国空想社会主义者。从19世纪初，他多次撰文揭露资本主义制度的罪恶，主张以他设计的"和谐制度"来代替资本主义制度。虽然，在《富国策》翻译出版之前，关于社会主义的信息已经零星地传入中国，但比较详细、具体的阐述，《富国策》则是第一次。因此，通过《富国策》，中国人对空想社会主义的学说有了更加深入的了解。

　　除此以外，《富国策》实际上向中国人宣传了当时西方资本主义国家的政治经济理论。西方经济学伴随着资本主义的扩张而兴起。其最初表现形式是重商主义理论，这是对现代生产方式的最早理论探讨。② 它要求重征进口税，利用贸易差额获取财富，采取国家干预经济的方式。重商主义理论对资本主义发展时期的资本积累起过重要作用。后来资产阶级政权巩固，要求向外扩张，"不断扩大产品销路的需要，驱使资产阶级奔走于全球各地。它必须到处落户，到处开发，到处建立联系"③，这自然需要一种破除封建壁垒进行自由通商的理论。同时，在经济学领域庸俗经济学逐渐替代古典经济学而取得优势地位，它宣扬的自由贸易理论逐渐替代了重商主义政策。

　　由于《富国策》原著刊行的时代是19世纪中叶，此时英国已经过渡到自由资本主义阶段。当时代表工业资产阶级利益的自由党执政，推行自由贸易政策。法思德是自由贸易的拥护者。故他的书中充满了批评重商主义的错误，要求自由贸易的言论。重商主义理论的主要特征之一，是一国的财富必不可少的是金、银等贵重金属，金银是唯一的财

---

① ［英］法思德：《富国策》卷2，汪凤藻译，光绪六年（1880）同文馆聚珍版。
② 马克思：《资本论》第3卷，人民出版社1975年版，第376页。
③ 《马克思恩格斯选集》第1卷，人民出版社1995年版，第276页。

富。对此,《富国策》进行了批评,"人之论财者,辄谓国非金银不富,此大误也",而"不知国之所以富,与财之所以生,不徒在是","人之论财用者,惟金银是宝,诚为世俗之通误"①。同时阐发了进行自由贸易的重要性:"宇宙之大,邦国之多,不独天时地利,互有不同,即人巧亦各有所擅。故往往此之所有者,或彼之所无;彼所有余者,或此所不足。自邦国通商互市,而后以有易无、以易济难,以有余补不足,上以裕国计,下以厚民生。其获益维均,其为利甚溥,固不待智者而后知之也"②,推行自由贸易政策理所当然。

《富国策》宣传的自由贸易主义思想,是英国等资产阶级国家发展到一定阶段的产物,同时要求其他国家也遵循这个法则,以达到其向全世界进行经济扩张的目的。

另外,丁韪良在《富国策》凡例中也把"富国策"说得冠冕堂皇,其实同样希望通过《富国策》的翻译,促使中国人接受西方近代经济学所宣传的自由贸易理论,对外国开放,把中国纳入资本主义世界体系。后来丁韪良在谈到他曾为同文馆翻译国际法与经济学等书时说:"这些书籍就像是一支杠杆,有了这么一个支点,肯定能撬动某些东西。"③ 今人李竞能指出:"这几句话,透露了他译书的真正用心。"④ 丁韪良想通过这一介绍,告知清政府有关全世界资本主义发展的趋势,闭关锁国是不行的,同时还规劝清廷当权者接受新潮和改良。因此,丁韪良选择法思德《政治经济学提要》加以翻译,其目的是一举两得:既能满足清政府学习西方近代科学课程的需要,又在一定程度上宣扬了对西方列强进行经济扩张有利的自由贸易论。

二

作为京师同文馆经济学教材,《富国策》出版后,引起了人们的广

---

① [英] 法思德:《富国策》卷1,汪凤藻译,光绪六年(1880)同文馆聚珍版。
② [英] 法思德:《富国策》卷3,汪凤藻译,光绪六年(1880)同文馆聚珍版。
③ [美] 丁韪良:《花甲忆记:一位美国传教士眼中的晚清帝国》,沈弘等译,广西师范大学出版社2004年版,第216页。
④ 李竞能:《论清末西方资产阶级经济学的传入中国》,《经济研究》1979年第2期。

泛关注。除了京师同文馆在1880年以聚珍版的形式出版外，《富国策》后来曾被多次刊刻翻印，尚出现过1882年上海美华书馆印行本、益智书会本、实学新编本、乐善堂铅印本（日本明治14年即1881年）、上海鸿宝书局1902年本。1896年，早期维新派代表人物陈炽与朋友重译《富国策》并在《时务报》上连载。1897年在无锡出版的《无锡白话报》中，梁溪勿我室主人以白话文的形式推演了同文馆《富国策》译本。《湘学新报》《中国学塾会书目》《东西学书录》等书报分别给予了评介；《皇朝蓄艾文编》收录了该书的部分内容。可见，《富国策》的翻译刊行，对近代中国社会产生深远影响。

首先，《富国策》对晚清中国思想界产生了广泛影响。总署大臣崇礼在论证法思德所著之因的基础上，指出："统要荒于禹贡，通典则于周官。管仲父必先富民，召信臣好在兴利，邦基斯固，国步无贫。精理所存，见诸凡例。原其心计之用，实与格致相通，一也；恐一夫之失所，俾万邦之协和，二也；以财发身，则上好仁而下好义，三也；修文偃武，则以玉帛不以兵戎，四也。富居五福之一而好学爱人，务本息争，又具四美焉。其利溥哉，为用宏矣。"① 可以看出崇礼在读完该书后称赞"其利溥""为用宏"，把"富有""足食""丰财"看作圣人之大业，提出了与以往传统"重义轻利"观念完全不同的见解。作为总理衙门的重要成员，崇礼的序言可以看作清政府官方对《富国策》的认识和评价。

《富国策》对资产阶级维新派影响很大。陈炽曾在《富国策》出版后细心阅读过，是较早的热心读者之一，后来又写过《续富国策》，并重新翻译《富国策》并在《时务报》上连载。其中，《续富国策》是陈炽在吸收了《富国策》的某些观点的基础上，抄录引用了中国古代圣贤的论述和陈法作为依据而撰写的经济著作。在该书《自叙》中，陈炽论述了生财之道，明确指出只有生产才是创造财富之源泉，认为："昔者吾友尝言之矣，'三代后之言财用者，皆移之耳，或夺之耳，未有能生之者。'移之者何？除中饱是也；夺之者何？加赋税是也。然亦

---

① ［英］法思德：《富国策》，汪凤藻译，光绪六年（1880）同文馆聚珍版。

未有能移夺外国之财以归中国者。若生财之道,则地上本无是物,人间本无是财,而今忽有之。"① 用"移之""夺之""生之"的概念,把财富的分配、再分配和财富的生产加以区分,指出只有物质资料的生产才是财富之源泉。再如,在《讲求农学说》中,他提出发展资本主义农业生产,主张在农业中仿照英国的方式,采用大规模农业经营的方式。又如,他在书中痛驳了地主阶级顽固派的义利之辨,提出"公利"观点,即人人都可以追求个人财利。这些观点都可以看出《富国策》的影响。

梁启超也是通过阅读《富国策》等译著而接触到西方经济学说的。他在1896年将同文馆译本《富国策》收入《西学书目表》商政类书中,并在《读西学书法》中给予了高度评价:"(《富国策》)精义甚多,其中所言商理商情,合地球人民土地,以几何公法盈虚消长之,盖非专门名家者,不能通其奥也。中国欲振兴商务,非有商学会聚众讲求大明此等理法不可。"② 正是接触《富国策》等经济学译著后,他开始接受西方的经济学说并利用其中的原理和观点来分析中国古代的经济思想和经济政策。

郑观应在《盛世危言·农功》中论地利与人力的关系时说:"昔英国挪佛一郡本属不毛,后察其土宜遍种萝卜,大获其利。伊里岛田卑湿,嗣用机器竭其水,土脉遂肥。撒里司平原之地既枯且薄,自以鸟粪培壅,百谷无不驳茂。"③ 而同文馆译本《富国策》第1卷第7章《论增益财用之理》中说:"英国挪佛一郡,昔为荒地,嗣审其土宜,广种萝卜,居民以之牧羊,而获利特厚。又撒里司白里平原之地,土本硗薄,自肥以鸟粪而产谷极富。又伊里岛田向苦卑湿,后用机器竭其水,土脉特肥。"两相比较,显然郑观应的这段话是征引《富国策》的内容来作为自己说理的依据。

其次,奠定了中国近现代某些经济用语的基础。作为首部系统的经济学著作,《富国策》为中国输入了许多专门的经济概念和术语,奠定

---

① 赵树贵、曾丽雅编:《陈炽集》,中华书局1997年版,第149页。
② 梁启超:《读西学书法》,载黎难秋主编《中国科学翻译史料》,中国科学技术大学出版社1996年版,第639页。
③ 夏东元编:《郑观应集》(上),上海人民出版社1982年版,第735页。

了中国的经济学的专业用语基础。

最后，开创了中国近代翻译的新领域。从鸦片战争到19世纪80年代，在中国翻译史上不乏西学翻译之作，但是这些西学翻译多以科技为主，经济类的西学翻译则付之阙如。因此，《富国策》译著的问世在中国近代翻译史上起到了填补空白的作用。除了帮助中国知识界加深对经济学的了解外，还促进了经济学的发展步伐，引发了一场翻译引进西方经济学的运动。比如，1885年傅兰雅（John Fryer）口译、应祖锡笔述的《佐治刍言》，1886年艾约瑟（J. Edkins）翻译的《富国养民策》，1889年英人布莱德著、傅兰雅口译的《保富述要》等经济学译作先后出版。所有这些，在中国初步奠定了近代经济学学科的基础。

有的学者在肯定《富国策》作用的同时，也对其进行了批评。梁启超在《读西学书法》中说："同文馆所译《富国策》，与税务司所译《富国养民策》，或言本属一书云。译笔皆劣。"① 陈炽也认为同文馆所译《富国策》"词旨庸陋，平平焉无奇也"，批评译者"弃菁英，存糟粕，名言精理，百无一存"②。严复在《论译才之难》中说："曩闻友人言，已译之书，如《谭天》、如《万国公法》、如《富国策》，皆纰谬层出，开卷即见。"③ 不过，作为首部西方经济学的中文译著，《富国策》开拓了中国经济学的领域，启发了先进中国人的思想，是近代中西文化交流史上的大事。同时，清政府的经济政策也有所变化，开始允许私人创办企业，主动与外国通商。但是由于中国的经济思想长期受到"义利之辨"的困扰，不能采取西方经济学的进路来思考问题，加之受传播媒介、受众群体及书中内容等因素的制约，《富国策》等经济学译作虽然在士大夫之间造成一定的影响，但是很难原原本本地在中国传播。

（原载《山东师范大学学报》2008年第4期）

---

① 梁启超：《读西学书法》，载黎难秋主编《中国科学翻译史料》，中国科学技术大学出版社1996年版，第639页。

② 赵树贵、曾丽雅编：《陈炽集》，中华书局1997年版，第274—275页。

③ 王栻主编：《严复集》第1册，中华书局1986年版，第90—91页。

汪凤藻与《富国策》的翻译

汪凤藻（1851—1918），字云章、号芝房，江苏元和（今江苏吴县）人。上海广方言馆首届四十名学生之一，京师同文馆英文班毕业生，因成绩优异而以户部主事留同文馆，并升任副教习。1882年中举，次年进士及第，随又点为翰林，授翰林院庶吉士。1887年，随苏州同乡、状元洪钧出使俄、德、奥三国。1892年担任驻日公使，1894年中日甲午战争爆发后奉令回国，仍在翰林院任职。1902年，担任上海南洋公学的"总办"（校长），后因"墨水瓶事件"辞职。1909年，经张之洞保举，担任京师大学堂格致科监督。编译有《英文举隅》《新加坡律例》《富国策》《中外政治类编》《海东酬唱集》等书。对于汪凤藻的生平与活动学术界有些总结和研究，[①] 但对于汪译《富国策》问题至今尚未有系统探讨。因此，通过梳理汪凤藻与《富国策》的关系，既可以明确他在近代中西文化交流史上的贡献，同时对江南地方文化史研究也有所帮助。

一 《富国策》是否为汪凤藻所译

"富国策"原为西方经济学传入近代中国时的中文译名。1867年，

[①] 如杨裕南《汪凤藻》，见郭汉民、徐彻主编《清代人物传稿》下编第8卷，辽宁人民出版社1993年版，第87—89页；孙克复、关捷主编《甲午中日战争人物传》，黑龙江人民出版社1984年版，第214—216页；赵林凤《从同文馆中走出的使日大臣——汪凤藻》，《广西社会科学》2006年第5期；陈华新主编《百年树人：上海交通大学历任校长传略》，上海交通大学出版社1997年版，第28—30页；邱志红《〈英文举隅〉与〈英文话规〉：同文馆毕业生编译的早期英语文法书》，《寻根》2008年第5期。

美国传教士丁韪良为京师同文馆开设"富国策"即经济学课程，后来他担任总教习后为同文馆所设计的八年制和五年制的课程表中均有"富国策"，并以英国经济学家法思德（Henry Fawcett）《政治经济学提要》（*Manual of Political Economy*）为教材；1880年该书以《富国策》之名翻译出版。这是西方经济学在近代中国的第一部中译本，系统介绍了生产、交换、分配、消费等西方经济思想。

对于《富国策》的翻译者问题，目前学术界主要存在三种意见。一种观点认为该书由丁韪良口译，汪凤藻笔述。例如，李竞能认为虽然《富国策》上写着法思德著、汪凤藻翻译，但是实际上它是由丁韪良口述，汪凤藻笔述而成的。① 另一种观点认为汪凤藻翻译了该书。例如熊月之认为该书由汪凤藻翻译。② 还有一种观点认为该书是丁韪良译、著或编。台湾学者姚崧龄在《影响我国维新的几个外国人》中说丁韪良用中文编辑之书即包括《富国策》。③

虽然存在上述三种不同看法，但学界大都没有予以具体考证说明缘由。其实，确切地说，《富国策》的翻译者是同文馆副教习汪凤藻所译，后经同文馆总教习丁韪良负责校订而成。这一点可从崇礼所作序言与丁韪良所写凡例中推知。总署大臣崇礼在为《富国策》作序时指出，该书由丁韪良"督率汪生凤藻译之而详加核焉"。丁韪良自己也说"译是书者为同文馆副教习汪生凤藻"，"其原书先已熟读备探秘奥，迨译本脱稿后，复经总教习详加核对乃呈"④。持上述不同意见者，大概不相信中国人当时的外语水平，对汪凤藻能否独立翻译持怀疑态度。其实，对于汪凤藻的中外文水平，时人评价是很高的。19世纪70年代，同文馆学生汪凤藻、德明、左秉隆等人在帮助丁韪良翻译《公法便览》时，丁氏就对汪凤藻的翻译水平给了很高的评价："兹译以华文而词义尚能明晰者，则汪君芝房凤藻之力为多。芝房既具敏才，复精英文。余

---

① 李竞能：《论清末西方资产阶级经济学的传入中国》，《经济研究》1979年第2期。
② 熊月之：《西学东渐与晚清社会》，上海人民出版社1994年版，第319页。
③ 姚崧龄：《影响我国维新的几个外国人》，台湾传记文学出版社1971年版，第35页。
④ ［英］法思德：《富国策》，汪凤藻译，光绪六年（1880）京师同文馆聚珍版。

为之讲解一切易于领悟。其笔亦足以达之，且能恪遵原本，不减不增，使余省点窜之劳。"① 1880 年，丁韪良在为《富国策》所写凡例中再次赞叹汪凤藻"夙擅敏才，既长于汉文，尤精于英文"②。曾国藩之子、外交家曾纪泽非常赏识汪凤藻出色的英语能力，称其"年富而劬学，兼营而并骛"，并将编译英语文法书的工作托付给汪凤藻，而汪亦不负重托，"阅月而成册"，译成《英文举隅》一书，并于 1879 年由同文馆正式出版。1882 年 10 月，海关总税务司英国人赫德在给中国海关伦敦办事处委员金登干的信中也提到汪凤藻是同文馆英文班中成绩最好的学生。1902 年，盛宣怀在保举汪凤藻担任上海南洋公学总理时称其"学术宏正，兼贯中西"。今人也有不少称赞汪凤藻的中英文水平高的文字：或称"中、英文功底均不浅"③；其"学贯中西并达到传统科举考试之巅峰"④；"光绪年间，全国找不出第二个像汪凤藻这样既懂洋文、又有功名的'复合型人才'"⑤。汪凤藻当时是同文馆副教习，能在这所新型学校中当上副教习并非易事。同文馆有规定，对学业成绩好的学生可升任副教习职务。据第一次同文馆题名录所载 1879 年两科考试中年岁试榜单，汪凤藻的英文成绩位居全馆第一，汉文、算学成绩位居第二。因此，汪凤藻能担任副教习一职全靠自己努力的结果，我们完全可以认定汪凤藻有能力完成本书的翻译。

二 汪凤藻翻译《富国策》的方法

汪凤藻在翻译《富国策》的过程中并非严格依照原著进行翻译，而是有所变动。《富国策》英文底本共有 4 卷 42 章，加上序言、目录，总计大约有 25 万字，而《富国策》只有大约 8 万汉字，即使考虑到古代汉语的简洁，这也不成比例。从这个角度来看，汪凤藻删改而未译的内容是相当多的。

---

① 丁韪良：《公法便览·自序》，光绪三年（1877）同文馆铅印本。
② ［英］法思德：《富国策》，汪凤藻译，光绪六年（1880）同文馆聚珍版。
③ 郭汉民、徐彻主编：《清代人物传稿》下编第 8 卷，辽宁人民出版社 1993 年版，第 88 页。
④ 苏精：《清季同文馆及其师生》，台北（出版者不详）1985 年版，第 185 页。
⑤ 赵林凤：《从同文馆中走出的使日大臣——汪凤藻》，《广西社会科学》2006 年第 5 期。

1. 解释说明

译者根据实际需要，对一些费解之处作了必要的注解。据笔者统计有 35 处之多。如在第 1 卷第 6 章论证股份公司时，译者加了按语："按西国合伙设肆之例，恒约法凡股主之家，日用所需，不得市诸他肆，故其获利如操券云。"又第 7 章以巴拉圭为例谈论国家政教与民俗关系时，译者在巴拉圭后加注"南亚美洲小国"；在西印度群岛后注明"在美洲南北美洲之间，古巴亦在其内"；等等。

2. 不译之处

既有完整章节未译，又有具体内容没译。其中原著前法思德本人所作序言、详细目录，译者未加翻译。原著中第 2 卷第 7 章佃农在经济方面的租地权（Metayers and Cottiers, and the Economic Aspects of Tenant-Right）、第 11 章国家的土地（The Nationalisation of the Land）、第 12 章奴隶的经济权（On the Economic Aspects of Slavery），第 3 卷中第 10 章信用的功能（The Functions of Credit）、第 11 章信用价格的影响（The Influene of Credit on Prices）、第 12 章论利率（On the Rate of Interest）、第 13 章论作为国家进步的利润下降趋势（On the Tendency of Profits to Fall as a Nation Advances）、第 14 章生产过剩或供应过剩（Of Over-production or Excess of Supply）、第 15 章论近期金矿的发现（On the Recent Gold Discoveries）。第 4 卷第 2 章论所得税（On the Income-tax）、第 3 章商品税和其他间接税（Taxes on Commodities and other Indirect Taxes）、第 4 章论土地税与低税率（On the Land-Tax and Poor-Rates）、第 5 章济贫法和贫困的影响（The Poor-law and its Influence on Pauperism）、第 6 章地方税（Local Taxation）、第 7 章地方税的发生率（The Incidence of Local Taxation），以上完整章节均没有翻译。

一般来说，未译部分在内容上并不重要，所以被舍弃。如原著第 1 卷第 5 章《论三要滋生之力》，原著中所举两例：一是亚当·斯密的制针的例子，二是萨伊的扑克牌制造业的例子。但是汪凤藻在翻译时只译了前者，对后者却舍弃不取。另也有译者有意漏译之处。如第 1 卷总论中讨论政治经济学关于追求财富和道德伦理关系的问题时有这样一些词句："Hardhearted and selfish are the stereotyped epithets applied to this science"（冷漠和自私自利是这门科学的典型特征）、in favor of wealth（求利）、Political economy that is a science which encourages selfishness and degrades the best feelings of human nature（政治经济学是一门鼓励自私和削减人类情感的科学）等词句甚多，均被译者放弃，原因大概是这些观点不符合中国素来重义轻利的传统，恐怕引起总署不满。

3. 增加评论

原著在论证人口增长问题时曾引用了达尔文的一段话："The elephant is reckoned the slowest breeder of all known animals, and I have taken some pains to estimate its probable minimum rate of increase. It will be under the mark to assume that it breeds when thirty years old, and goes on breeding until ninety years old, bringing forth three pairs of young in this interval. If this be so, at the end of the fifth century there would be alive fifteen million elephants, descended from the first pair."① 汪凤藻的翻译是："走兽中惟象之生育最稀，间尝论之，设象生三十年而始育，至九十年而止，其间生雌雄各以三，循是以推，历五百年之久，一偶之所衍，已有一千五百万之多。观于兽道，而人道不从可知哉。"其中，"I have taken some pains to estimate its probable minimum rate of increase" 未翻译，"观于兽道，而人道不从可知哉"这一句话是汪凤藻所加，更表明了他的态度。

4. 错译之处

第 2 卷第 6 章《论小农躬耕之法》中论述小农自治己田的益处时，其中有一句"使余当路于法，村人且受上赏矣"，查英文原为"The inhabitants of this village deserve encouragement for their industry, and if I were a French minister they should have it"②。前一句的翻译没有疑义，而后半句译为"使余当路于法"则错，应为"如果我是法国的部长"。

5. 调整之处

原著中第 1 卷的第 7 章（On the Laws Which Determine the Increase of Production）、第 8 章（On the Increase of Capital）分别讲述决定生产增

---

① Henry Fawcett, *Manual of Polical Economy*, London: Macmillan and co, 1874, p. 142.
② Henry Fawcett, *Manual of Polical Economy*, London: Macmillan and co, 1874, p. 183.

长和资本增长的法则,而译本将两者合为一章,标题译改为《论增益财用之理》,这一点译者自己也指出"自此页以至章末,原书别为一章,兹连类而合之"。原书第 2 卷中的第 7 章译者未译,而是将原文的第 8 章所译作为第 7 章,依次原书第 9 章译作第 8 章,原书第 10 章译为第 9 章。第 3 卷《论交易》中的第 10 章《论税敛之法》乃译自原著第 4 卷第 1 节 On the General Principles of Taxation,作者点明"原书第四卷第一章"。

当然,汪凤藻没有接受过西方经济学的训练,使他很难把握该书的精要,因此此书的翻译也存在一些不尽如人意的地方。如把《政治经济学提要》(Manual of Political Economy)译为《富国策》、《国富论》(The Wealth of Nations)译为《邦国财用论》、工资(wages)译为工价、劳动(labour)译为人功、社会主义(socialism)译为均富、积极的限制(positive prevent)译为"天数"、人口(population)译为"民数"等。在翻译一些重要人名时,他用"拔氏""韦氏""斯氏"等词表示,让人很难理解其所指。不过,考虑到翻译者在当时很难从中文中找到与西方经济学相对应的词汇,可以想见汪凤藻和丁韪良还是付出了很大的努力。正如胡寄窗所说:"一八八〇年出版的《富国策》是资产阶级经济学的第一部中译本",虽然"在名称或译文的内容上均不足取",但其"创始意义""不应抹杀"[①]。

三 汪译《富国策》的影响

《富国策》在近代中国的主要影响是其思想内容,但众多的版本反映了《富国策》的受欢迎程度。除了京师同文馆在 1880 年以聚珍版的形式出版外,尚出现过美华书馆本、益智书会本、实学新编本、乐善堂铅印本、鸿宝书局本。1896 年,早期维新派代表人物陈炽与朋友重译《富国策》并在《时务报》上连载。1897 年在无锡出版的《无锡白话报》中,梁溪勿我室主人以白话文的形式推演了同文馆《富国策》译本。《湘学新报》《中国学塾会书目》《东西学书录》等分别给予了评价;《皇朝蓄艾文编》收录了该书的部分内容。可见,《富国策》的翻译刊行,对近代中国社会产生深远影响。

---

① 胡寄窗:《胡寄窗文集》,中国财政经济出版社 1995 年版,第 695 页。

首先,《富国策》对晚清中国思想界产生广泛影响。总署大臣崇礼是最早的读者之一。崇礼在为该书作序时,着重阐发了翻译出版《富国策》的原因和意义,并称赞"其利溥""为用宏",把"富有""足食""丰财"看作圣人之大业,提出了与以往传统"重义轻利"观念完全不同的见解。陈炽在吸取《富国策》基础上写了《续富国策》和重新翻译《富国策》。梁启超也是通过阅读《富国策》等译著而接触到西方经济学说的。他在《读西学书法》中指出,"(《富国策》)精义甚多,其中所言商理商情,合地球人民土地,以几何公法盈虚消长之,盖非专门名家者,不能通其奥也。中国欲振兴商务,非有商学会聚众讲求大明此等理法不可"①,对《富国策》作了高度评价。

其次,《富国策》成为学校教材和应试参考书。《富国策》出版后,京师同文馆内学生有了可资参考的教材,并经常据此出题考试。同时,山东登州文会馆、上海格致书院等新式课堂也用此作教科书。其中上海格致书院学生在课艺中多次征引《富国策》的内容。② 在清末山东青州的学堂中,教师经常让学生抄写《富国策》,并时时背诵,以备考试之用。③

最后,《富国策》是外国人著述说理的依据和阅读译刻的重点图书。1899年2月,《万国公报》刊登的《各家富国策辨》(英国医士马林著,金陵李玉书译)中曾提到"昔格物家有马耳德者,深思人民患贫之苦,手著一书,历来作富国策者皆以为笃论而宗之。……丁韪良先生《富国策》中亦曰:数十年来,诸家之说俱无能出马氏之右者。且述马氏之意曰:以英国论,苟无阻抑生命之端,则必使嫁娶日稀。或令迁徙出洋,另辟新地,庶可少纾充塞之患。不然,虽有救贫之方,终归无益"④,即引用了《富国策》卷二《论工价》中关于马尔萨斯的《人

---

① 梁启超:《读西学书法》,载黎难秋主编《中国科学翻译史科》,中国科学技术大学出版社1996年版,第639页。

② 郝秉键、李志军:《19世纪晚期中国民间知识分子的思想:以上海格致书院为例》,中国人民大学出版社2005年版,第282页。

③ 王钧堂:《英国传教士李提摩太》,载《山东文史集粹·民族宗教卷》,山东人民出版社1993年版,第257、259页。

④ 钱钟书主编:《万国公报文选》,生活·读书·新知三联书店1998年版,第637、639页。

口论》的论述。英国传教士傅兰雅所作《富国须知》也是绝大部分内容抄录《富国策》。① 1881年，朝鲜高宗派金允植作为领选使来中国天津，就朝鲜与美国如何建立通商关系等事宜与李鸿章会谈；1882年，他在回国途中曾阅读《富国策》三卷，"西丁韪良所著也……原书上有注曰：'富国策'"②。《富国策》出版后的第二年就传入日本，这一年乐善堂翻刻本出版。日人岸田吟香为乐善堂出版的重点书籍介绍过《富国策》："《富国策》（铅印）：《富国策》一书本系英国法思德氏原选，凡三卷。初讲生财之道，中说用财之法，终论贸易之要。其文简约，其理明晰。凡在泰西所讲究者，无不悉载。顾其意欲广发财源，究不违吾儒仁义之旨也。若弃仁义而逞私见，无论何策，终难富国耳。世有留心财务者，必须以先睹为快也。"③ 这从不同角度说明了《富国策》的影响程度。

当然，因受当时中国的现实社会经济条件、传播主体与受传对象、该书内容、交通与邮政状况等因素制约，《富国策》在1880年刚问世时并未在中国知识界传播开来，而是甲午战后其影响才逐渐扩大。但是汪凤藻独立翻译《富国策》，而不必借助西人，取代了西人口译、华人笔述的译书方式，这是中国翻译事业的一大进步。同时也为中国输入了许多专门的经济概念和术语，奠定了中国经济学的专业用语基础。更为重要的是，《富国策》等经济学译著的刊刻，使中国传统的义利观和本末论等经济伦理观念受到了前所未有的冲击，使得一批知识分子愿意投入实业。清政府的经济政策也有所变化，开始允许私人创办企业，对于外国通商开始采取主动的态势。这些都是《富国策》等经济学译著传入西方经济学的积极结果。

（原载《苏州科技学院学报》2010年第5期）

---

① 张登德：《〈富国须知〉与〈富国策〉关系考述》，《安徽史学》2005年第2期。
② 刘顺利：《王朝间的对话：朝鲜领选使天津来往日记导读》，宁夏人民出版社2006年版，第259页。
③ 陈捷：《岸田吟香的乐善堂在中国的图书出版和贩卖活动》，《中国典籍与文化》2005年第3期。

唐庆增对民国大学经济学教育的关注和评论

唐庆增（1902—1972），字叔高，江苏太仓人。早年就读于上海工业专门学校和北京清华学校。1920年至1925年留学美国密歇根大学、哈佛大学，攻读经济学，获硕士学位。归国后在上海光华大学、大夏大学、暨南大学、劳动大学、浙江大学、江西中正大学等高校长期从事经济学的教学与研究工作，其中在光华大学和大夏大学除担任经济学教授外还兼经济学系主任。著有《经济学概论》《大学经济课程指导》《中国经济思想史》《国际商业政策史》《西洋五大经济学家》等著作以及大批论文。1949年后担任复旦大学教授。唐庆增毕生致力于大学经济学的教学和研究，对中国经济史学科的建立和大学经济学系的发展作出了重要贡献。除了部分论著有所涉及外，[①] 现尚未有专文深入论述唐庆增关于大学经济学教育方面的思想。20世纪30年代前后，虽然在高校经济院系任教者甚多，但很少有人像唐庆增一样积极开展教学研究和探讨。他对大学经济学系设立、课程设置、教授方法、论文写作、参考书籍等方面进行了认真反思和思考，并将其公开发表，在学术界和社会上产生了较大反响。这些论著阐述的观点，不仅对促进近代中国大学经济学教育的发展有重要作用，同时对于今天的经济学科以及其他学科的教学和研究也具有重要的借鉴意义。

---

① 李翠莲：《留美生与中国经济学》，南开大学出版社2009年版；王轩龙：《唐庆增学术思想研究》，硕士学位论文，山东师范大学，2013年。

一 关于经济学的重要性及高校设立经济学系的目的和未来展望

晚清西学东渐过程中,西方经济学知识逐渐传到中国。当时即有不少人对经济学的重要性有所阐述。19世纪七八十年代,京师同文馆总教习美国传教士丁韪良曾在馆内开设"富国策"(经济学),并说过该学科的重要性和意义:"其义在使民足衣足食","重在偃武修和","旨在广发财源","旁逮格致诸学,并专以开发智巧"①。19世纪90年代末至20世纪初年,严复进一步把国家富强和民族盛衰的原因归于经济学,"晚近欧洲富强之效,识者皆归功于计学"②。"夫计学者,切而言之,则关于中国之贫富;远而论之,则系乎黄种之盛衰。"③ 晚清时期随着《原富》的译刊,引起更多国人对经济学作用的思考。

进入民国以后,随着国家对实业建设的重视,与经济问题关系密切的经济学科引起了更广泛的关注。1924年,北京大学经济系主任顾孟余在为《北大经济学会半月刊》的祝辞中指出:"一国之经济与政治社会,恒有连带之关系。自古以来,从未有纯粹之经济,所谓纯粹经济,不过学者一抽象之观察法耳。因此经济问题,亦同时为政治和社会问题。"④ 唐庆增也指出:"有清末叶,国事日非,国人鉴于国际间经济竞争之重要,眼光乃渐注意及于经济问题。近年来风气一变,昔日所鄙视之智识,今日则极为社会人士所注重。"⑤ "自海禁大开,欧风东渐,我国社会人士,渐知闭户自守之失计,纷纷研习高等学识,以图自存。而经济科为立国之本,尤为社会人士所注重。故近年来国中专攻此学者,实繁有徒。"⑥ 后来他在《大学经济课程指导》一书中进一步指出:"社会科学对于现代文明贡献之伟大,实不亚于自然科学,而在各社会科学中,经济学实占极重要之位置。……吾人欲求本身之生存,改进现有之

---

① 丁韪良:《富国策》凡例,光绪六年(1880)京师同文馆聚珍版。
② 王栻主编:《严复集》第5册,中华书局1986年版,第1349页。
③ 王栻主编:《严复集》第1册,中华书局1986年版,第101页。
④ 《北大经济学会半月刊》1924年第29号。
⑤ 唐庆增:《经济学系在大学课程中之地位及其使命》,《教育杂志》1931年第23卷第5号。
⑥ 唐庆增:《今日国中经济学家之责任》,《总商会月报》1927年第7卷第6号。

环境,非有充足之经济智识不可,不然将自绝于社会,或受环境所支配,而终为所淘汰而后已。今日吾人在一切经济制度之下,工作及生活,此项组织,既日加复杂,而社会上人与人之经济关系,亦日益密切,吾人应放弃昔日讳谈货利之见解,从而详细研究之,了解经济现象及经济思想之性质及内容,如此方不愧为社会中之健全分子,不愧为现代国家中一善良之公民,故无论为己身之利益计,为国家前途计,为人群之幸福计,皆不可不研究经济学。"① 他把经济学的重要性看作"立国之本",并将之与个人利益、国家前途、民众幸福联系在一起,是继严复之后又一对经济学作用的高度评价。

唐庆增对于经济学系在中国大学中的地位和使命也有较深刻的认识。他指出经济学系在大学课程中设立的目的有四个方面。其一,"提倡并灌输经济专门教育,使青年学子于理论思想方面,得有严密之训练、彻底之了解,于事实及应用方面有准确及深刻之认识;俾学生他日离校,为社会服务时,可发展其技能,实施其所学习,改良并促进中国之经济思想与制度,从精神及物质上共谋国家及社会之革新"。其二,"引导本系学子,于其他与经济学有关之各科学及基本常识,能有充分之研究及彻底之了解,使其于本科之外,凡与经济学关系密切之学科,尽能在大学中融会贯通,立一基础,俾异日为社会服务,得随时应用各种学识,应付各种难于解决之问题"。其三,"不但使学生接受智识,且当授以获得此项智识之方法,使之能按部就班,循序渐进,他日能自动的作高深之研究,促进中国学术及经济制度之进步"。其四,"与校中所立其他学系通同合作,供给他系学生以相当之经济智识,设法扶助他系同学,使彼等知识渐趋广博一途,蔚成健全的服务人才"②。即不仅灌输知识,而且提高能力,尤其是增加经济专门知识以及相关学科常识,培养学生掌握相关研究方法以从事经济学术研究,协助他系学生健全知识,为改造社会、服务社会做准备。对于大学经济学系之将来,他指出随着国家与社会对经济建设的重视,以及高等教育的发达,"将来

---

① 唐庆增:《大学经济课程指导》,民智书局1933年版,第1、4、5页。
② 唐庆增:《经济学系在大学课程中之地位及其使命》,《教育杂志》1931年第23卷第5号。

经济学系在大学学程中之地位，必日见其重要"；"将来各大学中之经济学系，必多进步，且较今日易于扩充"；"将来大学中之经济学系，必可完全以本国情形为基础"①。

19世纪70年代后，虽然京师同文馆、登州文汇馆、上海中西书院、京师大学堂、北洋大学堂等学校曾开过"富国策""理财学""理财富国学"，但这些课程只是依附在历年课程表中，学校中并没有设立独立的经济学系。民国初年，教育部颁布的《壬子学制》规定，大学法科下设经济学。1929年国民政府教育部颁布《大学规程》，其中在"学系及课程"中规定，大学法学院或者独立学院法科分法律、政治、经济三学系。这些教育法规，推动了经济学知识的传播和高校经济学系的发展。唐庆增指出："至在我国，往昔士大夫以言利为耻，于经济事物，置于不论不议之列，以致经济智识进步极缓；况高等教育在我国之历史亦甚暂，故学校中经济学系设立之晚，自为不可避免之结果；民国以来，经济学之重要，渐为社会人士所承认，各大学先后纷纷设立独立的经济学系。时至今日，几于无校无之，不可谓非一大进步。""试观逐年出洋留学生科目之统计，以及国中大学经济系学生之数目，即可知其梗概。"② 据统计，民国时期的约55所大学中，设立法学院或商学院系的有42所，而1931年前设立法学院或商学院的约有34所，其中又以20年代为高潮。③ 虽然当时如此多的经济系和商学院得以设立，但对于这些院系的设立目的、有何作用以及将来如何发展，各界并没有明确的认识。唐庆增经过多年的教学实践和深入思考，对经济学系的设立目的和未来展望的探讨在当时并不多见。

二 课程设置及选修课程

因在多所大学担任经济学教授，且曾为大夏大学经济系主任、商学院院长，故唐庆增对于当时各高校中经济学系课程设置情况，以及存在

---

① 唐庆增：《经济学系在大学课程中之地位及其使命》，《教育杂志》1931年第23卷第5号。
② 唐庆增：《经济学系在大学课程中之地位及其使命》，《教育杂志》1931年第23卷第5号。
③ 李翠莲：《留美生与中国经济学》，南开大学出版社2009年版，第116—117页。

的缺陷较为了解。

　　1928年,他在《益世报》撰文时指出当时大学经济学课程存在"文商科之界限划分太不清楚""经济课程太少""各处大学经济科目之程度及课本不一律""授课时间太短""关于选读各种经济学课程之资格(Prerequisite)无正确之规定""经济科课程内容犯重复之病""经济课程内容偏重于外邦情形过甚"7个方面的缺陷。因此,他提出当前经济学科应该首先"以专家为之""务须实事求是""忌盲从""须有充足之经费"等方面进行改造;同时,提出"于演讲中加入本国材料""用读本(Selected Readings)与课本相辅而行""编印讲义以补课本之不足"三条改革办法。① 1933年,他在《大学经济课程指导》一书中进一步指出,"课程设立之不敷"是当时青年研究经济学失败的原因之一,"现今国内各大学所设立之经济学程,究嫌其少。夫经济学范围极广,内容甚复杂,欲将所有一切学理及事实,一一设立学科以研究之,当然为事实上所办不到,然课程少则因简就陋,青年所获智识,不免将流于狭窄一途。大学之设立,所以供给青年各种智识之基础,并灌输其种种治学之方法,如果校中设立学程不足,试问其能否达到此种目的?使其不能达到此种目的,则大学之设立,尚有何种意义乎?"② 明确指出课程太少或者设置不合理,不仅达不到教育学生的目的,而且影响大学办学目标。因此,他建议经济学课程设置应该努力做到以下两点。其一,"课程求其充实,凡必需者均当开班,要在能实事求是,勿徒致力于形式间之铺张"。其二,经济学系学生所应学习经济学的主科之外,再让学生选择一副系。"此项副系,以政治学及社会学为首选,其次为历史与法学,缘此类社会科学与经济学关系特深之故,但所定副系应修学分之数,可较主系积点略少。"③

　　选课是教学活动中的重要环节,也是学生完成培养方案的首要前提。具体怎样选修课程,唐庆增在《大学经济课程指导》一书中分

---

① 唐庆增:《改造我国大学中经济课程刍议》,天津《益世报》1928年元旦增刊。
② 唐庆增:《大学经济课程指导》,民智书局1933年版,第10页。
③ 唐庆增:《经济学系在大学课程中之地位及其使命》,《教育杂志》1931年第23卷第5号。

"论青年选修课程有审慎之必要""如何能明了各学程之性质""选科之标准""经济学系青年所应选之本系科目""经济学系青年所应选之他系科目""经济学系青年所应选之商学院课程""理想之课程表""杂论"等内容，系统地论述了他对经济学系大学生选修课程的认识。例如，他从学习年限、课程内容深浅、研究兴趣等六个方面告诫学生应该审慎选课，可以通过与校中教授、系主任、院长商榷，检查校中章程或各院各系课程细目及说明书，与曾选该科之同学讨论，询问校内导师等方法来了解各学程的内容。当然，这是谈到经济学系学生在选课时借助外力以解决关于选课上的疑难，不过他又指出学生还要依靠自己判断。

对于经济学系学生所应选之本系中的31门课程，他均对其特点、内容及课本使用、选修必要性等一一作了分析。例如，对于"经济学原理"课程，唐庆增指出："此为经济学系中之初步功课，乃一切高深学问之根基，故不能忽视，现时国内各大学当局对此科甚见注重，凡此科成绩不能及格之学生，即取消其选读他种经济功课之资格。……此科不仅为经济系学生之必修科，即研究文学哲学及各种社会科学者，俱有选修之必要，其目的在供给青年以各种基本之经济理论，并叙述现代经济组织之构造与功能。"[①] 另外，对西洋经济史、中国经济史、西洋经济思想史、中国经济思想史、财政学、货币与银行、劳工问题、价值与分配论、经济名著选读、农业经济、会计学、经济统计学、经济循环、社会主义史、人口论、中国经济问题、世界经济趋势、劳工运动史、国际贸易、关税问题、租税论、所得税及遗产税、田赋研究、中国财政问题、中国及欧美各国币制、中国及欧美各国银行、近代经济思潮、高等经济、经济地理、经济学之范围及方法等本系课程，他也作了详细的解释分析。

除了选修经济学本系学课程外，唐庆增指出经济系学生还可以选读他院系科目，如政治学系的政治学原理、世界现代政治问题、市政学、市财政学、比较政治、中国近时外交史、政治思想史课程；法律学系的法学通论、商法、劳工法、法律哲学课程；国学系的国学概论、中国思

---

① 唐庆增：《大学经济课程指导》，民智书局1933年版，第60页。

想史、周秦诸子学案课程；外国语言系的英文、德文、法文、应用商业文件课程；史地学系的历史通论、中国及西洋通史课程；社会学系的社会学原理、社会问题、社会统计学、穷困问题、农村社会学、西洋社会思想史、中国社会思想史课程；哲学系的哲学概论、伦理学、名学、中国哲学史及西洋哲学史课程；教育学院的教育原理、普通教学法、职业学校课程；理学院的物理概论、化学概论、初等微积分课程；商学院的商业原理及组织、商算、高等银行学、国外汇兑、高等会计、运输学原理等课程，并对这些课程的特点与内容进行了分析。

除对选课提出建议外，他又对"研究经济学究应以何种科目为副系？""经济学系青年如何利用暑期学校？""经济学系功课适合于旁听生否？""经济学系青年应否选修函授学校之经济课程？""经济学系青年对于应选而未选之功课如何补救？"五个问题进行了解答。唐庆增提出的这些建议，既明晰又有针对性，对学生了解每门课程的特点及如何选课起到了有效的引导作用。同时，他对经济学系之外他系的课程分析，也有如此深刻的见解，值得我们思考。

三　教授方法与教授之责任

唐庆增曾在大夏大学教授过"经济学原理"课程，因此他对这一课程的教授方法谈了不少看法。1927 年，他在《中华教育界》发表关于经济学原理教法的文章，指出中国大学内各种科目中，"以科学中最浅近之原理或大意"，最为难授的即经济学原理，不仅教授方面所感困难固多，而大学学生亦以选读此种初步功课为最苦事。不过由于经济学原理属于高深学问之根基，极为重要，因此就是在欧美各大学中对于此科也特别注意，凡此科成绩不良之学生，即取消其选读他种经济功课之资格。唐庆增在大学教授此课过程中，发现该课的教授存在程度、时间、课本、教材、讨论、译名六种问题，并一一进行解答。对于程度问题，即学生选读经济学原理，"须二年级生方能选读"；对于时间问题，每星期至少有三小时；使用经济学原理课本，除正用课本以外，另行选择应用材料，采取用读本、作演讲、发讲义的形式，随时授诸学生，以补课本之不足；对于讨论问题，他提出最好由教员及学生发问，使学生自由讨论，发表意见，由教授予以臧否；对于经济学原理中不少专门名词，教师宜将一切经济专门名词译出，为学生详解。①

在教学的方法上，他重视第二课堂的作用和学生实际能力的培养，主张在课堂讲授之余，组织学生参观工矿企业、机关商行，让他们通过社会调查了解本国实情。"经济学系工作，不当专限于课堂上之演讲讨论及课内之实验（即 Laboratory Work，如会计、统计等科），更须有种种之课外活动，以补正课之不足，此项工作计分：（一）参观，（二）实习，（三）集会，（四）会社四种。"② 经济系应有实习室之设备，如会计学应有会计练习室，统计学应有统计练习室，一切应用之文件器具等，皆须置备实习室。

唐庆增还重点谈论教师在教学过程中的责任。他在谈论学生研究经济学为何失败的原因时，指出其中原因之一是"教授之不佳"。他认为教授负有教导青年之责任，但是我国不少教授"上焉者以衣食所累，视教职为谋生之术，敷衍塞责，但求酬报到手，不问其他，下焉者钩心斗角，结党营私，不惜利用纯洁青年，为猎取功名富贵之举，研究经济学者，执掌教职，其所念念不忘者有二：进则为官，退则为商，大学不啻为此辈之驿舍"，他痛心地指出："吾知长此以往，中国大学教育，必有破产之一日，谓为误人子弟，尤其罪恶中之小焉者耳。"③ 当然，他分析出现上述问题大都由于生计问题，并提出了解决办法是增加教育经费，提高教师待遇："学校能有充足之经费，即各种弱点，必可尽加矫正"，"吾人须知现时国内大学教授之所以不能潜心研究学术，授课不能有良好成绩者，实受生计压迫之所致，平时生活尚生问题，又安能望其专心教读，以教育为终身事业哉。现时国内之大学教授，均兼职数处，仆仆风尘，自难望其对于学术，有所造就，使当局对于教授生活，能给以相当之保障，同时更设法鼓励其学业上之进取。则教授自能安心

---

① 唐庆增：《经济学原理教法管窥》，《中华教育界》1927 年第 16 卷第 12 期。
② 唐庆增：《经济学系在大学课程中之地位及其使命》，《教育杂志》1931 年第 23 卷第 5 号。
③ 唐庆增：《大学经济课程指导》，民智书局 1933 年版，第 9 页。

于教室生活，不致见异思迁，视学校如旅舍矣。"① 这既是对当局的告诫，也是对教授的期望。

除了期望学校经费充足，提高教师待遇外，他指出经济学系教授还有其他责任。其一，培养学生研究经济智识之方法。"系中教授，当就能力所及，增加与学生接触之机会，则彼等逢有困难时，得以迎刃而解，于研究方法上，必能逐渐进步。"② 其二，作为校内导师指导学生选修课程。"青年如于选择功课上有何种疑难，不妨尽量提出，其导师或能指示一切，使青年入于光明之大道，而不致常陷于荆棘之中也。"③ 其三，编辑经济课本。可以西文书籍为根据，再细加斟酌材料，在明白通顺、务求其合于国人之用的基础上编辑经济学课本。

四　论文写作

毕业论文是整个教学活动中的重要环节。他在《大学经济学系论文之作法》和《大学经济课程指导》著作中谈论如何写作经济学方面的论文。他论证写作这些论著的目的："吾国大学经济学系之设立，历史甚暂，其规定学生之著作论文，尤属晚近之举，故在今日犹可称为试验时期，其功效尚未显著。然不佞认毕业论文一事，有关于青年学业者甚大，因不能以等闲视之，乃今日国中一部分青年，误以此为无足轻重，视学校定章若具文，以论文一事为手续。且有少数之留学生，非特不知设法矫正青年之心理，反推波助澜，以论文为无益，著文痛诋，诚不知是何居心也！此文目的，在说明大学经济学系论文之作法，聊为今日青年治学之一助耳。"同时，他还提到，欧美大学非常注重学生毕业论文，"学生应试博士硕士学位，如论文不能及格，虽课程或口试结果优良，亦属无济于事"，以证明论文写作之重要。

他先论证了写作论文对于学生之裨益，或大学中设立此项规定之理由，主要有五个方面。其一，"组织思想"。"青年在大学中三四年级

---

① 唐庆增：《大学经济课程指导》，民智书局1933年版，第11—12页。
② 唐庆增：《经济学系在大学课程中之地位及其使命》，《教育杂志》1931年第23卷第5号。
③ 唐庆增：《大学经济课程指导》，民智书局1933年版，第36页。

时，闻见渐多，思想当渐见缜密，然平素各种见解，多自成片段，缺乏系统，大学当局规定其著作毕业论文，即使其组织思想训练其思考能力，且使其对于观察研究所得，养成一种批评之能力，而为后来处事之准备。"其二，"练习著作"。"大学中青年，平素应付校课，或鲜暇晷，毕业论文之规定，即给予学子练习著作之机会也。……凡青年经过此一番训练后，著述能力，必有进步。"其三，"记忆事物"。写作论文是"便于记忆之良法"，论文完稿以后，对于各项相关资料，往往历久而不忘，得益之巨，较诸读一本书者，不啻倍蓰。其四，"博览群书"。"大学毕业论文之作用，在使青年能借此机会，熟稳关于经济学之一切参考材料，抑且触类旁通。"其五，"精博研求"。"论文往往就本人研究之专门部分，择题发挥，是青年此项精深之研究，更可补校中课程之不足；然某一经济问题或理论，与其他问题及理论，具有极密切之关系，即经济学与他种社会科学，其关系亦甚密切，故著作论文，更可使作者之眼光扩大。论文撰就以后，定可发现本人平素学业上有何缺点及擅长，是其重要性初不亚于各项学程也。"

然后他论述了论文写作的步骤和注意问题：首先，择取题目要宜切实，勿空泛；命题宜小不宜大；须平素确有研究，本人感有兴趣者为适当；依本人之意见为转移。其次，论文题目定好后，应将全书作一大纲，排列其写作程序及其要求，包括序文（以说明著者对于问题研究之经过，或择取此题之理由）、目次（以简明为贵）；本文（要求内容须具有独到之见解，切忌堆砌成语，言之无物；修辞要必以通达为归，发挥须有系统及组织；引句必须注明出处，免有掠美之嫌；统计宜充分利用，但不要只集合数字，不加解释）；附录。他对论文"附录"的要求是"应列举参考书目，所用杂志报章之材料，亦当一一为之标明，是为著述材料之来源，至属重要"，并以美国大学为例予以告诫，"对于学生所交之论文或报告，如见有不列参考书名，或引用成语而不注明出处者，即摒弃不阅，可见其重视矣"[①]。这一点与前面所提"引句必须注明出处"，讲的是学术规范，有启示意义。

---

① 唐庆增：《大学经济学系论文之作法》，《经济学季刊》1934 年第 5 卷第 3 期。

五 重视经济学图书资料的建设工作

首先，论证建立经济图书室的重要性和必要性。他说："研究自然科学，不能离开实验室，若研究社会科学，则图书实为决不可少之伴侣，对于研究经济学者为尤重要，盖经济事物，瞬息千变，新旧典籍，浩如烟海，图书馆无充足之书籍，则青年所涉猎者不免浅薄，所得仅系皮毛，不能作精深之研究，请问此种人物，是否合于现时中国社会之需要？"接着他以英国的曼彻斯特大学、美国哈佛大学图书馆为例指出二者收藏经济学书籍之丰富，"欧美各大学图书馆所收藏经济书籍之丰富，真所谓琳琅满目，美不胜收"，而"观我国各大学之图书馆，所收藏之经济书籍，不逮英美大学图书馆十之一，有数处并极普通之参考书而无之，此种现象，言之令人慨叹"①。"设备简单，则无论其课程若何充实，课外工作若何完备，学生所得智识，终属有限。为研究高深学术起见，经济图书室为万不可少之设备，最低限度，本系应有一专门之图书室，专供本系及他系同学参考之用。"②"大学当局，欲求青年著作论文，有优良之成绩者，非先使图书馆设备充实不可也。"③ 批评国内大学设备之简陋，是导致青年学习经济学失败原因之一，因此大学图书馆应该收藏大量经济学等社会科学书籍，有条件的应建立专门的经济图书室。

其次，介绍经济学参考书籍。他在《大学经济课程指导》一书中，谈及经济系学生必须修读"经济名著选读"一科时指出国中大学经济学系之设立有此科者，所读原文要不出下列数种：如斯密《原富》、李嘉图《经济学及赋税原理》、穆勒《经济学原理》、马歇尔《经济学原理》、凯塞尔《社会经济学理论》、马克思《资本论》、巴维克《资本正论》等。在《大学经济学系论文之作法》一文中，他指出写作论文必备之书籍，如何士芳《英汉经济字典》、英人泼尔格雷夫所编《经济学大字典》《中国经济年鉴》《申报年鉴》，《人文月刊》最近杂志要目索

---

① 唐庆增：《大学经济课程指导》，民智书局1933年版，第7—9页。
② 唐庆增：《经济学系在大学课程中之地位及其使命》，《教育杂志》1931年第23卷第5号。
③ 唐庆增：《大学经济学系论文之作法》，《经济学季刊》1934年第5卷第3期。

引，以及中山文化教育馆之期刊索引等。同时，他建议经济图书室购置书籍时，除了各学程应用之普通参考书外，更当略备较高深之用书，还要置备他种社会科学名著，订购多份报章杂志等。

最后，著文介绍欧美经济图书馆、书店以及自己购书、读书心得。唐庆增勤于搜罗购买经济书籍。赵人俊曾在为唐庆增所著《中国经济思想史》作序时指出，"忆在冈桥时，火曜之日，每偕唐君遍历书肆，觅购书籍，有所获辄喜不自胜，而唐君尤勤于搜罗"①，以至"私人藏书甚富"②。他曾写有《记欧美各国出售经济学珍本之旧书坊》《美国各大学经济科之设施》《英美经济图书馆发达之概况》《购买经济书籍之一得》《经济学用书概要》《最近出版之财政学书籍》《如何培养读书兴趣》《读书小记》等文章，谈论收藏和购买经济类图书以及培养读书兴趣的重要性和必要性。

六 结语

社会存在决定社会意识。唐庆增的教学研究成果主要集中在20世纪30年代前后。我们可以结合当时社会政治经济状况，研究他如何酿成这样的思想。此时南京国民政府刚刚统一全国，国内政局相对稳定，政府对于高等教育较为重视，为大学教学与研究提供了方便。唐庆增不仅是多所大学的教授，而且曾担任大夏大学经济系主任、商学院院长等职务，自然对教学及院系的发展倾注了更多的精力。例如他明确指出院系领导有指导学生选修课程之责任。"系主任为排定及支配各种功课之人，对于所开班之各科，负直接之责任，对于各科内容之梗概，自必知悉，亦可前往询问一切，以解决各种疑难，且系主任对于本系之教授，素有往来，关于课程一切事务常有商酌，于各科性质，必不致有隔膜情形，院长亦然，院长且可察看青年所研究课程之次序，加以指导襄助，青年选修相当之功课，原属教授、系主任及院长应有之责任。"③

---

① 参见唐庆增《中国经济思想史》"赵序"，商务印书馆2010年版。
② 夏炎德：《中国近百年经济思想》，商务印书馆1948年版，第179页。
③ 唐庆增：《大学经济课程指导》，民智书局1933年版，第32页。

正是担任系主任、院长的经历，给他提供了更多考虑教学改革的机会。

由于在美国留学多年，他对于美国经济学教育的体制、研究规范、学术精神等有所了解和体会，因此他在国内大学中着重介绍西方经济学，并多以美国的经济学教育理念和学术范式作为例证。1922年民国政府颁布了《壬戌学制》，确定民国学制仿效美国六三三学制，使得美国教育在中国以法规的形式确立了地位。此后，大批留学生在海外学习经济学专业，尤其是到美国者为多。1926年，唐庆增即观察到："近年来吾国青年学子，赴美习经济科者日众。良以此科范围至广，应用处最多，又为吾国今日需要学识之一。"[①] 这些留美学生回国后，有的进入政界、商界，但多数进入高校。他们在高校教授经济学，使得多数经济学系朝美国式的经济学教育模式迈进。唐庆增曾写有《美国各大学经济科之设施》，详细介绍美国大学中经济系的设备；在《经济学原理教法管窥》一文中以美国威斯康桥大学、哈佛大学、哥伦比亚大学、密歇根大学为例说明了经济学原理课程在美国每周需要三小时以上的时间；在《大学经济课程指导》一书中举例美国哈佛大学经济学系中的"国际贸易"与"美国关税史"、"财富分配论"与"改造社会程序"等课程即系按年轮流开班的形式，建议国内经济学系课程如果一时难以开设，也可采用此法，以省经费而资调剂。这些例证与他在美国读书（教育背景）有着密切关系。

他从教育青年的角度出发，强调培养学生的兴趣，提高他们的服务社会的能力，增强专业化意识。他说："大学教授负有教导青年之责任，使命极为重大，一国青年之能否成为社会有用人材，有赖于教授者至多。"[②] 他还告诫大学生应珍惜光阴。"四年之期限，极为短促，转瞬过去……况此四年之中，除第一年为研究各种基本智识之时期外，研究经济学学程之时期，为期不过三年，可谓短促之至。……如果在此四年

[①] 唐庆增：《美国各大学经济科之设施》，载《唐庆增经济论文集》，商务印书馆1930年版，第215—216页。

[②] 唐庆增：《大学经济课程指导》，民智书局1933年版，第9页。

之中，选科更不得其道，将宝贵光阴任意浪费，而不能利用此人生绝无仅有之黄金时代，岂非可惜之至！"① 教育学生利用求学机会，为走上社会做准备。例如他建议经济系学生应该选择国学系的《国学概论》课程，"盖青年他日离校后，服务社会，不论担任何种工作，皆与此科不能须臾离也。经济学系青年，于国学虽不必求何等文学上之修养及造就，然至少须养成一了解古籍及应用本国文字以发表思想之能力，在学校时代不知注重，他日毕业后，追悔莫及"②。他在《经济学用书概要》文章中明确表明写作此文的目的在于"使国中研究经济学之青年学子，选择书籍，有所凭依"③。这些建议，表达了他教书育人的观念。

　　唐庆增如此关注经济学的教学与研究，目的是"欲创造适合我国之经济科学"④。而教材建设是建立中国经济学的重要步骤。他指出："我国大学中经济课程，有一最大缺憾，即因国中合用之教本过少，不能不用西文书籍。其结果则恒使莘莘学子之脑筋中，充满不少外邦事实，于本国情形反多不甚了了（如劳动问题，则因用西文书籍之故，完全为外邦劳动问题）。此其弊病，至今日而犹不加挽救者，其祸害将有不堪设想者矣。"⑤ 后来他又进一步指出："我国大学中之设立经济学系，历史既不甚久，故内容颇多模仿他国大学，间有不合国情之处；加以本国著述不多，故不能不借重西书，以为教本，此系过渡时代办法。他日当能完全成立一中国化的经济学系，一方面研究西洋经济学说及制度之精华，另一方面阐求我国固有之思想及改良国内之经济状况，采他人之长，补吾人之短，以切实之功夫，为精确之研究，是则愚所切望者也。"⑥ 因此他非常重视教材建设，其在多年讲义基础上编写而成的《中国经济思想史》，影响较大。同时他强调在大学以外普及一般性经济学教育，写有《经济学概论》和《经济学自修指导》等，以提高国

---

① 唐庆增：《大学经济课程指导》，民智书局1933年版，第19—20页。
② 唐庆增：《大学经济课程指导》，民智书局1933年版，第103页。
③ 唐庆增：《经济学用书概要》，《东方杂志》1926年第23卷第22号。
④ 唐庆增：《中国经济思想史·自序》，商务印书馆2010年版。
⑤ 唐庆增：《改造我国大学中经济课程刍议》，天津《益世报》1928年元旦增刊。
⑥ 唐庆增：《经济学系在大学课程中之地位及其使命》，《教育杂志》1931年第23卷第5号。

民的经济学素养。

20 世纪 30 年代前后，尽管西方经济学以及马克思主义经济理等论著曾大量出版，但是对于经济学教学研究论文甚少，特别是对教学中存在的问题，很少有人去思考，而唐庆增是难得的一人。他的不少论文即在解答教学存在问题，关心了解学生的基础上形成。正是教学相长，促进了唐庆增学术水平的提高，使他能够在 20 世纪 30 年代前后发表如此多的论文和著作。同样是民国时期的经济学家，像马寅初、何廉、方显廷、陈岱孙等留美生，虽然在国内高校担任过教授或行政职务，也曾进行过教学改革，编写过教材，出版发表过经济学论著，但是他们的教学研究论文相对较少。唐庆增多年从事大学经济学教育，并有大量论著表述自己关于教学方面的心得与经验，值得于古今借鉴。可以说，只要研究近代中国高等经济学教育，唐庆增即绕不过去的人物。

[原载《澳门理工学报》(人文社会科学版) 2014 年第 4 期]

晚清中国对俄修西伯利亚铁路的反应

西伯利亚铁路从1891年动工修建到1904年全线通车，对俄国东部地区的发展的重要性不言而喻，同时对当时中国产生了重要影响。该路在修筑过程中，中国即一直关注其进展情况。针对俄修西伯利亚铁路，中国开始修筑关东铁路；当俄国欲"借地筑路"，许景澄、李鸿章与俄进行多次交涉，最后清廷允许该路经过中国东北。当时的使臣、士子看到了俄修铁路对中国国防的威胁和侵略，倡议中国抓紧修筑铁路。同时，社会上对修建这条铁路的反响也很强烈。一些有影响的报刊不仅报道了西伯利亚铁路的运营和商业作用，而且发表评论文章，论述铁路修成后与中国的利害关系。虽有部分民众在义和团运动时期冲击过中东铁路，但不少华工参与了西伯利亚铁路的修建，对该路的建成作出了贡献。多年以来，学术界多集中于该路对俄国发展的影响，或集中于华工对西伯利亚铁路修建的贡献等，[①] 而尚无专文系统探讨晚清时期中国政府与社会对于该路修建的反应。因此围绕俄修西伯利亚铁路而在当时中国引起的反响进行研究，对于了解当时中俄关系具有重要的学术价值。

一 俄国西伯利亚铁路的修建和清政府的应对

（一）"铁路竞赛"：西伯利亚铁路（俄）与关东铁路（中）

虽然俄国利用第二次鸦片战争迫使清政府签订《瑷珲条约》和《北京条约》，割占了中国黑龙江以北、乌苏里江以东100多万平方公里的土

---

① 赖晨：《西伯利亚大铁路与中国劳工》，《文史精华》2013年第7期。

地，但一直没有放弃对中国东北的觊觎。特别是到19世纪80年代，由于英俄之间的矛盾，致使俄国西进和南下的侵略活动受挫时，俄国开始把注意力转向远东太平洋方面。1886年，东西伯利亚总督和阿穆尔沿岸地区总督分别向沙皇呈递报告，指出改善西伯利亚内部通运输的重要性。沙皇亚历山大三世阅后发布了应该注意远东领土的声明。次年，俄国部分高级官员召开了关于西伯利亚铁路修建之必要性的会议。此后，俄国政府加紧修筑西伯利亚铁路，意欲控制东北亚，尤其是把中国东北作为侵略目标，并采取向远东移民、经济掠夺、宗教渗透等手段以实现其目的。

鉴于日益严重的沙俄对东北的侵扰活动，为加强东北防务，清政府向黑龙江沿岸迁移了大批居民，从北京沿黑龙江至瑷珲架设了电报线缆，在松花江沿岸集中了大批军队，在吉林建设了兵工厂。① 清廷原定先修卢汉铁路，但鉴于俄修西伯利亚铁路的危机形势，清廷决定缓修卢汉路，先办营口至珲春的铁路，以先声夺人，加强东北防务。1890年3月，总理衙门上奏称朝鲜弱小，不足自存，而提出六条整顿措施，其中包括"东三省兴办铁路"。慈禧太后认为"合机宜"，光绪皇帝也认为兴办铁路能够"消患未萌"，并让李鸿章和总理衙门妥筹具奏。② 一周后，李鸿章致电奕譞，告知"东路即可举办，有裨大局，拟派吴炽昌带熟手员匠驰往勘路"，同时"令吴炽昌诸事慎密，俟兴工时，则不患人知也"③。但是清政府聘请英国工程师带人勘查东北南部至俄朝交界的珲春的举动，立即引起了俄地方官员的注意。"俄国人的情报机关早已获悉这个勘测队出发前的活动，中国人这个活动的不受欢迎是可以想象得到的。的确这件事情的影响所及促使了俄国人不得不赶快实行他们的计划。"④ 阿穆尔河沿岸地区总督科尔弗认为，中国在英国工程师的帮

---

① 陈秋杰：《西伯利亚大铁路修建及其影响研究（1917年以前）》，博士学位论文，东北师范大学，2011年。

② 宓汝成编：《中国近代铁路史资料（1863—1911）》第1册，中华书局1963年版，第188—189页。

③ 宓汝成编：《中国近代铁路史资料（1863—1911）》第1册，中华书局1963年版，第189页。

④ ［英］肯德：《中国铁路发展史》，李抱宏等译，生活·读书·新知三联书店1958年版，第40—41页。

助下进行的直达与俄国交界的珲春铁路的勘测行动,表明中国国防力量对俄国构成的威胁正在扩大,因此他请求俄政府立即开始修建西伯利亚铁路。

得知俄国准备修建西伯利亚铁路后,清廷重臣李鸿章与奕譞一直电报往来谈论此事。先是李鸿章在1890年4月14日致电奕譞:"黄彭年前疏由《申报》刊播,俄国大惊,东方铁路催工以争先着。"次日,奕譞回电李鸿章:"东轨我所亟,彼所嫉。设彼加筹赶工,我但泥定岁二百里,落后无疑。"4月21日,李鸿章回复奕譞:"彼即加筹赶工,料亦不能甚速。我若岁成二百里,先声已足夺人"。① 因决定不借外资,国内资金又不好筹集,清政府只好停拨卢汉铁路用款,改作关东铁路之用。1890年4月23日,李鸿章致电张之洞,告知朝廷认为"铁路宜移缓就急,先办营口至珲春","若鄂、东合用,必均无成"。4月28日,张之洞回电李鸿章:"关东路工紧要,廷议移缓就急,卢汉之路可徐办等因。谨当遵办。湖北即专意筹办煤、铁、炼钢、造轨,以供东工之用。"② 清廷把修建铁路的重心由卢汉铁路转移到关东铁路上来,并得到朝野上下的认可。

针对中国欲修关东铁路的举措,俄国的反应也很强烈。1890年7月,外交大臣吉尔斯指出,19世纪80年代末就出现了把北京和东北铁路连接起来的构想,"中国人产生这一构想的主要动机是认为俄国在觊觎中国东北的领土。与俄国在东方竞争的英国支持中国,整个英中媒体都在提醒中国人要警惕俄国的威胁。可以这样说,受这些暗示的影响,中国人的头脑中已经酝酿形成了修建满洲铁路的计划,这一计划暂时没有实行主要是因为中国没有筹措到足够的资金"③。同年8月,他又致信支持沙皇,说"俄国对华关系的状况促使外交部认为,修筑西伯利亚铁路的问题对俄国具有头等的重要性"④。次年2月,沙皇亚历山大

---

① 宓汝成编:《中国近代铁路史资料(1863—1911)》第1册,中华书局1963年版,第189页。
② 宓汝成编:《中国近代铁路史资料(1863—1911)》第1册,中华书局1963年版,第188页。
③ 转引自陈秋杰《西伯利亚大铁路修建及其影响研究(1917年以前)》,博士学位论文,东北师范大学,2011年。
④ [俄]罗曼诺夫:《俄国在满洲(1892—1906)》,陶文钊等译,商务印书馆1980年版,第51—52页。

三世发布了"从速修筑这条铁路"的敕令。同年4月，西伯利亚铁路南乌苏里路段开工修建。

为防范俄国的扩张，中国相应地加紧修筑关东铁路。原计划由营口首先动工，但经过科技人员沿途勘测后，认为"由营口至珲春工段，难易不一，需费多寡不同，约估将近三千万两……由吉至珲，人烟稀少，山岭丛峻，工大费巨。而珲春距俄逼近，兵力单薄，尤惧不足以资保护。又谓俄人闻我将造铁路，猜忌滋深，与其由营口起手，另开炉灶，惑人观听，不如由津沽铁路之林西地方，接造出山海关至牛庄而达沈阳、吉林。由内达外，岁有增益，无事张皇，而已得控制全局之势，且可无另筹养路之资"①。李鸿章接受了他们的意见，同意改由林西东延接至山海关，出山海关经锦州、广宁、新民厅至沈阳以至吉林，然后再由沈阳造支路以至牛庄、营口。1891年5月，关东铁路开始动工兴建，关内工程进展尚属顺利，到1893年4月铁路造至山海关。但关外段工程因1894年筹措慈禧太后60寿辰及中日甲午战争爆发而被迫中止。这时，沙俄却加强西伯利亚铁路的修筑。因此可以说，在这场中俄筑路竞赛中，清政府是失败者。英国人肯德早在1907年就指出俄国"同时横越西伯利亚的铁路开始勘测，1892年夏开始建筑西段。那时候俄国人在北京不断进行阻挠李鸿章的计划，以争取时间完成他们自己的计划。事实上，这个局面已经发展成为向中俄两国东部边境前进的竞赛。如果中国人能在俄国获得某种机会攫取让与权之前，就把计划中通过满洲的铁路建筑好的话，那末后者企图在东三省获得铁路建筑权的可能性就会大大地缩小"②。可是，由于清廷内部保守派的百般阻挠，清政府失去了这样的机会。

（二）俄国"借地筑路"与清廷的反应

西伯利亚铁路开工后不久，俄国财政大臣维特就主张铁路干线应通过中国东北直达符拉迪沃斯托克，这样就可拉近中国东北与俄国之间的

---

① 宓汝成编：《中国近代铁路史资料（1863—1911）》第1册，中华书局1963年版，第190页。
② ［英］肯德：《中国铁路发展史》，李抱宏等译，生活·读书·新知三联书店1958年版，第41页。

联系。为了说明西伯利亚铁路穿越中国的意义,维特指出:"这条铁路在政治方面和战略方面的重要作用在于它将为俄国提供这样的机会,即:随时可以以最短的路程将俄国军队运送到符拉迪沃斯托克;集中到满洲;集中到黄海沿岸;集中到离中国首都非常近的地方。即使是相当大的俄国部队出现在上述各地的可能性,也会大大加强俄国不仅在中国而且在整个远东的威信和影响,也会对俄国同中国各附属民族之间的更亲密关系作出贡献。"① 由于维特在俄国政府中的威望,加之交通大臣等人支持,1895年2月俄国最终确定维特关于西伯利亚铁路直传中国东北的方案。

为了试探列强和中国的反应,从1895年3月起俄国在国内大造"借地筑路"的舆论。俄国报纸《新时代》公开叫嚷:"把西伯利亚铁路的阿穆尔段穿过满洲,这是一条大为缩短、便宜和迅捷的路线,同时它将阻挠日本在该地区的逾分的要求。"② 中日甲午战争以后,俄国因联合法、德迫使日本政府放弃了对中国辽东半岛的占领一事而获得了清政府的好感,俄国也乘机向清廷提出让西伯利亚铁路穿越中国东北并南伸至大连的要求。

当西伯利亚铁路取道我国东北的计划即将付诸实施时,俄国多次试探中国对借地修路的态度。1895年6月,俄国财政大臣维特对中国驻俄公使许景澄表示:"俄国愿与中国为邻,不愿与日本为邻,故有出力争辽之举。……俄国防倭甚亟,现已加工赶造西伯利铁路,劝我造路与彼接连,两收通商调兵之利。述之至再。"不久,许景澄向总理衙门汇报时指出"至边界铁路,彼此接造,西国习为恒蹊,中土实为创举,其间实在利害,容俟详细考察,再备堂宪查核也"③。对于俄国欲在东北"借地筑路"的无理要求,清政府内部意见不一。其中一种意见是反对俄国在东北境内修路,并对沙俄在华修路的阴谋有所认识,主张自

---

① [美] 马洛泽莫夫:《俄国的远东政策(1881—1904)》,商务印书馆翻译组译,商务印书馆1977年版,第84页。

② [英] 约瑟夫:《列强对华外交:对华政治经济关系的研究(1894—1900)》,胡滨译,商务印书馆1959年版,第70页。

③ 杨儒:《俄事纪闻》,载中国社会科学院近代史研究所近代史资料编辑组编《近代史资料》总46号,中国社会科学出版社1982年版,第86页。

造铁路。如总理衙门在1895年10月19日上《中国拟自造铁路与俄路相接片》，指出："请速与俄议，凡自俄境入华境以后，由我修造，可操纵各国运货之权，其利甚大，可振中国富强之局。"① 同日，总理衙门致电许景澄："至中国办法，惟有自造铁路，在中俄交界与彼相接，方无流弊。着许景澄即将此意先与俄外部说明，总期勿损己权，勿伤交谊，方为两得。"许景澄接到清廷电报后，遂与俄国财政大臣维特商谈，告知清廷之意，但维特认为中国"目前未必有款，又无熟悉工程之人，办理恐难迅速"，而提议"莫如准俄人集立公司承造此路，与中国订立合同"。许景澄认为"俄商物力，未必能举此巨役，且议出威特，明系托名商办，实则俄廷自为。盖即借地修路之谋，变通其策，以免诸国之忌，而释我之疑"②。拒绝了维特的提议。湖广总督张之洞也上书建议，凡自俄境入华境以后，无论鸭绿江沿岸、黑龙江南岸达于海口，其铁路皆由中国修造。但这种主张并未被采纳。以李鸿章、慈禧太后为首的亲俄派，寄希望于"联俄抗日"，主张接受俄国的筑路要求，这就更加助长俄国侵华的嚣张气焰。

沙俄见通过许景澄与清廷公开交涉目的难以达到，于是在第二年又通过驻华公使喀西尼向总理衙门提出西伯利亚铁路通过中国东北的问题。清政府担心如答应沙俄要求，列强将群起效尤，因此拒绝了喀西尼的要求，并声明中国决定不把这类租让权给予任何外国和外国公司。

此后，俄国又借李鸿章在1896年5月作为特使赴莫斯科祝贺沙皇尼古拉二世加冕之际，诱使李鸿章同意"借地筑路"一事。李鸿章自然不敢做主，他在1896年5月致电总署：俄大臣维特谈东三省接路之事，认为中国自办恐十年无成，但李鸿章认为"代荐公司，实俄代办，于华权利有碍，各国必效尤"，不过"若不允，自办又无期"③。不久，俄皇接见

---

① 杨儒：《俄事纪闻》，载中国社会科学院近代史研究所近代史资料编辑组编《近代史资料》总46号，中国社会科学出版社1982年版，第85页。

② 杨儒：《俄事纪闻》，载中国社会科学院近代史研究所近代史资料编辑组编《近代史资料》总46号，中国社会科学出版社1982年版，第88—89页。

③ 杨儒：《俄事纪闻》，载中国社会科学院近代史研究所近代史资料编辑组编《近代史资料》总46号，中国社会科学出版社1982年版，第91页。

李鸿章，称俄国断不侵占别人尺寸土地，"东省接路，实为将来调兵捷速，中国有事亦便帮助，非仅利俄。惟华自办，恐力不足。或令在沪俄华银行承办，妥立章程，由华节制，定无流弊。各国多有此事例，劝请酌办。将来英、日难保不再生事，俄可出力援助"等。李鸿章又致电总署告知俄皇之意，并指出如果中国"自办接路，实恐无力，又难终止；俄今愿结好于我，约文无甚悖谬，若回绝，必致失欢，有碍大局。"不久，总署回电李鸿章，着派其为全权大臣与俄外部大臣画押，即《中俄密约》，决定在中国境内修建西伯利亚大铁路的支线，并命名为东清铁路（后又称中东铁路）。俄国通过这个条约取得了在中国东北修筑铁路的特权。

此后，俄国又通过《中东铁路合同》《旅大租地条约》《续订旅大租地条约》《中东铁路支线合同》等协定，取得了更多的权益。俄国外交部在致美国驻圣彼得堡大使洛克希尔的《备忘录》中也坦率地承认："满洲的发展及东北富源的开发，并非中东铁路的唯一目的。这条铁路有关俄国头等重要的公共利益在乎它是联系俄国远东领地与帝国其他部分的主要交通线；同时，也是向这些领地运输俄国商品的大动脉。这条路线乃是大西伯利亚铁路的一个不可分离的组成部分；西伯利亚铁路又是西欧各国用以交通远东的要道。"① 通过西伯利亚铁路的中东铁路支线，俄国获得了通往太平洋的铁路出口。

二 甲午战争前后的士人认识

在甲午战争之前，中国的驻外使臣、士人看到了俄修西伯利亚铁路对中国的潜在威胁。首先是驻俄公使洪钧，他在1890年5月奏《俄造东方铁路我有东顾之忧片》，指出："今闻中国铁路之谋，欲为先发制人之计，则有开办东方铁路之议。此议中之东方铁路，具有明文：分期十年，每年经费约银一千二百余万两。此路告成，则我东顾之忧益亟。此俄国近日情形也。"② 洪钧警告朝廷，俄国正在筹建西伯利亚铁路，计划10年内完工；一旦完成，对中国将造成严重威胁。次年1月，薛

---

① 宓汝成编：《中国近代铁路史资料（1863—1911）》第2册，中华书局1963年版，第651页。
② 宓汝成编：《中国近代铁路史资料（1863—1911）》第1册，中华书局1963年版，第197页。

福成在法国担任使臣时指出：英国在印度、缅甸修筑铁路，法国在越南修铁路，俄国"复议兴大工，经西伯利亚循黑龙江滨东越乌苏里以通珲春、海参崴"的铁路，并由此感慨道："环中国之四境，凡有陆路毗连之处，将无不汽车电掣，铁轨云连，一旦有事，则彼从容而我仓卒，彼迅捷而我稽迟，彼呼应灵通而我进退隔阂。吁！其可不早为之计哉！"① 同年，出使美国大臣崔国因也指出英国在缅甸造铁路，法国在越南修筑铁路，俄国修珲春铁路，"彼族皆借口通商也，果仅通商乎哉！"，并认为美格总统夫人所言"俄人之地势，已包中国东西北界，铁路若成，必为中国之患。防之之法，非自造铁路不可"，认为"其意殷拳，因已书之座右矣"②。

除了驻外使臣关注外，早期维新派如陈炽、郑观应等人也有类似主张。1891年1月，陈炽在给陈宝箴的信中写道："闻俄人西伯利亚铁路已归美国包办，期以四年必成。近得东边奭召南观察良书，谓东省千里平原，隘口岐出，实非铁路不能守，而今始知之，惟望速成，以消边衅。召南固素持非毁铁路之议者也。近日醇贤亲王虽经薨逝，然海军、铁路二者，尚无违言。惟望铁轨早成，俾得早竟全功，或可豫弭隐患耳。"③ 此后，陈炽在撰写《庸书》时多次提到俄修西伯利亚铁路对于中国和朝鲜的威胁。其中《四维》中说："盖今日之大患在俄，蚕食鲸吞，鹰瞵虎视，其新旧所得之属地，既络西藏，包伊犁、内外蒙古，以达朝鲜矣。西伯利亚铁路功成，而我东北、西北之边防将无宁日。"④《自叙》中提出："此路成后，不惟朝鲜东省不能安枕，即内外蒙古以袤络新疆、西藏，皆日在风声鹤唳之中。"⑤ 同时指出俄国修筑西伯利亚铁路主要是为了运兵方便。

---

① 宓汝成编：《中国近代铁路史资料（1863—1911）》第1册，中华书局1963年版，第117页。
② 宓汝成编：《中国近代铁路史资料（1863—1911）》第1册，中华书局1963年版，第197、199页。
③ 赵树贵、曾丽雅编：《陈炽集》，中华书局1997年版，第353页。
④ 赵树贵、曾丽雅编：《陈炽集》，中华书局1997年版，第8页。
⑤ 赵树贵、曾丽雅编：《陈炽集》，中华书局1997年版，第144页。

郑观应在《盛世危言》中指出："俄国所筑西卑里亚之铁路，不日可成，其道里所经与俄之圣比德罗堡京及墨斯科城一气衔接，所属大西洋之地与珲春扼要之境，亦节节相通。考欧洲至上海，若取道苏彝士河，历程四十四日，若取道美洲干拿打，历程三十四日，有此铁路不过二十日可到。就通商而论，其地贯欧、亚两洲之北境，将来各国行旅多出其途，俄人即可坐收其利，若偶有边衅，则由俄京至中国边境仅半月程。而我调饷征兵，动需岁月，急递甫行，敌已压境矣。……今俄国殚心竭虑在亚西亚东部制造铁路，约五、六年后即可告竣（西卑里亚铁路现已加工，限于西历一千八百九十八年一律造成）。彼时由俄国至中国新疆伊犁、吉林东三省等处不过数日，重兵可分驰并集。兴言及此，曷胜惊惧！"① 这表明郑既看到了通商对俄国的好处，同时提醒大家更要警惕俄国由此运兵的目的。

甲午战争以后，光绪帝下诏求言变法。不少廷臣在提出的变法建议中涉及西伯利亚铁路。如1895年5月，康有为在《上清帝第二书》中指出"俄人珲春铁路将成，边患更迫"②；陈炽在《上清帝万言书》中也提出"俄人耽耽虎视，其意可知，西伯利亚铁路一成，西北安有宁日"③，而建议清廷筑路通商。次年，刘坤一在《请设铁路公司借款开办折》中指出："英、法、俄争造铁路以通中国矣，现已包我三面，合之海疆竟成四面受敌之势，则铁路安可以不修？"④ 但随着《中俄密约》的签订，维新运动的进行，谴责俄修西伯利亚铁路具有侵略目的的议论越来越少，更多的是介绍西伯利亚铁路的便利和修建运行情况。

三 国内媒体关注

俄国修筑西伯利亚铁路一事，也是当时中国报刊比较关心的问题。

---

① 郑观应：《盛世危言·铁路》，载夏东元编《郑观应集》（上），上海人民出版社1982年版，第98页。
② 汤志钧编：《康有为政论集》（上），中华书局1981年版，第124页。
③ 陈炽：《上清帝万言书》，载孔祥吉《晚清史探微》，巴蜀书社2001年版，第149页。
④ 中国科学院历史研究所第三所工具书组校点：《刘坤一遗集》第2册，中华书局1959年版，第886页。

甲午战前清廷的主要倾向是"防俄",故报刊的议论即与此相应。1894年1月3日,《申报》发表《论俄人筑路》言及俄国筑西伯利亚铁路事,指出"俄人不得志于欧洲,必将肆志于亚洲,……故极意经营讲求铁路,逐渐推广,骎骎乎有日新月盛不能自已者。"认为俄人之用意与他国不同,不在通商而在土地。"英、法、德、美皆商国也,所重在商。与中国交,利在通商,并非在侵地。……此处地方既多荒寒,则商务亦必不如他处,何以急筑此铁路?……俄人之志已灼然可知焉。"所以"中国之边陲岂能长享安靖?……焉得而不防?……必也!珲春之中国地界亦当有铁路以便运调重兵以资防御。"但这种言论随着甲午战后远东形势的变化和清廷的亲俄态度而有所变化。

甲午战争后,中国开始维新运动,出现了《时务报》《昌言报》《菁华报》《知新报》《鹭江报》《利济学堂报》《集成报》《中外大事报》《译书公会报》等较为关注外国情况的报纸。这些报纸在涉及西伯利亚铁路的报道时,不再说其对中国的侵略,而主要介绍该路的修建进展情况,如车价、路程、效率、作用等。直到1903—1904年铁路将要竣工之时,才有一些报道评论其修完后与中国的利害关系。

1896—1898年,《时务报》在"英文报译""法文报译""东文报译"等栏目中刊载10篇译作介绍西伯利亚铁路里程、速度和商业作用。例如《时务报》"东文报译"栏目中刊载《西伯利亚铁路及东西洋之开通》译作中指出:"俄国西伯利亚铁路东偏,以旅顺口为止境,似在意中。然能否于千八百九十九年告竣,尚未可知。计自旅顺口至俄国莫斯哥,相离六千五十里,汽车速率,设每时可行三十四里,则七日又十时,即可到矣。自莫斯哥至英都伦敦,约六十时可至。又自上海至旅顺口,约五十时。自日本马关至旅顺口,亦约六十时可至。则自日本经由该路至英都,仅须十三日。"①《昌言报》(1898年第8期)刊载的《西伯利亚铁路情形记》中指出英国驻俄京陆军少佐曾记载西伯利亚铁路:"西伯利亚铁路,数年将竣工。该路与农业、开矿相为关系,其实利之

---

① 译时事新报:《西伯利亚铁路及东南洋之开通》,载《时务报》第6册,光绪二十二年八月二十一日(1896年9月27日)。

大,殆不可测。盖此地多产各种谷禾,畜类亦甚繁殖,矿物极富,铁路一开,则此等产物,必入欧洲之市。况满洲铁路助其利便,我英于满洲之贸易,现时未甚繁盛,将来亦无甚阻碍。唯轮船之业,则必为铁路夺去一半。自欧洲至东方搭客装货,必赖铁路为利。其行又速,则谁复冒波涛之险恶,以为费日损财之举哉?呜呼,后此行旅,将不复道轮船矣。"1903年,《经世文潮》刊文指出:"西伯利亚铁道,为新世界之一大革命。其对于世界之鸿益,非片语所能该。……盖以眩铁道之关系,连结欧亚两洲,为世界必由之公道也。兹道既立,欧亚间之货物交换,诚足以贸易自由。故刻下欧亚间货物由西伯利亚及东清两铁道者,其贸易额已达六亿。"[1] 仍然在肯定铁路的商业作用。

有的报纸具体介绍该路的速度效率、车价等。如《俄西伯利亚铁路车价》(《湘报》1898 年第 128 期)、《西伯利亚铁路车价》(《菁华报》1898 年第 2 期)、《西伯利亚铁路车价》(《知新报》1898 年第 56 期)、《论各国会议西伯利亚铁路车票》(《外交报》1903 年第 3 卷第 1 期)、《俄国报告西伯利亚铁路用费》(《湖北商务报》1903 年第 135 期)、《西伯利亚铁路速效》(《知新报》1899 年第 88 期)、《西伯利亚铁路巨费》(《知新报》1899 年第 92 期)等。

20 世纪初年,当中东铁路建设工程将近竣工之际,国内不少媒体报道了该路修成后与中国的关系。1903 年《经世文潮》刊文指出:西伯利亚铁路修完之后,"俄国数百年前之远算深谋,可以遂是矣。是铁路固深利于商务,而尤利于用兵。盖由西方兵士驰调至东不出十余日耳。由是观之,俄人蚕食中国之祸,已在于眉睫间也。……俄自与中国立约后,中国准俄铁路经过满洲。俄人贪壑未满,筑路时派兵防守,使满洲人知铁路之主人翁果为谁也。西伯利亚铁路经满洲、旅顺、大连湾、珲春,则东方之城可与西方相连,运兵神速矣"[2]。同年,《政艺通报》刊载了《闻西伯利亚铁路告成有感》的文章,指出:"忽然建筑毕告竣,神工鬼匠,何其奇焉?……我

---

[1] 《译日本报述俄国藏相极东视察之报告》,《经世文潮》1903 年第 6 期。
[2] 《李承恩论西伯利亚铁路告成与中国之关系》,《经世文潮》1903 年第 6 期。

闻俄国素贫瘠,民苦压制心各离,胡乃敢縻巨款七百八十兆,具此绝大希望,何所靳亿。从瑷珲立约后,俄人势力不可羁。揭来更得旅顺、大连两车站,自此伸足三省,将何疑惨哉?东省吾同胞,凌辱无诉,随鞭笞一怒咆哮,驱就屠万人瑟缩行且悲。"① 1904年,当铁路全线通车时,《鹭江报》载文指出:"俄国铁路之设,自旧京麦斯科以迄旅顺,计程五千四百五十万,约十四日可到。其距我神京也,亦复不远。为想铁路未建以前,中自中、俄自俄,偶有衅端,不过遽尔兴兵,遽尔息事。未见大利,亦未见大害。而今则万里之遥,咫尺而已。两京之隔,密迩而已。斯时谈时务者,皆曰铁路工竣,中国之东三省去矣;即十八行省亦在若存若没间耳。是何也?彼盖俯视一切,素欲拓囊括八荒之思想,即欲辟席卷六合之法门。而其必于西伯利亚竭力经营者,固将使异日运兵载粮,捷于影响,然后可鼓凤昔膨胀力,一如秋风扫叶,令人不可捉摸,此固俄人意中事也。"作者还指出趁日俄发生战争之际,中国应振奋精神,训练强兵,联结英日,以雪前耻,"所幸者,俄人建设铁路毕极坚牢,若为中国预备进兵之用,中国遂得收合精锐,从此地以启行,不数日俄京可至。……诗有曰:'维鹊有巢,维鸠居之'。俄之筑此铁路,或者造物使之为我而设,未可知也。顾有人曰,俄国经画多年,必将尽力防护,断不肯遽尔干休。然试问尔时之与日较力,兵马竭矣,轮舶空矣,库储罄矣。中国以袁马二帅,精卒不下十余万,兼以举国同心,及此时而追还故土,谅俄必不能再整师旅,与中国决一雌雄。"② 提出中国可以通过此铁路进攻俄国首都,并提出与俄国争夺此铁路的建议。

四 华工参与修建铁路

西伯利亚铁路动工兴建之初,俄国原计划完全使用本国的工人,这样既可把投资花在本国人身上,使其不致流亡国外,同时也可以增加远东的移民,巩固边防。但因环境艰苦,气候恶劣,俄国工人很快逃散;

---

① 颖人:《闻西伯利亚铁路告成有感》,《政艺通报》1903年第2卷第24期。
② 庄焕:《论西伯利亚铁路为中俄利害之第一关系》,《鹭江报》1904年第67期。

日本工人所求工资高，且难以吃苦。于是俄国政府最后决定全部采用中国苦力和本国流犯。翁特尔别格指出："组织中国人做工，没有任何特殊之处和任何困难。中国人无论对土方工程，还是对房屋建造，全都习惯，因此筑路工程对他们说来也毫无不习惯之处。"① 俄国多次派人到中国的山东、河南及东北各地招募工人。

1891年11月，崔国因在出使日记中记载："俄国珲春铁路，现在筑路兵士二千五百名，罪犯九百名，工人四百名，中国、高丽工人一千七百名，俄国石匠一百二十六名，中国石匠三百名，共约六千名"。②《东方杂志》"华侨近事汇录"中指出："我国之劳动工人，从事俄国西伯利亚铁路之工事，深入俄境者，其数甚多。据近三月间俄国税关之调查，实数有三万九千八百六十八人。所得之工银，约有'卢布'四五百万。俄国人民以为我国工人，有如是之多数，将来继续增多，非至压迫俄国劳动者不止。故俄人忌之，拟设法禁绝我国劳动者，不入俄领，以为排斥之计云。"③ 在整个西伯利亚铁路的建设中，华工冒着严寒酷暑，使用简易工具，从事挖土凿石、开山搭桥、铺设枕木等繁重工作，有无数华工致残或丧生。西伯利亚铁路东段的桥梁和隧道工程大部分是由中国工人完成的。因此翁特尔别格承认："铁路工程的极大部分是由中国工人完成的。工程的各个部门——无论是挖土方，还是架设桥梁，修建车站票房、营房、看守房等，都有中国人参加施工。"④ 一位俄国铁路工程师给莫斯科的妻子写信说："若要修好西伯利亚铁路，没有中国人是根本办不到的。他们过着非人的生活，表现出超人的力量，我相信，任何一个文明人都无法忍受那些中国人所默默忍受的非人的生活，非人的劳动；正因为有这些中国人的超人力量。西伯利亚大铁路才能够以平均每天18俄里的进度，在中国人的原始工具下，一寸一寸地向前

---

① ［俄］翁特尔别格：《滨海省（1856—1898）》，黑龙江大学俄语系研究室译，商务印书馆1980年版，第207页。
② 宓汝成编：《中国近代铁路史资料（1863—1911）》第1册，中华书局1963年版，第199页。
③ 《东方杂志》1910年第7卷第11期。
④ ［俄］翁特尔别格：《滨海省（1856—1898）》，黑龙江大学俄语系研究室译，商务印书馆1980年版，第211页。

推进，延伸着这一条文明人用以夸耀世界的大铁路。这些中国人，每天用玉米面或者玉米粒充饥，没有牛肉，没有牛油，没有鸡蛋，没有酒和菜，我敢说，在他们最美的梦里，也不会梦见一次烤子鸡或者鹅肝馅饼……现在，连玉米粒都不够了。我担心，如果他们饿得没有力气了，这条世界最长的铁路，该怎么办？"①

1900年春夏之交，义和团运动兴起，教堂、铁路成为义和团攻击的目标。东北地区也出现了义和团运动，他们扒中东铁路，烧毁松花江火车站内机车，焚烧了许多铁路沿线的建筑物，甚至还打死了指挥铁路建设的一名工程师。后来俄国护路队和援军联合镇压了东北义和团运动，中东铁路建设恢复施工。

西伯利亚铁路的修建对当时的远东国际局势产生了重大影响，不仅中国政府和社会作出了反应，日本也对俄国开始修筑西伯利亚铁路坐立不安。他们担心，一旦这条铁路全线通车，必将在军事上大大有利于俄国军队的调动，增强其在远东的军事力量。为此，日本政府在国际上四处奔走，联络英美等国向俄国施加压力，试图阻止西伯利亚铁路的修建，不过都没有效果。1904年日俄战争爆发与该路建成有一定的关系。同年，德国人在山东修建的胶济铁路建成通车，直接掠夺了中国的路权。此后，中国人开始采用各种方式抵抗列强掠夺我国路权的斗争。

（本文为2014年苏州大学主办的第三届中国近代交通社会史研讨会的参会论文）

---

① 转引自赖晨《西伯利亚大铁路与中国劳工》，《文史精华》2013年第7期。

论陈炽《续富国策》中的富国思想

陈炽是中国近代著名的维新思想家。戊戌维新运动期间，他颇为活跃，往来于军机大臣、户部尚书翁同龢与维新运动领袖康有为之间，并担任了强学会会长，成为维新运动的重要支持和参与者。同时，他发愤著书立说，有《庸书》和《续富国策》等书传世。其中《续富国策》是陈炽在甲午战争后"为救中国之贫弱而作"的经济专著。全书共4卷60篇，分为《农书》16篇、《矿书》12篇、《工书》14篇、《商书》18篇。在探索如何实现中国经济近代化、如何实现国家富强等方面，该书提供了许多有价值的思想。这是近代中国经济思想史上一份宝贵的遗产，对今天的改革开放仍具有重要参考价值。

一 "经制国用，举出于农"

中国是农业大国，经济近代化离不开农业的近代化。陈炽在关注时务的同时，对中国农业近代化提出了自己的见解，为中国农业的近代转型起到了前驱先路的作用。

第一，强调农工商协调发展。陈炽指出农业对国计民生的重要性，"经制国用，举出于农"，"五谷之利，在各业中为至微，而耕作之功在各事中为至苦。然一日不耕，天下有饥者，农政之所关，又在各务中为至重"[1]。农业也是国民经济其他部门发展的基础。陈炽指出："商之本

---

[1] 赵树贵、曾丽雅编：《陈炽集》，中华书局1997年版，第172—173页。

在农，农事兴则百物蕃，而利源可浚也。"① 农业能为轻工业的发展提供原料和为商业提供产品。如果没有农业为之提供原料，工商业的发展就会失去基础。

第二，强调政府、农官在发展近代农业中的作用。中国虽是传统的农业大国，但缺乏管理农业的专门机构。陈炽认为："水利沟渠，备旱潦，非一人一家之力所能为者，无以董之，则废而不修矣。"② 同时，植树造林，筹集资金；引导农民科学种田等，都需要政府为之出面组织。因此，陈炽指出，政府应该关心农民，设立农官，发挥督导作用。

第三，兴修水利。水利是农业的命脉。中国自古水患严重，对农业生产造成极大破坏。陈炽通过比较南北方对水利的重视程度给农业生产带来的不同影响，强调兴修水利的重要性。陈炽指出：三代以上之民"家给而人足"，而三代以下之民"患寡而患贫"，"观于江浙两省而恍然矣"。"浙之杭嘉湖、苏之苏松常太各属，沟渠河道，经纬井然，每三家之村必有一浜可以通船者，井里桑麻，蓬茸荟蔚，黄云四野，亩收十钟。江南下湿之区，禹贡厥田下下，今何以忽居上上也？则水利之修举为之也"。而反观北方，"水则一望滔天，旱则千里赤地，黄河、永定河岁岁漫决，百姓流离转徙，无岁不灾，官赈商捐，永无了日，则沟浍不通之故"③。即水利废弛是导致生态环境恶化，南北方经济发展差异的主要原因。陈炽认为开渠种树，治理水旱灾害成为发展农业的急务。

第四，提倡科教兴农，发展农业机械化。近代中国农业生产技术落后，所产产品很难在国际市场上竞争。陈炽认为农学不发达是其主要原因，因此应"将旧日农书，删繁就简，择其精要适用者，都为一卷。仍翻译各国农学，取其宜于中国凿凿可行者，亦汇为一编，颁布学官，散给生童，转教农人之识字者"④。农民接受教育后，眼界有所开阔，传

---

① 赵树贵、曾丽雅编：《陈炽集》，中华书局1997年版，第232页。
② 赵树贵、曾丽雅编：《陈炽集》，中华书局1997年版，第20页。
③ 赵树贵、曾丽雅编：《陈炽集》，中华书局1997年版，第151页。
④ 赵树贵、曾丽雅编：《陈炽集》，中华书局1997年版，第174页。

统的价值观会发生变化，有利于新技术的接受和推广。同时，借鉴西方获利之法并结合中国传统的农业经验，因地制宜，发展多种经营。另外，陈炽主张使用西方机器发展农业，"俾用力少而见功多，如伊尹之区田，亩收数十倍"①。主张中国要改良农业生产工具，走农业机械化的道路。

第五，保护农业生态环境。森林在保持水土、涵养水源、防止水旱灾害等方面具有生态效益。在《续富国策》中，他指出东南各省对树木尚知爱护栽培，而西北各地则任意砍伐，结果造成"千里赤地，一望童山旱潦为灾，风沙扑面。其地则泉源枯竭，硗确难耕；其民则菜色流离，饥寒垂毙"。有人将这种"地瘠民贫"的情况"归之于人事"，有人"诿之于天灾"，在陈炽看来，两者皆不正确，真正原因是"无树"②。陈炽的上述论证既说明了北方地区水土流失严重，水源枯竭，土地沙化，自然灾害频繁的情形，也指出了滥伐森林和破坏植被、过度垦殖等人类对自然资源的不合理开发利用是造成生态环境不断恶化的主要原因。

二 "工商二事，实泰西立国之本原"

工商业是创造社会财富的重要源泉，是国家赖以富强的重要行业。洋务运动时期，在"采西学""制洋器"思想指导下创办了一批军用和民用工业。早期维新派通过对洋务运动进程的关注，要求工商立国，指出"工为商基"，"工实为商之先"，机器能够殖财养民，主张在国民经济各部门中采用机器生产。陈炽也充分认识到工矿业对国家富强的重要性。他认为"工商二事，实泰西立国之本原，于是轮船商局，江海通行，电报公司，水陆联接，开煤炼铁，织布纺纱，部拨二百万金为东省铁道岁需之费，此富国之初基也"③。陈炽发展工业的设想，即是在这种大背景下的产物。

第一，发展以铁路为主的交通运输业和通讯业。工业化的发展不仅

---

① 赵树贵、曾丽雅编：《陈炽集》，中华书局1997年版，第174页。
② 赵树贵、曾丽雅编：《陈炽集》，中华书局1997年版，第154页。
③ 赵树贵、曾丽雅编：《陈炽集》，中华书局1997年版，第137页。

需要强盛的物质基础,还要有便利的运输条件。晚清中国交通运输落后,影响着经济领域各部门的发展,不少思想家提倡发展以轮船和火车为主的近代交通业。陈炽从国富民生的角度来考察交通对国家富强的关系。他指出:"欲考天下万国之贫富,以铁路之多寡定之矣。英美二国铁路最多,国最富,商力最雄。德法俄奥次之。今中国之铁路,在天下各国为最少,中国之民生国计视天下各国为最贫,而中国北方数省舟楫不通之区,又较天下各国为最广。"① 因此,要国富民强,就必须借鉴欧美各国广修铁路。

要想富,先修路。修筑铁路、公路与经济发展、国家富强的关系是不言而明的。陈炽超出了梁启超、宋恕等人把修路作为"支面""新气象"的思想,提出交通建设与国家兴衰关系密切更是发人深省。中华民国成立后,孙中山也重视铁路建设问题,认为振兴实业要以建设铁路为中心,"交通为实业之母,铁道又为交通之母。国家之贫富,可以铁道之多寡定之,地方之苦乐,可以铁道之远近计之"②。这种说法与十几年前陈炽的思想如出一辙。

一个地区经济要发展,便捷的通信手段也是不可少的。晚清沿用驿递方式,中央与地方的公文、情报等由快马兼程一站一站递送;民间书信则一般通过民营信局传递。陈炽认为这两种方式都有弊端,而从商业发展的角度呼吁广设邮电,指出:"商务之要术无他,通而已矣。销路之或畅或滞,货价之或低或昂,转运之或难或易,一知之,一不知之,则知者胜矣,不知者败矣,知者赢矣,不知者绌矣,知者安矣,不知者危矣。"③ 所以中国要想由衰而盛,由塞而通,由昧而明,由散而聚,必须在"繁盛之乡"和"荒僻之处"广泛设置邮电局。

第二,发展机器制造业。机器生产取代手工劳动所产生的重要变革是欧美资产阶级得以向世界扩大市场的基础。洋务运动时期,钟天纬、薛福成、郑观应等人都指出发展机器生产的重要性。陈炽也是使用机器

---

① 赵树贵、曾丽雅编:《陈炽集》,中华书局1997年版,第238页。
② 《孙中山全集》第2卷,中华书局1982年版,第383页。
③ 赵树贵、曾丽雅编:《陈炽集》,中华书局1997年版,第242页。

生产的积极倡导者。在《续富国策》中，他指出中国自通商以来六十年中，出口者皆系材料土产等生货，进口者皆系"工作所成，佳美精良，便于行用"的熟货。"洋货之来也，皆以机制，而后能夺我利权；则我之仿造洋货也，亦必以机制，而后能收回利权。"① 强调发展机器工业的必要性与重要性。

第三，开采矿藏业。中国历朝对采矿业采取严格的控制政策。鉴于明朝矿税之弊端，清朝对开矿封禁犹严。鸦片战争后开始出现开矿助饷之说。洋务运动时期，矿利富国之说成为多数人之共识。王韬在《兴利》中说"利之最先者曰开矿"。李鸿章也提出自购机器创办近代煤矿，不仅能够减轻成本，而且即使"一旦有事，庶不为敌人所把持，亦可免利源之外泄。富强之基，此为嚆矢"②。陈炽认为中国矿藏丰富，由于"守旧者胶执成见，谋新者任用非人"，而"遂使古今以来良法美意，悬为厉禁，视若畏途，而山川无尽之藏，终无由一见于世，日皇皇然忧贫患寡，怀金玉而啼饥"③。所以他主张"各山各矿一律驰禁"④，提出采用习矿师，集商本，弥事端，征税课的办法来处理矿政，以达到开矿富国的目的。

陈炽的发展采矿业的思想是与甲午战争后面临的危局紧密相关的。为图富强，维护利权，应付赔款，清政府发布上谕讲求练兵、筹饷。一些官员请求开矿，如伍廷芳上奏阐明："中国地大物博，各国环伺，乘间要求，非第利其土地，实亦羡其矿产"，中国应早为筹办，以"杜他族之觊觎"⑤。1896 年王鹏运上请开办矿务折，呼吁朝廷"特谕天下，凡有矿之地，一律准民招商集股，呈请开采，地方官吏，认真保护，不得阻挠"，如此"期以十年，矿产全开，民生自富，而国用犹有不足，国势犹有不强者，未之有也"⑥。清廷接受了朝臣的建议，改变了

---

① 赵树贵、曾丽雅编：《陈炽集》，中华书局 1997 年版，第 224 页。
② 《李鸿章全集》第 3 册，时代文艺出版社 1998 年版，第 1598 页。
③ 赵树贵、曾丽雅编：《陈炽集》，中华书局 1997 年版，第 85 页。
④ 赵树贵、曾丽雅编：《陈炽集》，中华书局 1997 年版，第 47 页。
⑤ 《矿务档》第 1 册，台湾"中研院"近代史研究所 1960 年版，第 42 页。
⑥ 中国史学会主编：《戊戌变法》（二），上海人民出版社 1957 年版，第 291 页。

甲午战争之前的禁止或限制私人开矿的政策，鼓励私人投资办厂，成立路矿总局，民间采矿业获得了发展。但是由于民族资本较少，外国侵略势力在中国的矿产开采占据主导地位，使中国的资源不能完全为己所用。

第四，"给凭专利"以鼓励工业发展。发展工业要有推动力，要有鼓励措施。凡有创造发明用专利方法予以奖励，是陈炽对欧美各国科技新成果频频出现得出的重要认识。他具体阐述了欧洲国家利用专利之法而至工艺兴，国家富。他指出："西人自有给凭专利之制，非止兵械，精工而百废俱兴，遂以富甲寰瀛，方行海外。"① 因此，中国应"仿各国给凭专利"之法，采取"劝工"措施，鼓励发明创造。

第五，开技艺学堂。发展科技推动中国经济发展，并不是陈炽的创见。此前，1874 年李鸿章与张之洞的亲信朱采建议在京师以及沿海各省设立科技学校，教授数学、工程、地理等学科。1884 年御史潘衍桐奏请在科举考试中增加艺学科。陈炽表达了与同时代人相类似的见解。他指出："中国之工艺，何以不如泰西也？曰学不学之分耳。中国之购机器开制造者有年矣，何以终不若泰西也？亦学不学之分耳。"② 因此，中国应该多设各种技艺学堂，培养科技人才。同时选派学生到国外留学，学习西方先进制造技术。

三 "商务盛衰之枢，即邦国兴亡之券也"

两次鸦片战争后，对外通商是大势所趋。不少有识之士提出自己的看法。薛福成指出："夫商务未兴之时，各国闭关而治，享有地利而有余；及天下既以此为务，设或此衰彼旺，则此国之利，源源而往；彼国之利，不能源源而来，无久而不贫之理。所以地球各国，居今日而竞事通商，亦势有不得已也。"③ 陈炽也说："今日者，五洲万国，贸迁有无，风气大通，舟车四达，可知道里广远，货币往还。此端

---

① 赵树贵、曾丽雅编：《陈炽集》，中华书局 1997 年版，第 201 页。
② 赵树贵、曾丽雅编：《陈炽集》，中华书局 1997 年版，第 201 页。
③ 丁凤麟、王欣之编：《薛福成选集》，上海人民出版社 1987 年版，第 541 页。

既开，断难再塞，前有千古，后有万年，从兹四海通商遂将一成不变也，审矣。"① 在此形势下，陈炽早在《庸书》中就提出"商务盛衰之枢，即邦国兴亡之券"，"富国强兵，非商曷倚"的主张；在《续富国策》中则用18篇文章详细阐述了自己振兴商务的主张。其中许多思想前人已有所论述，这里重点探讨陈炽商业观中较有特色的几点。

首先，创立和发展公司制度思想。公司制在西方出现最早可追溯到古罗马时期。它能聚集资本，对西方资本主义的发展起过巨大的促进作用。马克思将公司制度称为"发展现代社会生产力的强大杠杆"②。晚清以降，公司制伴随着西方的坚船利炮传入中国。魏源、王韬、薛福成、马建忠、郑观应、钟天纬等曾分别撰文论述过公司的重要性。陈炽也比较重视公司的作用。甲午战争之前，他就对西班牙、葡萄牙、英吉利等国靠公司之力"开辟新地"深有感触，指出"公司一事，乃富国强兵之实际，亦长驾远驭之宏规"③。在《续富国策》中，他又作《纠集公司说》，进一步论述了公司制度的益处。其一，设立公司于官于商皆能获利。"一物焉，运而售之于外，商之资本多者，除运脚食用外尚有赢余也，资本少则获利虽同，或所得不偿所费，何如选立商董，创设公司，则既省川资，以廉价而可收大利，此益于商者也。零星商贩，偷漏走私，故丁役多而设卡密。今合散为总，货物多则无从绕越，资本重则各顾身家，大可减卡裁丁，与民休息，而比较收数，视昔逾丰，此官之益也。"其二，可以避免由小商经营而易受洋商操纵市价造成的损失。"今日丝茶二业受弊深矣，多由小商跌价争售，以致巨商受害，自有之货不能定价，转听命于外人，每岁受亏动数百万，我分而彼合，我散而彼整，我贫而彼富，我弱而彼强，虽他日工作遍地，物产塞途，仍将低首下心，默而听他人之把持抑勒已耳。诚能纠集资本，凡土产、矿金、制造诸物，各立公司，由商人公举明通公正之人主持其事，则贫者骤富，弱者骤强。"④

---

① 赵树贵、曾丽雅编：《陈炽集》，中华书局1997年版，第80页。
② 《马克思恩格斯全集》第12卷，人民出版社1962年版，第610页。
③ 赵树贵、曾丽雅编：《陈炽集》，中华书局1997年版，第98页。
④ 赵树贵、曾丽雅编：《陈炽集》，中华书局1997年版，第235页。

虽然当时中国已经仿照西方设立了一些股份制公司，但由于多采取官督商办经营形式，企业内部产权关系不明，常出现公司官员侵吞商贾利益的现象。陈炽认为这主要是因为缺乏相应的法律保护，所以为公司立法则是解决问题的途径，应该"将英美各国公司章程择要删繁，通行刊布，使商人传诵揣摩，以明其理"[1]。此前，郑观应、薛福成、汪康年、康有为、张之洞、盛宣怀等人，也有呼吁制定商律之议。在社会各界的呼吁下，清政府陆续出台了一系列经济政策与法规，并在1903年正式颁布了中国第一部《公司律》，为晚清公司制度的建设提供了法律保障。

其次，信息对商业发展的重要性。企业要发展，产品要销售，信息的收集至关重要。洋务运动期间虽然建立了一些股份公司，但官督商办、官商合办的经营形式使官与商之间矛盾重重，从而使二者无暇顾及经营销售策略中的商业信息问题。陈炽对于如何准确掌握国际市场信息发展商务，提出了独特的看法。

第一，派人出国考察游历。眼见为实，耳听为虚。"中外各国之土产若何，矿质若何，工艺制造若何，何者因何者创，何者后何者先，何路宜水，何路宜陆，道里之远近，山海之高深，价值之低昂，转运之难易，天时之寒暖，地利之险夷，人性之刚柔，物产之丰歉，应取何道而费可省，应用何法而利可兴，应作何整顿经营而贸易可旺，虽广搜图籍，遍访情形，终不若身亲阅历其间，然后灼见真知，绝无疑滞。"所以陈炽指出，中国应派人到各国考察，然后将结果荟萃起来，"参合其间，奏定章程，通行天下，君臣上下，一心一力，扩将来之商利，塞当日之漏卮"[2]。

第二，举行博览会。博览会始于1851年英国伦敦，通过展陈产品以促进销售扩展市场，对国家经济发展具有促进作用。郑观应、张謇等人认识到举办赛会的重要意义。郑观应说："泰西以商立国，其振兴商务有三要焉：以赛会开其始，以公司持其继，以税则要其终。赛会者所以利导之也"[3]。陈炽在《续富国策》中指出："赛会一事，实扩充商务

---

[1] 赵树贵、曾丽雅编：《陈炽集》，中华书局1997年版，第236页。
[2] 赵树贵、曾丽雅编：《陈炽集》，中华书局1997年版，第236—237页。
[3] 夏东元编：《郑观应集》（上），上海人民出版社1982年版，第730页。

之本原，所以浚发心思，开明耳目，使商人之智慧日增，而商货之流通日广者"；"泰西各国，君民上下，皆亟亟焉视赛会为要图……经一次赛会，则其国工商技艺各业勃兴"。所以，他建议中国在沿江沿海各埠，设法仿行西方赛会，"各运货物比赛销售，则风气渐开"，"富强可翘足待"。

第三，创办商业报纸。陈炽赞誉报纸为"国之利器"，不仅可以广见闻，"达君民之隔阂"，而且对商务发展也有利。其一，刊登游历日记，鼓舞人心。"游历之使，所以辟商途也，一地图一日记，各报争先快睹，举国风行，心力目光毕注于是，前者死，后者继，虽千艰万苦，无一还心，天下有不可成之事哉？"其二，了解商业约章制度。"条约之章，所以保商务也。约章登报，愚智瞭然，何者照约，何者违约，何者为约中之利，何者为约外之意，销何货，遵何道，工制之，商运之，亿中先知，寻声赴响，天下有不可收之利哉。"其三，了解市场行情。"天下通商各埠，市情之长落，物价之低昂，五金百货之多寡利钝，或函或电，入之报中，操奇计赢，若辨黑白，以明者敌瞽者，天下有不可估之便宜哉。"其四，互相交流，征求意见，相互促进。"探一新地也，得一新法也，成一新器也，制一新物也，著一新书也，不过潜德幽光，孤芳自赏耳。一登报而心得之精微流传四海，彼此互相印证，聪明智力，日进无疆，天下有不可通之学问哉。"[①] 所以陈炽建议，中国欲振兴商务，富国强兵，各省应分立商报。

第四，发展邮电通讯业。邮电通讯业不仅具有国防上的意义，对商业发展也有好处。陈炽指出："中国及各国各埠，一物之缺也，一货之多也，一金银市价之长落也，一舟车运载之通塞低昂也，本埠尚未周知，而密电风传，万商云集。"而"中国之人，掩耳塞目，非惟不及知，亦不能知，非惟不能知，亦不欲知，成败盈亏，付之命运，不能尽人事而妄欲贪天功，遂致利权举授他人，贸易无不亏折，是犹明者瞽者，捷足争先，明者振臂长驱，瞽者不知趋避，有落坑堕堑已耳。此关不破而欲振工艺、兴商业、策富强，其必无望矣。"[②] 邮电能够缩短空

[①] 赵树贵、曾丽雅编：《陈炽集》，中华书局1997年版，第268—269页。
[②] 赵树贵、曾丽雅编：《陈炽集》，中华书局1997年版，第243页。

间和时间,迅速了解市场行情的变化,加快流通速度,便于信息的交流,产生巨大的经济效益和社会效益。所以要"兴商业""策富强""塞漏卮",必须要大兴邮电。

最后,建立商业学堂。洋务运动兴起后,国内虽然设立了一些新式学校,但以军事学堂居多,而能够传授商业教育的学校寥若晨星。陈炽非常重视商学教育。他指出西人能够开拓疆土,大半由于商会,而"商会之所以能举大事者,一曰财,二曰人。……其人才之众多则皆出于商学"①。陈炽指出,中国应该在各城各埠遍设商务学堂,培养商业人才。

陈炽提出的振兴商务的具体措施还有裁撤厘金、保护关税;建立商会;设立保险公司;修举火政;在南洋等地增设领事、订立保护华商华工章程;多制兵船以护商、阜民财、丰国用、振商务、收利权;在通商各埠广设银行;等等。这些振兴商务的措施,反映了甲午战争前后中国人对经济事务的认识与对策,同时为晚清保护工商业法令的颁布做了铺垫。晚清所设立的商务局的职能即体现了陈炽等人的建议。如1899年成立的上海商务局,分饬各属"考求地方物产所宜,贸易兴衰之故,广劝绅富,自行设厂制造土货,以及挽回利权。并令立商学以究源流,蒐商律以资比例,设商会以联心志,撰商报以广见闻"②。其后,1903年清政府设立商部,颁布经济法规,保护工商业。这些要求与陈炽在《续富国策》中所畅想的完全一致。可以说几年前陈炽等人倡导发展商务的呐喊渐渐为统治者所接纳。

四 总体评价

学习西方,发展经济以图国家富强,是19世纪末期先进的中国人孜孜以求的课题。薛福成指出,西方国家之所以富强,是因其以"工商立国",因此他力主学习西方,发展近代工商业,强调"工商之业不

---

① 赵树贵、曾丽雅编:《陈炽集》,中华书局1997年版,第271页。
② 中国科学院历史研究所第三所工具书组校点:《刘坤一遗集》第3册,中华书局1959年版,第1088页。

振,则中国终不可以富,不可以强"①。面对强敌入侵,国家积贫积弱的局面,陈炽忧心忡忡,为救中国之贫弱,根据当时中国国情而作《续富国策》,从农、工、矿、商四个方面设计了具体的富国方案,并满怀豪情地指出"他日富甲环瀛,踵英而起者,非中国四百兆之人民莫与属也"②。书中所表达的对生产与流通关系的看法,既表明了陈炽经济思想的发展,也反映了甲午战争以后中国人渐渐摆脱了前期重商主义思潮的影响,对如何富国有了新的认识。其中表达的环境保护思想、科技兴农的设想,虽在当时的社会没有实践的机会,但对现在有着借鉴意义,体现了陈炽经济思想的深刻性。书中的工业近代化思想、振兴商务思想也较为突出。同时,全书充满了反对西方经济侵略,维护中国利权、开辟利源的思想,反映了陈炽的强烈的爱国主义精神。

19世纪末期,随着西方列强对中国经济侵略的加深,洋货充斥中国市场,中国利权大受损失,大量财富流向西方,清政府财政收入非常困难。经济上的落后是近代中国陷于被动挨打的重要原因之一。如何探求富国、富民之路,以抵制西方资本主义的入侵,壮大中国经济,成为忧国之士思考的对象。康有为、梁启超等人在呼吁变法维新时,对富国问题提出自己的看法,不过他们远没有陈炽对经济问题关注的广泛。陈炽对世界经济大势有着清醒的认识。他指出:"门户已开,藩篱皆撤,人将下手,我始留心,及今而为之,其难有十倍于当日者。然及今而不为之,则亦更无能为之日矣,印度、越南、朝鲜、缅甸,其前车也。""通商六七十载,轮舶飞行,而印度、越南、缅甸诸邦,无一商运货自通中国者,利权一授他人,则贫苦艰难、永作终身之奴隶耳。呜呼,可胜叹哉!"③ 在严酷的现实面前,陈炽等有识之士不甘心国家利权的大量丧失,于是他们大声疾呼要收回利权,追寻富强中国之策。

为了国家的富强,陈炽对挽回利权、开辟利源的措施作了周密的考虑,反映了在西方资本主义的经济入侵面前有识之士的爱国情怀。这一

---

① 丁凤麟、王欣之编:《薛福成选集》,上海人民出版社1987年版,第481页。
② 赵树贵、曾丽雅编:《陈炽集》,中华书局1997年版,第150页。
③ 赵树贵、曾丽雅编:《陈炽集》,中华书局1997年版,第266、268页。

点非常重要，同时破除人们心中"讳言利"的传统观念以求富也必不可少。陈炽之前，薛福成提出了"圣人正不讳言利""人人各遂其私求"的经济思想，冲击了传统的义利观念。继薛福成之后，陈炽在《续富国策》中对义利问题作了进一步的解析。他指出："吾虑天下之口不言利者，其好利有甚于人也，且别有罔利之方，而举世所不及觉也。"陈炽认为圣贤都不讳言利："古圣人盖日日言利，以公诸天下之人，而决不避言利之名，使天下有一夫稍失其利也。"何况芸芸众生呢？况且"财利之有无，实系斯人之生命，虽有神圣不能徒手而救饿夫"①。这就是说，在现实生活中，物质需要不可少，呼吁人们去求利。陈炽对义利观的重新解释，为发展近代农工商业提供了理论论据，也反映了 19 世纪末期士人立身心态的变化，不再局限于"重农抑商""重义轻利"的传统价值准则。

《续富国策》是陈炽追求中国经济近代化的设想。它具有承前启后的作用，上承洪仁玕的《资政新篇》、冯桂芬的《校邠庐抗议》、郑观应的《盛世危言》，下启孙中山的《实业计划》。特别是《续富国策》所规划的发展中国经济的宏伟蓝图，可与孙中山的《实业计划》比肩，但在时间上比孙中山的《实业计划》早了 20 多年。陈炽应与郑观应、张謇、张之洞、孙中山等人一样成为中国近代化的开拓者。当然，陈炽在《续富国策》中的富国思想也有不足之处：一是对经济现象的认识流于空泛，没有考虑中国是否存在保证计划实现的条件；二是对某些问题的看法也有误解，例如对煤矿的开采，陈炽认为不存在资源危机问题。但是这些思想包含着陈炽对国家强盛和人民自由幸福的强烈愿望，渗透着陈炽探索富国之路的光辉思想，是中华民族的宝贵精神财富。

（原载《理论学刊》2007 年第 5 期）

---

① 赵树贵、曾丽雅编：《陈炽集》，中华书局 1997 年版，第 211—212 页。

论陈炽的农业近代化思想

陈炽（1855—1900），江西瑞金人，中国近代早期维新思想家。他曾游历沿海港澳等地，涉猎西书译本，广泛研究农政、兵政、漕政等有关国计民生的问题，把国家的富强作为毕生追求的事业，成为近代向西方寻求真理的先进人物之一。在寻求国家富强的过程中，陈炽对农业问题非常关切，围绕传统农业的改造和振兴，做了有见识的探索。陈炽的农业近代化思想对今日中国的农业现代化建设仍具重要的参考价值。

一 "经制国用，举出于农"，强调农业的基础地位

中国自古以农立国，农业在物质资料生产和消费生产中占重要地位。马克思在《资本论》中说，农业是"供应人类世世代代不断需要的全部生活条件"，指出了农业在国民经济中的重要性。时至近代，外国资本主义的入侵造成了自然经济的解体，对农村经济影响很大，传统农业急剧衰落。加上人口增加，灾荒不断，苛捐杂税层出不穷，农民负担沉重。一些地方"水患频仍，陇亩浸为鸥乡蟹舍，生民失业，困苦难堪"[①]，引起了有识之士和清朝统治者的忧虑及关注。陈炽在户部任职，又到过各地考察，对小农经济的现状深有了解，所以在甲午战争前所著《庸书》中即辟有《农政》篇，通过中西对比阐发对当时农业问题的认识，指出西方各国利用农业技术而增产，中国农民不知变通而受

---

① 李文治编：《中国近代农业史资料》第1辑，生活·读书·新知三联书店1957年版，第715页。

贫。在甲午战争后所著的《续富国策》中，他再次指出农业对国计民生的重要性，"经制国用，举出于农"，"五谷之利，在各业中为至微，而耕作之功在各事中为至苦。然一日不耕，天下有饥者，农政之所关，又在各务中为至重"①。近代中国农民占绝大多数，但大多数农民生活贫困，而农民赖以为生的农业，耕作方式又落后，"国以民为本，民以食为天，爱民之心，天心也，养民之道，天道也。富国莫要于养民"②，"不能养民，何能富国"③。当然，陈炽呼吁重视农业指的是广义的农业，包括种植业、林业、畜牧业、副业和渔业。

农业是国民经济其他部门发展的基础。陈炽指出农业是商业发展的基础，"商之本在农，农事兴则百物蕃，而利源可浚"④。农业能为轻工业的发展提供原料，为商业提供产品。养蚕用的桑叶、造纸所用的竹子、纺织所用的棉花等，都来自农业，如果没有农业为之提供这些原料，工商业的发展就会失去基础。陈炽再三呼吁重视农业，加强与西方产品竞争的构想，并非像一些守旧人士所固守的"以农立国"，而是主张农业与工商业协调发展。

二 强调政府、农官在发展近代农业中的作用

中国虽是传统的农业大国，但缺乏管理农业的专门机构。近代面临国际贸易市场的冲击，发展商品农业，加强对农业改革的管理和指导，调动民间人士的积极性，成了当务之急。孙中山的《上郑藻如书》、郑观应的《盛世危言》、康有为的《上清帝第二书》中，皆提出仿效西方设立农官的建议。陈炽也有同样的看法。他在《庸书·农政》中指出中国古代素有重农的传统，"盘庚所以致戒于惰农，后稷所以开基于稿事"；在《续富国策·讲求农学说》中指出"古圣王所以春省耕，秋省敛，补不足，助不给，劳农劝相，欢若一家者，诚知其故矣"。而现在

---

① 赵树贵、曾丽雅编：《陈炽集》，中华书局1997年版，第172—173页。
② 赵树贵、曾丽雅编：《陈炽集》，中华书局1997年版，第153页。
③ 赵树贵、曾丽雅编：《陈炽集》，中华书局1997年版，第155页。
④ 赵树贵、曾丽雅编：《陈炽集》，中华书局1997年版，第232页。

政府不重视农政，对改革传统农业不感兴趣。外国人购买中国农产品，用机器加工后再售于中国，夺我大利。这固然是由于"商民愚昧，积习难回"，而"在上者，不能因势利导"也难辞其咎。①

至于发挥政府的作用，陈炽解释说："民情可与乐成，难与图始"，特别是像修建水利沟渠，预防旱潦之事，非一人一家之力所能为，如果"无以董之，则废而不修矣"②。因此，他以鱼与水的关系呼吁官民之间应该消除隔膜，政府要"视民之事如己之事，除其疾苦，牖其愚蒙，助其工资，谋其乐利，一念之仁恝，万命之存亡系焉。较之施食于衢，救死于颈，善堂荒政，事过即停者，其功德之久暂、大小相去何如也"③。

如何加强农政，促进农业发展和技术进步？陈炽主张仿效西方，设立农官，加强农业管理。同时派人到各个国家学习具体的农业生产技术，回国传播普及。例如对于法国葡萄生产的先进技术，政府应该"选觅聪颖学生，通达各国语言文字者十人，分赴英法德奥俄意六国，专考葡萄酿酒之事"，等到"一二年后学成而归，分派各省专任此事……然后将成法颁布民间，广行栽种。"④ 为了改善和促进农业生产的管理，陈炽提出根据业绩来考核农官的奖惩措施。他在《庸书·渠树》中指出："官吏之厉民者有诛，虚应故事者有罪，重赏严罚，督过劝功。"在《续富国策》中，他又把植树多少作为官吏升迁考核的一个标准。他说："丞倅诸官，劝种三十万株以上，点验得实，立予保升。故事奉行者，加以罢黜。地方官吏入之考成，以种树之多寡为殿最。"

当然，政府与农官的作用还体现在其他许多方面。加强农田水利建设；倡导和组织植树造林，筹集林业发展资金；对农民进行宣传和教育，引导农民科学种田；举行各种农业博览会等，也皆需政府出面组织。

陈炽等人所倡导的设立农官管理农业之设想，引起了清廷的重视。

---

① 赵树贵、曾丽雅编：《陈炽集》，中华书局1997年版，第170页。
② 赵树贵、曾丽雅编：《陈炽集》，中华书局1997年版，第20页。
③ 赵树贵、曾丽雅编：《陈炽集》，中华书局1997年版，第172页。
④ 赵树贵、曾丽雅编：《陈炽集》，中华书局1997年版，第161页。

1897年光绪帝诏谕："桑麻丝茶等项，均为民间大利所在，全在官为董劝，庶几各治其业，成效可观。着各直省督抚，督饬地方官，各就土物所宜，悉心劝办，以浚利渊。"戊戌变法期间，光绪帝又颁发上谕："中国向本重农，惟向无专董其事者，非力为劝导，不足以鼓舞振作。"[①] 因此在京师设立了农工商总局，各直省设立分局，作为发展农业的重要措施之一。清廷制定农业法规，实行以法治农，虽未收到明显成效，与现在农业行政管理部门的职能也有差距，但提倡以政府行为来调动农民的生产积极性在当时的社会自有它的积极作用。

三　兴修水利

水利是农业的命脉。中国自古水患严重，对农业生产造成极大破坏。王韬在《兴利》中指出："西北之地，古帝王之所兴，建都立业，南向以驭天下，初何尝转输于东南。今河道日迁，水利不讲，旱则赤地千里，水则汪洋一片，民间耕播至无所施。"[②] 陈炽对水利与农业生产的关系同样有着深刻认识。他通过比较南北方对水利的重视程度对农业生产的不同影响，强调兴修水利的重要性。陈炽指出：三代以上之民"家给而人足"，而三代以下之民"患寡而患贫"，"观于江浙两省而恍然矣"。"浙之杭嘉湖、苏之苏松常太各属，沟渠河道，经纬井然，每三家之村必有一浜可以通船者，井里桑麻，蓬茸荟蔚，黄云四野，亩收十钟。江南下湿之区，禹贡厥田下下，今何以忽居上上也？"即"水利之修举为之也"。反观北方，"水则一望滔天，旱则千里赤地，黄河、永定河岁岁漫决，百姓流离转徙，无岁不灾，官赈商捐，永无了日"，即"沟浍不通之故"[③]。水利废弛是导致生态环境恶化，南北方经济发展产生差异的主要原因之一，所以他认为治理水旱灾害是发展农业的急务。河泥能够肥田也是陈炽呼吁修水利的因素之一。他指出"河水之泥，肥泥也。河水所至之地，肥地也"，暹罗的澜沧江、湄南河，越南

[①] 朱寿朋编：《光绪朝东华录》（四），中华书局1958年版，第4160页。
[②] 王韬著，陈恒、方银儿评注：《弢园文录外编》卷2，中州古籍出版社1998年版，第96页。
[③] 赵树贵、曾丽雅编：《陈炽集》，中华书局1997年版，第151页。

的富良江，缅甸的潞江，印度的恒河，埃及的尼罗河，"其水之浑浊，皆与黄河等"，但是"所种稻粱黍稷，收获丰富，甲于寰区，越南、暹罗之米，且岁以数百万石接济闽粤，而黄河独有患无利，敝我中邦，有是理乎？"[1] 陈炽从以上几个方面指出了兴修水利，加强农田水利建设，增强农业抗御洪涝灾害能力的必要性。

解决办法之一是开渠种树。陈炽在《庸书·渠树》中提出解决灾害的办法主要是修水渠，让北方各省督抚查明所属之地有多少沟渠，多少山泽，多少泉流，"应修者修，应禁者禁，应浚者浚"。在《续富国策·水利富国说》中，陈炽的认识更加深刻，把视角转向森林对水利的作用。他指出：秦西各国，百年以前亦犹如今日之中国，但自从"法国有中人福禄特尔者创兴种树之议，广开水利之源"，不到三年，各国相继出现"一望膏腴百产喷盈，万民殷富"的局面。印度的恒河"横溃四决，与黄河相若，中南印度岁构沉灾"，英国人在"沿河两岸，广购民田，多植树木，不及十载，两岸各成一宽一里、长二千里之树堤，多辟沟渠以杀水势，树木根株盘结，水力不能溃之"，以至于"沟渠四达，硗瘠皆腴，物阜民殷，兵强国富"。对于临沧海，近江湖，泉源之所在，高原旱地分别施以不同的办法，如此"土膏脉润"，即使"秋阳蒸暴"也无"龟坼之虞"。修水利，固然需要增土固堤，但这是治标不治本，如果大洪水倾泻而来难保水渠不被冲塌。如果在水渠两边广植树木则效果完全不同，因为树木能够将水势延缓，保持土壤层不被破坏，使大坝在暴雨期间安然无恙。同样树木还有涵养水源的作用，能够将雨水储存起来随后通过地下径流方式缓缓流出，保护了河流附近土地的土壤免于或减少流失。陈炽从西方各国种树对水利和农业的积极作用的事例中，提出开渠种树能促进农业生产的思想是有远见的。

治水先治人。陈炽在《庸书》即已看到国家每年兴修水利之费，皆被各级官吏绅商所瓜分。"一事也，一案也，河官有大利焉，河兵河夫有大利焉，河南之官绅与闻者有大利焉，沿河之百姓售刍藁者有大利焉，来往之绅商市易告贷者有大利焉，工部之官吏核报销者有大利

---

[1] 赵树贵、曾丽雅编：《陈炽集》，中华书局1997年版，第153页。

焉"。故"每值口决,独宵旰焦劳于上,司农仰屋于中,亿万灾民愁苦于下,而在事之官绅吏役,皆欢欣踊跃于河干。欲求河之治也,犹抱薪而救火耳,其何裨乎?"因此,陈炽痛心地指出:"不设官则河犹可治,设官则河必不可治①。"在《续富国策·水利富国说》中,他又指出:"中国自按察使以迄同知县丞诸官,虽有兼管水利之名,未有能尽心民事者。旧日河渠,听其湮废,而遑论新开。旧有经费,任意侵渔,而况乎筹备。盖官之漠视乎民,而民之疾苦终无由上诉也,亦已久矣。"有些水患是完全可以预防的,但官吏的贪污腐败,使水患不能得到根治。

四 提倡科教兴农,多种经营,发展农业机械化

近代中国农业生产技术落后,所产产品很难在国际市场上竞争。陈炽认为农学不发达是主要原因。所以他认为对农民进行教育是当务之急。

农民是农业生产的主体,其素质状况直接关系农业生产的效益,所以对农民进行教育引起近代有识之士的重视。孙中山在1890年给郑藻如的信中就建议学习西方各国兴学会以培养农业人才。薛福成在1891年所写的《西洋诸国导民生财说》中说,"西人于艺植之法、畜牧之方、农田水利之益,讲求至精,厥产已颇胜于膏腴之地"②,强调学习西方国家的农学知识。陈炽也认识到了讲求农学的重要性。早在《庸书·农政》中,陈炽就指出中国农学自《齐民要术》以外,罕有专书,乡曲老农,"卜岁祈年,间有传习",而西方各国虽"以商立国",但对"农政亦所究心"。在《续富国策·讲求农学说》中,他又提到德国、意大利等国都有农学会,聚集讲求农业,而"收大利"。通过对中西农业的比较,陈炽指出"同此人民,同此土地",而造成"腴瘠不同、贫富不同"的原因是"教不教之分耳",即与农民接受教育情况有关。所以他在介绍泰西各国运用科技兴农做法的基础之上,提出了自己的主张:泰西各国"农事有书,植物有学,近更化分土质,审别精粗",广

---

① 赵树贵、曾丽雅编:《陈炽集》,中华书局1997年版,第37页。
② 丁凤麟、王欣之编:《薛福成选集》,上海人民出版社1987年版,第367页。

泛使用碱、磷、钙三种化肥,"朽腐化为神奇",使农产大增。因此中国宜荟萃中外农书,利用通俗易懂之文字,颁布学官,散给生童,转教农人之识字者。农民接受教育后,眼界有所开阔,传统的价值观会发生变化,有利于新技术的接受和推广。同时,陈炽以法国、美国为例,提出应因地制宜,多种经营。他指出,法国百年以前,四境萧条,林木稀少,居民困苦,后来广行种树之法,"举国大富";美国在西部广辟牧场,"畜牛百万,所制牛乳,封以铁瓶,行销五洲,精美冠天下"。这些致富的例子中国皆可根据国情具体仿效。当然,中国地域辽阔,各地气候条件差别较大,应借鉴西方获利之法并结合中国传统的农业经验,因地制宜,发展多种经营。如适宜种树之区应"因地制宜,广植材木",以使"家给人足""保邦富国";北方地区,草原广阔,森林茂密,应调整农业生产结构,发展畜牧业与林果业;沿海地区可以发展渔业,特别是自渤海以至朝鲜、东三省沿海之区,皆为鲸所萃之地,应该仿照西人设立捕鲸公司,设厂制烛,转运行销,利国利民。同时发挥各地优势,进行农副产品加工,如种棉轧花、种茶制茗、种蔗制糖、种橡制胶、种桑育蚕、种樟熬脑。

当然,主张使用西方机器发展农业,并非始于陈炽。19世纪60年代冯桂芬即已指出,"农具、织具,百工所需,多用机轮,用力少而成功多,是可资以治生"[①],认识到了西方农业采用机械生产所产生的高效率。王韬、薛福成、钟天纬、郑观应、孙中山等人也都认识到了在农业中采用机器对农业生产的作用。陈炽在甲午战前虽已认识到各国因"农事有书,植物有学"而致"百产蕃昌,亩收十倍",运用科技兴农的具体做法,但并没有提出中国农业使用机器走机械化这个主题。甲午战后,陈炽对机器的认识进一步深化,指出不仅工业上用机器能获利,就是农业上使用机器,也能提高产量。他看到英国采用机器,"一人之力,足抵五十人之工,一亩之收,足抵五十亩之获",而提出中国有多田之富人,可以购买机器,"俾用力少而见功多,如伊尹之区田,亩收数十倍"[②],主

---

① 郑大华点校:《采西学议:冯桂芬、马建忠集》,辽宁人民出版社1994年版,第83页。
② 赵树贵、曾丽雅编:《陈炽集》,中华书局1997年版,第173—174页。

张中国要改良农业生产工具,走农业机械化的道路。虽然在当时条件下中国走近代资本主义的农业之路还不现实,但百年前陈炽即能提出这样的思想是非常可贵的。

五 保护农业生态环境

森林是保护人类生存的重要因素之一。关于森林与生态环境关系的论述,可追溯到两千多年前。《汉书·贡禹传》中说,"斩林木亡有时禁,水旱之灾未必不由此也",即已认识到森林在保持水土、防止水旱灾害方面的生态效益。晚清时期,人口大量增长而引起的移民垦荒,虽对发展经济有一定作用,但滥砍滥伐现象严重,造成许多森林被毁坏,气候反常,农业赖以生存的生态环境恶化。这种现象引起了包括陈炽在内的有识之士对与农业有关的生态环境保护问题的深切关注。陈炽的《续富国策》中的《水利富国说》《种树富民说》《种果宜人说》《种木成材说》等文均与环境问题有着密切关系;《种桑育蚕说》《葡萄制酒说》《种竹造纸说》《种樟熬脑说》《种茶制茗说》等文虽然主要是从发展商品性农业产品与外国争夺利源的角度出发,但是这些树木的栽植,客观上回答了保护环境和发展经济的关系问题。

陈炽对森林与人类关系的认识之深刻,在中国近代思想史上无出其右者。他在《庸书》中明确提出了北方灾害频仍的原因之一是森林的大量被破坏。他说:北方五省之地,平坦沃衍,数倍东南,在三代以前,物产之丰饶,人民之富庶,风俗之敦庞,天下无与为比。自唐、宋以后,"户渐少,俗渐悍,性渐愚,乐岁无仓箱,而凶年有沟壑,神京糜给,悉仰南方,饥馑洊臻,朝不保夕"。到了近代,"山泽禁弛,树木斩伐殆尽,重以捻回之乱,萌蘖无存,土膏既枯,泉流胥涸,郑工塞决,求一拱把之木不可得。万里中原,风沙茫茫,几同塞外"。其原因何在?陈炽认为这是由于"水利废而河患增,地力瘠,树畜之道,阙然不讲"之故。[①] 在《续富国策》中,他再次指出东南各省对树木尚知

---

① 赵树贵、曾丽雅编:《陈炽集》,中华书局1997年版,第22—23页。

爱护栽培，而西北各地则任意砍伐，结果造成"千里赤地，一望童山，旱潦为灾，风沙扑面。其地则泉源枯竭，硗确难耕；其民则菜色流离，饥寒垂毙"。有人将这种"地瘠民贫"的情况"归之于人事"，有人"诿之于天灾"，在陈炽看来，两者皆不正确，真正原因是"无树"①。陈炽的上述论证既说明了北方地区水土流失严重、水源枯竭、土地沙化、自然灾害频繁的情形，也指出了滥伐森林和破坏植被、过度垦殖等人类对自然资源的不合理的开发利用是生态环境不断恶化的主要原因。

林业具有生态、社会和经济三大效益。它不仅具有能够调节气候、涵养水源、防风固沙、改良土壤、减少污染、抵御自然灾害、维护生态平衡等功能，而且是一种重要的自然资源，能够为经济建设和人民生活提供大量的木材和林产品。所以，陈炽大力倡导全国植树造林，"以种树为当务之急"，以"迓天和""培地脉""养人身"，富甲六洲，比隆三古。他反复论证种树的好处："树木之本，能吸土膏，烂沙石，故细根入地，硗确可变膏腴；树木之枝，能收秽恶，化洁清，故绿荫宜人，贫病顿成殷富。且天气下降，地气上升，而万木之阴别饶润泽，长林之内，自致甘霖，水旱遍灾，不能为害，有益于人，有益于地，并有益于天。天壤之间，更无他物可以相比。"森林与富国富家关系密切，"今以一省计之，林木蕃昌，无不富者。其少者无不贫。以一地计之，一村一镇，林木蔚然，无不富者，否则贫甚矣。林木之为功于人者，至大且远也"②，说明了森林覆盖率与人民的生活水平成正比。

陈炽设想了种树的计划。他指出设立各级专任官吏，"都守牧令，总揽其成"，"同知通判县丞主簿等闲官，专任其事"。同时对于植树范围和种类，陈炽也有思考，"自城而乡，自近而远，自郊而野，自薮而泽，自平地而高山，先就土性所宜，取其易活，然后增种有利之树，以辟利源"。为了土肥民富，他建议把植树多少作为官吏升迁考核的一个标准。同时，为保持森林资源一定的再生复苏能力，陈炽主张砍伐森林有序有时。在《种木成材说》中，他指出"无论官私树木，妄加戕贼

---

① 赵树贵、曾丽雅编：《陈炽集》，中华书局1997年版，第154页。
② 赵树贵、曾丽雅编：《陈炽集》，中华书局1997年版，第153—154页。

者有罚，数年后，树木长成，则择其可材者，以时采伐，售之民间，仍须按年补种"，岁岁添栽。如此则能化腐朽为神奇，家给人足，内治有基，得到既殷且富的效果。

对于森林的重要性，近人也有所认识。如王韬在《漫游随录》中谈到种树能够"气清，令人少病""阴多，使地不干燥""取其材可用""可多雨，不免旱乾"；薛福成在出国日记中提出"栽种树木花草，使地转有生机""多植草木，可免旱灾，亦免水患"；左宗棠在新疆时曾鼓励种树，张谕"有毁树者即军法从事"，并命令士兵从玉门关至迪化，沿途栽植柳树，有"新栽垂柳三千里，引得春风渡玉门"之句。①上述几人对树木的重要性虽有所认识，但至于它与人类的关系言之未详，陈炽的论述可谓弥补了这一不足。

自洋务运动以来，主持事务的当政官僚虽然是一批勇于接受新鲜事物的士大夫，但他们最初感受到西洋厉害的是坚船利炮的威力，所以他们认为"自强以练兵为要，练兵以制器为先"，把兴办军工民用企业和训练新式海陆军作为强兵富国之举。由于对英国了解较多，故他们采用了近代英国发展经济的模式，以工商为主轴实现自强的目的。而对如何发展近代化农业却没有引起他们的重视。而陈炽则特别强调改革与振兴农业，把农业近代化作为国家振兴的基础，这一认识是独具慧眼的。当然，此时孙中山、郑观应、张謇等人也有呼吁重视农业的思想，不过没有陈炽的思想认识全面和深刻。在他们的呼吁下，谈论农业问题很快成为舆论的热门话题。在陈炽等人的推动下，发展新型农业逐渐成为19世纪末的一股新潮流。清政府顺应时势，下诏进行农业改革，设立农工商局，创办农业学堂，发展农业教育，采取发展农业的新政策，促进了中国传统农业向近代农业的转化。

（原载《山东师范大学学报》2006 年第 2 期）

---

① 陈嵘：《中国森林史料》，中国林业出版社 1983 年版，第 53 页。

晚清国人译书与社会进步

晚清以降，随着西学东渐，译书成了当时学习西方最便捷的途径，具有鲜明的时代特色。它既反映了中西文化交流冲合的一个层面，又在一定程度上反映了国人走向世界的心路历程，因此对中国近代社会进步产生了不可忽略的影响。

一　译书与开眼看世界

近代中国人翻译西书，始于林则徐。1839年林则徐受命赴广州查禁鸦片。他抵达不久就很快发现，原来清朝实行的闭关锁国政策并不能阻止鸦片输入，也不能使"夷人""俯首就范"。在严峻事实面前，为了解"夷情"，他在广州设立行辕，招募受过英文教育的华侨及外国传教士组成翻译班子，翻译《广州周报》和《澳门新闻纸》，并且"日日使人刺探西事，翻译西书，又购其新闻纸"①，"指点洋商通事引水二三十位，官府四处探听，按日呈递"②。在此情况下，林则徐组织人翻译了《四洲志》《各国律例》《华事夷言》《在华鸦片贸易罪过论》等书，目的是了解世界大势，"知己知彼"，以制订"御夷"之方。《四洲志》是根据英人慕瑞《世界地理大全》一书译成。此书记载了世界五大洲30多个国家和地区的地理与历史，是近代中国较早地、系统地介绍西方历史与地理知识的书籍。梁启超称道"则徐督两广，命人译《四洲

---

① 《魏源集》上册，中华书局1976年版，第174页。
② 中国史学会主编：《鸦片战争》（二），上海人民出版社1957年版，第526页。

志》,实为新地志之嚆矢"①。在此基础上,魏源编纂成《海国图志》一书。据统计,1844 年出版的 50 卷本《海国图志》,把《四洲志》的材料全部辑入。该书被誉为"第一部由中国人自己译刊的西洋书籍"②。不仅影响了近代中国社会,而且对日本产生了重大影响。如果说《四洲志》《海国图志》对国人了解外情起了凿破鸿蒙作用,《各国律例》的翻译则更有现实意义。该书是由林则徐的幕僚袁德辉根据瑞士人瓦尔特《国际法》译成。此书的翻译完全是从反英斗争需要出发,摘译了有关宣布违禁外货、封锁港口、宣布战争等内容。虽然寥寥数语,但对当时斗争有重要参考价值。例如1839年处理林维喜案时,林则徐就曾依据此书,义正词严地驳斥义律"抗不交凶"。这与他掌握了一定的国际法知识分不开。此书是我国最早的国际法中文译本,重要性自不待言。早在 50 多年前就有人指出:"国际公法之输入中国及应用于对外交涉,实以林则徐为嚆矢。"③

林、魏首倡翻译西书,突破了原来的"严夷夏之防"的观念,敢于正视西方,"师夷长技以制夷",开近代学习西方之先河。在其影响下,研究外国史地的书雨后春笋般相继出版,形成了一股开眼看世界的时代思潮和文化思潮。可以说向西方学习,谋求国家独立和社会进步的中国近代化进程,就是由此起步的。

二 译书与求强求富

从 19 世纪 60 年代起,为应对严重的内政外交的危机,清政府开始兴办洋务。洋务运动初期的目标是学习制造外国的坚船利炮以求自强,这与当时人们的认识有关,比如李鸿章曾说"中国文武制度,事事远出西人之上,独火器万不能及",奕䜣也认为"自强以练兵为要,练兵又以制器为先"④。因此有江南制造总局等局厂的创办。但制造局筹建

---

① 朱维铮校注:《梁启超论清学史二种》,复旦大学出版社1985年版,第467页。
② [日]实藤惠秀:《中国人留学日本史》,谭汝谦译,生活·读书·新知三联书店1983年版,第6页。
③ 李抱宏:《中美外交关系》,独立出版社1946年版,第37页。
④ 中国史学会主编:《洋务运动》第3册,上海人民出版社1961年版,第466页。

后，又缺乏了解机器知识的人才，况且西人"历算之学，格物之理，制器尚象之法，皆有成书，经译者十之一二耳"，而只有"尽见其未译之书，方能探赜索隐，由粗迹而入精微"①。鉴于此，洋务派于1867年在江南制造局设立翻译馆，翻译西方"有裨制造之书"。当时在馆内译书的中国人有徐寿、华蘅芳、钟天纬、李凤苞等，外国传教士有傅兰雅等。由于当时迫切需要火药、炮法、汽机等方面实用知识，故翻译馆初期译书多为应用科学和工程技术类书籍，如《制火药法》（丁树棠、傅兰雅）、《行军指要》（赵元益、金楷理）、《克虏伯炮说》（李凤苞、金楷理）、《防海新论》（华蘅芳、傅兰雅）等。其中影响较大的为《防海新论》。该书为德国人希里哈所撰，书中谈及美国南方自恃天险而没积极防御导致战争失败的教训，对当时中国有很大借鉴意义。故该书译成问世后，颇受清朝军政要员重视，李鸿章、丁宝桢等督抚人员都认真读过。李鸿章在《筹议海防折》中就吸取了此书不少见解。

随着洋务运动的开展与深化，洋务派渐渐认识到"今近一切西法，无不从格致中出。制造机器，皆由格致为之根柢，非格致无以发明其理"②，且"古今国势，必先富而后能强"③。于是又提出了"求富"的目标，注重从自然科学入手。于是翻译馆在翻译应用科学类西书的同时，渐次翻译自然科学类西书以求富。其中较为著名的有《地学浅释》（华蘅芳、玛高温）、《化学鉴原》（徐寿、傅兰雅）、《声学》、《电学》（徐建寅、傅兰雅）等。这些译书不仅对学习西方以求富强有很大帮助，而且开启了一代知识分子新思想。维新派的代表人物康有为曾说：除看《海国图志》《瀛环志略》外，还"大攻西学书，声、光、化、电、重学及各国史志"④。梁启超也谈及文人以不知《地学浅释》和《谈天》两书为耻。

洋务运动时期另一译书机构为京师同文馆。它建立于1862年，是

---

① 郑大华点校：《采西学议：冯桂芬、马建忠集》，辽宁人民出版社1994年版，第111页。
② 王韬：《格致书院丙戌年课艺序》，转引自丁守和、方行主编《中国文化研究集刊》第2辑，复旦大学出版社1985年版，第115页。
③ 《李鸿章全集》第3册，时代文艺出版社1998年版，第1715页。
④ 中国史学会主编：《戊戌变法》（四），上海人民出版社1957年版，第115—116页。

清政府为办理外交和洋务需要开办的外语学校兼译书机构。初建时仅设英文馆，后渐次增设法文、俄文、德文、东文等馆。同文馆不仅在培养外交人员方面成绩斐然，译书成绩也是有目共睹。因为该馆"自开馆以来"，一直以"译书为要务"①，并且鼓励教师和学生译书。参加译书的中国人有汪凤藻、凤仪、联芳、庆常等。在师生共同努力下，同文馆共译了近三十种西书，其侧重点在国际公法与外交方面，如汪凤藻译《公法便览》《中国古世公法论略》《新加坡律例》，联芳、庆常译《星轺指掌》等。另外所译科技方面的书，有汪凤藻译《富国策》，席淦、贵荣译《格物测算》等。其中以《富国策》较有影响。该书叙述了商情商理、自由贸易之道，第一次将西方资产阶级政治经济学理论介绍到中国。

综上可见，此时译书主要围绕求强求富两个目标展开。所译书籍不仅应清廷急需而发挥了特殊作用，而且传播了科技知识，产生了重要的影响。当然，由于认识和时代局限，译书过多侧重于应用科学和自然科学，不过把"器物层面"的西书付诸翻译，表明国人对西学认识的深化与拓宽，正如梁启超所说："自此，中国人才知道西人有还藏在'船坚炮利'背后的学问，对于'西学的观念'，渐渐变了。"②

三 译书与变法维新

甲午战败，朝野震动，举国哗然。随后马关签约，割地赔款，民族危机空前严重。先进之士渐知西方国家之强盛不全在船坚炮利和自然科学的发达，主要还是由于它们有先进的制度和文化。故要实现民富国强，不仅要学习西方工艺制造技术，还要学习与之相关的制度和思想。而译书作为获取西学知识的捷径，又被维新派充分利用，他们大声疾呼："今日中国欲为自强第一策，当以译书为第一义。"③ 并且他们看到

---

① 朱有瓛主编：《中国近代学制史料》第 1 辑上册，华东师范大学出版社 1983 年版，第 153 页。

② 朱维铮校注：《梁启超论清学史二种》，复旦大学出版社 1985 年版，第 121 页。

③ 梁启超：《读〈日本书目志〉书后》，载《梁启超全集》第 1 册，北京出版社 1999 年版，第 128 页。

了洋务运动时期译书的弊端，明确提出"以政学为先，而次以艺学"①的指导方针，希望通过译书来促进变法图强。在以康有为、梁启超为首的维新派的呼吁下，一批学贯中西的爱国志士分赴全国各地积极从事翻译活动。国内出现了林林总总的译书机构，且译书内容多转向社会科学等方面。当时许多机构在章程中都明文规定要译印西书，"以资讲求而广闻见"②。取得较大成绩的有上海译书公会、大同译书局、务农会等。特别是译书公会在1897年内就翻译出版了《五洲通志》《拿破仑失国记》《欧美新政史》等十多种有关欧美政史的书籍。1897年创办于上海的大同译书局也在梁启超主持下，翻译"各国变法之事，及将变未变之际一切情形之书"③。不久便翻译出版了《俄土战纪》《意大利兴国侠士传》《瑞士变政记》等反映维新派政治需要的书。因为他们认识到能从中借鉴，以更好地推进变法维新。

由于甲午战争，"日本以彻底的西学打败了中国不彻底的西学。这一事实非常雄辩地为西学致强的实效作了证明"④。朝野上下的日本观急剧变化着。要学西方，先学日本，几成国人共识。国人纷纷东渡，进行了大量翻译工作，掀起了一个转译日文书的浪潮。他们在日本组织了许多译书团体，如译书汇编社、青年会、闽学会等，所译书多为政法方面的，如《政治进化论》《万法精理》《社会平权论》《日本议会史》等。他们的译书也为以后民主革命提供了思想武器。

甲午战后的译书是围绕变法维新开展的。他们把译书与救亡图存、变法维新相联系，使得此时译书更具有近代文化意义和时代意义。而且此时译书内容多转向与制度变革相关的书籍，反映了国人对西方的认识由器物层面推进到了制度层面。

四 译书与民主革命

戊戌维新失败后，维新派暂把注意力转向思想启蒙方面。而资产阶

---

① 张静庐辑注：《中国出版史料补编》，中华书局1957年版，第53页。
② 中国史学会主编：《戊戌变法》（四），上海人民出版社1957年版，第390页。
③ 张静庐辑注：《中国出版史料补编》，中华书局1957年版，第53页。
④ 陈旭麓：《近代中国社会的新陈代谢》，上海人民出版社1992年版，第162页。

级革命派却从变法失败、辛丑条约的签订中认清了清王朝的丑恶嘴脸。他们要求以武装斗争的形式推翻清朝封建统治,实现国家独立富强。在革命发动前夕,他们做了大量舆论准备工作。而众多的革命图书的翻译出版,对革命的酝酿和发展起了推动作用。

从19世纪末期始,介绍西方资产阶级政治学说的书籍便被翻译出版,进入20世纪后,此类书籍的翻译更是雨后春笋般问世。1901年至1905年翻译出版的较著名的有严复译的《法意》《社会通诠》《群己权界论》,马君武译的《弥勒约翰自由原理》,杨廷栋译的《路索民约论》,罗伯雅译的《共和政体论》等。其中对近代中国影响较大的为《路索民约论》。该书由留日学生杨廷栋译,1902年由上海文明书局出版。中心内容是宣称一切人生而平等,这是天赋的不可侵犯的权利。国家则是自由人自愿协议订立契约的产物。如果人民自由为强力所夺,人们便有权起而革命,用强力夺回自己的自由。该书翻译出版后在学界产生了广泛影响,刘师培1904年著《中国民约精义·序》中说:"吾国学子,知有'民约'二字者三年耳,大率据杨氏廷栋所译和本卢骚《民约论》以为言。"[①] 可以说,《民约论》在中国的传播,为资产阶级革命派提供了"主权在民"的思想基础,有力地推动了资产阶级民主革命的发展。

西方资产阶级政治学说的书被译介的同时,有关欧美资产阶级革命的历史与资产阶级政治家的传记译著也先后被翻译出版。如《法兰西革命史》《美国独立战史》《林肯传》《拿破仑传》等。对于此类书的影响,我们可以从《浙江潮》在介绍由青年会编译出版的《法兰西革命史》时所说窥见一斑:"是书……欲鼓吹民族主义,以喝棒我国民。……其中叙法国革命流血之事,慷慨激昂,奕奕欲生,正可为吾国前途之龟鉴云云。购而读之,不觉起舞,真救吾国之妙药,兴吾国之主动机关也。"[②] 正是从欧美资产阶级革命中,中国资产阶级革命派吸取了不少经验教训,用作反清革命借鉴。上述书籍的翻译出版,不仅使资产阶级革命派获得了

[①] 刘师培:《刘师培全集》第1册,中共中央党校出版社1997年版,第560页。
[②] 《浙江潮》1903年第7期。

西方的先进思想武器，而且使越来越多的人倾向于革命，壮大了革命队伍，推动了民主革命的发展，并最终在辛亥武昌一役中把清王朝的皇冠打翻在地，建立起了欧美模式的资产阶级共和国，中国社会又前进了一大步。

纵观晚清时期的国人译书，无不含有其时代特征，体现着社会的进步。从开眼看世界至学习西方的坚船利炮，声光化电到西艺西政，这个次序反映了国人认识的逐层深化，是晚清国人走向世界历程的一个缩影，也符合人们对文化认识从低层次到高层次发展的规律。正如梁启超所说，"先从器物上感觉不足"，尔后从"制度上感觉不足"，民国以来又从"文化根本上感觉不足"[①]。这是时代和社会的进步，而国人译书的作用实不可忽视。

（原载《山东师范大学学报》2000 年第 3 期）

[①] 《饮冰室合集》文集之三十九，中华书局 1989 年版，第 43—45 页。

《大众日报》对淮海战役的报道和评论

1939年《大众日报》在山东沂水创刊，是抗日战争期间中国共产党在抗日根据地创办较早且有较大影响的重要报纸之一，1942年后成为中共中央山东分局机关报。1945年12月，中共中央华东局成立后，《大众日报》改为该局机关报。1948年11月，中国人民解放军发动淮海战役时，不少报纸杂志对淮海战役给予了关注，但相比而言，《大众日报》是刊载淮海战役内容最多、评论最具影响的报纸。据统计，《大众日报》"仅74期报上发表此役报道640余件，内社论11件，头条消息40件，一般消息480件，通讯、文章、战报、贺电、诗歌等100余件；其中署名表扬战役和支前中的英模积极分子及起义人员1000余人"[①]。长期以来，学术界多从山东兵团或山东人民的支前运动等角度研究山东对淮海战役的贡献，而很少从《大众日报》与淮海战役关系的视角进行考察。淮海战役是近代中国历史发展的重要转折点，影响既深且远。《大众日报》对淮海战役的报道和评论，既提供了战争信息，又发挥报纸的社会舆论作用，有力地配合了夺取战役的伟大胜利。

一 报道战役进程和态势

淮海战役正式打响后，《大众日报》于1948年11月12日刊载了新华社淮海前线九日电讯："强大的人民解放军，解放淮海地区的战役已经开始。七日已在豫东商邱以东张公店地区，全部歼灭由商邱东逃之敌

[①] 陈华鲁：《大众日报史话（1939—1949）》，山东人民出版社1995年版，第545页。

五十五军一八一师。……在此次作战中,解放军士气极盛,敌军则不断地忙于逃跑,每天害怕被消灭,结果被消灭得更快。此次敌一八一师仅经一夜作战即告解决。"此后,该报不断登载人民解放军获胜的消息。如《我大军合围徐州,围歼敌七兵团,围攻敌二兵团》《淮海战役华野九天作战,敌已损兵十三个师,不日即可结束七兵团命运》等。11月22日,黄百韬兵团全军覆灭后,淮海战役第一阶段结束。11月26日,《大众日报》报道《淮海战役第一阶段胜利结束,黄百韬兵团全军覆没,敌已丧失十八个整师,我军攻势正继续扩张》,同时发表《更高度的紧张动员起来,争取淮海战役的彻底胜利》的社论。

11月23日,人民解放军开始淮海战役第二阶段作战。中原野战军在安徽宿县西南的双堆集地区,包围了从华中赶来增援的黄维兵团。《大众日报》及时跟踪报道这一阶段的战果。例如,12月1日解放徐州后,《大众日报》在4日、7日连续刊载《庆祝解放徐州》《徐州解放》等报道和社论,同时指出此后的斗争目标:"华东全体党政军民在庆祝徐州解放时,必须再接再厉,戒懈戒骄,乘胜直追,坚决地不间断地不疲倦地执行毛主席'军队向前进'的指令,在党中央正确领导下,和中原人民解放军并肩作战,追歼逃敌,如果敌人不投降,就干脆的歼灭它,为彻底解放全华东全中原,为彻底消灭所有国民党反动匪军,及解放全中国而斗争。"12月6日,中原野战军和华东野战军集中9个纵队的优势兵力,对黄维兵团发起总攻。至12月15日,解放军共歼敌12万余人,生俘黄维。随后,《大众日报》刊载《我军全歼黄维兵团共十一个师,全为蒋贼嫡系,除一个师起义外,全军覆没》《敌十二兵团正副司令黄维、吴绍周被活捉,并俘毙军师长等七名》《歼黄维兵团及阻击战战果,歼敌十一万五千人,俘毙敌师级以上军官廿九名》等报道。

为配合平津战役,人民解放军暂缓攻击被合围在青龙集、陈官庄地区的杜聿明部,而进行休整,并向杜聿明发动政治攻势与劝降,消耗其心理。12月19日,《大众日报》登载了《解放军中原华东两司令部发出对杜聿明等劝降书》。1949年1月6日,华东野战军对被包围的杜聿明部发起总攻,1月10日,战斗结束,全歼邱清泉、李弥两个兵团共30万人,俘获杜聿明。《大众日报》密切关注这一进程,于1月9日至

13日先后刊载《永城东北地区我军向杜匪部发起新攻击,十九小时内歼敌九千余,克据点十五处》《杜匪部在我军军事压力与政攻争取下,廿天投降者达万四千》《淮海战役彻底胜利,全歼杜聿明匪部》《战犯杜聿明被活捉》等报道。

同时,《大众日报》通过登载国民党军士气低落和控诉其暴行的报道,以塑造对我军有利的战场形势。例如,该报先后报道了《我淮海强大攻势震撼下,蒋美反动派一片慌乱》(11月18日)、《徐州逃敌慌乱狼狈,公文、国民党证、辎重车等遍地丢弃,坦克、汽车、人马夺路逃奔,自相残踏》(12月7日)、《李延年两次逃跑,陇海路上整整丢掉一个军,津浦路上丢掉两个美械团》(12月9日)、《匪首杜聿明等败逃中残忍遗弃三万伤兵,我徐州军管会大量收容》(12月17日)、《徐州逃敌沿途残害人民》(12月20日)、《国民党的贪官污吏们正慌乱地逃出南京》《固镇车站等地人民控诉蒋匪李延年兵团溃逃时暴行,要求我军早日为民除害》(12月21日)、《包围圈内的杜聿明匪部成连成营缴械投降,饥饿和死亡的严重威胁使他们只能选择这一条生路》(12月26日)等。

《大众日报》对中国人民解放军的捷报报道以及国民党军的士气低落的宣传,动摇了国民党的军心,鼓舞了共产党军民的士气。

二 塑造人民解放军的光辉形象

淮海战役期间,《大众日报》的记者以战斗通讯的形式对许多战斗英雄的事迹和解放军纪律严明作了介绍和宣传。

《大众日报》曾报道《人民英雄张树才舍身炸毁敌地堡》《王塘战斗中的英雄连长张春孔》《英勇机智积极歼敌的张忠班》《某部四连班长葛靖廷负伤不下火线,坚持击退敌人,营委批准为一等功臣》《共产党员赵成山负伤忍痛深入敌阵劝降》《卫生员刘继祯挺身而出指挥作战》等。其中,在12月5日《人民英雄张树才舍身炸毁敌地堡》的报道中,通过对张树才在徐州以东歼灭黄百韬兵团的战役中舍身炸毁敌人地堡的英雄事迹进行分析,指出人民解放军屡打胜仗的原因:"人们从人民英雄张树才的这种伟大的英勇的行动中可以找出正确的答案来了。

因为人民解放战争是伟大的正义的战争,因为人民解放军是人民自己的军队,所以人民解放军就能够产生无数张树才式的共产党员和革命英雄,他们的高度政治觉悟造成了伟大的人民解放军军事力量的最重要部分。"

宣传解放军纪律严明。例如,《大众日报》曾刊载《解放军某部为加强纪律性,颁布纪律要求十二条》《江淮主力在淮海战役中遵守政策纪律》《某部在连续紧张战斗中维护群众利益,坚决执行政策》等。12月16日,该报报道了徐州外籍神甫对我军保护教堂,执行宗教自由政策的纪律的赞扬:"解放军进城后,军队纪律都很好,教会的东西一点没动……解放军每个战士都能严格遵守纪律,这是了不起的事情。"

《大众日报》对这些英雄模范人物和解放军纪律严明的宣传,反映了中国共产党和人民解放军不怕流血牺牲的崇高革命品质,同时也激励了军民的斗志。

三 宣传民众的参与,展现人民群众对解放战争的普遍支持

毛泽东指出:"革命战争是群众的战争,只有动员群众才能进行战争,只有依靠群众才能进行战争。"① 淮海战役就是充分动员了群众参加的战争,人民群众的支前工作在这次战争中起了重要作用。《大众日报》热情报道和歌颂后方人民对淮海战役前线的无私支援。

关于运送粮食,《大众日报》登载《淮海前线军粮充裕》(12月24日)指出:"在华北、华东和中原三大解放区军民全力支援下,淮海前线人民解放军食粮充裕,生活显著改善。"在《忍饥不取车上粮,攀山填道向前进》(1949年1月7日)报道中讲到,泗水运输团在解放军追歼黄百韬兵团时,历经艰难险阻,胜利完成了转运任务等。关于修路的《人民的力量无限雄厚——记津浦路兖临段修复经过》(1月7日),《淮海、渤海两区公路全部修竣畅通无阻》(1月16日)等报道,再现铁路工人和沿线农民,淮海、渤海两区人民为保证淮海战役军需及时供应,在修路中表现出高度的支前热情。关于邮局职工的《华东支前邮局完成淮海战地邮递》(1月27日)的报道:"华东支前邮局各站全体

---

① 《毛泽东选集》第1卷,人民出版社1991年版,第136页。

同志，克服了人少任务繁重及寒风雨雪的困难，完成了淮海战役的邮件递送任务。"关于民众抬担架的有《"钢铁担架员"朱正章》（12月22日）、《女英雄李兰贞出工担架赛男人》（12月30日）、《勇敢顽强火线转运》（1月16日）、《渤海模范担架团》（1月31日）等报道。关于押送俘虏，捉拿敌人散兵的有《押送俘虏护运物资，积极完成战勤工作》（12月24日）、《萧永地区人民协助我军捕捉敌散匪》（1月4日）等报道。关于动员群众和民兵参军参战的有《渤海一分区掀起人民参军热潮，万六千青壮参加解放军，送子劝兄慷慨互勉，杀敌立功解放全国》（12月23日）、《鲁中南出动百万民工》（1月3日）等报道。关于妇女对战争支援的有《滨海区四十五万民工支前，妇女后方磨粮近四千万斤》（12月22日）、《鲁中南妇女不畏严寒，完成首批军鞋百万双》（12月28日）等报道。

同时，《大众日报》还通过报道分析了民众踊跃支前的原因。其一，土改符合群众愿望，民众政治上翻了身，觉悟提高。1949年1月3日，《大众日报》在《鲁中南出动百万民工》的报道中指出：鲁中南人民在淮海战役中"人民的支前热情为什么如此高涨？苍山县柴林区有几段民谣说得很清楚……老大娘说：'出伕，出伕！福来到，来年的日子更好了！'要问他们为什么如此艰苦顽强坚决完成任务？莒南担架团的民工答复得好，他们说：'前方同志为我们流血，我们不积极转运，即就对不住自己的良心。怎么累也没有前方战士累，现在不吃苦，什么时候吃苦！'其二，支前有待遇。11月13日，《大众日报》曾在战役初期刊载了华东支前委员会和华东财经办事处发出的《关于支前机关与民工供给标准及其供给办法的联合决定》。1949年1月19日，该报刊载《鲁中南妇女克服严冬做鞋困难，完成首批军鞋百万双》报道，其中指出"妇女们赶做军鞋，不但有力地支援了前线，同时由于做鞋赚工资，对生产防荒也起了很大的作用。"同年3月25日，该报刊载济南市劳动妇女在支前热潮中通过缝制军衣军裤军鞋等，"共得工资小米393650余斤"。其三，民工支前和参军，后勤保障较好。1948年12月16日，该报在《华东广大后方党政民全力以赴支援战争》报道中指出："胶东西、南海15000民工开赴前线后，各村群众立即详细讨论帮助民工家属生产。平度岔道口村群众在民工出发前的头一天,即运了四十车泥送到民工家门口,以备冬季积肥,妇女并挨户慰问民工家属,出发民工均极满意。"与参军运动的同时,各地群众还掀起广泛的拥军优属热潮。例如 12 月 23 日,《渤海乐陵等县群众热情欢迎新军出征,帮助军属生产劳动》的报道,消除了新参军者的家庭生产顾虑。其四,各级党政支前机关贯彻"耕战互助"、合理负担、有偿派差等政策措施。例如,1948 年 10 月,渤海行署公布《关于战时勤务负担暂行办法》,指出对于从事战勤服务的民工实行"供给制"和"包运制""计工算账""伕属生产照顾"等,《大众日报》曾予以报道。1949 年 1 月 3 日,登载《渤海提前完成亿斤军粮运输任务》,指出能够迅速完成任务的原因之一是"全区实行了包运军粮制,提高了运粮民工的积极性。阳信何坊区二堡孙两辆车,在七天运粮中,加上拉回脚,即赚粮 360 斤,他们高兴地说:'又支了前,又赚了粮,一举两得。'"其五,支前组织的思想政治工作到位。1949 年 1 月 9 日,该报在《千艘民船扬帆送军粮》报道中指出:"每次出发以前,都进行一次集体动员,说明前方战争形势的发展及任务的重大意义,卸货以后进行小结,贯彻了'为什么要打国民党反动派?解放军为谁打仗?咱们应当怎样支援前线?'等战争教育与评成绩(谁保管爱护军粮好、谁认真负责好、谁互帮互助好、谁的损耗少)等,收效极大,使船民从单纯的雇佣思想,提高到认识运粮支前是自己应有的责任和应尽的义务。"支前党组织的思想政治工作,激发了广大民工民兵的革命积极性。

  对于民众支前在淮海战役胜利中的表现和贡献,《大众日报》在 12 月 10 日刊载"人民战争,人民支前,胜利属于人民,华东数十万民工服务前线"的电讯,指出:"全华东解放区数十万民工不辞一切辛劳,热烈地支援淮海战役。成千成万的担架、大车、小车、担子和驮驴奔驰于数百里的淮海前线,在寒风冷水中日日夜夜地为解放军运送给养弹药和转运伤员。他们来自各个不同的地区,北从黄河以北、胶东半岛,南自长江边,包括华中、鲁中南、胶东、渤海、冀鲁豫、豫皖苏及新恢复或新解放的萧铜、泗灵睢等地。他们的语言、生活习惯与服装各有不同,但怀着一个共同的信念——协助解放军全部消灭当面的蒋匪军,争取伟大的淮海战役的彻底胜利。"1949 年 1 月 29 日,该报以《千百万人民的热情支前,保证了淮海战役彻底胜利——华东、中原、华北人民的伟大贡献》为题,再次给予了高度评价。1951 年 2 月,陈毅在南京接见苏联驻华大使尤金分析淮海战役胜利的原因时,提到人民群众的广泛支前的重要性。他说:"支前的民工达 500 多万,遍地是运粮、运弹、抬伤员的群众……这是我军真正的优势。人民群众用小车、扁担保障了部队作战。"① 充分说明了人民支援对淮海战役胜利所起的重要作用。

在淮海战役中,《大众日报》"一直把反映和指导各地支前工作作为报纸宣传的重大任务和突出重点之一,进行了全面、深入、系统、集中的宣传"②。通过这些宣传,显示了军民团结,反映了解放军和人民群众的血肉联系,使解放军获得了源源不断的物资供给和精神动力,同时使民众对解放战争有了更为清醒的认识,从而义无反顾地投入到人民解放战争的洪流之中。

四 宣传对起义人员和国民党官兵的政策

《大众日报》刊登报道和评论,宣传人民解放军对起义投诚官兵和俘虏的宽大政策,同时指出他们的出路。《大众日报》的政治攻势和统战工作起到了明显效果,在战争进行中不断有国民党官兵投诚。

1948 年 11 月 8 日,第三绥靖区张克侠、何基沣率领五十九军和七十七军在贾汪、台儿庄防地宣布起义,打开了台儿庄一带运河通道和徐州东北大门,使解放军顺利通过运河大桥,切断了黄百韬兵团撤守徐州的退路。《大众日报》多次宣传张、何起义一事。11 月 13 日,《大众日报》在"本报特讯"中以《北线我军进逼徐州,国民党两个军起义》为题予以报道,并指出他们起义后加入人民解放军,正进入解放区。此后,该报多次报道我们党政军民对张、何起义的欢迎和支持,如《欢迎率部起义的何张两将军》《徐州北线部队开入解放军,受群众欢迎招

① 中共江苏省委党史工作办公室:《中共江苏地方简史(1921—2012)》,中共党史出版社 2013 年版,第 96 页。

② 朱民:《大众日报五十年(1939—1989)》,山东人民出版社 1993 年版,第 211 页。

待，我某部派员携款前往慰问》《鲁中南党政军民慰问徐州北线起义部队》以及毛泽东主席、朱德总司令电复何基沣、张克侠诸将军并全体官兵的电文，华东诸首长的复电等。同时，该报在11月18日以《敌卅七师师部及所属两个团拒绝起义全部被歼》为题的报道中，曾以这次起义为例，指出敌人的出路：当张、何两将军率领部队起义时，"其中拒绝起义并被击溃的三十七师师部，及该师所属的两个团（缺已参加起义的一个营），于十四日在徐州以南二十余里三堡车站被解放军全部歼灭。冯治安部队的两种命运，给一切国民党军两个榜样，起义的受欢迎，顽抗的被消灭"。12月7日，该报刊登的社论《徐州解放》中指出，国民党匪帮明智的办法只有两个：一个是何基沣、张克侠等将军那样，实行光荣起义；另一个是和郑洞国那样，立即放下武器，实行集体投降。这样做可以减少人民的损失，加速革命胜利，因而也就可以得到人民的谅解和宽大，否则就只有被歼灭的命运。

11月29日，正当双堆集地区的战事紧张进行之际，国民党第八十五军一一〇师，在师长廖运周率领下，举行战场起义。这一行动打乱了黄维兵团的突围计划，为解放军围剿黄维兵团起了重要作用。12月3日，该报登载《嫡系一一〇师战场起义》报道了一一〇师战场起义之事，并提到该师起义后已开至后方某地休整，沿途受到人民解放军及当地人之热烈欢迎，同时指出该师的起义，给国民党匪军其他嫡系部队特别是被解放军紧紧包围之黄维兵团指出了一条应走的光明大道。12月15日，该报登载《起义的廖运周将军所部受到解放区军民欢迎》，指出"该部于上月三十日安抵解放区后方。豫皖苏军区特拨大批面粉供给该部，并发给起义官兵慰劳费。驻地群众携带物品前往慰劳，并组织高跷及秧歌队，轮番到该部各驻村表演。起义官兵充满兴奋情绪"。12月26日，《大众日报》刊载了廖运周致毛泽东、朱德的电文以及毛泽东主席、朱德总司令给何基沣、张克侠、廖运周诸将军的复电。

人民解放军不仅欢迎起义的部队，而且对于起义部队的家属也给予照顾。12月11日，《大众日报》登载《前线我军协同当地政府运送起义部队眷属至后方》，同时登载《我军在全歼敌七兵团时收容治疗敌遗弃伤兵万名，予以包扎换药与细心护理》，指出我军对敌人遗弃伤兵的照顾。

　　毛泽东说过："我们的胜利不但是依靠我军的作战，而且依靠敌军的瓦解。"① 周恩来曾说："我们不但在战场上狠狠回击他们，也要从他们内部打击顽固派，争取策动高级将领和大部队起义。这样，可以造成更大声势，瓦解敌人的士气。"②《大众日报》通过对国民党军队起义、俘虏和放下武器人员的报道，对敌开展强大的政治攻势，宣传了共产党和解放军的政策。这些宣传报道不仅对敌人起到了分化瓦解的积极作用，而且对于最终歼灭淮海战场的国民党军起了重要作用。

五　余论

　　在淮海战役中，《大众日报》担负着反映和指导整个华东地区军民斗争的艰巨任务，以最大力量从各个方面对人民战争进行宣传。罗荣桓说："一张张报纸，一篇篇社论和文章，就是打击敌人的一发发炮弹。"③ 正是经过报社的前线记者团、编辑部、电讯部等部门的努力工作，使《大众日报》在淮海战役中"确实起了宣传者，鼓动者，组织者的作用"④。《大众日报》对淮海战役的报道和评论，既为解放军指战员和支前人员增加精神食粮，鼓舞士气，也鼓舞后方军民前赴后继支援前线，为夺取淮海战役胜利作出了重要贡献。同时，《大众日报》的这些报道和评论，也给我们留下了许多启示。

　　首先，对淮海战役的关注具有鼓舞性和引导性。该报根据战役形势经常发表社论、刊载中央的关注，以引导社会发展方向。1948 年 11 月 17 日，《大众日报》刊载新华社陕北十四日电："中共中央负责人评中国军事形势：战争双方力量对比已发生了根本变化。再有一年左右时间，就可能将国民党反动政府从根本上打倒了"；11 月 28 日，登载中共中央电贺淮海第一阶段大捷，勉励全体军民继续努力，为全歼当面敌

---

　　① 《毛泽东选集》第 2 卷，人民出版社 1991 年版，第 379 页。
　　② 张克侠：《佩剑将军张克侠军中日记》，解放军出版社 2007 年版，第 417 页。
　　③ 朱民：《大众日报五十年（1939—1989）》，山东人民出版社 1993 年版，第 20 页。
　　④ 大众日报新闻研究所编：《大众日报史料：〈大众日报〉报史座谈会专辑》，《大众日报》新闻研究所 1985 年印刷，第 5 页。

人而奋斗；1949年元旦转载毛泽东为新华社写的新年献词《将革命进行到底》，指出中国人民将要在伟大的解放战争中获得最后胜利，要用革命的方法坚决彻底干净全部地消灭一切反动势力。

中国人民解放军在战场上不断取得的胜利，受到了世界人民力量的赞扬与重视，《大众日报》及时报道这些信息。12月16日，《大众日报》登载来自新华社的电讯《世界各国人民力量赞扬我军伟大胜利》，指出中国人民解放军自秋季攻势以来连续不断的伟大胜利，受到以各国共产党为首的世界人民力量同声赞扬与重视；十天后，登载新华社陕北电讯《日共美共机关报社论庆祝中国解放事业伟大胜利》。这样的报道，增加了人民解放军及民众对敌作战的信心和必胜的勇气，以及前进的方向。

其次，报道内容上具有重点性和选择性。"一个国家的战斗精神往往是靠必胜的信念来维系的。"① 在淮海战役中，中国人民解放军野战军获得很多胜绩，但并非没有遇到挫折和困难，以及吃过败仗。对此，《大众日报》坚持正确的舆论导向，有选择性地报道，着重报道野战军的顽强抵抗和敌方的损失情况，始终以正面报道为主，使全国人民树立了必胜的信念。

最后，注重群众性。1939年1月1日，《大众日报》发刊词写道："为大众服务，成为他们精神上的必要因素之一，成为他们自己的喉舌，更成为他们所热烈支持的最公正的舆论机关。"因此，该报始终坚持"党的立场，群众的报纸"的宗旨，积极刊载反映人民群众的生活和斗争的报道。在淮海战役刚开始不久，11月14日的《大众日报》即要求各地支前队伍中的通讯员："你们在前线积极参加了伟大的人民解放战争，在这一战争中，数十万民工拥上前线，其中有复杂的组织工作，多种多样的教育工作，人民英勇艰苦可歌可泣的活动，这些材料报道出来，可以交流经验，指导工作，鼓舞前方战士与后方人民。为此，我们要求支前中的通讯员同志，在你们百忙中，抽暇写稿，供给党

---

① ［美］哈罗德·D. 拉斯韦尔：《世界大战中的宣传技巧》，张洁、田青译，中国人民大学出版社2003年版，第102页。

报。"11 月 30 日，该报在发布的征稿启事中进一步指出，对于描写人民解放战争、人民支援战争、生产及各种建设斗争的短篇小说、报告、通讯、速写、故事、诗歌等文艺创作尤为欢迎。《大众日报》对支前工作的宣传报道，"与前方部队英勇杀敌一起，谱写出一曲曲人民战争雄壮乐章。当年那些军民相依、鱼水情深的动人情景，至今仍在人民当中传颂，使人思之泪下，激荡胸怀"①。正是通过大量报道民众支前事迹，以及此后持续面向群众，关注民生，《大众日报》成为我国报业史上连续出版时间最长的党报。

（原载《理论学刊》2014 年第 4 期）

---

① 朱民：《大众日报五十年（1939—1989）》，山东人民出版社 1993 年版，第 213 页。

《齐鲁公报》对辛亥革命后中国政局的关注和评论

《齐鲁公报》创刊于 1911 年 11 月 15 日，是辛亥革命时期山东省各界联合会的机关报。其存在时间虽然较短（1912 年 1 月 23 日停刊），但它对辛亥革命后的中国社会，尤其是山东社会时局，进行了较为翔实的报道和评论，发挥了重要的传播媒介和舆论工具的作用，成为辛亥革命前后社会时局动荡更替、革命形势风云变幻的一个缩影。因此，对该报进行研究，不仅有助于进一步了解《齐鲁公报》的立场以及它对辛亥革命的贡献，而且对辛亥革命史研究之拓展也有所助益。

一 对武昌起义后山东社会时局的报道

武昌起义爆发后，不少省份纷纷响应，宣布起义或独立。在席卷全国的革命大潮中，山东革命党人也积极行动起来，于 1911 年 11 月 7 日推翻了原来的谘议局，成立了山东各界联合会，并在 11 月 13 日成功举行独立大会，宣布了山东独立。两天后创刊的《齐鲁公报》专门设置"山东独立纪事"栏目，如实报道了山东独立的消息，包括独立大会的召开、巡抚孙宝琦演说、官绅军民宣告独立誓书和入会人员演说等。

山东宣布独立以后，对新政权领导人的称呼并没有像其他独立省份那样以"都督"命之，而是采用"总统"之称。《齐鲁公报》登载省城独立大会的开会秩序中第七项为"公举抚台为大总统、贾统制为副总统"，第八项为"大总统演说"，同时《齐鲁公报》又表明"总统或都督名称决定后再行更正"①。山东各界联合会发给《民立报》转上海军政府及各报的电报也是称"九月二十三日,山东共举义旗,宣告独立,公举孙宝琦为大总统,贾炳卿为副总统"等语。11月15日,《民立报》登载了山东全体联合会发给该报的电报,并回电:"山东全体联合会鉴:尊处来电,有大总统副总统字样,此间共和本部颇有烦言,因全国总统尚未举人,尊处宜先称为都督,以免贻人口实。"②山东全体联合会接受了《民立报》的建议,次日开会即用都督名称,随后《齐鲁公报》刊载的"开会纪事"中,也称孙宝琦为都督、贾宾卿为副都督。

山东宣布独立之后,各界群众欢欣鼓舞,臂缠白章,奔走相告,城内锣鼓齐鸣,一片欢腾,"中华民国万岁""山东独立万岁"的欢呼声传遍省城内外。同时,省城社会秩序日趋稳定。《齐鲁公报》指出:"自鄂军起事,电至东邦,官银号即受恐慌,几乎倒闭,月余来取钱者拥挤。自宣告独立,而换钱者寥寥矣。当未宣告独立之前,绅民纷纷有迁居于南山者,有迁居于租界者;自宣告独立,而省垣无有迁居者矣。学堂在先亦大有散学之势,今则皆照常上课矣。"③ 因此该报评论说,可见独立乃人心所愿,山东斯举可谓顺乎天而应乎人。

山东独立后,表面上社会平静和秩序稳定,实际上暗流涌动。1911年11月13日,袁世凯担任内阁总理大臣后,即同在山东各界的旧属、追随者联系,纠集反独立势力,镇压革命运动。山东巡抚孙宝琦本来不愿意山东独立,只是在第五镇官兵和群众的压力下,在省城独立大会上勉强同意山东独立。但他回到衙署后立即致电内阁,向清廷表明自己的一片忠心,痛责自己"世受国恩,形同叛逆,万死奚辞,惟有静候朝廷处置"④,再三表明自己还是大清王朝的忠臣。袁世凯的亲信张广建、吴炳湘反加紧镇压和破坏山东各地的革命活动,孙

---

① 《山东独立纪事》,《齐鲁公报》1911年11月15日。
② 《民立报》1911年11月15日。
③ 《独立而人心安》,《齐鲁公报》1911年11月22日。
④ 《孙宝琦九月二十三日致清内阁电》,《近代史资料》1956年第1期(总8号),科学出版社1956年版,第128页。

宝琦也积极出谋划策，致使在短短 12 天内山东独立即被取消。山东独立取消后，全国震惊，革命党人无比义愤。湖北军政府都督黎元洪从汉口来电责备山东取消独立。① 孙宝琦家乡的革命军队也很愤恨，指责孙宝琦取消山东独立的举动。《齐鲁公报》转载了浙江新军致孙宝琦的电报："君非房族，应知大义，浙江为君丘墓之邦，自闻取消，人有同愤。"② 此后，《齐鲁公报》刊文抨击孙宝琦大耍两面派的行径，揭露他出尔反尔，仍欲面北称臣、甘为满奴的丑恶嘴脸。

山东反动势力复辟后，不仅禁止开会，而且遍设侦探，搜拿剪发之人。《齐鲁公报》指出："当时有无辫者过宜春轩亦被捕拿，一时无辫者大为恐慌，而假发辫几等于洛阳之纸。"③ 因学生在山东独立中起了重要作用，④ 故复辟后的山东当局加紧了对学生的控制。12 月 1 日，《齐鲁公报》载文说："刻下各警区详察各学堂学生之寄宿舍，尚存学生若干登册详记后，敦促各学生作速归家，不得逗留省垣。并嘱各寄宿舍寓主，嗣后不得将房舍赁与学生，其已赁者，令其作速搬出。"该报接着评论，"据此其对于学生既如此之措施，而学生之威力可见一斑。然此后省城之大，盈尺之地，学生亦难侧身矣"⑤，既赞扬了学生对革命的贡献，又表明了对山东当局容不下学生的不满。

孙宝琦因在山东独立问题上朝秦暮楚，乍南乍北，使其既为朝廷诘责，也激怒了革命派和群众，故其在山东处境极为尴尬。于是，他一面电请清廷罢黜治罪，一面借病躲到外国医院。此后，山东政权控制在山东布政使张广建、山东提法使聂宪藩、巡警道吴炳湘、第五镇统制吴鼎元四人手中，因他们四人皆是安徽合肥县人，所以《齐鲁公报》载文道"山东藩台是民国安徽合肥县人，山东臬台也是民国安徽

---

① 《齐鲁公报》1911 年 12 月 5 日。
② 《浙军致山东抚院电》，《齐鲁公报》1911 年 12 月 11 日。
③ 《无辫者大为恐慌》，《齐鲁公报》1911 年 12 月 15 日。
④ 当时《民立报》指出此次山东独立取得成功"皆由学生主动"（见该报 1911 年 11 月 30 日）。在济南的日本人报告说："关于山东独立问题，高等师范学堂似为府之中坚"（见邹念之编译《日本外交文书选译——关于辛亥革命》，中国社会科学出版社 1980 年版，第 28 页）。
⑤ 《学生不得立足于省城》，《齐鲁公报》1911 年 12 月 1 日。

合肥县人，山东首道又是民国安徽合肥县人，山东巡警道还是民国安徽合肥县人"①，对于安徽人在山东做官掌权给予了讽刺。

孙宝琦在"养病"期间，将他在这一时期的电稿编作《孙宝琦罪言》（以下简称《罪言》），向清廷和袁世凯为自己洗刷辩白。《齐鲁公报》1911年12月4日全文刊载孙宝琦的《罪言》，但没有作出评价。上海出版的《民立报》不仅两次全文转载孙宝琦的《罪言》，还予以夹叙夹议的评价。1911年12月8日，《民立报》以"孙宝琦真真该死，独立可权宜承认乎"为题对孙宝琦的《罪言》刊载并评价，文中使用"亏尔镇静""岂有此理""果有此事吗""可笑""独尔甘心献媚于满族""实无以对""胡说"等词汇，表达了对孙宝琦《罪言》的看法。12月13日，《民立报》以"孙宝琦竟翻口供"为题再次评述和反驳了孙宝琦的罪言：针对孙宝琦的"上无以对朝廷，下无以对诸将不忠不智"的虚情假意，讽刺其实为"上无以对奕劻盛宣怀亲家，下无以对娇滴滴女儿"；对孙宝琦自称的"负罪良深"，指责其是"罪该万死"；对于孙宝琦提出的"现已奏明取消独立名号，并撤销临时政府"，该报指斥"孙宝琦什么东西，将来山东人吃你的大亏"；对于孙宝琦所说的"本部院忝任疆臣，以保境安民"，该报表示"处今之时吾不信"等语句，再次鲜明地表达了对孙宝琦取消山东独立的反对。

孙宝琦变卦复辟、山东反革命势力重新上台后，迫害革命人士和群众最严重的是济南商埠惨案。1911年12月10日，同盟会会员刘溥霖、蓝毓昌等潜伏在济南商埠"宜春轩""万顺恒"两处店铺，图谋劫夺南运军械并刺杀清将张勋，不幸消息泄露，遭到了张广建、吴炳湘的镇压，成为轰动一时的济南"宜春轩""万顺恒"惨案。袁世凯爪牙逮捕革命党人的事件，引起了全省人民的极大愤慨。《齐鲁公报》在1911年12月15日以《山东官吏违法捕拿政党之详情》为题，及时刊登了揭露反动当局迫害革命党人的文章，详述事实真况，驳斥官方诬称党人为"土匪"的谬论，痛斥张广建之流的凶狠残忍。随后，该报连续发表消息和评论，痛斥张广建等人违法捕拿革命党人。不久，张广建、吴炳湘

---

① 《大言小言》，《齐鲁公报》1911年12月11日。

又派人在济南东关及城内县东巷、鞭指巷等处搜拿人。《齐鲁公报》对张、吴的行为更是大肆抨击,痛斥这帮丑类"逞专制之雄威,肆残毒之手腕"①,并宣传革命党军势力,引起张、吴忌恨。因此,《齐鲁公报》成为张广建、吴炳湘的眼中钉,必欲除之而后快。1912 年 1 月 22 日,《齐鲁公报》总经理王讷撰联"吴添一口只知哭,袁去上头便成衰",登载在公报上。张、吴大怒,以捏造军情、摇惑人心等罪将报馆查封。

二 鼓吹民主共和以图国家自强

鸦片战争以后,无论是洋务派开展的洋务运动,还是维新派进行的戊戌变法等都没有使中国走上富强之路,因此,以孙中山为首的革命志士主张以革命手段推翻清廷统治,建立民主共和政体,以实现国家的独立、民主、富强,并为此孜孜奋斗。武昌起义爆发后,国内仍然有不少人坚持君主立宪。梁启超曾密函杨度说:"鄙人既确信共和政体为万不可行于中国,始终抱定君主立宪宗旨。"② 立宪派人士虽然对清廷的立宪新政完全失望,但是并没有同这个王朝分离的意图。

随着革命形势的急剧发展,清王朝的前景迅趋黯淡,使得立宪派们发现去帝制以行共和已是不可遏抑的潮流。当清廷谕令袁世凯取代奕劻组阁后,张謇于 1911 年 11 月 6 日就向袁世凯拍发电报说"旬日以来,采听东西南十余省之舆论,大数趋于共和……潮流所趋,莫可如何",希望袁世凯也趋时乘势,"采众说以定政体"③。11 月 7 日,山东各界联合会在成立简章中规定:"本会系山东全体人民及各机关组织……以预备独立,主张息战,组织联邦共和政体为目的。"④ 作为山东各界联合会的机关报,《齐鲁公报》及时刊登时人对建立共和政体的认识。11 月 15 日,孙宝琦在致北京内阁电报中指出:"今日各省民情,如决江河,

---

① 《十府同乡会上藩警两宪书》,《齐鲁公报》1911 年 12 月 13 日。
② 《梁启超致杨度》,载《梁启超全集》第 10 册,北京出版社 1999 年版,第 5988 页。
③ 上海社会科学院历史研究所编:《辛亥革命在上海史料选辑》,上海人民出版社 1981 年版,第 989—990 页。
④ 《山东省志资料》1963 年第 1 期。

然察其所为，决非种族相仇，实渴望共和政体，大势所趋，不可遏抑。……依臣愚见，莫如毅然改计，俯顺舆情，实行公天下，宣布共和政体，安九庙全生灵，保皇室异祀之繁荣，合满汉蒙回藏为一家，延万事之美举"①。《齐鲁公报》及时刊载了孙宝琦的这封电报，表明该报对督抚建议清廷实行共和政体的认同。11月27日，《齐鲁公报》登载了张謇、伍廷芳给清政府的电报："四百余州之民心，既离朝廷，除速采用联邦制度以免生民涂炭外，别为善策。"② 虽然国内多数人认识到中国应该实行共和政体，但袁世凯在列强的支持下，坚持在中国实行君主立宪政体。在驻汉口俄国总领事的调停下，革命军与清军进行协商中国实行何种政体问题。由于湖北军政府代表坚持建立民主共和政体，袁世凯一方坚持君主立宪，故双方没有达成协议。

就在南北双方边打边谈、讨论实行君主立宪还是民主共和时，1911年12月1—2日《齐鲁公报》发表《论中国图强必以共和》的文章，进一步肯定了中国实行共和政体对国家富强的重要性。该文指出："共和政体一经成立，则中国之富强，其期当不甚远。……中国自强之策，舍共和政体而外，亦他无善法也。"③ 针对有人提出共和政体，权在国民，国民既有权利思想，则必有党派之争，容易造成国家不稳定的看法，该文指出："欲求文明之进步，必先有党派之相争。盖甲党既得权利，则必尽其义务，凡政治之组织，必思如何可以利民，如何可以病民，尽心研究，竭力改革，而后可以要结人心，以久固其位。……如是循环不已，而政治之进行乃至于尽美尽善也。政治既属尽美尽善，而国家之安宁，当如泰山而四维之也。"同时，该报鼓励中国民众为建立共和政体而奋斗，"今而后中国日臻强盛，与东西各邦同登文明之域，共享平等之权，皆此共和政体之结果也"④。这篇论说鲜明地表达了他们对资产阶级自由、平等、博爱精神和民主共和制度的向往，同时也是对

---

① 《抚宪孙致北京内阁申密》，《齐鲁公报》1911年11月15日。
② 《张伍之献策》，《齐鲁公报》1911年11月27日。
③ 铁血：《论中国图强必以共和》，《齐鲁公报》1911年12月1日。
④ 铁血：《论中国图强必以共和（续）》，《齐鲁公报》1911年12月2日。

全国革命形势发展的一种支持。

三 报道西方列强对中国革命的态度

武昌起义后，西方列强密切观察着中国局势的演变。虽然湖北军政府一成立，就向各国驻汉口领事致送《照会》，声称"对各友邦，益敦睦谊，以期维持世界之和平，增进人类之幸福"，同时宣布所有清国前此与各国缔结条约，继续有效；赔款外债，照旧担负；各国既得权利和在华外人财产，一体保护。① 但是，列强自20世纪以来一直以所谓"保全主义"为旗号，支持清廷搞"新政"和"立宪"，梦想这个傀儡政权能够长久地统治中国。因此，他们对资产阶级革命党人发动的革命十分仇视，对武昌起义的胜利感到恐慌。

11月21日，《齐鲁公报》登载汉口德商给柏林的电报，声称"汉口商业极沉滞，革军蔓延他省，甚可虑"。同时报道："德政府对于清政府当持相当之态度，除已派巡洋舰（来福即希号）外，更加派军舰游行长江，以备不虞。"② 不久，《齐鲁公报》从报道"京津之德兵，原不过数十名，今则增至五百名。虽不敢遽信以为实，然大沽码头确已碇泊德兵舰一艘，专候调遣，预备登岸。"③《齐鲁公报》刊载了俄国人对中国革命的反应："俄政府对于中国此次华乱，极为注意，决意为驻京俄使添派警卫兵队，以资防卫。"④ 可见，列强做好了干涉中国革命的准备。

不过，随着中国革命形势的迅猛发展，清朝统治者处境日益不妙。英国驻华公使朱尔典在10月16日的报告中曾断言："满清之前途，实属黑暗。本国人民，多不信服。"⑤ 法国人表示同样的忧虑。《齐鲁公报》指出："法国某通信云，武昌乱事对于清国必生极困难之结果，且清政府冥顽不灵，直欲以大敌对待之，而清军又多半与革军通声气，万一直隶

---

① 中国史学会主编：《辛亥革命》（五），上海人民出版社1957年版，第152页。
② 《东西洋各报之评议》，《齐鲁公报》1911年11月21日。
③ 《驻扎京津之德兵》，《齐鲁公报》1911年11月27日。
④ 《俄人在中国之预备》，《齐鲁公报》1911年12月6日。
⑤ 中国史学会主编：《辛亥革命》（八），上海人民出版社1957年版，第292页。

军队再乘机而起,皇室必至灭亡。"① 不过,列强由于害怕中国人民的反抗,加之他们之间矛盾重重,在侵华问题上各怀鬼胎,无法再像当年镇压义和团那样组织起大规模的侵华武装。另外中国各省新军的士气和战斗力也是不能低估的。种种原因,使得列强只好宣布"严守中立"。

11月23日,《齐鲁公报》刊载如下内容:"各报对于中国革党之意见,言革党若不侵害条约上之条例,及有害于各国在中国之生命财产,外国绝不致干涉","闻英国外务大臣所宣言,此次对于中国革军之行动,应专注重保护英人在华之生命财产,其他概不与闻"②。不过,列强的"中立"是不得已的,目的是麻痹革命党人,他们在"中立"的幌子下通过各种手段来绞杀中国革命。11月28日,《齐鲁公报》刊文指出:"列国刻正预备干涉我国。日昨英美德法各公使往返商议,北京政府一若专俟其干涉。"③ 然而,列强看到以载沣为首的清廷已经无力扑灭革命烈火,也开始物色新的替代者袁世凯,以使中国继续保持半殖民地半封建的统治秩序。"西洋各报馆盛称袁世凯必能维持中国之和平,并能调和汉满。"④ 正是列强的强烈要求,加之湖北革命形势的飞速发展,使得摄政王载沣不得不同意起用袁世凯。

四 关注革命后各地反清斗争和督抚的表现

《齐鲁公报》非常关注汉口、南京两地革命军和清军双方作战的消息。1911年11月16—21日,《齐鲁公报》刊录了湖北军政府机关报《中华民国公报》的部分内容,中华民国军政府驻鄂都督黎元洪的布告,湖北军政府募集军事公债简章等。从11月27日该报开始登载"南北战事汇志",专门报道南军和北军的战事问题。同时详细报道各省响应起义的最新消息,以及各地民众踊跃参加革命的事迹。

除了及时向社会传达革命的信息和捷报外,《齐鲁公报》多次刊登

---

① 《法人之革命观》,《齐鲁公报》1911年11月21日。
② 《东西洋各报之评议》,《齐鲁公报》1911年11月23日。
③ 《列国干涉之警报》,《齐鲁公报》1911年11月29日。
④ 《西报与袁世凯》,《齐鲁公报》1911年11月29日。

其他省份督抚在武昌起义后的状况。督抚是清廷控制地方的重要官员，因此，湖北军政府于1911年10月12日发布《檄各督抚文》，劝告各省督抚反正："勿拘君臣小节，而贻万世殷忧。盍归乎来，共襄汉室，拯同胞于水火，复大汉之山河。"① 11月1日，《民立报》刊载了《忠告各省督抚》，劝告督抚"乘时而兴"，宣告独立，"为地方谋幸福，为全国保和平"②。目的是让督抚带头反正，脱离清廷统治。

11月21日，《齐鲁公报》登载关于福建革命的"要电"："闽督松寿因将军被斩，大事溃决，遂已自缢。"这是武昌起义后《齐鲁公报》记载得较早的关于其他省份的革命形势。同日，《齐鲁公报》刊载了关于河南革命的新闻："河南之倡行独立运动颇难，未见实行。兹于二十四日由谘议局多数议员发起，而绅商学界群起赞助，即于是日在谘议局实行，宣告独立。豫抚闻遁逃无迹。"③ 11月29日，该报又指出："又据友自河南来者云，河南由谘议局多数议员发起实行独立，河南巡抚宝棻起而反对，几酿变端。宝棻见势已溃，遂乘机逃遁。藩臬各官及各候补者亦多相率逃去。"河南地处中原，既是北京的屏障，又是镇压武昌起义的基地和后方，且是袁世凯及其许多死党的老家，以河南巡抚、袁世凯的门生宝棻为首的官吏是站在袁世凯一边的。因此《齐鲁公报》指出河南"倡行独立运动颇难"，是有道理的。开封的革命党人曾发动起义寻求河南独立，但被巡防营镇压。另《齐鲁公报》登载的河南巡抚"遁逃无迹"及河南独立皆是不准确的。

在安徽的省城安庆，11月8日由谘议局的绅士们出面宣告安徽独立，成立军政府，推举安徽巡抚朱家宝当都督。但安庆的军界和知识界中很多革命分子不承认这个军政府，朱家宝很快被撵走。11月27日，《齐鲁公报》指出："安徽近亦宣告独立，其巡抚朱家宝逃遁至上海。"④ 12月1日，《齐鲁公报》进一步指出："安徽都督朱家宝于前

---

① 辛亥革命武昌起义纪念馆和湖北省政协文史委编：《湖北军政府文献资料汇编》，武汉大学出版社1986年版，第11页。

② 《民立报》1911年11月1日。

③ 《河南又已独立矣》，《齐鲁公报》1911年11月21日。

④ 《安徽又独立矣》，《齐鲁公报》1911年11月27日。

月二十四日越城逃出，同行只三人。出城后又被乱兵冲散，尚无下落。"① 但朱家宝并未停止对革命的破坏，处心积虑地再"收复"安徽。12月25日，《齐鲁公报》指出："朱家宝自逃出皖境后，即暗通政府，拟再收复安徽，以为赎罪之地，政府允之。朱遂潜入安徽，多方煽诱，希图破坏独立之局。"对于朱家宝希图破坏革命之行为，《齐鲁公报》指出："不知该省民军能查拿此奸，尽法惩治否？"② 不过，安徽在同盟会会员孙毓筠接任都督后，政局很快稳定下来，朱家宝的阴谋没能得逞。

广东是革命党人着力经营的地区，革命影响深广。武昌起义后，广州革命党人本来准备10月底或11月初会攻广州，后经广州立宪派和巨商豪绅斡旋，革命党人同意由谘议局开会商决独立问题。11月9日宣布广东独立，推两广总督张鸣岐为都督。但是不少群众和民军不允许旧势力继续保持其原有地位，张鸣岐也自知难容于众，不等都督印信送到就逃之夭夭。《齐鲁公报》在11月28日分别在"广东独立纪闻"和"张鸣岐逃亡欧洲"新闻中记载了张鸣岐在广东独立前后的表现。

随着全国革命形势的高涨，响应起义的省份越来越多，《齐鲁公报》对辛亥革命后清廷督抚的表现做了简单概括。11月29日，《齐鲁公报》在"要闻"栏目中刊登了《革命后之督抚》，指出："自革命军起以迄今日，各省之完全无缺者，只直隶一省耳。兹将其他省各督抚之现状略志如左：广东总督张鸣岐逃往欧洲，浙江巡抚增韫先被拘后逃走，陕西巡抚钱能训被杀，湖南巡抚余诚格逃往安庆潜匿乡里，江西巡抚冯汝骙自南昌独立后逃往九江欲自杀后为革军所拘，闽浙总督松寿被杀，两湖总督瑞澂由上海逃日本，四川总督赵尔丰尚在险，山西巡抚陆钟琦父子遇害，两江总督张人骏尚困城中。"督抚们在革命面前或死或逃的表现对清廷政局影响甚大。《齐鲁公报》传达的这些新闻信息，在打击敌人、鼓荡民气、稳定人心方面起到重要作用。

---

① 《朱都督越城而逃》，《齐鲁公报》1911年12月1日。
② 《朱家宝潜回安徽之密耗》，《齐鲁公报》1911年12月25日。

五 介绍孙中山、黄兴、章炳麟、邹容等革命人物

《齐鲁公报》对革命领袖孙中山以及其他革命党人进行密切报道。该报最早刊登孙中山的事迹是在1911年11月22日。斯日该报登载了译自日本《万朝报》对孙中山的介绍："孙文，广东省广州府香山县人。逸仙，其号也，当年四十三岁，在上海业医，夙抱志游英美，以扩充智识。已而纯似西洋之上等绅士，度量宽宏，志趣远大，洵近世罕见之伟丈夫也。其党员均尊之如神圣。"后该报多次介绍孙中山并予以高度评价，认为"明季三百年来，我华人物能呕其心血，敝其唇舌，以危言核论，注输于人人脑筋之中，而为我中华民国开一将来之新天地者，曰孙逸仙其人也。逸仙怀民胞物与之量，忧世忧国之心。其立言也，以共和为目的。其所以提倡共和者，非必欲仇视满人，以谓中国救亡之道端在共和，欲以组织共和不得不先破坏专制"。并说："吾读其言论，想其丰采，未尝不焚香祝之曰近今之贤豪也。二十年来文人墨客、志士英雄咨嗟咏叹，慷慨悲歌，莫非逸仙之说有以鼓其热诚，助其兴趣。"① 此后，该报将孙中山誉为"圣品"，称赞他为"革命界之元首也，鼻祖也，圣神也"；对于黄兴，则称其"健品"，"逸仙运筹于海外，克强制胜于域中"②。同时，该报称赞章炳麟"为革党中第一之大学者"，邹容"夙以革命为必要，盛唱民族主义"，后被清廷逮捕入狱，绝食而死，临死前写有最后之绝句，"愿力能生千猛士，补牢未必恨亡羊"，《齐鲁公报》盛赞"何其壮也"③。同时，该报还连载了1906年孙中山在《民报》周年纪念会上的重要演说，向读者系统地介绍了三民主义革命理论。该报及时介绍孙中山等革命人物及革命理论，在当时革命力量薄弱、革命舆论宣传落后的山东，显得尤为可贵。

六 结语

《齐鲁公报》由同盟会会员王讷任总经理，赵心如任总编辑，李子

---

① 铁血：《中国图强必以共和论》，《齐鲁公报》1911年12月1日。
② 《共和党人物评》，《齐鲁公报》1912年1月5日。
③ 《革命军之人物》，《齐鲁公报》1911年11月29日。

元为编辑,蔡春潭为外勤记者,系同盟会在山东掌握的舆论工具之一。所以,该报虽然隶属于山东各界联合会,实际上是革命党人的天下。因此,《齐鲁公报》从形式到内容都富有浓厚的革命色彩。毛泽东指出:"在阶级消灭之前,不管通讯社或报纸的新闻,都有阶级性。"① 报纸、刊物,无不宣传创办者的思想观点和政治主张,反映着创办者所代表的阶级利益,并受主笔及编辑人员的思想影响,具有鲜明的政治倾向性。在创刊号上,《齐鲁公报》使用黄帝纪元和西历纪元,将宣统三年改为黄帝纪元四千六百零九年和西历一千九百十一年,明确表明支持革命的态度。在《发刊辞》中,《齐鲁公报》指出:"出版自由,言论自由,平素所昕夕祈向而不得者,今一旦抉破藩篱,超登自由之真界,平日心有所营,意有所见,勃勃然欲动,跃跃然欲试,徒为顽劣政府压制抑塞而不能伸者,今且挟一鸣惊人,一飞冲天之势。"② 新闻报道内容的选择在很大程度上体现着报纸的宗旨。《齐鲁公报》不仅报道武昌起义后山东时局变迁,而且对全国革命形势进行了报道和评论。同时,它还运用社论、短评、专论、杂文、小说、戏剧、编者按等形式,阐明编者支持辛亥革命的立场、观点和态度。

当然,作为封建势力较为强固的北方省份之报纸,《齐鲁公报》虽然希望达到言论自由、舆论监督的目的,但是在山东各界联合会中夏溥斋等立宪派人士把持较大权力,因此在一定程度上影响到它的革命性。不过,《齐鲁公报》抨击清廷封建统治,呼吁全国速起响应,主张建立共和政体,反映了山东革命党人的政治主张和革命要求,在社会上产生了重要影响。孙中山曾说:"此次革命事业,数十年间,屡起屡仆,而卒睹成于今日者,实报纸鼓吹之力。"③《齐鲁公报》和国内其他革命报刊的宣传鼓动,使革命思想能在封建专制的时代背景下得以发展,为最终推翻封建君主专制统治,开创完全意义上的近代民族民主革命,发挥了积极的作用。

(原载《东岳论丛》2012 年第 5 期)

---

① 中共中央文献研究室和新华社编:《毛泽东新闻工作文选》,新华出版社 1983 年版,第 191 页。
② 《齐鲁公报》1911 年 11 月 21 日。
③ 《孙中山全集》第 2 卷,中华书局 1982 年版,第 337 页。

《齐鲁公报》与山东辛亥革命

《齐鲁公报》创刊于 1911 年 11 月 15 日，1912 年 1 月 23 日停刊。该报是辛亥革命时期山东各界联合会的机关报，由同盟会会员王讷任总经理，赵心如任总编辑。它主要刊发山东各界联合会的消息，报道省内外革命运动情况，宣传资产阶级民主共和思想等。虽然《齐鲁公报》存在时间较短，但是它对辛亥革命后的中国社会，尤其是山东社会时局，如山东独立大会的召开、独立时期的形势、孙宝琦的变卦复辟、反动势力制造的济南商埠惨案等，进行了较为翔实的报道和评论，发挥了重要的传播媒介和舆论工具的作用。这些报道和评论，见证了山东辛亥革命运动的演进轨迹，成为研究辛亥革命时期山东社会弥足珍贵的重要文献，对于我们认识辛亥革命后的山东社会和拓展整个辛亥革命史的研究，有着重要的意义。

一 报道山东独立大会

武昌起义爆发后，在席卷全国的革命大潮中，山东革命党人积极行动起来，于 1911 年 11 月 13 日成功举行独立大会，宣布了山东独立。两天后创刊的《齐鲁公报》专门设置"山东独立纪事"栏目，及时报道了山东独立的消息，包括独立大会的召开、巡抚孙宝琦的开场演说、官绅军民宣告独立誓书和入会人员演说等。

孙宝琦在他的开场演说中，并不同意马上宣布独立，而是列举了一堆不宜宣布山东独立的理由，试图说服与会听众。他说："山东之地位，与他省不同，而进行之方针，自不能无异，一、人材缺乏，二、兵力单薄，独立之资格不具，独立之事实难期也。且南军之真情尚未通晓，北京之政局亦未变更，其军事权、外交权均在政府之手，政府一日不倒，则山东即一日不得与政府断绝关系。现在德国军舰停泊胶州湾者，计有七艘，每艘计有八百余兵，如我稍有不慎之处，彼必借口干涉，而我省之财力、兵力俱不足以应之，此最可虑者。且本年水旱无常，灾情迭见，市面因之急迫，穷民愈见增加，藩、运两库之存款不足十万，一旦有事，则窘迫可立见矣。"基于以上理由，孙宝琦接着说："以余观之，总不如相机而动，因地制宜，暂不与中央断绝关系，则外交、外债俱可借以办理。"当担任大会主持人之一的联合会秘书丁世峄发言，表示推举他为新政府总统时，孙宝琦再次申明山东独立的危险性："一旦宣告独立，显然与政府断绝关系，则山东沦为战场必矣。山东既为战场之山东，则全省人民之生命财产危在旦夕，北京政府之兵力，攻汉口虽不足，而击山东则有余。"大会的重要组织者之一、革命党人代表谢鸿焘和第五镇军人代表黄治坤先后发言指出，以山东现时的情况而论，不与政府断绝关系，山东终不能以自保；且南军又必视我省为革命公敌，只有宣布独立，才能保证山东的治安。在场人员大都主张应立刻宣布独立。孙宝琦仍试图坚持自己的立场，但在第五镇官兵和群众的压力下，最后被迫同意山东独立。

山东宣布独立以后，对新政权领导人最初并没有像其他省份那样以"都督"命之，而是暂时采用"总统"之称。《齐鲁公报》在 11 月 15 日的创刊号上登载的省城独立大会的"开会秩序"中的第七项为"公举抚台为大总统、贾统制为副总统"，第八项为"大总统演说"，孙宝琦也说"诸君既推余为总统，一切事宜必须服从余之命令"等。同日，山东各界联合会发给革命派在上海创办的《民立报》转上海军政府及各报的电报也称："（农历）九月二十三日，山东共举义旗，宣告独立，公举孙宝琦为大总统，贾宾卿为副总统。" 11 月 15 日的《民立报》登载了山东全体联合会发给该报转沪军政府及各报的电报，并回复："山东全体联合会鉴：尊处来电，有大总统副总统字样，此间共和本部颇有烦言，因全国总统尚未举人，尊处宜先称为都督，以免贻人口实。"上海山东同乡会也给谘议局发电，表达了同样的意思。11 月 20 日出版的

《齐鲁公报》刊登了上海山东同乡会的电文，内称："报载念三日宣告独立，公举孙抚及贾公为大副总统。总统二字乃全国之称，各省独立皆称都督。惟吾省独称总统，恐他人以此借口，未若暂举共和时都督以维大局。旅沪同乡会见于斯，望祈斟酌办理。"山东各界联合会经过商议，决定接受建议，随后《齐鲁公报》刊载的开会纪事称孙宝琦为大都督、贾宾卿为副都督。《民立报》于山东宣告独立当天即刊登《山东全境已均宣告独立》的标题新闻，次日又刊登"孙宝琦已允宣告独立，人民组织民政府，地方安靖"的报道。此后该报一直关注山东形势。《申报》报道了"鲁抚孙宝琦昨日被举为山东独立政府总统"的信息。《德文报》也在山东宣布独立当天发出"山东省举孙宝琦为总统"的电讯。不过，对于革命派、立宪派和巡抚孙宝琦等各种政治势力及其代表在山东独立过程中的表演，还是以《齐鲁公报》的报道最为详细，这为我们认识和研究这一历史事件提供了第一手史料。

二 分析山东独立时期的社会形势

当武昌起义的炮声传至山东时，山东革命党人积极行动起来，力促山东独立，但是部分官绅民众对此恐慌不安。《齐鲁公报》连续多日均有所报道，如11月18日的报道称："鄂事变起，风声鹤唳，草木皆兵，济南尤甚。有钱之道台，多携眷逃往青岛德租界"；11月22日的报道称："富豪官绅视青岛不啻桃源，纷纷投入"，"自鄂军起事，电至东邦，官银号即受恐慌，几乎倒闭，月余来取钱者拥挤。……绅民纷纷有迁居于南山者，有迁居于租界者……学堂在先亦大有散学之势"。山东宣布独立之后，济南各界群众欢欣鼓舞，奔走相告。原来准备换钱逃亡的人越来越少，此前很多人准备迁居南山或租界，"现省垣无有迁居者"；原先快要解散的学堂，"今则皆照常上课矣"。《齐鲁公报》11月22日的评论说："可见独立乃人心所愿，人心即天心也。山东斯举可谓顺乎天而应乎人矣。"明确而充分地肯定了山东的独立行动。

山东独立虽然使齐鲁大地的社会紧张局势有所缓和，但是整体上看社会秩序并不稳定。《齐鲁公报》刊载了山东部分地方土匪活动猖獗和谣言四起的信息，如11月21日的消息称："曹州一带，素称盗薮。治平之时，抢案迭出。自武汉起事，人心惊慌，该处土匪乘机复发……毫无忌惮"；"章丘县距省甚近，谣诼益多。无知愚民，为其所惑，蠢蠢欲动"；"四乡无知愚民，闻宣告独立，互相传言曰：山东独立矣，百姓皆有莫大之权，非官长所能治，即杀人盗劫，亦不犯法"；等等。为此，《齐鲁公报》于次日发表评论，呼吁说："有安民之责者，速出示晓谕，以安人心，而保公安，勿蹈不教而诛之讥焉。"同时也指出："既为独立国矣，则国民当有独立国民之程度。当专制之时，乃君主一人之天下，国民不负其责任；今独立矣，山东乃山东人之山东，人人皆负担责任。必须严肃秩序，协心同力，以保社会，以捍公敌，较诸专制国之国民，劳苦多矣，而程度高矣。西人有言曰，独立即当自由，然所谓自由者，皆不出法律之范围也。今吾东独立，而国民尚出此下等之言，诚吾东社会之忧也。其所以然者，国民皆未受普及教育故也。吾特望于新政府矣，多设小学，以养成东鲁子弟，可作独立国之国民也，否则外人将笑我矣。"明确提出了希望山东新政权重视教育，提高民众素质，以捍卫山东独立果实的意见和建议。

山东的独立引起守旧势力的恐慌，地方土豪劣绅更是对山东独立恨之入骨。他们不仅对革命派大肆攻击，甚至组织武装，准备武力对抗。旅京的山东籍旧官僚一方面群起责难策划山东独立的责任人，指出山东绝没有独立的资格，另一方面则敦请清政府速派重兵到山东"戡定大乱"。因此，很多人对山东的独立忧心忡忡，对暂时认可山东独立的原清廷官员也不放心。《齐鲁公报》于11月20日刊载了《大局尚难决定》的读者来稿，指出："山东虽曰独立矣，而无财无器械，即有人焉，亦莫如之何，况未必敢言有人乎？且当道者虽入联合会，而皆红其顶、花其翎，以满人之爵为荣。中立之心，颇不测焉。即一二有志之士不惮劬劳，为山东计划，亦无如一日之暴不敌十日之寒，一杯之水不救车薪之火。且德人布置周密，日伺我东鲁之举动。官员不与我民同心，纵北军不足惧，而德人不可畏乎？当道者独不思生命财产尽在东鲁，热心维持东邦，即所以保护自己也。而尚拘拘于爵禄之见，各存私心，联合会能不受其影响乎？愚观大局如是，敬告东鲁父老子弟，非人人存必死之心，大局万不能定。……不然徒有独立之名，实所以速祸也。"还有人投书给该报，对孙宝琦不思进取、欲两边讨好的做法进行了规劝。《齐鲁公报》11月23日所载潍县陈子元给孙宝琦的书信指出："山东为四战之地，当南北要冲，非如边远各省，可以坐观成败。依赖北军，南军固在所必争；即依赖南军，北军又岂容酣睡。今日之势，已成骑虎，非进取不能保守，非破坏不能成全。若犹是优柔不断，依违两端，以为容身保位之计，谅我公必不出此卑劣之手段。假使如此，山东豪杰亦必不能低首下心，忍而与我公终。……望我公速决大计，奋发有为，凡我东省子弟，自当荷戈待旦，听候驱使。"

孙宝琦在11月13日的独立大会上，虽然转变了态度，最后同意了山东独立，但是回到寓所后，他便急忙向清内阁致电，表示自己赞成山东独立的行动是担心别滋事端的权宜答应，希望以此保护山东一时之治安，对于山东各界公举其为都督也只是"暂忍维持"，因此承认山东独立是"万不得已"。接着他又向清廷表明自己的一片忠心，痛责自己"世受国恩，形同叛逆，万死奚辞"①，再三表明自己还是大清王朝的忠臣。对于孙宝琦的这一举动，《齐鲁公报》11月18日在一篇报道中指出："前日，孙大都督自会场回署后，即电达北京满政府，中有臣世受国恩，形同叛逆，时事处此，惟有伏俯敬待讨伐等语。言之沉痛，情之激切，概可想见。""言之沉痛，情之激切，概可想见"是《齐鲁公报》加上的话，意在对孙宝琦的遭遇表示同情。

为了稳定山东独立后的社会形势，新政府采取了一些有针对性的措施。11月16日，《齐鲁公报》登载《大都督之筹划》，称："宣告之后，人心不免惊慌。各火药库、军械局早已派兵护守，各府州县业已通饬一律照常供职。如有不法情事，定行严办。"山东境内的满族人害怕新政权对其采取不利政策，开始时较为恐慌，后政府派人予以安抚，他们的情绪才稳定下来。

面临独立后的严峻形势，《齐鲁公报》在11月22日、23日连载了《痛告山东父老速练国民军以救亡书》的论说，呼吁山东各界迅速编练军队。《齐鲁公报》于11月17日即公布《学生军简章》，指出："凡我

---

① 中国史学会济南分会编：《山东近代史资料》第2册，山东人民出版社1958年版，第75页。

国民人，人皆当负军人之义务，而吾学界同人尤当首作前驱"，规定凡学生十六岁以上者皆可入军。从《齐鲁公报》的报道来看，山东独立后的社会形势并不稳定，很多人对能否保住独立成果心存顾虑。

三 评说孙宝琦的变卦复辟

山东独立后，表面上社会秩序有所稳定，实际上却是暗流涌动。袁世凯重新出山，担任内阁总理大臣后，为了巩固北方大本营，把山东置于自己的统治之下，即同在山东各界的旧属、追随者加紧联系，纠集反独立势力，镇压革命运动。他还指示各省督抚"设法激励将士，取消山东独立"[①]，处心积虑地要将山东独立扼杀在摇篮中。

其实，在反对革命、破坏独立这一点上，孙宝琦与袁世凯的利益是一致的。孙宝琦的父亲孙诒经在清廷做过户部侍郎、太师太傅，他又与庆亲王奕劻及袁世凯均为儿女姻亲，所以他绝不可能走上革命的道路。《民立报》12月2日曾载文发出这样的感慨："孙宝琦宣告独立，不要说吾不相信，便是吾的儿子也不相信。然而山东人固公推为总统矣。呜呼，山东！"因此，当袁世凯的亲信张广建、吴炳湘加紧镇压和破坏山东各地的革命活动后，本来内心不同意山东独立的孙宝琦则趁机与袁世凯等反动势力相勾结，积极为清政府出谋划策，致使在短短12天内山东独立即被取消。

对于山东独立取消的原因，《齐鲁公报》12月6日登载文章，从远因和近因两方面予以分析，认为远因是"两都督之不合"："独立后经孙抚创拟暂行制度，成立临时政府。都督之权比旧巡抚加重，兵权政权皆掌于都督一人之手。副都督贾宾卿异常愤怒，以孙抚无军事上之知识，全省兵权皆须掌于副都督之手，孙抚不能预闻。孙抚即将兵权推出，令其拟定章程，贾宾卿久未交卷。于是二人之龃龉日甚，取消独立，此其远因"；近因则是"第五镇之取消独立"；"自独立后镇统已逃，协统（贾宾卿）已举为副都督。在下军人标统思升协统，队官思升标统，正目思升队官，军界中于是大行运动。孙宝琦未允，均不如

[①] 张国淦：《辛亥革命史料》，龙门联合书局1958年版，第319页。

愿。各皆愤愤，要求取消独立。如不取消，众即溃变，以武力相加，强迫联合会要求孙宝琦认可电奏。袁内阁特派之张、吴二人亦乘此机会大施手腕。孙宝琦以首鼠两端，太不好看，不肯承认。大众又再三强迫，孙又不得已电奏请罪，取消独立。此近因也"。12月21日，《齐鲁公报》刊载了题为《山东巡抚更易问题》的评论，指出："自宣告独立后，政府对于山东已加注视，对于孙抚已疑而不信，未能决然去之者，因布置未周，恐有他变，未敢轻动耳，非有所爱于孙抚之一人也。政府第一着手为取消独立，于是五镇统制及藩警各司道，皆易为政府党，对于绅民则出干涉压制之手段，对于孙抚则出迫逼威胁之手段。"《齐鲁公报》的评论表明，山东取消独立，与袁世凯爪牙的破坏和第五镇官兵的威逼有密切关系，似乎与孙宝琦关系不大，有为孙宝琦开脱之嫌。

山东独立取消后，全国震惊，革命党人无比义愤。孙宝琦家乡——浙江的革命军队也很愤恨，谴责其出尔反尔。12月11日，《齐鲁公报》转载了浙江新军致孙宝琦的电报，内称："鲁省独立，方深佩仰，近忽盛传取消，确否？虽未可知，凶耗远来，不能无虑。窃思自鄂倡义，各省继起，不惜掷吾族之脂膏，縻同胞之血肉，誓以死争人心，对此目的无不达之理。君非虏族，应知大义，浙江为君丘墓之邦，自闻取消，人有同愤。"《民立报》则以《山东放倒独立旗》《山东又归满清政府，孙宝琦复请拨五十万补助行政费》为题，评述了山东独立及取消的过程以及孙宝琦的变卦。孙宝琦在山东独立问题上首鼠两端、出尔反尔，使其既为朝廷诘责，也激怒了革命派和群众，处境极为尴尬。因此他一面电请清廷罢黜治罪，一面称病避入外国医院，而将巡抚印信交给布政使胡建枢。

《齐鲁公报》12月8日在《中丞养疴》的新闻中指出："孙中丞自武汉事起，影响及东，昼夜忧思，积劳成疾。日昨得南北停战之信，特就新街美医院，暂行宁养数日。署中常行公事，委藩司代拆代行，要件随时送院，仍由中丞亲自裁决。俾得少节精神赶行调理云。"12月11日，《齐鲁公报》刊发评论，指出："孙抚处于危难之地位，上不信于政府，下不信于国民。而新来者皆政府所信任也，于是乃不能不退让，不能不委人代行，不能不奏请开缺，身入病院以待命。"12月17日，孙宝琦被正式解职。于是，山东政权控制在山东布政使张广建、山东提法使聂宪藩、巡警道吴炳湘、第五镇统制吴鼎元四人手中。

四 关注"宜春轩""万顺恒"惨案

孙宝琦变卦复辟、山东反革命势力重新上台后，发生了一系列迫害革命人士和群众的事情，情形最严重的是济南商埠惨案即"宜春轩""万顺恒"惨案。"宜春轩""万顺恒"是济南商埠内的两家店铺，店主都是革命党人，曾购买枪支弹药，准备用暴力手段反抗清政府。1911年12月10日，同盟会会员刘溥霖、蓝毓昌等潜伏在店铺内，密谋劫夺南运军械、刺杀清将张勋，不幸消息泄露，遭到了张广建、吴炳湘的镇压。张、吴联手制造了这起轰动一时的惨案。对于袁世凯爪牙逮捕革命党人事件，《齐鲁公报》进行了持续关注和评论，为广大读者及时地呈现了事态的发展和变化情况。

《齐鲁公报》在事发后第二天即登载了《捕获形迹可疑之人犯》的新闻，指出："商埠二马路西首路南有新开之某铺，经探访营探得，内有形迹可疑之人，即于昨日上午率兵直入，用枪击毙一人，拿获共十三人。有自床上擒捉未着上衣者，有新自外来被撞获者，计受刀伤不能步履者，共有五人。……及下午本馆派人往探，闻内有师范学堂学生一人，陆军学堂学生一人，东洋留学生二人，农林高等及体操专修科各学生一人，所闻如是。其确否及详情续探再志。"这些人被带到巡防营后，遭到私刑拷讯。刘溥霖等人坚贞不屈，慷慨激昂地揭露反动势力镇压民主、迫害人民的罪行。当时正值南北议和、清政府即将灭亡之际，慑于政治形势的压力和刘溥霖等人的坚决斗争，巡防营不敢再以"土匪"的罪名继续审问下去，便请示由警察厅处置此案。警察厅也不敢承担破坏南北议和的政治责任，只是归咎巡防营处置失当，仅派司法科长虞维铎前往巡防营敷衍讯问。虞维铎到巡防营后，将刘溥霖等人延请到一室，吩咐去掉他们身上的刑具，待以宾礼，让被捕的每个人写供词。12月13日，《齐鲁公报》照录了刘溥霖和孙钟濂两人的供词。

"宜春轩""万顺恒"惨案发生后，济南绅商学界人士纷纷指责当局，并设法予以营救。《齐鲁公报》12月13日刊载山东《十府同乡会上藩警两宪书》，申明此次被捕之人"均系急进会党热心时事者流"，而"南北战争而后，朝廷宣誓信条，革命中人均一律赦为政党"，为此他们指出，切不可"因快意一隅，牵动大局"，酿成"兵连祸结"的乱局。书中又云："绅等窃有不能已于言者。武汉之起事也，兆于彭泽藩等之被诛；川蜀之发难也，起于蒲殿俊等之被捕。近如南京之亡，亦亡于张统制之搜杀党人；赣皖苏浙之叛，亦叛于冯军统之焚杀汉口。天下本无事，庸人自扰之。前车已覆，后车可鉴。山东守礼之邦，向无党派，即闻有外来政客，勾结青年，势力亦极薄弱。稍加防范，即可无虞。若逞专制之雄威，肆残毒之手腕，压力愈重，则反抗力愈强，势不驱全省人民尽为革党而不止。为丛驱雀，为渊驱鱼，固非山东人民之幸福，恐亦非公之福也。公而欲为好官耶，则我山东人民所爱戴之父母也；公而欲为酷吏耶，则我山东人民所怨毒之仇雠也。天命可畏，人言可恤，请斯二者，知公必有所择焉。"12月15日，该报以《山东官吏违法捕拿政党之详情》为题，刊登了揭露反动当局迫害革命党人的文章，详述事实真相，驳斥官方诬称党人为"土匪"的谬论，痛斥袁世凯、张广建之流的凶狠残忍。文章写道：当刘溥霖等被抓后，济南城内不少士绅求见了聂宪藩，问其何以法办，聂宪藩一口咬定说：这些人都是土匪，不是政党；如果是政党，决不敢如此办理。接着《齐鲁公报》分析道："列位晓得'政党'二字怎么讲呢？政党，就是研究国政的人。中国的政党有两大派：一派是立宪党，主张中国应该用君主立宪政体。另一派是共和党，主张中国应该用民主共和政体。这两党的人，都称为政党。这共和党俗话叫作革命党，也叫革党。从前政府假立宪的时代，把这共和党看作一等坏人，所以拿住他不是杀了，就是监禁。"但清政府在"九月间就下了一道上谕，开除党禁，准革命党组织政党，一概可以做官，所以现在这革命党是奉了上谕准他为政党的。……所以这些人要说他是政党，就不该捕拿；捕拿去了之后，也该好好放出，是不能加上罪名的。要说他是土匪，就可以随便处置。首道不分青红皂白，一口咬定是土匪，就是这个意思。"

惨案中的被捕者在预审过后分别被送入医院和"待质所"（看守所），不少民众闻讯，纷纷前去慰问和捐助。《齐鲁公报》12月15日登载了"一般人之敬慕志士"的消息,称"慰望志士"的人接踵而至、络绎不绝,并评论说:"志士虽流血亦有荣矣。"12月16日,《齐鲁公报》在"大言小言"栏目中将惨案中蓝毓昌之死比作戊戌变法时牺牲之谭嗣同:"昔谭浏阳先生被捕,时人劝之避去。浏阳曰:'各国革命未有不流血者,今中国之流血,请自嗣同始。'昧斯言也,一若流血为革命之质料,有密相黏合而不可或缺者;一若流血为革命之价值,有必相取盈而不可或少者。今吾山东既流血矣,刘、魏诸君臂上之血,侯、王之君腿上之血,以至最惨如蓝君壁上之血,质料备矣,价值足矣。而改革之事业,乃随蓝君之生命,以俱归泯灭。呜呼!吾山东者,固仅属蓝君及被捕诸人之山东耶!"12月19日,《齐鲁公报》以《山东第一人》为题发表吊唁蓝毓昌的文章,将其称作"山东流血第一人""山东吐气第一人""山东生色第一人""山东成名之第一人"。12月22日又发表《祭蓝志士》文,颂扬蓝君:"惟我蓝君,义气薄云;爰集同志,唤起国魂。大事未成,密谋已泄;杀身成仁,痛哉流血。"《齐鲁公报》12月16日还曾刊登《可贵哉血》一文,文中指出:"蓝君毓昌死状至惨,壁上血迹,模糊甚厚。昨由青岛来一某报访员(德国人)将壁上血迹尽行起下,用纸封藏,珍重怀挟而去。"可见,山东革命党人的活动得到了广大民众以及外国人士的同情和敬佩。

"宜春轩""万顺恒"惨案后,张广建、吴炳湘又派人在济南东关及城内县东巷、鞭指巷等处搜拿人,有辫发者带至巡防营,无辫发者带至巡警局,皆目为土匪,肆行屠戮。《齐鲁公报》12月15日的《无辫者大为恐慌》的新闻报道中指出:"当时有无辫者过宜春轩亦被捕拿,一时无辫者大为恐慌,而假发辫几等于洛阳之纸。"该报对张、吴的行为大肆抨击,引起张、吴忌恨。张广建、吴炳湘视其为眼中钉,必欲除之而后快。1912年1月22日,《齐鲁公报》总经理王讷撰联"吴添一口只知哭,袁去上头便是哀",登载在公报上。张、吴大怒,以捏造军情、摇惑人心等罪名将报馆查封,《齐鲁公报》在创刊两个多月后即被强制停刊。

综上所述,辛亥革命爆发后创刊的《齐鲁公报》,在革命志士王讷等人的主持下,抨击封建专制,鼓吹民主共和,并在一段时间里以革命立场报道省城及整个山东的社会真实状况，是反映辛亥革命所造成的民主潮流在山东的突出表现的一个重要平台和窗口。其中发表的大量有关山东社会时局的报道和文章，无论是对于研究山东地方史，还是对于推进辛亥革命史的研究，都具有重要价值。

（原载《理论学刊》2013年第3期）

北京盐务学校研究(1920—1935)

目前学界对中国盐业史已经开展了大量研究，内容涉及盐政、盐文化、盐运、盐民、盐商、私盐、盐税、盐法等方面，但很少有成果涉及近代中国盐务教育。1920年成立于北京的盐务学校，是近代中国为培养盐务人才而建立的第一所盐务专门学校，但迄今仅有少数著作对此有所提及。如蒋静一编的《中国盐政问题》，[①] 书中约有300字述及盐务学校；张立杰在《南京国民政府的盐政改革研究》[②] 书中也有百余字概述盐务学校。但这些零星介绍，使我们很难理解这所学校的具体情况。因此，对北京盐务学校的成立、整顿、经费、课程设置、师资力量、学生素质、考试、毕业分配等方面进行研究，对于促进中国近代盐业史和高等教育史的研究具有重要意义。

一 盐务学校的成立与发展

盐税是国家财政收入的重要来源，盐政管理的好坏直接影响着国家财政税收。无论是中央还是地方，都期待盐税收入的稳定和提高，而盐税收入的稳定和提高，离不开盐务事业高效而专业的管理。近代中国经历了现代化进程，盐务事业也不可避免地开始了它的现代化脚步。任何事业的进步都离不开专业化的人才，盐务事业亦是如此。

(一) 盐务学校成立的原因

早在1917年就有报道："各省盐务，内容至为纷歧，非先预储人

[①] 蒋静一：《中国盐政问题》，正中书局1936年版。
[②] 张立杰：《南京国民政府的盐政改革研究》，中国社会科学出版社2011年版。

才，不足以收驾轻就熟之效。兹闻院部电致各省盐运使，务各就所辖盐区，筹设盐务专门学校一所，为将来整顿盐政之用。"① 盐务学校的成立自然是为了培养专业化的现代盐务人才。1920年4月7日，财政总长兼盐务署督办李思浩上呈《为盐务需才拟请设立盐务学校以宏造就文》中写道："为盐务需才，亟应设立学校，以宏造就而裨榷政，恭呈仰祈钧鉴事，窃维学贵专精，人为政本，储才备用，培植宜先……现在本署办事人员，以及稽核所所用重要华员，均系开办时多方罗致，或于盐务情形较为谙熟，或于欧西文物素有讲求，且任事多年，类可兼综旁通，知其大要，故内外办事，尚可相与有成。惟是人材消乏，继起为难。倘非未雨绸缪，必致临时竭蹶。盐务事宜，日益烦剧，举凡行政收税，皆与地方人民之利病，息息相关。而洋员介乎其中，一切机宜，亦资因应。较之海关用人仅司征榷者，其重要殆有过之，储材之举，今日为亟。"② 这段文字显示了当时盐务学校的创办人充分认识到现代盐务事业的复杂繁巨，急需专业化的新型盐务人才。这种人才应该是既懂盐务，又了解西方，并且可以跟洋人打交道的人。同年5月，李思浩在《呈大总统拟订盐务学校章程缮折呈鉴文》中写道："本校以造就盐务专门人才为宗旨，学生以深通中外文字、研究簿记、法律、经济、理化及关于各项盐务知识为成效，尤以敦品励行通晓经史诸书为进修之实践。"③ 表明成立盐务学校的宗旨和培养目标。

（二） 创办人与盐务学校的开办

盐务学校亦称"北京盐务专门学校"，系北京政府盐务署和盐务稽核总所于1920年4月合办。它的创办人是张弧（1875—1937），当时他的职务是财政次长兼署盐务署署长和盐务稽核总所总办。盐务署参事钟世铭兼任该校校长。校舍最初设在东城大纱帽胡同。

《政府公报》（1920年4月23日）刊载《北京盐务学校招生广告》："本校现定招考本科学生三十名，预科学生二十名，于阳历六月二十五

---

① 《筹设盐务专门学校》，《教育周报》1917年第177期。
② 《财政月刊》1920年第7卷第77号。
③ 《财政月刊》1920年第7卷第78号。

日在本校考试。"开办第一年由盐务署选送学员 20 人为别科；在京考取学生 30 名为本科；20 名为补习科，共 70 人。9 月开学。据说当时报名投考者有 500 余人之多，不仅有中学毕业生，还有在大学读了一二年级的学生也参加了招生考试。① 考生想进盐务学校是因为当时社会上求职者都认为，盐务稽核所的职位同海关的职位一样，是一种"铁饭碗"②。后来学校在菜厂胡同设立分院，并添设化学实验室。1925 年，学校以 19 万元购得灯市口旧鄂王府，加以修葺，成为新的校舍。

（三）经费

盐务学校成立后，一直处于经费紧张的状态，常常难以为继，因而无法进行化学实验方面的教学和训练。学校在开办之初不收学费，后来才收取。1920 年盐务学校章程第一章总纲第九条："别科学员仍留分发原资，并由盐务署按照分发定章发给津贴，所需教科书籍笔墨等项，概由本校备给，毋庸在校寄宿，学费暂免，每月须各缴膳费 5 元。"第十条："本科暨补习科学生均须在校寄宿，除所需教科书籍笔墨等项概须自备外，学费暂免，每月须各缴膳费 5 元。"③

有关办学经费问题，可以从以下数据中对比得知：盐务学校 1929 年的年度收入预算合计为 3706 元（学费＋体育费＋宿费＋房租），而当年的年度经费支出预算合计为 55043 元（教职工薪给＋办公费＋杂费＋临时费）。④ 1931 年盐务学校经费收支情况："下半年度岁入经常 1580 元，下半年度岁出经常 30378 元。"⑤ 从这些数字上我们可以看出，盐务学校每年需要的运作经费大致为 6 万元，其中大约有 5 万元是需要盐务署或者其他部门提供。盐务学校学生个人应纳各项费用大致有：保证金

---

① 全国政协文史资料委员会编：《文史资料存稿选编·教育》第 24 辑，中国文史出版社 2002 年版，第 373 页。

② 上海市政协文史资料委员会编：《上海文史资料存稿汇编·经济金融》（4），上海古籍出版社 2001 年版，第 141 页。

③ 《财政月刊》1920 年第 7 卷第 78 号。

④ 财政部盐务署编：《盐务年鉴 1929 年》，中华书局 1930 年版，第 133 页。

⑤ 国民政府审计院：《审计部公报》1932 年第 19—22 期，国家图书馆出版社 2014 年版，第 55 页。

40元（毕业时退还）、制服费40元、学费30元/年、宿费20元/年、体育费2元/年。① 如此算来，新生入学，第一年需要缴纳大概132元的费用，这对一般家庭来说，应该也算一笔不小的开支。

（四）整顿与停办

南京国民政府成立后，鉴于盐务专门人才的缺乏，盐务署对盐务学校进行了整顿。其中的改进有：第一"指定坨清高线铁路公司每年应缴给本署价款津公砝平银41600两，分月由公司迳拨以作该校经费，使与政费分离，完全独立"②。维持学校运作，这一条无疑是最重要的。不过具体执行情况尚不得而知。第二，"又因本署筹划改良，盐质化验需人，爰将该校原设之理化科添授制盐化学，并拨款购置化学应用仪器，增加授课时间，以期将来毕业学生能归实用一面"③。这无疑加强了学员实验操作和动手实践的训练及能力。

该校至1933年停止招生，1935年7月经财政部饬令停办，改设盐业研究所，聘请专家从事盐质改进、渔盐及工农业用盐的变色变性、硝磺之炼制及一切副产品之利用等项研究。盐务学校举办的15年间，先后招收9届学生，④ 共约222人。⑤ 1935年9月17日的《监察院公报》报道了监察院院长于右任发给审计部的命令，其中写道："查盐务学校因停办结束，请将在校员工发给两个月薪工，计银2130元，以资遣散。"⑥ 学校停办的原因目前尚不明确。

二 盐务学校中的职位和师资力量

盐务学校从创办初始，就是一所"高投入、低产出"的高校。高投入表现在师资力量、办学成本较大；低产出表现在培养学生的人数太

---

① 财政部盐务署编：《盐务年鉴1929年》，中华书局1930年版，第122页。
② 财政部盐务署编：《盐务年鉴1929年》，中华书局1930年版，第120页。
③ 财政部盐务署编：《盐务年鉴1929年》，中华书局1930年版，第121页。
④ 张立杰：《南京国民政府的盐政改革研究》，中国社会科学出版社2011年版，第65页。
⑤ 庄文亚：《全国文化机关一览》，世界书局1934年版，第523页。至1933年春季本科学生共54名，截至1933年年底，本科历届毕业生共168名。
⑥ 《国民政府监察院公报》1935年第47期。

少，这也体现了近代中国精英教育的一贯特征。一所学校的正常运作，需要有一个完整的领导和执行体系。

（一）过多的学校职位

南京国民政府统治时期，北京盐务学校全校教员人数：民国十七年21人；民国十八年21人；民国十九年23人。[①]但据1929年《盐务年鉴》上提供的"盐务学校教职员一览表"显示，当时盐务学校所设立的职位大致有：校长、总务长、教务长、校长秘书、国文教员、盐政教员、英文教员、英文兼政治学教员、政治学教员、商法教员、行政法教员、票据法教员、社会学教员、财政学教员、银行货币教员、经济学教员、化学教员、簿记兼会计教员、党义教员、翻译教员、统计学教员、体育教员、武术教员、音乐教员、注册教员、出版主任、教务员、学监主任、学监、文牍主任、文牍副主任、文牍员、会计主任、会计员、庶务主任、庶务员、图书馆兼仪器主任、图书员、西医员、书记员等以上共约40个职位。[②]

这些职务多数是一人一职，个别职务有2—3位成员，少数职务是一人身兼两职，虽然这些职位不可能同时设立，但对于常年在校学生不足百人的学校，教职工人数竟有30多人，足以体现办学成本之高。

（二）不俗的师资力量

从师资力量方面看，北京盐务学校是一所档次颇高的大学，其校长和执教教师不少人都有留学经历，或者是从当时中国高等学府毕业，还有教员曾在政府中担任过要职。毫无疑问，他们都是当时学有所成的知识分子。部分教员可从1929年《盐务年鉴》上提供的"盐务学校教职员一览表"中看到，其中还有来自英国的外教。如盐务学校的历任校长有钟蕙生、文韶云、王紫虹、邓和甫、符定一、刘百昭、王祖祥、徐宝璜、王仁辅、蔡远泽。[③]这些人都是当时著名的知识分子。盐务学校

---

① 教育部高等教育司：《全国高等教育统计》，商务印书馆1928年版，第94页。
② 财政部盐务署编：《盐务年鉴1929年》，中华书局1930年版，第134—136页。
③ 吴惠龄主编：《北京高等教育史料》（第一集·近现代部分），北京师范学院出版社1992年版，第261页。

的许多教员有留学背景，具有硕博学位。如法学教员郑天锡，1916 年获伦敦大学法学博士学位；卫挺生，美国哈佛大学商业管理硕士；经济学教员蔡增棠，就读于俄亥俄州立大学经济系，毕业后曾入哥伦比亚大学政治经济研究院为研究员；翻译教员彭沛民，1914 年留学英国，1917 年入伦敦大学政治经济学院；盐政教员左树珍，著有《中国盐政史》，是当时中国著名的盐务问题专家，整个盐务学校的盐政教学，都是由他主持。

三 在校学生和课程安排

有关日常在校人数，可以从 1920 年《盐务学校章程》第一章总纲的第五条看到："本校开办第一年由盐务署选送学员 20 人为别科，在京考取学生 30 名为本科，20 名为补习科。"[1] 1929 年南京国民政府整顿盐务学校时，"该校学生共分三班，计四年级生 17 名，三年级生 25 名，一年级生 40 名，共 82 名"[2]。而有的著作中关于北京盐务学校学生总数的统计数字为：民国十七年 57 人；民国十八年 76 人；民国十九年 91 人。[3] 由此可知，盐务学校日常在校学生七八十人。年级愈高，学生人数愈少，这也可推测盐务学校在学生升级考试中严格把关，并不是每个学生都能升入高年级，也不是每个学生都能按期毕业。

学生素质方面，《盐务学校章程》第一章第六条规定：本校别科学员不拘年岁，由历次文官考试分发盐务人员及本署人员中选送。第七条：本校本科学生以年在 16 岁至 20 岁，经各省中学校及中学同等学校毕业，其中英文造诣较深、品行端正、体质坚实者为合格，由本校考试录取方能入学。第八条：本校补习科学生以年在 14 岁至 18 岁，经各省中学校及中学同等学校毕业，品端、体健者为合格，由本校考试录取方能入学。[4] 在生源录取方面，最显眼的莫过于本科生录取条件中，要求

---

[1]《财政月刊》1920 年第 7 卷第 78 号。
[2] 财政部盐务署编：《盐务年鉴 1929 年》，中华书局 1930 年版，第 121 页。
[3] 教育部高等教育司：《全国高等教育统计》，商务印书馆 1928 年版，第 98 页。
[4]《财政月刊》1920 年第 7 卷第 78 号。

"英文造诣较深",这显示了盐务学校对英语技能的重视。本来中国的盐务管理并不涉及对外交流,但因为此时的盐务部门已经被洋人层层插入、控制,中国的盐务人员不可避免地要与洋人打交道,当时的公文和报表也都以英文为主,外语的重要性就凸显出来。

关于学生学习课程,根据1920年的设置,分为"别科"和"本科"两种,本科课程设置更多一些。其本科应授学科如下:

第一、二年:中文学科(经学、国文、史学、盐政沿革史),英文学科(英文、算学、物理、法律、经济、体操)。英语每星期钟点数12,国文每星期钟点数为6,其他学科或3或2。

第三、四年:中文学科(经史、国文、盐政沿革史、现行盐务法规),英文学科(英文、算学、化学、政治、货币、簿记、统计、外国语、体操)。英语每星期钟点数为10,其他学科或3或2。[1]

从这份本科学员的开课名单我们可以看出,盐务学校共开设了17门不同种类的课程,课程丰富而具有现代性,是一所比较科学合理的现代化学校。另外,盐务学校很重视学生的英语教育,英语的课时是最多的,盐务学校毕业生张邦永在《关于盐务专门学校》一文中也提到,无论是盐务署保送的职员,或是张弧推荐的私人学生和被录取的人都是英语较好的,包括张邦永本人。盐务学校章程第二章第十条中写道:"本校课程除中文学科外,其余各种学科得用外国文教授。"[2] 这是英国会办要求的,需用外文教授的学科大致有法文、数学、经济史、物理、化学、统计、英文和国际公法。[3] 南京国民政府成立后对盐务学校进行了整顿,开始招收高中毕业生,本科培养时间由4年改为3年,课程也有改变,主要是增加了党义课和化学实验,还有打字课,取消了经学课。

---

[1] 《财政月刊》1920年第7卷第78号。
[2] 《财政日刊》1931年第1226号。
[3] 全国政协文史资料委员会编:《文史资料存稿选编·教育》第24辑,中国文史出版社2002年版,第373页。

四 考试与毕业分配

关于盐务学校的考试，盐务学校章程第四章"学业及操行成绩"中有规定：本校考试分为临时考试、学期考试和毕业考试3种。两学期成绩之平均为学年成绩。三学年成绩之平均为毕业成绩。本校学生学业成绩在丙等（60分以上）以上，而操行为丁者不得升级及毕业。① 通过以上章程我们可以看出，盐务学校很看重学生的日常成绩。学生想要获得较好的毕业成绩，不仅不能偏科，每年都不能放松学习。盐务学校并不是仅以考试分数"论英雄"，还考核学生的日常操行，类似于当今高校里的"德育分评比"，这更利于选拔品学兼优之才。

有关盐务学校毕业生的工作分配问题，学校章程里有明文规定。1925年制定的"盐务学校毕业员生任用条例"第二条规定：毕业员生年岁、籍贯、毕业分数，经盐务学校呈报盐务署后，分别留署，或由署分发所属各盐务机关练习，名为盐务练习员。第三条和第四条内容大致是：毕业生毕业考试列甲等者实习6个月，月给津贴50元；毕业生毕业考试列乙等者实习9个月，月给津贴40元；毕业生毕业考试列丙等者实习1年，月给津贴30元。②

据盐务学校毕业生张邦永介绍，当时"盐专"的学生都想毕业后进盐务稽核所工作，而不愿留在盐务署系统里。无论是北京盐务署，各省盐运使署，或基层盐场公署，都没有实权，职工也没升迁之望。③ 然而由洋会办把控的盐务稽核所故意刁难"盐专"学生，在第一班快毕业时宣布不用"盐专"毕业生，但个别报考是可以的。总体来说，优秀的"盐专"毕业生是可以考入盐务稽核所的。到南京国民政府时期，情况更加好转。

据1929年《盐务学校十八年毕业生姓名成绩及分发任用表》④ 中

---

① 《财政日刊》1931年第1228号。
② 《财政月刊》1925年第12卷第136号。
③ 全国政协文史资料委员会编：《文史资料存稿选编·教育》第24辑，中国文史出版社2002年版，第373页。
④ 财政部盐务署编：《盐务年鉴1929年》，中华书局1930年版，第137页。

毕业生的"毕业成绩"与"分发任用机关"对比得知，成绩最好的毕业生被分到盐务稽核总所实习，成绩最末的毕业生被分配到江淮等边缘地区，按成绩高低分配的规定似乎执行得比较公正。但实际执行起来也有例外，如1931年盐务学校毕业生李象森本来被分配到西岸榷运局实习，后改为分配到离家更近的长芦盐运使署实习，财政部训令中的理由竟是"该生来呈以老亲在堂不忍远离拟请就近改分"[①]。张邦永指出：盐务学校历届毕业生，盐务署都派到该署或所属的盐运使署和盐场公署去工作。不过派去不久，有些人考进了盐务稽核所，有些人考进了海关，有些人也自找了门路。如第一班的钟履坚进了久大盐业公司，第二班的叶碧亮当过张学良的秘书，杨隆祐则在戴笠手下当特务头子，戴笠死后才转入盐务，当上海盐务局局长。[②]

五 结语

盐务学校无疑是一所非常具有现代色彩的专门大学，它是中国近代盐务现代化的一个重要标志。它是一所针对性强、实用性实践性强且区别于同时代那些综合类大学的专门学校。它类似于今天的高级职业培训学校。它重视英语教学、精致培养、学习与就业相结合的模式直到今天都是有借鉴意义的。还有关键的一点就是它是由国家盐务部门创办的，这种由国家产业机关直接创办学校的模式尤其值得今人好好思考一番。这个存在了约15年的盐务高校，为近代中国培养了200余名现代盐务人才，其特点和意义需要进一步研究考察。

（原载《盐业史研究》2016年第2期，与柴德强合作）

---

① 《财政日刊》1931年第1199号。
② 全国政协文史资料委员会编：《文史资料存稿选编·教育》第24辑，中国文史出版社2002年版，第374页。

陈炽教育思想述论

陈炽（1855—1900），号次亮，江西瑞金人。中国近代维新思想家代表人物之一。陈炽生活的时代，是中国历史发生巨变的半个世纪，如何处理中西文化关系问题和实现中国的近代化，成为士大夫苦苦探索的问题。从魏源的"师夷长技以制夷"到冯桂芬的"人无弃材不如夷，地无遗利不如夷，君民不隔不如夷，名实必符不如夷"，知识分子的带有近代色彩的忧患和赶超意识相继涌现，前仆后继。在经济上追求富强的同时，教育与国家的关系也引起了中外之士的普遍关注和探索，他们开始从教育的角度挖掘中国贫弱的原因。志士仁人纷纷著书立说，阐发自己对当前教育的认识。陈炽也是其中的代表人物之一。他通过对时局的密切关注和高瞻远瞩，对于当时教育中存在的问题进行指陈和批判，同时提出了适合时代潮流的教育构想。以往论者多侧重于陈炽的经济、政治思想、海防思想的研究，而对其教育思想探讨较少。本文试图在前人的基础上对陈炽的教育思想作一系统探究，希望能更好地剖析陈炽及其时代，同时对我们今天的教育建设提供有益的借鉴。

一 变通科举制度，增加技艺学科

科举制度取代察举制和九品中正制后，在选拔官吏和稳定社会秩序方面起了不可替代的作用。不过其弊端亦显而易见。降及清末，更是尤甚。洋务运动需要大量实用型人才，而传统科举制关注的主要是伦理道德的修养和心灵的完善，鄙视技艺，所培养的学生多为迂腐、僵化的书蠹与冬烘先生，只知三纲五常，读圣贤书，而缺少治国安邦、经世济民的英才。学用脱节的悖谬，已经暴露得十分明显。鉴于科举制度之危害，许多思想家都不同程度地对科举制进行了批判。龚自珍即认为科举制度"摧残人才"，呼出了"我劝天公重抖擞，不拘一格降人才"的呐喊。康有为更是痛心地指出："巍科进士，翰苑清才；而竟有不知司马迁、范仲淹为何代人，汉祖、唐宗为何朝帝者。若问以亚非之舆地，欧、美之政学，张口瞪目，不知何语矣。"① 可见，八股取士不仅钳制了世人思想的发展，而且极大地扼杀了民主思想的产生和发展。

陈炽在批判和抨击科举制度的同时，主张变通科举。他认为社会上鄙视制造，轻技艺之风愈演愈烈，因此主张开设艺学科，招致"智巧之士"学算学。他指出，"变通之法，考之乡评，试以政事，已见于乡官一议矣。欲推而广之，非增设艺学科不可"②，"世运由静变动，人事由略致详，将来日出其奇，所当酌改旧制，以范驰趋者必不少，而如天算制器之法，则尤为今日至急之务"。虽自同文馆倡议始设天文算学科已有三四十年，但"往者循其端而尚未竟其绪"③，以致没能培养出实用人才。如此下去对中国的发展极为不利。所以，他主张在各级学校和私塾中，除学习四书五经外，兼习算学，并在科举考试中立算学作为一门，对那些能创造发明的，国家"给凭专利之章"④，以激励志气。他乐观地认为"变通尽利，体用毕赅，综贯中西，权衡今古，斯久安长治之良模也"⑤。当然，变通科举的主张并非始自陈炽。随着西学的逐渐输入，改革和废除科举制度的呼声连绵不断。鸦片战争刚结束，魏源便提出在福建、广东两省科举考试中增设水师科的建议；1867年京师同文馆曾开设天文、算学馆；1870年船政大臣沈葆桢奏请设算学科；1884年国子监司业潘衍桐奏请开设艺学科；等等，作为对科举制度的补充。陈炽的改革科举的主张，内容不免单一，仅是变通的折中方案，而不敢提出彻底废除科举制度。他说："科目之制，变而通之，推而广

---

① 汤志钧编：《康有为政论集》（上），中华书局1981年版，第269页。
② 赵树贵、曾丽雅编：《陈炽集》，中华书局1997年版，第78页。
③ 赵树贵、曾丽雅编：《陈炽集》，中华书局1997年版，第334页。
④ 赵树贵、曾丽雅编：《陈炽集》，中华书局1997年版，第205页。
⑤ 赵树贵、曾丽雅编：《陈炽集》，中华书局1997年版，第79页。

之，可也，因而废之，不可也。"① 这一点不如王韬提出的"时文不废，天下不治"②，废除八股取士制度的主张。不过，两人毕竟身份和地位不同，王韬身为在野之士，可以放言无忌，不必顾虑前途俸禄，而陈炽为高级官僚，出言谨慎也是可以理解的。陈炽在批评科举弊端的基础上提出合理化建议，虽然不是率先提出者，但也是符合时代发展潮流的。1898 年戊戌变法期间，清廷下令改革科举制度，增加经济特科，以至 1905 年科举制度被废除，除了科举制的适应范围越来越小外，陈炽、康有为、梁启超等大批思想家和李鸿章、张之洞等官员的呼吁也是一个重要因素。

二 禁止妇女缠足，倡导妇女教育

在中国封建社会中，强调男尊女卑，推崇"女子无才便是德"，广大女子受旧制度、旧礼教的沉重压迫，接受学校教育的机会少之又少。随着近代女权运动的发展，女子教育引起了广泛的关注。陈炽在《庸书》中专列《妇学》篇，谈论女子教育问题，为近代女子教育的发展开辟了道路。

陈炽认为，中国古人立教，本是男女并重，但是后来因妇学失传，"其秀颖知文者，或转为女德之类，遂乃因噎废食，禁不令读书识字，浸至骄佚偏僻，任性妄为"。在南宋以后，女子缠足之风遍于天下，"及四五岁即加束缚"，致使女子"终生蹇弱，有如废人，不及格者，父母国人引为深耻"，更是使妇女失去接受教育的机会，在客观上约束和钳制了女子教育的发展。陈炽十分欣赏西方国家重视女子教育的做法，认为兴办女子教育有利于富国强兵。他指出："泰西风俗，凡女子纺绣工作艺术，皆有女塾，与男子略同，法制井然，具存古意。故女子既嫁之后，皆能相夫佐子，以治国而齐家，是富国强兵之本计也。"接着，针对女子不受教育的危害之严重性，他悲痛地指出："中国四万万人，妇女约居其半，安居饱食，无所用心，无论游惰之民充塞天下，即

---

① 赵树贵、曾丽雅编：《陈炽集》，中华书局1997年版，第78页。
② 王韬著，陈恒、方银儿评注：《弢园文录外编》卷1，中州古籍出版社1998年版，第49页。

一家论之,而已半为弃民矣。"况且如果女子"弱龄失教,习与性成,始以淫贱妖蛊为长,终以暴戾奸贪为事,夫承其弊,子效其尤,人心日漓,风俗日坏,其害之中于深微隐暗之间者,永无底止也",强调妇女在种族血统延续和改良中扮演的重要角色,即妇女素质的低下,导致国民素质的降低。因此,他建议严禁妇女缠足,广设女学,让妇女接受教育,"各省郡县之间,就近筹捐,广增女塾,分门别类,延聘女师",而促其各有所成。并且有年龄限制,"女子自四岁以上至十二岁为期,皆得就学"①。对那些家道中落、孤独无依的世家妇女,他主张设立绣花局,让她们"居以邃室深堂,课以织作纺绣"②,由官府帮助售货,并严禁男子进入此地。

妇女接受教育是妇女解放乃至整个社会解放的前提和标志。陈炽提出的女子教育思想,与同时代思想家郑观应的主张较为相似,具有许多民主思想,如男女平等均有受教育机会,反对缠足等。但是陈炽提出把妇女教育与国家利益相联系,认为妇女接受教育是国家"正本清源之要术,久安长治之初基",是"富国强兵之本计"的主张,则超过了同时代其他思想家的水平,而且他的女子教育思想具有更加深刻的含义:"既是社会生产力发展的需要,也是资产阶级自由、平等理论在妇女问题上的具体表现。"③当然,陈炽的妇女教育思想也有局限性,不过他对女子教育的关注,与康有为、梁启超、宋恕、陈虬、严复等人的思想在19世纪末期形成了一股要求妇女解放的潮流,这是符合社会发展趋势的。另外,封建举人出身、曾受封建纲常理论熏陶多年的陈炽,在当时的中国社会条件下便提出让妇女平等接受教育也是难能可贵的。

三 边疆设置学校,教化民众培育根本

陈炽非常重视学校教育在培养人才方面的重要作用,认为学校是"兴贤造士"的主要场所,是"造就人才之地,治天下之大本"。因此,

---

① 赵树贵、曾丽雅编:《陈炽集》,中华书局1997年版,第129页。
② 赵树贵、曾丽雅编:《陈炽集》,中华书局1997年版,第105页。
③ 熊月之:《中国近代民主思想史》,上海人民出版社1986年版,第187页。

他主张大力发展学校教育，不仅在城乡四邑广设学校，而且将"犯案"的丛林道院一律查封，改为学校。值得重视的是，他主张在边疆地区设置学校。例如，陈炽建议在东北的奉天、吉林，"筹款募捐，广建书院"，建立图书楼，"博收典籍"，"以渐化其犷悍而大启其灵明"①；在蒙古，"建立学校，教习汉文，已出痘者，入京就学，化以礼义，泽以诗书"，使"大漠穷边，无殊内地"②；在海疆，"宜急建书院，广储经籍，延聘师儒，以正人心，以维风俗"③；在南洋各地，国家应该拨款或者劝说中外富商巨贾捐款筹建中西大学堂或书院，"教以中西之学"④，不仅"使数百万之华民智慧渐开，才能渐出"⑤，而且"他日必有奇材硕彦应运而生，为海上之夫余以藩屏中国者"⑥。对于在边疆设立学校一事，另一早期维新思想家宋恕在《〈六字课斋卑议〉同仁章》中也提出在少数民族中办学校，"以渐化之"的主张，⑦但是远没有陈炽的认识详细而深刻。在19世纪末期举国上下对边疆危机束手无良策之机，陈炽独树一帜，指出在边疆设立学校教化民众才是根本，可谓远见卓识，高瞻远瞩，不仅能更好地应付危机局势，而且能开发边疆，培养边疆人才，提高边疆人民的文化，加强民族团结，这对整个国家的稳定和发展都是有较大促进作用的。

四 发展留学教育，培养奇才硕彦

留学教育是近代中国教育的一个重要内容。在容闳、曾国藩、李鸿章、丁日昌等人的倡导和支持下，1872年中国向美国派出了近代第一批官派留学生，1876年又向欧洲派出学生学习航海和造船技术；1890年，总理各国事务衙门奏准，出使英、美、法、德、俄五国的大臣，每

---

① 赵树贵、曾丽雅编：《陈炽集》，中华书局1997年版，第47页。
② 赵树贵、曾丽雅编：《陈炽集》，中华书局1997年版，第60页。
③ 赵树贵、曾丽雅编：《陈炽集》，中华书局1997年版，第30页。
④ 赵树贵、曾丽雅编：《陈炽集》，中华书局1997年版，第119页。
⑤ 赵树贵、曾丽雅编：《陈炽集》，中华书局1997年版，第260页。
⑥ 赵树贵、曾丽雅编：《陈炽集》，中华书局1997年版，第119页。
⑦ 胡珠生编：《宋恕集》（上），中华书局1993年版，第154页。

届可带学生数人，一边在使馆工作，一边向驻在国学习；1896年，首批13名官派留学生赴日本。实施留学教育对近代中国社会产生了多方面的积极影响，不仅造就了一批新型科技人才和管理人才，还涌现出许多资产阶级改良派和革命派志士。在陈炽的教育构想中，留学教育也是重要组成部分。陈炽指出："夫生知之哲，伊古罕闻，天下人材，大都由学问而成，由阅历而出。"[1] "不有以磨练而试验之不可得也。"[2] "学问之道非游历多、见闻广不足济大艰、任大事、兴革大利弊。"[3] 接着，他以日本为例，指出日本自明治维新后，派遣大批学生出国留学，"锲而不舍，前后出洋者至二千余人之多，故行政用人，左宜右有，遂致堂堂大国受制小夷"[4]，与中国半途而废形成鲜明对比。显然，他认为出国游历、留学既是学习西方富国强兵的一种方法，也是培养人才的必由之路。

留学教育固然重要，选择合适年龄的学生出国也是必须考虑的问题。薛福成说："童子志识未定，去中国礼仪之乡，远适海外饕利朋淫腥膻之地，岁月渐渍，将与俱化。归而挟其所有以夸耀中国，则弊博而用鲜。"[5] 陈炽也认为："鬌年稚齿，书数未谙，携以出洋，懵无知觉，虽涉西学，仅属皮毛，而先已厌薄中朝，沾染异俗，此非立法之不善，由所遣之未得其人耳。"为了取得留学的效果，陈炽主张由各省挑选"聪颖诸生，年在二十岁以内，通古今，识大体，而气体充实，能任辛劳者，询其父母及其本身，厚给资装，咨送总署"，由使臣携带出国，分赴各国大学堂学习，"期以十年"，学成归国后，赏给官阶，"量材器使，予以事权"。若如此，陈炽兴奋地指出："奇才硕彦，应运而生。万里中原，媲隆三古，我国家亿万载无疆之业肇于斯，即全球大一统无外之规亦开于是矣。"[6] 这"奇才"里当然包括留学生在内。同时，陈

---

[1] 赵树贵、曾丽雅编：《陈炽集》，中华书局1997年版，第19页。
[2] 赵树贵、曾丽雅编：《陈炽集》，中华书局1997年版，第238页。
[3] 赵树贵、曾丽雅编：《陈炽集》，中华书局1997年版，第385页。
[4] 赵树贵、曾丽雅编：《陈炽集》，中华书局1997年版，第306页。
[5] 丁凤麟、王欣之编：《薛福成选集》，上海人民出版社1987年版，第46页。
[6] 赵树贵、曾丽雅编：《陈炽集》，中华书局1997年版，第77、78页。

炽认为也可派遣留学生出国学习专门技术。早在《庸书》中，他就建议清朝政府"宜选聪俊子弟，随节出洋，于克虏伯及著名各厂，专门学习"[1]。在《葡萄制酒说》中，他提出"选觅聪颖学生，通达各国语言文字者十人，分赴英法德奥俄意六国，专考葡萄酿酒之事。"在《军械之工说》中，又指出"选学生之熟悉西文而通古今、识大体者，分赴各大学堂，分门学习，暇则游历各厂，考证见闻，博访西国著名工师，籍而记之，期以五年，学成归国"[2]。陈炽提出留学教育的目的，就是希望清廷多派学生出国，通过直接向西人学习，耳濡目染，培养一批掌握西方科技的人才以为国服务，更好地促进中国的发展。他倡导的留学教育，不仅对19世纪末20世纪初的留学热潮起了推动作用，而且对今天改革开放中发展留学教育的理念也有一定的现实意义。

五　开展职业教育，增加商业学堂

陈炽在1894年写成的《庸书》中曾提出发展资本主义工商业以图自强。1896年为救中国之贫弱又撰成《续富国策》，其中商业占了较大比重，可见他对商业的重视。陈炽指出："富国强兵，非商曷倚"[3]，"制国用者，必出于商"，"商务之盛衰，必系国家之轻重"[4]。陈炽认为，西方富强在很大程度上得益于经济人才的培养，"其人才之众多出于商学"，"西人于通商辟埠之区皆安家业，长子孙，设商学"[5]。同时，西方各国非常重视职业教育，根据学生资质，分途授学。"其学之浅者，本国语言文字、外国语言文字、算数会计而已矣"，"其深者则天文地舆、测量绘画、文事武备、光重化电诸学"，至于日后专习何业，则又分设学堂，如轮船公司，则有管轮学堂也，驾驶学堂也；轮车则有铁路学堂也，电报则有电报学堂也，丝业则有蚕桑学堂也，制茶、制糖、制磁、制酒、制一切食用各物，无不有学堂，开煤炼钢则有煤铁学

---

[1] 赵树贵、曾丽雅编：《陈炽集》，中华书局1997年版，第90页。
[2] 赵树贵、曾丽雅编：《陈炽集》，中华书局1997年版，第223页。
[3] 赵树贵、曾丽雅编：《陈炽集》，中华书局1997年版，第80页。
[4] 赵树贵、曾丽雅编：《陈炽集》，中华书局1997年版，第84页。
[5] 赵树贵、曾丽雅编：《陈炽集》，中华书局1997年版，第271页。

堂也，纺纱织布则有织作学堂也。"每创一业必立学堂，是以造诣宏深，人才辈出，凡一材一艺之微，万事万物之赜，无不考求整顿，精益求精，遂能创开大利之源，尽夺华民之业。"在这种情况下，中国人如果继续鄙视百工，就会造成"外国轮舟、轮车、电报、火器以及机器制作之属，入中国者永须用西人管理，华人瞠目直视，束手而无可如何"的局面。① 因此，为挽回利权，中国也要效仿西方国家设专门学校，以满足不同需要。

在沿边沿海设学堂不仅能增加兵源，提高素质，也能满足当时设立官方制造各局对人才的需求。他说："沿边沿海广立学堂，参酌中西，延聘教习，学成后编入兵籍，拨隶勇营。"② 农业科技教育是提高农业生产的关键，这是陈炽通过中国古今和中西对比得出的结论。因此，他提出应"荟萃中外农书，博采旁稽，详加论说，宜古亦宜今，宜西亦宜中，宜南亦宜北，不求难得之物，不为难晓之文，括以歌辞，征以事实，颁之乡塾以教童蒙，俾蔀屋穷檐，转相告语，家人妇子，力穑劝功"③。在《讲求农学说》中，他再次阐发了同样的主张，即不仅要"将旧日农书，删繁就简，择其精要适用者，都为一卷"，还要"翻译各国农学，取其宜于中国凿凿可行者，亦汇为一编，颁布学官，散给生童，转教农人之识字者"④。他认为这样既可以提高农民的素质，也可以提高农业劳动生产率，促进农业经济的发展。

为了提高中国商人的素质，陈炽建议建立专门的商业学校以培养商业人才。例如，在各城各埠广设商务局，普遍设立商务学堂，"以激扬鼓舞、整齐教诲诸商"⑤；他呼吁中国商业资本丰厚者，"自宜各提公积倡立学堂，丝业则宜设蚕桑学堂，茶业则宜设制茶学堂，轮船江海通行，关系尤巨，宜设管轮、驾驶两学堂，自余纺纱织布、炼钢开煤以及铁道电报，中西制造各事，每创一业，开一厂，设一局，均应附设一学

---

① 赵树贵、曾丽雅编：《陈炽集》，中华书局1997年版，第271—272页。
② 赵树贵、曾丽雅编：《陈炽集》，中华书局1997年版，第109页。
③ 赵树贵、曾丽雅编：《陈炽集》，中华书局1997年版，第27页。
④ 赵树贵、曾丽雅编：《陈炽集》，中华书局1997年版，第174页。
⑤ 赵树贵、曾丽雅编：《陈炽集》，中华书局1997年版，第233页。

堂，或独立创兴，或数家合办"。这样，"无论扩充何事，推广何业，分布何地，制造何工，需用何人，取之宫中而皆备"①。陈炽主张广泛设立学堂以培养精通专业人才来发展工商业与对外国"商战"的认识，是比较深刻的。1895 年，康有为在《上清帝第二书》中指出："商学者何？地球各国贸易条理繁多，商人愚陋，不能周识，宜译外国商学之书，选人学习，便教直省，知识乃开，然后可收外国之利。"② 直到 20 世纪初年，学习西方国家创办商业学校之举才提上日程。各地所创设的商会也把商学作为其活动的重要内容之一，纷纷办起了商业学堂或业余商业补习学校。1903 年的《奏定学堂章程》规定实业学堂分农业学堂、工业学堂、商业学堂和商船学堂四类以及实业教员讲习所，其中商科大学分三门，即银行及保险学门、贸易及贩运学门、关税学门。因此，陈炽、康有为等人呼吁振兴商学的主张是带有前瞻性的，近现代中国的职业教育便是在此基础上发展起来的。

六 注重官员教育，提高官吏素质

治国之道，不外乎行政、法律、教育三种手段。由于民众与最高执政者并不直接相处，所以，大量的教化工作要靠各级官吏去做，这就使官吏们的素养显得十分重要。晚清政府政治上腐败日益严重，官员素质也是江河日下，"内外官吏营私舞弊之方，亦日趋而日巧"③，"偶有尽心民事者，则上官掎之，同僚笑之，众庶疑之，不入考成，不登荐牍，群掣其肘，必溃于成而后已。不肖者，专揣缺分之肥瘠，以图饱私囊。其贤者，亦第求案牍之清厘，以规避处分。于设官为民之本意，上下泰然，久已忘之，而且习之矣"④。因此，整顿吏治刻不容缓。陈炽深知，"得人则治，得人而不能尽其才，则仍不能治"⑤，"用人为行政之本"，"用之，既不考其真；课之，又不求其实"，导致"贪庸塞

---

① 赵树贵、曾丽雅编：《陈炽集》，中华书局 1997 年版，第 272 页。
② 汤志钧编：《康有为政论集》（上），中华书局 1981 年版，第 128 页。
③ 赵树贵、曾丽雅编：《陈炽集》，中华书局 1997 年版，第 6 页。
④ 赵树贵、曾丽雅编：《陈炽集》，中华书局 1997 年版，第 20 页。
⑤ 赵树贵、曾丽雅编：《陈炽集》，中华书局 1997 年版，第 7 页。

路、豪杰灰心"①，民众也对吏治失去信心。因此，他强调，政府用人应当严格考绩，罢黜昏庸，择贤而用。除了监察、考核外，陈炽又提议加强文武百官和皇族子弟的教育培训工作：一是到太学学习中西课程，"上书房皇子、贝勒、镇国公及王公大臣子弟，统令每月至学，以考学业，广见闻"②；二是鼓励官员出国游历，近支王公及中外大臣，"有能比迹张骞，乘楂海外者，官给资斧，许其自陈，预由总署照会列邦送迎接待。回华后，阅历有得，量材器使，予以事权。其有壮志华年愿留学习者，亦助其费"；至于四品以下文武员弁，有欲出洋游历者，"先由官长考验，如果学识通敏，仪准给资装，惟须计日往还，略示限制。如愿留学习，并给半费，随时由使署稽察，以广裁成"③。1898年6月，康有为在为杨深秀所拟奏折中也建议皇帝，"特派近支王公之妙年明敏有才志者，游历泰西各国；其有美志良才，自愿游学，习政习兵者，尤有裨益"④。在"人治"高于"法治"的行政机制下，陈炽能够提出加强官吏培养教育的设想，不仅对以后的戊戌变法和清末新政的官制改革具有重要作用，而且对于今天加强国家公务员队伍建设也具有借鉴意义。

  以上六点，是陈炽教育思想的主要内容。总结上述分析，陈炽的教育思想显然是一种与传统教育思想不同的新型教育思想。这反映了刚刚诞生的民族资产阶级的要求，并在一定程度上接近或达到西方资产阶级教育思想的高度。对此，我们可以从教育目的、教育内容和教育对象三方面窥见一斑。一是教育目的，传统教育旨在培养统治阶级的接班人——官僚队伍，片面追求所谓伦理道德修养和心灵的完善，而陈炽则把教育与育才、工商发展以及国家强弱相联系，认为教育应为各行各业培养合格人才，以适应新形势的需要；二是教育内容，传统教育多以研读四书五经为主，科举取士也以此为标准，而陈炽则把"艺""技"之学放在教育的重要位置，并强调其重要作用；三是教育对象，传统教育

---

① 赵树贵、曾丽雅编：《陈炽集》，中华书局1997年版，第11页。
② 赵树贵、曾丽雅编：《陈炽集》，中华书局1997年版，第31页。
③ 赵树贵、曾丽雅编：《陈炽集》，中华书局1997年版，第76页。
④ 汤志钧编：《康有为政论集》（上），中华书局1981年版，第253页。

制度下受教育的对象为身列庠序之士或诸生文童，实际上还是一种"精英教育"，范围过于狭窄，而陈炽则认为应采用新的教育制度，设立各级各类学校，开设自然科学和社会科学的各种课程，使教育职业化、社会化，男女老少、士农工商皆有受教育机会。这是一种进步的教育思想。

然而，陈炽毕竟受过多年的封建传统教育，儒家的伦理纲常依旧在其脑中。所以，他虽然提倡兴办新式学校，学习西学，但是又要求学生所学内容应"体用兼备"①；出国留学生在学西学时，"仍以半日温经读史"②，即既懂孔孟之道，又学有专长。这并没有超出当时的文化指导原则"中学为体，西学为用"，而且为了减轻办西学教育的阻力，他打着"礼失求诸野"的旗号，从儒家颂扬的三代中去寻找依据，穿凿附会。对于这一点，美国学者李文森（J. R. Levenson）在剖析中国近代知识分子的思想状态时曾指出，中国知识分子在思想转变过程中有一个理智与情感的分离，即在理智上他们毫无疑问地承认西方价值，但在情感上便免不了对儒家旧说缱绻不舍。③ 这同样适合陈炽的思想。不过，我们不能求全责备。陈炽的教育思想因时代和阶级的局限，其缺陷明显可见，但相对当时的社会，仍然是比较进步的，并为以后的戊戌维新运动提供了丰富资料，同时对今天不断完善教育体制也有重要的参考价值。

（原载《山东师范大学学报》2007年第6期）

---

① 赵树贵、曾丽雅编：《陈炽集》，中华书局1997年版，第30页。
② 赵树贵、曾丽雅编：《陈炽集》，中华书局1997年版，第77页。
③ 转引自张海林《王韬评传》，南京大学出版社1993年版，第349页。

试论陈炽的海防思想

陈炽（1855—1900）是中国近代早期维新思想家的代表人物之一。他毕生致力于经国要术的探求，留下了《庸书》和《续富国策》等反映时代脉搏跳动的传世之作。其中包涵着丰富的维新思想，海防思想则是其整个维新思想体系的一个组成部分，也是我国近代海防史上一份难得的遗产。迄今为止，除去一些军事史论著偶尔涉及，尚未有一篇系统论述有关陈炽海防思想的文章。[①] 本文试图对陈炽的海防思想作一探究，希望能更好地剖析陈炽及其时代，同时对我们今天的海防建设提供有益的借鉴。

一 对台湾海防问题的关注

台湾为我国东南海疆门户，因其地理位置重要而备受历朝关注。鸦片战争期间，英国挟其坚船利炮妄图占领台湾，邓廷桢、姚莹等率领台湾军民精密布置防务，多次击退英军的进攻，使台湾避免了被侵占的厄运。不过，事后清廷对台湾防务并没有过多的重视，台湾防务问题真正得到重视是在1874年日本侵台事件之后。1874年日本侵台事件发生后，朝野上下掀起塞防与海防之争，清廷开始意识到加强海防之必要，下令筹议海防。沈葆桢、丁日昌、刘铭传等纷纷对台湾海防管陈己见。丁日昌指出："台湾洋面居闽、粤、浙三界之中，为泰西兵船所必经之地，与日本、吕宋鼎足而立。彼族之所眈眈虎视者，亦以为据此要害，

---

① 方世藻：《陈炽与台湾海防浅谈》，《赣南师范学院学报》1991年第4期。

北可以扼津、沽之咽喉，南可以拊闽、粤之脊膂"，所以"惟台湾有备，沿海可以无忧，台湾不安，则全局殆为震动"①。沈葆桢也上奏折称台湾为沿海七省之门户，久为他族垂涎，疾呼台湾设防的重要性。1885 年 10 月，清廷接受了边疆官员所提出的台湾为海防重地的观点，批准单独建省。陈炽对台湾海防的重要性也有着清醒的认识。1893 年，他在《庸书·四维》篇中就指出台湾是"东南之维"，"东南台湾之一隅，则通商万国之所垂涎而窥伺者也"。在同书《台湾》篇中，他再次指出台湾对中国海防的重要性："台湾一地，东南七省之藩篱门户也，台湾安则东南半壁举安。"并把台湾与海疆的关系比作唇与齿："台湾犹之唇也，海疆犹之齿也。台湾果失，则沿海各省其能有一日之安危乎？"为此，他提出"治台三策"。

第一，南洋海军提督驻台。中国近代海军初建于 19 世纪 60 年代。当时内忧外患，清政府期望通过购买外国舰船的办法来筹建海军，因英国人李泰国和阿思本妄想控制中国海军而引起清廷嫉恨和列强反对而作罢。清廷有识之士开始意识到需要依靠自己力量建立海军，保卫海疆。1868 年江苏布政使丁日昌草拟《海洋水师章程别议》并在 1874 年递交总理衙门（更名为《海洋水师章程六条》），提出建北洋、东洋、南洋三支海军，各设提督一人的方案。李鸿章和福州船政大臣沈葆桢都表示赞同丁日昌的倡议。同年 5 月，总理衙门派李鸿章督办北洋海防事宜，派沈葆桢督办南洋海防事宜。到 1884 年夏，福建、北洋、南洋三支海军已经初具规模。

建立近代海军，是中国国防现代化的重要一步。这是中国人受西人的坚船利炮冲击而做出的反应。陈炽自然也不例外。虽然他认为西洋水师源于中国古代"横江之练甲"，但是也承认西人"陆师海军，精强罕匹"。所以他对清朝建立海军并不反对，相反在其著述中多次提到海军的作用，并且提出南洋海军最好驻扎在台湾。陈炽认为"以台湾一省，归南洋兼辖并隶海军，为海军提督驻节之地，凡属海防要事，江浙闽粤

---

① 丁日昌：《请速筹台事全局折》，载《台湾文献丛刊》第 288 种，第 80—82 页，转引自陈在正《台湾海疆史研究》，厦门大学出版社 2001 年版，第 141 页。

诸督抚均须咨会酌商，使各省之兵力饷需了然于心目。"如此，则不会再出现中法战争时台湾"告急之章，迫如星火"，而沿海督抚"借口封疆，重任赴援者，寥寥无人"的局面。

第二，建立台湾造船工厂。清廷在统一台湾后，鉴于该地盛产造船木料，便决定由福州府和台湾府合力承办造船事宜。雍正三年（1725）闽浙总督觉罗满保提出"所有台湾水师等营战船，远隔重洋，应于台湾府设厂"的奏疏。此后福建的船政分别在台湾、福州、漳州、泉州 4 个船厂主持。① 1885 年台湾建省后，依照首任巡抚刘铭传的看法，台湾的船政改为对外购轮为主。而陈炽认为台湾应该建立自己的船厂。他指出："台湾气局规模，尤为广远，惟四面距海，非轮舶不能往来，非铁甲快船不足以应机，摧敌必须建立船厂，与福建船政、南洋粤东机器各局，联为一气，自娴制造，自习驾驶，使海壖氓庶，衽席风涛，而后通商惠工，无事获转输之利；储材制器，战时收搏击之长。"也就是说，台湾设立造船厂具有双重功效，既能为日常民用获得经济效益，又能为军事战争提供武器战备。

第三，广封其域相为犄角。陈炽认为台湾省虽然"袤长约二千里""宽者百里"，但"草创规模，究嫌狭小"。因此他指出应该将广东的琼崖，福建的金门、厦门，浙江的玉环岛、舟山岛，江苏的崇明岛等处以及附近零星小岛，割隶台湾，设立四镇，相为犄角。这实际上是要建立以台湾为中心的东南海防线。敌人不论从广东的琼州，福建的金门、厦门，浙江的玉环岛、舟山岛，还是江苏的崇明岛等入侵，清廷皆可以台湾为中心作海防准备。同时，陈炽建议将这四镇的居民编为渔团，平时耕种开垦，战时补充军需民食，既可以"免海盗之潜藏"，又能够"杜敌人之割据"。

最后，陈炽指出："三者既定，而复能兴利除弊，辑民抚蕃，筹饷练兵，据险扼要，则东南一面屹若长城，万里疆陲，保可百年无事矣。"②

陈炽对台湾海防问题的建言，无论在军事上还是经济上，都有重要的意义。不过，他对日本侵略中国并割占台湾没有思想准备，虽然他也

---

① 许毓良：《清代台湾的海防》，社会科学文献出版社 2003 年版，第 99 页。
② 赵树贵、曾丽雅编：《陈炽集》，中华书局 1997 年版，第 62—63 页。

意识到应该防备日本，否则他日必受其祸。甲午战争以后，日本割占台湾，使陈炽设想的以台湾为中心的东南海防线受到极大冲击，他的海防思想随之发生变化。在《上清帝万言书》中，他指出："台湾属倭，则东南海防亦为一变，似宜以福建兼隶粤督，南洋兼辖浙江，而海州、崇明、舟山、香山等处均设总镇"，并且改变了原来自己坚持只设南北洋海军的看法，同意建立三支海军，"欲水陆合力，永保无虞，则北洋、中洋、南洋三枝海军终须添设。北洋之威海、旅顺，中洋之吴淞、舟山，南洋之马江、箱馆，均可建船坞、筑炮台、驻兵舶"①。

  对台湾海防的认识，从清初到清末朝野上下不止陈炽一人有所建言。清初的季麒光、沈起元、董梦龙，清中叶的陈盛韶，清末的沈葆桢、刘铭传，在台湾防务问题上都提出了许多富有建设性的意见。陈炽作为一名普通的京官，虽然没有像台湾官员那样对该地有切身的体认，但与同时代的思想家相比，陈炽的台防观却有独到之处。就晚清早期维新思想家来说，郑观应虽在1875年编成的《易言》书中提出水师编为四镇，其中福建、台湾为一镇；在《盛世危言》中建议将台湾设为南洋重镇，但并没有具体提出对台湾应采取的海防措施。薛福成在李鸿章幕府中虽对海防问题时时参与发表意见，并在1881年草拟《酌议北洋海防水师章程》，着眼于水师制度的改革，对北洋海军的建立作出了一定的贡献；中法战争中，他又到浙江东部筹划海防，著有《浙东筹防录》，但是对台湾海防问题没有多少评论。马建忠从法国回国后在李鸿章幕府办理洋务，1881年他在《上李相伯复议何学士如璋奏设水师书》中认为"台湾周岸巨浪三涌，终年如是，且当风飓之冲，不利于泊焉"，提出在澎湖设镇以扼守福建、广东、台湾。② 王韬则认为台湾孤悬海外，不必"移驻巡抚"，"台事之当为者，则在凿山通道，度地垦田，使台岛前后相通"③。比较而言，陈炽提出的治理台湾的三项措施较具有针对性，虽然这几项措施因不久台湾即被割让给日本而没有能够实现，但是对整个海防建设

---

① 孔祥吉：《晚清史探微》，巴蜀书社2001年版，第147页。
② 郑大华点校：《采西学议：冯桂芬、马建忠集》，辽宁人民出版社1994年版，第195—196页。
③ 王韬著，陈恒、方银儿评注：《弢园文录外编》卷7，中州古籍出版社1998年版，第309页。

还是有着重要参考意义。

二 经营南洋作为"海上之夫余以藩屏中国"

中国人是从唐朝时期开始移居南洋的。宋、元、明朝时我国对外贸易和海上交通更加发达,越来越多的人移居南洋。明末清初,政治动乱,不少人为躲避战乱纷纷避居南洋。开海贸易后,沿海又有许多人出洋,由于种种原因,他们滞留在海外不归。同时,从16世纪起侵入南洋地区的欧洲殖民主义者为掠夺东方的财富又采取各种手段诱引中国人到南洋去当华工。这样,南洋成为海外华人、华侨的聚居地。华人在南洋从事贸易、开矿和耕种,历尽艰辛,且受西人迫害和歧视,迫切需要清廷扶植和保护,但清廷为防止海外反清力量的崛起,曾禁止南洋贸易。后虽开禁,但对南洋的重要性认识不足,国防重点"偏于西北,而东南沿海,自台湾一岛外,均度外置之"。陈炽认为"南洋者,西人之外府也",西人"精神命脉,均在南洋"①。在《公司》文中,他再次指出南洋是西人之外府,是"储材蓄势,凭陵上国之权舆",如果中国的商力、兵锋"略及于南洋各岛,彼海外诸国将惴惴然顾畏不遑"②。如果能够挽回西人在南洋的特殊权益,"则因宜制变,此虏已在掌之中矣"。所以他提醒清廷统治者:"今之筹海者,毋遽及西洋也,筹控制南洋而足矣。"

陈炽筹南洋主要有四方面的举措。

一是设官司。随着越来越多的华工出洋,清政府原来在新加坡设立的领事馆已经不能满足需要,应该派驻专门使臣,各埠分设领事,已是形势所需。陈炽认为新加坡领事"权轻望浅,往返禀命,动辄兼旬,而距粤东海程,不过三日,宜于其地专驻使臣,管理各岛华民交涉之事,各埠均设领事以隶之"。在《续富国策》的《酌增领事说》文中,他再次指出派大臣驻扎新加坡,主持其事,香港、澳门、汕头、厦门等处设立领事,以保护华商华工利益。

二是护商旅。清廷虽然建立了近代海军,但对于海军的使命,清廷

---

① 赵树贵、曾丽雅编:《陈炽集》,中华书局1997年版,第118—119页。
② 赵树贵、曾丽雅编:《陈炽集》,中华书局1997年版,第98页。

关心的主要是保卫本土海岸线及海口要塞,而对于保护商民的利益,保护海上运输的重要意义认识不足。陈炽认为"商旅所萃,不可无官以理之,尤不可无兵以护之",如果护商兵船散泊海中,借张声势,按期会操,练习枪炮,不仅可以"壮己民之胆气,系外国之观瞻",而且可以"隐杜侵凌、潜消事变"。并且中国商民也非常希望海军能够经常游历,"前此中国海军游驶新加坡,中国商民所由瞻望旌旗而欢声雷动者也"。所以陈炽指出:"南北洋海军,宜随时游历,仍准各埠保举商董,捐置兵轮,以顺民情,以张国势。"

三是建学校。陈炽认为"人必读书明理,而后聪颖特达,不甘受制于他人",而西人阅历既多,狡谲滋甚,对于属地之民,又咸加抑勒,加之"西人皆学而华人不学",长此以往华人则会"终为人役"。陈炽认为要使华人摆脱外国羁绊,"就我范围",国家应该在每埠拨给经费创建书院,慎选山长,严定课程,教以中西之学,同时广劝中外富商巨贾捐集膏火之资,即由领事各官主持经理。建立学校之举,眼光长远。

四是举贤才。陈炽认为"人才者,万事之根本也",南洋华工有数百万之众,由于"在上者无以劝之,斯湮没不出耳"。所以他建议"书院肄业诸生,宜仿内地岁科两试,由使臣兼管学政,选补博士弟子员录送科场,官给资斧,愿就艺学科者听之,果于中西各学总贯淹通,使臣保送到京,破格擢用,则山陬海澨无弃材矣"[①]。

经营南洋作为海防藩镇,此前魏源曾有此议论。魏源在《海国图志》中指出:"红夷东驶之舶,遇岸争岸,遇洲据洲,立城埠,设兵防,凡南洋之要津已尽为西洋之都会。"并指出西方国家本土距离中国甚为遥远,其侵略中国必以南洋为基地,所以清廷应该扶植南洋华人垦殖事业,经营之以为藩镇。[②] 不过,魏源的言论并没有引起清廷的重视。后来,出洋华民日众,清廷派出的游历人员和驻外使臣目睹了海外

[①] 赵树贵、曾丽雅编:《陈炽集》,中华书局1997年版,第119页。
[②] 王家俭、戚其章均有此论。分别参见王家俭《魏默深的海权思想:近代中国倡导海权的先驱》(《清史研究论薮》,文史哲出版社1994年版)和戚其章《晚清海军兴衰史》(人民出版社1998年版)。

华人的情况，呼吁设领事保护华民。陈炽对南洋华人的情况也比较关心，他认为经营南洋可以"罗海外之才，以待欧西之变，他日必有奇材硕彦应运而生，为海上之夫余以藩屏中国者"。陈炽把国家海防力量的振兴同侨民管理事业相结合，加强同华侨的联系以保护国家的海外利益，经营之使其作为海上中国的藩篱的主张，具有发人深省的意义。

三　其他海防举措

在重视台湾防务和南洋经营的同时，陈炽也提出了一些其他有关海防的具体措施。

第一，考察海图。海图是海洋空间信息，包括海洋自然环境信息和社会经济信息的一种图形表达形式。随着近代航海事业的发展，为保证海上航行的安全和经济，精确可靠的海图变得尤为重要。在发达的资本主义国家中，国家设有专门机构负责海图的测绘出版，不仅测绘出版大量本国海区海图，而且对所属殖民地和觊觎扩张侵略的其他国家的海区也测绘出版了大量海图。[1] 特别是自19世纪以来，资本主义国家为了海外扩张的需要纷纷绘制海图，例如英法等国自创设海军起，就"以考察海图为首务，兵轮巡历，鱼贯蝉联，所至纪其见闻，量其度数，究其异同分合之所以然"[2]；英国分驻各埠的兵轮除了保护商民外，"专以考察海图为要务，日省月试，岁课其成，皆以日记绘图考其殿最"，这样万一有事，"则全地球之海道，孰远孰近，孰险孰夷，通国之人一览了然，更无疑滞，实有益于行程之迟速、战事之短长、兵机之利钝"[3]。这是英国"纵横四海、凌轹万邦之左券"。反观中国，"鳃鳃然仅于船坚炮利求之，抑亦末矣。中国于海道素未究心，不惟浩渺重洋莫测涯涘，即海疆附近十里百里之间，亦如瞽者"，虽然现在"幡然变计，仿立海军，铁舰鱼雷，规模略备"，但"惟考察海图之举，寂然未有所闻"，以致"彼明而我昧，彼智而我愚，彼触处皆通，我所如辄阻"。

---

[1]　汪家君：《近代历史海图研究》，测绘出版社1992年版，第1页。
[2]　赵树贵、曾丽雅编：《陈炽集》，中华书局1997年版，第120页。
[3]　赵树贵、曾丽雅编：《陈炽集》，中华书局1997年版，第261—262页。

所以陈炽呼吁清廷应该重视海图的作用。他在《庸书》中列出了《图籍》《三署》《海图》文章，建议清廷海署应该以海图为平时职掌之四大宗之一，派熟精测绘的学生到沿海绘制地图，同时要求出使诸臣访订精图，详为翻译，并令海军提督督率将佐，"加意讲求，由粗及精，自近而远，勤奋者奖，怠慢者诛"，如此"推行浸广，测算益精，非惟成竹在胸，即人才亦当辈出矣"①。

虽然此前有《瀛寰志略》《海国图志》刊行，到陈炽写作《庸书》时，清廷已经进行了两次大的海防讨论，造炮制船，创设海军，对沿海防务作了部署，但对海防的具体手段并非都有所认识。陈炽提出的海图问题，整个晚清时期有此议者寥寥无几，足见陈炽的远见性。

第二，重视港岛。我国海岸曲折，在海水深入内地，或在江河入海口处形成了许多港湾。由于港湾可以停泊船只，所以具有重要的军事和经济价值。陈炽对中国香港岛的地位特别重视，认为中国从自金州、复州到钦州、廉州、雷州半岛、海南岛的一万有四千余海岸中，"欲求一万全之船埠，如香港者，穷山际海未之有也"。可惜该岛被英国割占，陈炽感到非常痛心："利器假人，悔将何及。"不过他不灰心，"不得已而思其次"，作为清朝藩属国朝鲜的巨文岛映入陈炽眼帘。巨文岛位于朝鲜半岛南端与济州岛之间的济州海峡，战略地位极为重要。英俄为争霸亚洲，皆有觊觎该岛之心。为巩固中朝藩属关系，防止外国势力染指巨文岛，陈炽建议清廷与朝鲜重视该岛建设。陈炽认为该岛"纵广数十里，民庶千余家，鼎立三山，形如品字，其中宽广可容千舶，峰峦回合，飚飓无惊，总珲春出入之襟喉，缩渤澥往来之锁钥"，英国人说其"为东洋门户，关大局安危"。早在1881年马建忠在《上李伯相复议何学士如璋奏设水师书》中指出朝鲜全罗道之巨文岛，应该"仿照英国据有地中海玛尔岛之意，设防驻泊，以为防御俄、倭往来之路"，这是"天造地设以卫我东南数万里海疆要害之区"，并提醒清政府"洋人垂涎之巨文岛，尤当早为之计"。但此议并未引起清廷的重视。后来，俄国和英国因争夺阿富汗而关系紧

---

① 赵树贵、曾丽雅编：《陈炽集》，中华书局1997年版，第121页。

张，1885年英国借口遏制俄国势力南下派舰队占领了巨文岛。后来朝鲜向英国索归该岛，但英国因为朝鲜贫弱，所以建议清廷在此设兵置镇作为持久之计。但清廷所派观察人员以该岛为"海中拳石"而放弃对其置守。陈炽指出："当英人见归之日，苟以海军分成，擘画经营，比及三年已成重镇。惜机宜坐失，草昧未开，必高丽自守之而中国阴助之，而后可晏然无事也。"所以他建议清廷"宜与朝鲜秘议，就其地建立船坞，募练水军，守以坚台，通以电报，开设商埠，储备薪粮，通商用兵，进战退守。……朝鲜系东海之安危，而此岛又系朝鲜之得失，无先几之智，不足以保彼岩疆也；无烛照之明，不足以防其侵轶也"①。

第三，组建渔团。陈炽认为沿海渔户世代生活在海滨，对于海上风涛习以为常，招募他们组成渔团，可以"防奸细、绝接济、禁登岸"，"补陆师海军之不足"。他查办渔团的具体方案是："选立正人以为之长，妥筹经费，慎选贤员，购备枪刀，督率训练"，"海波帖妥，各自谋生，及兵事已开，则纠集壮丁驻守其地"②。强调编练水勇，依靠人民的力量保卫海疆，并不是陈炽的首创，林则徐、魏源等人都有类似看法，林则徐便说过，相信"民心可用"，招募渔民组成水勇；魏源则提出"调客兵，不如练土兵；调水兵，不如练水勇"的主张。一些海疆官吏在筹划海防时也曾团练乡勇来加强海防力量。确实，渔团在配合正规军作战方面发挥了重要作用。不过，陈炽对民众并非完全信任，他组建渔团也有防止沿海居民"通匪济贼"的目的。

第四，建海军学堂。随着造炮制船的洋务事业的进行，一些船政、水师学堂也纷纷创建，使晚清海防教育得以顺利展开，并为中国培养了大批海军人才。陈炽主张清廷建立强大海军的同时，建议南北洋海军应该"抽拨专款，自立学堂，教练人才，以储异日之用"。在《续富国策》书中，他对海军学堂的学生提出了更加严格的要求，指出："轮船公司，则有管轮学堂也，驾驶学堂也，必由管轮学堂考验给凭，而后汽

---

① 赵树贵、曾丽雅编：《陈炽集》，中华书局1997年版，第49—50页。
② 赵树贵、曾丽雅编：《陈炽集》，中华书局1997年版，第121—122页。

机之利弊周知,始可以为大副矣;必由驾驶学堂考验给凭,而后海道之情形熟悉,始可以充船主矣。"① 虽然晚清重视海防教育者大有人在,但是陈炽在关注海防的同时,提议加强教育,却也抓住了根本。

第五,多制兵船。西人之长技在于船坚炮利是鸦片战争期间清廷官员得出的直观认识,随后洋务派把购制船舰作为自强运动的一项重要内容加以推展。通过购买和自制,清廷的船舰吨位在甲午战争以前居于亚洲前列。但是在甲午中日交战中,北洋舰队全军覆灭,朝野中部分官员借口中日交兵,海军失事而提出"兵船之无用"的说法,陈炽批评了这种看法并提出"轮船固须广行,兵船亦必须多制"的主张。他认为兵船可以有两种用途:一是驻扎在内地通商各处,防止西人动辄称兵,要求无厌,中国受制于人;二是兵轮可以护商,特别是在南洋等地,每驻一领事,至少须驻一船。同时商船可以作为兵船使用。他以英法俄美等国为例指出"兵轮和商轮无大区别,恒有平日运货载客,络绎往来,有事时改作兵轮,即为国家备战者"。相比中国,不论官轮还是商轮,都没有发挥其应有的作用。所以陈炽指出,对于守口巡阅兵轮,大可按照各国章程办理,而国家稍加津贴,即可任意往来;对于商船,朝廷开诚布公,酌补公费,发给军械,同时给予官带装弁各头衔。

第六,制枪造炮。枪炮是海防必需之物。通过中日之战的对比,陈炽发现洋炮确实比中国所制之炮先进,"上年中倭之役,北洋短炮过多,我之弹未及人,人之弹先及我,其利钝可见矣"。陈炽指出湖北枪厂所造比利时新式快枪、上海制造局所制快利枪的"亦称利用",可以广筹经费,专造这两种枪。至于造炮,陈炽认为应该舍短取长,如果单为防守海口,可在陆地炮台放置德国克虏伯炮厂所造的三百三十五吨炮;如果用在船上,则应该多造英国阿姆斯脱郎的八十吨炮。陈炽满怀信心地指出,如果推广仿制,就能杜强邻之环伺,保海宇于澄清。

四 陈炽海防思想的总体特征

陈炽生活的19世纪后半期,中国海疆烽烟骤起,封建统治者开始

---

① 赵树贵、曾丽雅编:《陈炽集》,中华书局1997年版,第271页。

把较多的注意力投注到海防上。"福建之船政创始于前，北洋之海军踵兴于后，各省机器制造之局，水师武备之堂，铁舰、水雷、快枪、巨炮肇开，船坞广筑，炮台亦步亦趋，应有尽有。"① 陈炽在晚清早期维新派中，虽然其海防思想因与其年龄与入仕较晚的经历而形成较晚，但是他的海防思想已经涉及现今海防的各个方面。其中许多认识在今天看来仍然具有参考价值。

第一，内海发展到外洋。陈炽不仅关注内海（渤海）作战，而且把目光投注到东海、南洋等地。在东海海疆防务上，他对毗邻中国的朝鲜半岛非常关注。在甲午战争之前，他曾撰写了《朝鲜》《法美》等文，将朝鲜比作战国时期的韩国，同时指出朝鲜战略地位重要，是"东海之藩篱"，因朝鲜比较贫弱，不能自主，各国争相染指，所以陈炽曾忧心忡忡地指出：朝鲜"万一为他人所并，则仁川之兵舶，一夕可达天津，咸镜之陆师，长驱以入东省，畿疆重地，根本要区，何堪设想不加保护焉"②。因此，他建议清廷扶植藩属国朝鲜，同时"与朝鲜密议"，在巨文岛建船坞、造炮台、练水师、铺电线，以保朝鲜、固东海。

第二，海防思想与塞防思想并重。陈炽在重视海防的同时，对我国的西北、东北、西南边疆的地理进行了研究。他曾指出："综观大势，旷览将来，恐中国之大患仍不在水而在陆，不在东南而在西北也"③。所以他在《庸书》中《龙江》《奉吉》《金山》《新疆》《青海》《西藏》《蒙古》《三省》等文中，不仅介绍了各地的历史沿革，而且揭露了各国侵略中国的野心，提出海防与塞防并重的思想，是非常可贵的。

第三，朴素的海权思想。依据美国人马汉的观点，海权是海军舰队、商船队、海外基地三者的总和。陈炽的海防思想中即包含这三个方面的内容。首先，陈炽一向支持清廷建立海军，认为它能够振国威、张国势，"保京津之门户，固江海之藩篱"，甲午战争以后呼吁"中国南

---

① 赵树贵、曾丽雅编：《陈炽集》，中华书局1997年版，第137页。
② 赵树贵、曾丽雅编：《陈炽集》，中华书局1997年版，第48页。
③ 赵树贵、曾丽雅编：《陈炽集》，中华书局1997年版，第110页。

北洋海军兴复万难再缓",并且改变原来设两洋海军足够的看法而赞同建立三洋海军,同时主张海军应具备精枪、利炮、铁舰、快船,有培养人才的学堂等,足见陈炽对中国拥有强大舰队的渴望。其次,陈炽重视商船的作用,把它作为国家海上力量的重要组成部分。在《庸书·轮船》一文中,他指出清廷应该准许中国商民自制轮船,行驶内河以及外海,这既可以广华民之利赖,也可以杜异族之觊觎,同时如果有外患内忧,可随处利用商舶运兵,既收转运之功,又省养船之费;在《续富国策》中再次阐述这一主张,认为商船虽然没有战舰坚固,但战时可以充作运船使用,同时无事则海天转运,俨然商部之章旗,有事则舰队联翩,高列海军之位号,声威远震。最后,陈炽建议将当时藩属国朝鲜的巨文岛、南洋等地经营完善,作为屏障中国的海上藩篱。陈炽的这些主张已经初步具备了海权意识。

  当然,陈炽的海防思想亦有其不足之处,他不像李鸿章、沈葆桢等人曾出任疆吏有施展抱负的机会,也不如薛福成、马建忠等人有出国考察的经历,他只是京师的一名京官,只能通过游历和阅读西书译本来获取对西方的认识,所以对中国海防的认识可能有偏颇之处,他所重视的是东南沿海防务,对北洋一带的防务建言较少;他所防的对象主要是西洋各国,而对日本的侵略认识不足等,不过他提出的关于海防问题的见解,不仅对当时社会有深刻的影响,而且对今天的海防建设也具有重要的参考价值。

  (原载戚俊杰、刘玉明主编《北洋海军研究》第3辑,天津古籍出版社2006年版)

百年陈炽研究的回顾与展望

陈炽是中国近代著名的维新思想家。他生活的年代正是中国历史发生巨变的半个世纪。在这个非常时代中，他追踪时代潮流，承继传统经世之学，深究天下利病，探求经国要术，留下了《褱春林屋诗》《庸书》《续富国策》等反映时代脉搏跳动的传世之作。立言的同时，"立功"方面也同样引人注目。他参加了维新运动的实践，在丹青史上留下了光辉的一页。对于这样一位重要思想家，百年来一直有学者从不同侧面去关注他，涌现出许多研究成果。1990年，在陈炽家乡江西瑞金召开的"陈炽与戊戌维新"学术研讨会，推动了陈炽研究的发展。1997年，赵树贵、曾丽雅编《陈炽集》的问世，更是为陈炽研究提供了诸多便利。为了进一步深化与推动陈炽研究的开展，笔者不揣浅陋，试图对20世纪有关陈炽的研究情况作一简要回顾，并为以后的研究提供一点建议。由于笔者水平有限，难免挂一漏万，一些想法也未必妥当，敬请读者批评指正。

一 关于陈炽的生卒年代、逝世地点

最早为陈炽作传当属陈炽好友，时任御史的赵伯岩的《陈农部传》，四五百字的小传较客观地追述了陈炽的生平。《戊戌变法人物传稿》《江西历代名人》《江西近现代人物传稿》《汪康年师友书札》中均有字数不等的陈炽传记。但长期以来，陈炽的生卒年代却处于若明若暗中，史学界通行写法为"生年不详，卒于1899年"。对于这种模糊认识，赵树贵、曹春荣等学者撰文进行澄清。赵、曹等学者根据陈炽之弟陈焘主修的《白溪陈氏十一修族谱》中知陈炽"清咸丰乙卯四月初七吉时生，光绪庚子年五月十三日殁于京都赣宁新馆"，断定炽当生于年1855年，卒于1900年。① 另外，陈三立在《散原精舍诗》中有《陈次亮户部以去岁五月卒于京师追哭一首》，② 作于辛丑年初，而"去岁"则为"庚子"年，故作为旁证，陈炽卒为1900年是可靠的。逝世地点则为北京的"赣宁新馆"，而赵伯岩《陈农部传》中"归江西数年，卒"，属误，这一点赵树贵文业已订正。

二 关于陈炽的经济思想

由于陈炽长期在户部任职，其经济思想在其一生中相当重要。所以对陈氏经济思想的探讨，成为学者着墨最浓的部分。现有研究陈炽的文章中约有一半是剖析陈炽的经济思想，而且一些经济史专著也辟专章专节给予阐述。其中有代表性的专著是赵靖、易梦虹主编的《中国近代经济思想史》，书中将陈炽单列一节，指出其经济思想有自己的特点，即比较广泛地谈到在国民经济各部门中发展资本主义的问题，而且开始探讨国民经济各部门之间的联系，提出了生产是富国之源的观点。同时作者也指出了陈氏作为初期资产阶级改良派共有的局限性。③ 之后，又相继出版了一些论著，对陈炽经济思想进行探研。这在一定程度上推动了研究的繁荣和发展，令人感到不足的是这些论述大都因袭赵著论点，而缺乏对陈氏思想内在特质的把握。

我们能够更进一步把握其思想内涵。1949年前，唐庆增、赵丰田两先生的论述可谓对陈炽研究有筚路蓝缕之功。20世纪30年代，近代经济学家唐庆增撰写了《论清季陈炽的劳工学说》一文，这是目前所知最早关注陈炽思想的论文。唐先生对陈炽作了高度评价，并从五个方面对其重工思想进行了论述：一是劳工问题的重要性；二是重工的方

---

① 赵树贵等：《有关维新志士陈炽几个问题的考辨》，《江西社会科学》1987年第1期；曹春荣：《陈炽生卒年新证》，《争鸣》1987年第2期。
② 陈三立：《散原精舍诗》卷上，商务印书馆1926年版，第2页。
③ 赵靖、易梦虹主编：《中国近代经济思想史》下册，中华书局1980年版，第289、290、293页。

法；三是工之种类；四是工资论；五是移民与劳动阶级。他认为陈氏是"清代思想家中对于劳工问题最有心得之一人"。唐的文章，开陈炽研究之先河。不足的是作者对陈炽的身世未能弄清楚，而误认为陈炽是"四川人，清光绪年间进士，官至内阁中书""尚在世"[1]。赵丰田《晚清五十年经济思想史》一书中对包括陈炽在内的晚清十几位代表人物的经济思想进行了总体考察。在论及陈炽时，赵先生指出陈氏在当时即负经世之名，《庸书》和《续富国策》中的许多经济论点皆为当时该问题的集大成者。[2] 但因作者重点考察的是晚清五十年的经济思想史，对陈炽的研究也只是取其所需，使我们仍不能全面地了解陈炽的思想体系。

中华人民共和国成立后，学者们或撰文总述，或从农业思想立论，或从商业、工业等角度分别探析陈炽的经济思想。以农业思想立论的作者指出陈炽具有近代农业经营意识，主张发展商品性农业，参与国际竞争，同时重视人与生产的作用。[3] 苏全有研究了陈炽的工业思想后指出，陈炽已认识到在近代为抵制列强侵略减少外贸逆差，必须引进推广机器，发展进口替代工业，这是陈炽经济思想的核心内容，也是其精华之所在。[4] 对于其商业观，学者们分析得更为具体，陈勇勤从《茶务条陈》折中研讨了陈炽的茶业近代化改革方案；同时作者提出要实现茶业近代化改革，还必须变革社会风气和社会意识的中肯建议。[5] 蔡晓荣则从《续富国策》中提炼了陈炽的保险思想，[6] 李正中则考察了陈炽的商业思想后，明确指出其是近代中国重商思想的开拓者。[7] 这些具体的思想解剖，进一步丰富了对陈炽的研究。

---

[1] 唐庆增：《论清季陈炽的劳工学说》，《经济学季刊》1930年第1卷第1期。

[2] 赵丰田：《晚清五十年经济思想史》，哈佛燕京学社1939年版，第23页。

[3] 参见万振凡《陈炽农业思想初探》，《赣南社会科学》1991年第3期；张良俊《陈炽农业思想述论》，《中国农史》1997年第2期；刘穷志、帅冬云《陈炽的农业集约经营思想》，《社会科学》1997年第9期；李江珉、李自茂《论陈炽的生产观》，《江西教育学院学报》1998年第5期。

[4] 苏全有：《论陈炽的发展进口替代工业思想》，《河南师范大学学报》2000年第3期。

[5] 陈勇勤：《陈炽的茶业近代化改革方案》，《江西社会科学》1996年第8期。

[6] 蔡晓荣：《陈炽的保险思想探略》，《江西社会科学》2001年第6期。

[7] 李正中：《近代中国重商思想的开拓者陈炽》，《齐鲁学刊》1989年第2期。

值得一提的是，在对陈氏经济思想的研究中，有的学者另辟蹊径，从灾荒与民生的角度进行探讨，形成了一种新的视角。徐妍在《灾荒与民生——考察陈炽经济思想的新视角》一文中，指出了陈氏经济思想和出发点多是因灾荒而起，以救治民生为中心，并在中国经济思想史上第一次从环境变迁的角度分析了近代中国特别是北方地区地瘠民贫、灾荒迭起的原因，进而提出了一系列人口的、环境的、经济的、社会的救治措施，为近代中国经济发展提供了一条新的思路，也给后来的经济思想家们以特殊意义的借鉴。① 这种重新审视，使我们对陈氏思想有了新的认识和启发。

三　关于陈炽的政治改革思想

学者们关注的主要是陈炽对议院和民权的认识。孔祥吉认为，政治改革思想是陈炽整个思想体系中最精彩的部分，陈炽根据自己对西方政权制度的看法，提出了自己独特的见解，并在甲午战后与众不同地向清廷建议向西方学习，改革政体，设立议院，从而成为当时众多京官中"思想最敏锐、西学最通达的佼佼者"②。熊月之则从三个方面考察了陈炽的民权思想：一是批评君主专制，要求开设议院；二是批评文化专制主义，要求开通言路；三是反对压迫妇女，倡导妇女教育，并特别称赞陈氏的乡官民选的主张及妇女与富国之间关系论点的进步意义。③ 针对有的学者提出的陈炽明白地指出了用资产阶级议会制来改变中国封建君主专制的观点，郑享清撰文进行了反驳。他认为上述主张不符合陈炽本身的思想内容，指出陈炽本身并没有真正理解资本主义国家的议会制度。他所要求设立的议院既没有立法权，也不悖于君权，故它们仍是供皇帝咨询以通上下之情的机构。④

---

① 徐妍：《灾荒与民生——考察陈炽经济思想的新视角》，《清史研究》2001年第2期。
② 孔祥吉：《晚清政治改革家的困境——陈炽〈上清帝万言书〉的发现及其意义》，《广东社会科学》2000年第2期。
③ 熊月之：《中国近代民主思想史》，上海人民出版社1986年版，第183—187页。
④ 郑享清：《陈炽是否提出用西方议会制代替封建君主制》，《赣南师范学院学报》1991年第3期。

对陈炽政治思想的研究取得的一定进展，为进一步研讨提供了借鉴，但总的来说尚有一缺点，即缺乏对比研究和历史背景的介入。

四 关于陈炽思想的历史定位

因陈炽思想内涵丰富，涉及政治、经济、教育、宗教、军事、国防等方面，所以有的学者从整体上对其进行研究。周辅成考察了陈炽思想的来源、内容后，指出陈氏是介于冯桂芬和郑观应之间的一位思想家，既有积极进步的一面，也有消极落后之处。[1] 张锡勤著文对陈炽思想作了进一步探讨，特别评价了其经济近代化与政治改革的设想，并称赞陈氏不愧为甲午中日战争前后一个"具有近代眼光，能从时代潮流历史趋势的高度思考和规划中国经济变革的先进思想家"。同时指出陈炽因过世较早及极端的西学中源说阻碍了其思想认识的深化，同康、梁维新派拉开了距离，故仍属早期维新派行列。[2] 评价中肯，因受篇幅限制，仅谈及其经济、政治改革，并没能涵盖其整个思想。熊学文、刘君也曾撰文对陈炽思想进行评价。[3]

另外，有的学者对陈炽的人才观、海防观、维新实践进行了研究。[4] 海外史学界对陈炽也有不同程度的探索。萧公权在解剖康有为变法与大同思想时，谈及陈氏是与康同时代人中具有代表性的有经济现代化构想的一位思想家。陈氏的许多观点对康有为有过启发。[5] 日本学者三石善吉在《中国的千年王国》书中剖析了陈炽。他指出陈炽与王韬、何启、胡礼垣等人都提倡唐虞三代孔孟之道，认为秦以后一直堕落，

---

[1] 周辅成：《陈炽的思想》，载《中国近代思想史论文集》，上海人民出版社1958年版，第92—98页。

[2] 张锡勤：《陈炽思想简论》，《北方论丛》1999年第4期。

[3] 熊学文：《略评陈炽》，《江西社会科学》2001年第6期；刘君：《陈炽维新思想散论》，《历史教学问题》2001年第4期。

[4] 曾丽雅：《陈炽的人才思想》，《争鸣》1985年第2期；方世藻：《陈炽与台湾海防浅淡》，《赣南师范学院学报》1991年第4期；周晋：《陈炽与戊戌维新运动》，《南昌职业技术师范学院学报》1992年第2期。

[5] 萧公权：《近代中国与新世界：康有为变法与大同思想研究》，汪荣祖译，江苏人民出版社1997年版，第284—287页。

"具有将今日看作'未有之创局'的终末的思考,描绘以君民共主的议会制度为基础的近未来的理想国家图景,持有在遥远将来大同(基于孔教的世界单一政府)将出现的思想结构。"[1]

五 对陈炽研究的几点建议

综上所述,对陈炽的研究已经取得了一定成果。今后的研究必将是高起点研究,难度较大。因为发掘新材料比较困难,同时陈炽活动时间较短,著述有限,不像康、梁、谭、严那样成为众多学者追逐的目标。但这并不是说无领域可拓展深究。笔者提出几点建议,以拓展陈炽研究的广度和深度。

第一,要进一步认识陈炽思想研究的学术价值和时代意义。陈炽所处的时代正逢中国由传统农业社会向近代工业社会转型。如何面对西潮东渐、西力东侵带来的屈辱、动荡和不安,怎样处理中西文化冲突和实现中国近代化成为国人面临的现实问题。陈炽对世界潮流大势有着清醒的认识并作了独到而敏锐的回答。这些见解不仅受时人首肯,也能为当前的改革开放提供有益的借鉴。这是因为中国目前与陈炽所处的时代有许多相似的问题,故回顾19世纪陈炽面临"千古变局"时的思考和表现,不难看出其中既有促进学术发展的理论意义,也有更新观念的现实借鉴作用。

第二,更新研究方法,拓展研究领域。不要仅仅局限于把陈炽划在早期改良派中考察,而是要把他放在整个社会环境的大背景下,围绕中西文化冲突和中国近代化为主线展开,从思想渊源、社会背景、人际关系、个性特征等方面进行多层次多角度的全面剖析。如:(1)由于陈炽久居户部,对某些社会问题有独特的见解,《庸书》的百篇文论、《续富国策》中的论说以及维新运动时期其关注时局的文章,都是有感而发,对具体问题的具体分析,目前史学界对此研究还不够深入和全面。这些都是需要做进一步研究和开拓的。(2)对陈炽人际社会关系的考察,也是陈炽研究的一个突破点。陈炽与翁同龢、康有为、梁启

---

[1] [日]三石善吉:《中国的千年王国》,李遇玫译,上海三联书店1997年版,第171页。

超、宋育仁、赵伯岩、陈三立、郑孝胥等人保持友好交往。通过对陈炽交游的考察，可以使我们对他的认识更加丰富，同时也能更深入剖析这段时期的历史。（3）对陈炽思想来源的考察，也是史学界研究的一个薄弱环节。梁启超曾说陈炽"由西学人"，陈炽自己也说过"博采之已译之西书，广征诸华人之游历出使者，参稽互证"著成《庸书》百篇。只有弄清楚他读了哪些书，才能探清其思想源流。（4）与其他人物的比较研究。陈炽作为近代向西方追求真理的进步人士，对时局的看法与同时代人既有共性的一面也有不同的一面。对其与周围的维新派、顽固派、清流派、洋务派人物进行比较研究，可以更深入地了解陈炽及整个时代。

第三，资料运用方面，除充分吸收陈炽本人著述外，还应注意从他交往的友朋关系，或相关档案材料、文集、日记、报刊中捕捉有关信息，进行综合考察和科学归纳。同时，新发现的材料陈炽《上清帝万言书》也可加以利用。散佚的资料也要注意收集整理。

第四，要客观、实事求是评价陈炽，尽量避免片面化。陈炽是一个历史人物，其思想和行动都是历史条件下的产物。我们研究时一定要把问题放到具体历史条件下具体分析，而不能研究谁就推崇谁，同时也不能因其为乡贤或亲族而人为拔高，这些都会阻碍对研究对象的客观评价。在此，笔者非常赞同龚书铎先生所说，研究历史要"避免把历史现实化，警惕用现代人的思想感情去塑造历史人物和事件，或者予以不恰当的苛求"，也不能"因为研究者自己的爱憎，或者因为是乡贤、亲族"，而"影响客观地、实事求是地评论所研究的对象"，要尽量做到"恰如其分，不拔高，不贬抑"，否则将会妨碍"研究的正常发展和学术水平的提高"[①]。

（原载《江西社会科学》2002 年第 7 期）

[①] 龚书铎：《中国近代文化探索》（增订本），北京师范大学出版社 1997 年版，第 377 页。

清流派与甲午战争

晚清光绪年间，统治阶级内部崛起一股被称为清流派的政治势力，他们主要由御史言官和词苑讲官两部分人组成，以"清议"控制着社会舆论导向。以中法战争为界，有前后清流之分。前清流以李鸿藻为首，后清流奉翁同龢为魁。在中法战争期间，前清流人士抨击时政，弹劾官吏，主张对外采取强硬政策，震动朝野。后因战事失利，李鸿藻被驱逐出军机，前清流随之瓦解，后清流接踵而起，主要代表人物有张謇、文廷式、志锐、黄绍箕、李文田、丁立钧、王仁堪、沈曾植、盛昱等。在甲午战争时期，他们以翁同龢为领袖，依附于光绪帝，强烈反对妥协派的对日求和政策，慷慨陈言，力主对日作战，惩治腐败官吏，反对马关议和，并同后党人士作斗争，对甲午战争及晚清政局均产生重要影响。

一

1894年，朝鲜爆发东学党农民起义，并有蔓延席卷之势。因无力镇压，朝鲜李氏王朝政府遂决定向中国借师助剿。应朝鲜政府之请，时任清北洋大臣兼直隶总督的李鸿章决定派叶志超率军赴朝，同时按照中日《天津条约》规定把出兵事宜知照日本。但对中国久有觊觎之心的日本军国主义者却乘机大肆派兵入朝，并肆意扩大事态，不断制造战争借口。客观形势表明，中国遭受侵略战争已属不可避免，但西太后、李鸿章此时却抱定妥协宗旨，专恃外人调停，妄图以和商解决争端，而不做认真战守准备，以致戎机贻误，处处被动，直至兵败丰岛，始有觉醒。与此相反，清流派对此有着较为清醒的认识。他们认为日本侵略野心已昭然若揭，故须加强备战，派大军入朝，对日本的侵略予以反击。为实现其抗日主张，促使清廷对日作战，他们做了不懈的努力。

从1894年7月开始，张謇、沈曾植、黄绍箕、丁立钧等清流人士即频繁集会，谈论时事，商讨策划战守方案，为翁同龢出谋划策。翁则利用自己参与军机的机会，在枢臣会议上和前清流领袖李鸿藻一起多次与后党心腹孙毓汶、徐用仪进行口舌之战，力争出现全国抗日局面。与此同时，文廷式、志锐等在翰林院积极活动，或单衔，或联衔，屡屡呈递主战奏折。综观清流派这段时期的活动，主要包括以下几方面。

第一，揭露日本侵朝图谋，制造主战舆论。侍读学士文廷式在奏《朝鲜事机危迫条陈应办事宜折》中提出，在中国屏藩之国中，朝鲜的地位至关重要，"此次倭人无故忽用重兵，名为'护商'，实图朝鲜"①。况且日本出兵朝鲜的目标，并非"专在朝鲜"，而是为进一步"寇侵"中国，当前中国实属"事机危迫"②。另一清流健将志锐在总结对日交涉的历史教训后进一步指出，"我愈退，则彼愈进；我益让，则彼益骄"，如果在日军重兵压境之际，能够"急治军旅，力敌势均，犹冀彼有所惮，不敢猝发"，"不然，则我退而彼进，虽欲求无衅不可得也"③。张謇也在给翁同龢的信中，对"中国之兵，狃于庆典，不开边衅，翱翔海上"的情况表示不满，并提出"此时舍大张旗鼓，攻其所必救，则朝鲜之事，无可望其瓦全"④。在他们的发动下，台谏要角、词垣清显纷纷上书，痛切陈词，言战不遗余力，主战空气渐趋高涨。

第二，影响光绪帝主战决心，促使清廷对日作战。清流领袖翁同龢，身为帝师，又受西太后宠信得以参与清廷中枢决策。他与光绪帝关系深厚，光绪帝"每事必问同龢，眷倚尤重"⑤，同样翁同龢也极力辅

---

① 汪叔子编：《文廷式集》上册，中华书局1993年版，第7页。
② 汪叔子编：《文廷式集》上册，中华书局1993年版，第33页。
③ 中国史学会主编：《中日战争》第2册，上海人民出版社1957年版，第623—624页。
④ 戚其章主编：《中国近代史资料丛刊续编·中日战争》第6册，上海人民出版社1957年版，第445—446页。
⑤ 赵尔巽等撰：《清史稿》第13册，吉林人民出版社1998年版，第9485页。

佐他。甲午战争前的严峻形势促使他决心"佐少主，张国威"，积极参与并促成对日作战的决策。特别是在奉旨与军机大臣、总理大臣"会同详议""将如何办理"朝鲜之事时，他于次日领衔《覆陈会议朝鲜之事折》中，指出有关中日撤兵问题"和商迄无成议"，因此要"速筹战事"，勿稍延缓。他的这种态度，对光绪帝的主战决心不能没有影响。时任礼部侍郎的清流健将志锐是光绪帝瑾、珍二妃的胞兄，思想较为敏锐通达，时亦主战颇力，加之与光绪帝的特殊关系，他频频上书言战也是影响光绪帝决策的一个因素。与志锐关系密切的文廷式也是清流豪杰，他早年曾入志锐嗣父幕府，与志锐、珍妃、瑾妃是莫逆之交，由于才学出众，名噪京师。光绪帝及翁同龢有意提拔，1894年擢授翰林院侍读学士兼日讲起居注官。从此，文廷式便成为台谏要角，敢言直谏，与盛昱、黄绍箕、王仁堪等同被目为"后辈清流之重镇"①。中日关系紧张时，他多次呈递有关甲午战争内容奏折，阐述其主战观点，对光绪帝的对日决策起了一定的促进作用。诚如胡思敬在《国闻备乘》中所说，清流人士因知单靠翁同龢一人之力难与主和派抗衡，文廷式等遂"结志锐密通宫闱，使珍妃进言于上……妃日夜恣恚，上为所动，兵祸遂开"②。虽涉偏私，但不能说是捕风捉影、无中生有。

前清流领袖李鸿藻，为维护清朝基业及国体，此时也坚决主战。在清廷枢府会议抗日战事时，与翁同龢步调一致，对光绪帝主持抗战也起到了密切配合作用。

第三，揭露后党妥协行径。1894年6月，志锐折奏抨击李鸿章"一味因循玩误，辄藉口于衅端不自我开，希图敷衍了事"，弹劾淮军将领叶志超、丁汝昌"首鼠不前，意存观望，纵敌玩寇"③。文廷式也在7月4日奏陈，在日本重兵侵略朝鲜已是"人人所共知"的情况下，"北洋之调兵，亦趑趄不前"④，一针见血地指出，"甘心让敌，图安目

---

① 钱仲联：《文廷式年谱》，《中华文史论丛》1982年第4辑。
② 荣孟源、章伯锋主编：《近代稗海》第1辑，四川人民出版社1985年版，第231页。
③ 中国史学会主编：《中日战争》第2册，上海人民出版社1957年版，第623—624页。
④ 汪叔子编：《文廷式集》上册，中华书局1993年版，第7页。

前，而不顾后患，此李鸿章之心"①。与其相呼应，言官如褚成博、张仲炘、余联沅也纷纷上折诘责李鸿章。就连素日与李鸿章有交的翁同龢也对其不作认真战守准备、依靠俄人"兴兵逐倭"的幻想表示不满，他指出"俄不能拒亦不可联，总以我兵能胜倭为主，勿盼外援而疏本务"②，既是告诫，又是批评。虽不像志锐、文廷式那样措词严厉，但对李鸿章之不满，却是事实。

第四，筹划对敌作战方针。战争爆发前，鉴于日本在朝鲜不断增兵，翁同龢主张中国在朝也应添兵，调东三省及旅顺兵速赴朝鲜。在丰岛海战前，翁同龢要求清廷下旨严催卫汝贵、马玉昆、左宝贵速赴平壤，坚守北路；派北洋舰队巡视牙山海面，增援牙山守军。张謇也在致翁同龢信中提出，派海军在中国、朝鲜、日本之间游弋，伺隙进攻，使日本不敢分兵扰我边海，由于李鸿章一意徘徊观望，这些建议都未被采纳。但清流人士积极主动的战略方针，应该说比起当时妥协派的消极避让进步得多。

在清流派人士呼吁下，光绪帝坚定了主战决心，在给李鸿章的谕旨中明确表明"朝廷一意主战"，并严令其"不可意存畏葸""顾虑不前"，若"贻误事机，定惟该大臣是问"③。当然光绪帝的抗战思想并非都来自清流派，但至少他们的主张使光绪帝有了支持者，在重大决策上为其提供谋略，并争取到了朝野舆论的支持。由于主战奏章纷至沓来，给后党妥协派造成很大压力，西太后不得不做些姿态，"传懿旨亦主战"，并有"不准有示弱语"④。8月1日，清廷正式下诏对日宣战。可以说，主战形势的出现与清流派的积极活动关系很大。

二

对日宣战，实非后党之本意，他们是为应付舆论不得已而为之，妥

---

① 汪叔子编：《文廷式集》上册，中华书局1993年版，第10页。
② 陈义杰整理：《翁同龢日记》第5册，中华书局1997年版，第2719页。
③ 中国史学会主编：《中日战争》第2册，上海人民出版社1957年版，第620页。
④ 陈义杰整理：《翁同龢日记》第5册，中华书局1997年版，第2708页。

协求和思想根植于其内心深处。李鸿章既不敢违抗光绪帝的抗战谕旨，又担心战争会过多损耗自己实力。因此，在西太后支持下，他采取了消极抵抗方针，令陆军可守则守，不可守则退；命海军"保船制敌""不得出大洋浪战"①，这种妥协退让政策，直接导致了平壤、黄海两大关键战役的失败。朝中一片混乱，人心惶惶之际，后党主和派乘机抬头。李鸿章宣扬失败主义理论，"以北洋一隅之力，抟倭人全国之师，自知不逮"②。军机大臣孙毓汶、徐用仪更是一唱一和，竟唆使同乡联名上书，请求忍辱受和。同时，慈禧太后为举行六十庆典，也急欲以和局了结。在此形势下，主和派开始忸怩作态，作探寻和议之举。

对于后党主和派的妥协言行，清流人士义愤填膺。他们簇拥着光绪帝，利用一切有利条件，抨击主和论调，打击后党，坚持抗战到底，并采取了许多相应措施。

第一，批评"言和"论，反对依靠列强调停。针对清廷欲求欧使调停之举，文廷式指出，"自古及今，未有日日欲和而战能胜者，未有使求和之人筹战而国事不贻误者"③。如果听信欧使斡旋促使中日议和却以各国保护朝鲜为条件，则只会使日本"得多金，购炮置船，后将窥我疆"，而且"各国复起效尤，又可翘足而待"，届时中国"不知何以御之"，因此请求清廷"严旨申饬，如再有徇和议、误国家者，交刑部治罪，以壹军心"④。当慈禧太后试图求和而派翁同龢去天津与李鸿章商量请俄使调停时，翁当面顶撞，以"臣为天子近臣，不敢以和局而为举世唾骂"婉拒。慈禧不得已，只好改为"吾非欲议和也，欲暂缓兵耳"⑤。回京复命时，翁同龢仍"力言喀事恐不足恃，以后由北洋奏办，臣不与闻"⑥，不卑不亢表现出自己的主战立场。10月14日，当听说英

---

① 《李鸿章全集》第10册，时代文艺出版社1998年版，第6185页。
② 王芸生编著：《六十年来中国与日本》第2卷，生活·读书·新知三联书店1980年版，第120页。
③ 汪叔子编：《文廷式集》上册，中华书局1993年版，第31页。
④ 汪叔子编：《文廷式集》上册，中华书局1993年版，第33页。
⑤ 陈义杰整理：《翁同龢日记》第5册，中华书局1997年版，第2733页。
⑥ 陈义杰整理：《翁同龢日记》第5册，中华书局1997年版，第2736页。

使欧格纳提出各国联合促使中日和议而日本须索取兵费时,同文廷式一样,他非常愤怒,当着慈禧之面"指陈欧使可恶",主张继续抗战。

第二,提出许多具体御敌措施。推荐和起用抗敌人才,如文廷式推举裕庚、徐建寅、黄遵宪,翁同龢力保刘永福、唐景崧,调吴大澂出山海关对日作战;积极筹措战费,开辟饷源,奏请停止庆典寻常工程以节约经费;联络购买新式战船,加强海防;仿德国军制编练新军等。虽因后党阻挠,这些措施多难以实行,但出发点是为了对日作战。

第三,倒李、驱孙,力促改组清廷领导机构,以扭转战局。李鸿章是后党主和派一颗重要砝码,西太后对其眷倚颇深。为除主战障碍,包括大部分清流在内的帝党有倒李之意。早在对日宣战前,时任翰林院编修的清流骨干张謇就向翁同龢建议,将李调往威海,以湘系人物署理直隶总督"俾分淮系而约剂之"①,这是倒李之端倪。对日宣战后,李鸿章仍采取消极作战,积极求和的方针,对光绪帝的谕旨阳奉阴违。8月,志锐、文廷式先后上书弹劾李鸿章衰病昏庸,贻误大局,请求另行简派重臣至津视师,未果。平壤、黄海之役连遭败绩后,朝野上下群议沸腾,参李之折连篇累牍、声势极大。枢臣内部意见不一,孙毓汶、徐用仪庇护李鸿章,李鸿藻、翁同龢则指责李"有心贻误","事事落后,不得谓非贻误"②。在内有翁、李,外有清议所责的情况下,清廷被迫给李鸿章以拔去三眼花翎,褫去黄马褂的处分。对此薄惩,李鸿章竟上书抗辩,对平壤之败多作讳饰,引起清流人士更为不满。文廷式愤愤指责李鸿章"袒护劣员,贻误军事,罪无可辞","今日之失机,实出于筹画之疏谬,万万无辞者也。此时若仍恃该大臣一人调度,必至忿恚弃师,不可收拾"③,强烈要求更换李鸿章,以主战大员取而代之。慈禧太后却驳回清流人士之议,对李鸿章慰劳有加,仍令其统筹兼顾各事。然而,清流派并未善罢甘休,丁立钧、黄绍箕、张謇等又多次上书抨击

---

① 戚其章主编:《中国近代史资料丛刊续编·中日战争》第 6 册,中华书局 1993 年版,第 446 页。
② 陈义杰整理:《翁同龢日记》第 5 册,中华书局 1997 年版,第 2730 页。
③ 汪叔子编:《文廷式集》上册,中华书局 1993 年版,第 18 页。

李鸿章，终因军机处置而不理失败。

倒李未见成效，清流人士又把矛头指向后党心腹孙毓汶。孙原为庆亲王奕劻亲信，甲申政变后随奕劻同入值军机，惟西太后马首是瞻。他与另一军机大臣徐用仪勾结，处处与清流领袖翁同龢、李鸿藻掣肘。甲午战争爆发后，他无视光绪帝主战立场，与李鸿章沆瀣一气，力图避战自保，一意主和。平壤、黄海之败后，面临战火烧到中国本土之际，他仍无愁色，反而秉承西太后懿旨，"几乎痛哭流涕"①地恳求英国出面调停，其狼狈之状，卖国之嘴脸实令人作呕。对其言行，清流人士早有不满。8月，志锐上折弹劾孙毓汶"秉政十年，专权自恣"，"其专愎罔上之心，人人知之"，"皇上之所是，则腹非之；皇上之所急，则故缓之"，并愤而指出如果让此"城狐社鼠久托其中，可必其无一事能遂皇上之愿也"。因此"立将孙毓汶罢斥，退出军机"②，公开向后党挑战。慈禧阅折后非常不悦。在其干预下，光绪帝只得对其"温语慰劳，照旧办事"，但同时也让其"戒饬改过"③。孙毓汶虽躲过此劫，终因上不容于帝，下不满于清议，1895年8月退出军机。

清流人士所筹另一重大举措即请奕䜣出山。为扭转战局，同时遏制求和派的妥协行动，将抗战进行到底，清流派骨干积极为光绪帝谋划，请慈禧原政敌恭亲王奕䜣出山，形势或许有救。光绪帝也有此想，但恐太后阻挠，在召见南书房行走陆宝忠时，流露出"欲得外廷诸臣协力言之"④方能向太后启齿之意。尔后，翰林院57人即以南书房行走清流人士李文田为首联衔启奏，请起用恭亲王。众望所归，西太后虽不甚愿意却也无可奈何。遂于翌日谕任奕䜣管理总理衙门，并添派总理海军事务，会同办理军务。奕䜣复出后，并未像清流派及光绪帝期望的那样，违背西太后旨，将战争打下去，而是奉西太后令加紧了求和活动，

---

① 丁名楠等：《帝国主义侵华史》第1卷，人民出版社1973年版，第355页。
② 中国史学会主编：《中日战争》第3册，上海人民出版社1957年版，第37—38页。
③ 陈义杰整理：《翁同龢日记》第5册，中华书局1997年版，第2720页。
④ 戚其章主编：《中国近代史资料丛刊续编·中日战争》第6册，中华书局1993年版，第467页。

这是清流派的悲剧。文廷式不得不承认"恭邸复用之后,惟设督办军务处、授宋庆帮办军务,余无所建白。……上始向之殷,久之乃竟不足恃,天下之望亦愈孤"。①

另外,清流派还对北洋集团中的叶志超、丁汝昌等将多次弹劾。但终因李鸿章树大根深,又有西太后为之撑腰,多未果而终。

三

清流派在对日宣战后同妥协派的不懈斗争,无非为把反侵略战争打下去。但朝廷实权掌握在主和派手中,故清流派的作为并不能止住妥协派求和的脚步。特别是东北战场失利后,后党更加快了乞和的步伐,派张荫桓、邵友濂赴日谈判停战事宜。因日本未达到预期战略目标,拒绝和谈,此次求和流产。北洋舰队覆灭后,主和派人士便迫不及待地按照日本的要求派李鸿章为全权大臣,赴日本议定《马关条约》,屈辱求和。对此举,清流人士奔走呼号,强烈反对签约、割台,又一次表明了主战、反对妥协的鲜明态度和坚定立场。

李鸿章赴日前夕,光绪帝召见他及军机大臣商谈有关议和问题,讨论割地问题时,争论异常激烈。李鸿章提出了议和中的割地问题,胁迫清廷授予他割地之权。军机大臣孙毓汶、徐用仪步李鸿章后尘,认为不割地议和之事便不能开办。对于他们的求和卖国主张,清流领袖翁同龢拍案而起,力持"不割地",后会见李鸿章时又特别申明"台湾万无议及之理"②,明确表示反对割让台湾。当从李鸿章赴日后发回的电稿中得知割地已列入议和条款后,他顿感"胸中磊块未易平矣",又向光绪帝"力言台不可弃",并痛心指出割台"恐从此失天下人心"③。文廷式闻讯后也指出,"地不可让"乃"天下同心",割地的"流弊不可胜数"④。但正义的呼声并不能震动妥协派的媚外求和心灵,在慈禧太后

---

① 汪叔子编:《文廷式集》下册,中华书局 1993 年版,第 750 页。
② 陈义杰整理:《翁同龢日记》第 5 册,中华书局 1997 年版,第 2783 页。
③ 陈义杰整理:《翁同龢日记》第 5 册,中华书局 1997 年版,第 2791、2792 页。
④ 汪叔子编:《文廷式集》上册,中华书局 1993 年版,第 53 页。

"做一半主张"的情况下，屈辱的《马关条约》被议定下来。

马关条约的款项被披露后，全国舆论大哗，抗议之声不绝于耳。清流之士更觉这是奇耻大辱，他们纷纷上书，条陈危害，请求暂缓换约，力争挽回国家主权。文廷式沉痛指出，"比闻倭人所索十款，事事出情理之外；而我使臣昏聩无识，事事允从，辱国病民，莫此为甚"。他进一步指出，如果允许日本在中国内地制造一切货物，则长江沿岸及内地"小民既无以为生"，"厘金亦不可复得，关税又减"，"将来国债何款取偿，国用何从筹办？"因此他呼吁中国谈判使臣"苟有一分之挽回，必有一分之利益"，必要时可取消这一条约，因为"倭之欲和急于我，固无虑因此速召其兵"①。然而，他的再三呼吁并未引起当权者及谈判使臣的重视，况且当时中国是战败国，就更不会受到日本理睬了。

日本的苛刻条款，引起了其他列强不满。特别是割占中国辽东半岛一款，触动了俄国敏感的神经。俄国考虑到日本占有辽东半岛会阻碍其向中国东北扩展势力，于是便纠合法德两国予以干涉。俄法德三国的态度，给光绪帝及清流人士带来一线光明。特别是翁同龢不顾身躯年迈，与其他清流人士多方奔走，分头访问俄法德美各国驻华公使，请他们电告本国政府，支持中国的保台活动，并请光绪帝展期换约，必要时可废约再战。由于当时客观形势，清流派人的诸多努力均无济于事，但他们维护国家主权和领土完整的赤诚之心是值得后人颂扬的。

四

通观清流派在甲午战争中的活动，既为他们炽热的爱国情感所折叹，又为其因自身局限致失败而惋惜。清流人士当时在清廷中，多为台谏词垣，并没掌握实权，不具备与妥协派长期抗衡的力量。他们所能依靠的主要是唇舌和文字，利用舆论的力量去宣传他们的主张。即便他们的领袖翁同龢有参与军机的机会，但也是曲高和寡，呼吁主战面临重重阻力，步履维艰。连翁自己也承认，"清议大约责我不能博采群言，一

---

① 汪叔子编：《文廷式集》上册，中华书局1993年版，第61—63页。

扫时局，然非我所能及也"①，确为肺腑之言。真是有心报国，无力回天。但他们在民族危亡关头，保持士大夫忧国忧民的本色，力主反抗侵略的精神却是可歌可泣的，意义不容低估。

首先，他们宣传的反抗日本侵略的理论，点燃了人们心中反侵略斗争的火焰，表现了中华民族的爱国主义精神。在中华民族和帝国主义矛盾占主导地位的情况下，清流派能以民族利益为重，发挥书生议政的传统，力争全国抗日局面的出现，虽出发点是维护清朝统治阶级利益，但客观上是符合人民利益的。

其次，清流派对枢臣和李鸿章及其北洋集团将领的弹劾，打击了清政府的保守势力，客观上为以后的维新运动减轻了阻力。甲午战后，孙毓汶、徐用仪先后退出军机；李鸿章也一蹶不振，失去了昔日的威风，丢掉了直隶总督、北洋大臣之职。这固然与西太后因战败找替罪羊有关，清议的力量也是导致他失势的重要原因。这样既削弱了后党的力量，也为维新运动搬除了绊脚石。

最后，通过甲午战争，清流派和维新派开始结合，促成了维新运动的发生。早在甲午战争爆发前，清流人士沈曾植、翁同龢即与维新志士康有为有过交往。甲午战败之刺激，促进了中华民族的觉醒，也使清流派的思想逐渐发生变化，产生了变法图强思想。他们开始与康、梁等维新派人士频繁来往，协商变法救国问题，并于1895年联合康有为在北京和上海分别建立了强学会，作为畅谈维新的组织；翁同龢也极力向光绪帝推荐康有为等。所有这一切都为戊戌维新运动的开展准备了条件。

然而，清流派的缺陷也是显而易见的。首先，"轻言战事"，他们大多不了解外部事务，又缺乏实战经验，而放言无忌地谈论战事，纸上谈兵，致使许多主张空洞无物，不切合实际，缺乏说服力，被后党抓住了把柄，也为自己的失败埋下了伏笔。对此，与清流派关系密切的康有为深有感触地说，"寻五十年来……清流进议者，不深维终始，高谈战事"②，切中了清流派对外思想中的缺陷。其次，清流派对帝国主义和

---

① 陈义杰整理：《翁同龢日记》第5册，中华书局1997年版，第2722页。
② 姜义华、吴根樑编校：《康有为全集》第2集，上海古籍出版社1990年版，第79页。

西太后抱有幻想。在主战过程中，他们一度呼吁"以夷制夷"，想借助英德力量来抵抗日本。沈曾植、丁立钧等"审议联络英德"于前，文廷式领衔上奏密陈联英德以御倭于后，志锐也上"联英伐倭"折相呼应。他们试图利用帝国主义列强之间的矛盾来抗击日本，当然也不失为一种策略，不过他们没有认清帝国主义列强之间虽有矛盾，但在侵略中国的问题上态度是一致的，而且此时英国和日本早已订立了条约。因此，这种不切实际的幻想在实践中是行不通的。对慈禧太后存有幻想也是清流派的悲剧之处。在中日决裂前，慈禧的"传懿旨亦主战"，"不准有示弱语"，给清流人士很大鼓舞。威海告警，北洋舰队消极避战时，张謇上书翁同龢问"海氛如此，禧圣尽知之否？此根本之计也"[①]。他们天真地以为，西太后久居深宫对外部事务不甚了解，如果她了解外情后会站出来为主战派做主，设法挽救时局，但时局的发展很快击碎了清流人士的幻想。

正是由于上述局限性，使得清流派在甲午战争中，与后党的斗争显得软弱无力，而且还要看妥协派的眼色行事，不敢与后党真正决裂，致使在战争屡遭败绩之际也只能坐视后党的放手求降活动，而不能提出切实有效的措施。然而，他们在大敌当前表现的爱国情操及客观上对维新运动的推进，仍不失积极意义。

（原载《苏州科技学院学报》2003 年第 1 期）

[①] 戚其章主编：《中国近代史资料丛刊续编·中日战争》第 6 册，中华书局 1993 年版，第 457 页。

甲午战争前后陈炽的日本认识

陈炽（1855—1900），字克昌，号次亮，江西瑞金人，近代中国维新思想家，1874年起担任户部京官，1886年兼职军机章京，1891年任户部员外郎。他在甲午战前看到日本对中国边疆造成的威胁，提醒清廷注意日本的侵略野心，但认为俄国为患中国更大，故持有联日制俄主张，更重要的是，他通过比较中日改革成败得失，希望中国吸取日本成功的经验以变法自强。甲午战争之后，陈炽认真反思战败原因，提出不少改革性建议，希望中国在积累财富、培养人才、编练兵民等方面借鉴日本经验；在《续富国策》中多次进行中日对比，希望中国在农、矿、工、商等方面与之竞争，以争回利权；在《时务报》《知新报》上撰文考察世界格局中的中国与各国的关系，认为中、日、英、法、德、美六国在甲午战争中外交政策皆有失算，并将俄国比作中国战国时期之秦国，提倡六国联合以抗俄，尤其是建议中、英、日之间的联合。陈炽在甲午战争前后的日本认识，基本反映了近代中国人的日本观，也有自己的认识特色。迄今学界尚无专文探讨陈炽的日本观，本文的讨论不仅有助于丰富近代中国官员文人这一认知主体对日本的认识和态度的研究，同时对加深近代中日关系史的研究，乃至探讨近代中国人的亚洲观和世界观也具有重要意义。

一

甲午战争之前，陈炽对日本的认识主要表现在三个方面。首先，警惕日本对中国东三省和朝鲜的侵略野心。1884年9月，户部代奏陈炽的奏片，其中有因东三省处于"倭伺于南、俄伺于北"的危险形势，将设在锦州的大凌河牧场迁移到蒙古草地的建议。① 同时，陈炽还关注和中国东三省一水之隔的邻邦朝鲜。中国与朝鲜是宗藩关系，朝鲜局势的变化对中国能够发生直接的影响。1885年，陈炽在《上李鸿章书》中评价清廷对1882年朝鲜"壬午兵变"的处理，认为如果此事处理不当，在"俄人垂涎于北，倭人伺隙于南"的形势下，朝鲜"或乃引寇入室，反颜事仇，忘我国家二百年卵翼之恩，而肆志以图一逞，内忧外患迭起循生"②。到19世纪90年代初，他在《庸书》中提醒清廷要警惕日本。他指出，法、意、奥、俄、日等国曾效法普鲁士进行兵制改革，但"俄与日本亦复尤而效之者，其意皆在中国耳"③。针对朝野上下所持"我大国也，彼小国也"的轻视日本之举，陈炽指出"既不能令，又不受命，刻舟胶柱，不思改图，他日必有先受其祸者"④。从19世纪70年代开始，日本侵略台湾、吞并琉球，从东南方面侵略中国。陈炽看到了日本对中国东三省以及藩属国朝鲜的觊觎，希望引起清廷的重视。

其次，联日制俄。朝鲜地处中国、俄国、日本之间，是俄国南进太平洋和日本北争中国的战略要地，英国也想打开朝鲜门户，在那里攘夺利权。中法战争期间，俄、英、日三国曾围绕朝鲜问题进行博弈。陈炽指出："法越事起，日本乘危构衅，竹添进一媒孽其间；俄人虎视眈眈，冀觊渔人之利；英人力争先着，急以兵船扼巨文岛，而强邻息喙，时局帖然。"⑤ 因俄国对朝鲜的介入，严重损害了传统的中朝宗藩关系，故清政府默认英军占领巨文岛，希望利用英国海军来遏制俄国。英国为抵制俄国在远东势力的扩张，也有意扶植日本；英国舆论界与某些政治家主张与中国、日本一起抵制俄国势力向远东扩张，建立中、英、日三国同盟。⑥ 受朝

---

① 中国第一历史档案馆编：《光绪朝硃批奏折》第92辑，中华书局1996年版，第598页。
② 赵树贵、曾丽雅编：《陈炽集》，中华书局1997年版，第352页。
③ 赵树贵、曾丽雅编：《陈炽集》，中华书局1997年版，第109页。
④ 赵树贵、曾丽雅编：《陈炽集》，中华书局1997年版，第76页。
⑤ 赵树贵、曾丽雅编：《陈炽集》，中华书局1997年版，第49页。
⑥ 王树槐：《外人与戊戌变法》，上海书店出版社1998年版，第127页。

廷政策影响，陈炽也提出了联英日以制俄的主张。他指出："今日之大患在俄，蚕食鲸吞，鹰瞵虎视，其新旧所得之属地，既络西藏、包伊犁、内外蒙古，以达朝鲜矣。"① 因此，陈炽希望中、日、英等国联合起来对付俄国。他认为"今天下之强国惟俄罗斯，可以敌俄者，惟英吉利"，但英国因陆兵单薄，故可以结交欧洲的法国、德国以对抗俄国；在亚洲日本因"地小民穷，欲致富强，尚需岁月"，故"亚洲之可以拒俄者，惟中国耳"②。"俄人有事东方，英人必以水师挠之，然水师必资陆兵之助，日本无能为役，必将求助于中朝。"③ 所以，陈炽建议英国应联合中国以抵抗俄国。同时，他希望德、英、中、日联合起来共同对付俄国。他说，如果俄国东侵，"中合日本击之，而德国捣其虚，英以海军游击其间，水陆相资，首尾相应，则柙中虎兕，虽永不复出焉可也"。不过，陈炽又提到当时德、英、奥、意诸国均已订立密约，有事相援；而日本与中朝，仍相猜忌，不思御侮，惟虑阋墙，这样很难"力摈强秦"④。

最后，介绍日本"明治维新"。陈炽认为，日本之强在于变法改革，并阐述中国学习西法进行改革的重要性和必要性。他说："缅甸、越南、琉球，不变者也，其亡不旋踵焉？日本，变法者也，而至今存焉，强且富焉；暹罗、朝鲜，欲变而未变者也，其势岌岌然，如不终日。"⑤ 即日本是主动变法的范例，通过变法成为富强之国；缅甸、越南、琉球不思变法，很快亡国；暹罗、朝鲜欲变不变，国势日下。因此，陈炽呼吁清廷变法改革以救亡图存。更重要的是，陈炽对日本通过"明治维新"而致富强之因作了深入分析。他曾借用德国首相俾斯麦的言论："德相毕思马克之言曰：'日本官民之至德者，日讲求工作商务，孳孳矻矻，学成而归。华人一入德国，则询何式之船最坚也，何厂之枪

---

① 赵树贵、曾丽雅编：《陈炽集》，中华书局1997年版，第8页。
② 赵树贵、曾丽雅编：《陈炽集》，中华书局1997年版，第112页。
③ 陈炽：《上陈宝箴书》，载上海图书馆历史文献研究所编《历史文献》第6辑，上海古籍出版社2004年版，第185页。
④ 赵树贵、曾丽雅编：《陈炽集》，中华书局1997年版，第131页。
⑤ 赵树贵、曾丽雅编：《陈炽集》，中华书局1997年版，第8页。

炮最精利也，考求订购，不惜重资。夫此时各国强弱相均，莫敢先发，即情势更改，亦须再阅数十年，所购船炮，不出十年，锈涩苔黏，半成弃物。况机器之制，日异月新，甫能择善而从，已复后来居上矣。日人求其本，华人骛其末，日本意在富国，中国意主强兵。无论工作日精，他日可以自制也。即兵端将肇，购之他国，亦无异取之宫中也。日本之兴，其未艾乎？'至哉斯言！于中国、日本得失之间，可云洞见症结矣。"①通过引用俾斯麦之言，陈炽批评洋务派科技政策的失误，分析中日差距产生的原因。同时，他还指出，日本通过亲王大臣出洋游历、发展工艺、举行博览会、推行议院制等途径，也是国家富强的重要因素。

陈炽关注日本的最初十年，即中法战争到中日甲午战争这一时期，有些学者称为中外相安的"和平年代"②。其实，在这十年中列强并没有放松对中国的争夺。英法加强了对我国西南边疆的侵略，俄、英、日对朝鲜的觊觎日益明显，尤其日本在朝鲜强化势力以图中国。清廷虽然认识到日本对中国的潜在威胁，开始采取大兴海军、加强各地防备等防范措施，但对"明治维新"后日本的迅速崛起和扩张野心普遍缺乏认识，同时希望采取"以夷制夷"、联合日本抵制俄国的策略。陈炽等少数维新人士认识到日本"明治维新"的深刻变化和意义，主张仿效日本，变法维新，但他们的日本观仅为少数人的呐喊，产生的社会影响微乎其微。

二

甲午战争使中日两国实力对比和国家地位发生了重大变化。战败后的中国既痛恨日本的侵华行为，又羡慕日本学习西方取得的成就，康有为、梁启超等人把学习日本致强的经验视为中国走出困境的一种新选择，力促中国仿照日本"明治维新"进行改革。光绪皇帝下诏求言，力求变法救国。陈炽积极响应朝廷的变革运动，上清帝万言书，在反思战败原因基础上提出若干改革性的建议，其中不少地方以日本为参照对

---

① 赵树贵、曾丽雅编：《陈炽集》，中华书局1997年版，第83—84页。
② 丁名楠等：《帝国主义侵华史》第1卷，人民出版社1973年版，第320页。

象；从争夺经济利权的角度，提出中国在农、矿、工、商等方面与日本竞争；从国际关系的视角探讨战后中日关系，建议中国联日防俄，英日力保中国等。

1. 反思战败原因，建议清廷以日本为参照进行改革

堂堂天朝大国竟然惨败在被自己素来瞧不起的东邻小国日本手中，这引起国人的抱怨、愤怒与谴责。康有为在《上清帝第三书》中认为："此圣清二百余年未有之大辱，天下臣民所发愤痛心者也。"① 陈炽在1895年6月《上清帝万言书》中更是多次提及战败引起的屈辱感："此亘古未有之奇辱"，"中国之屈辱，可谓深矣"，"堂堂中国，受制小夷，轻侮欺凌，至于此极"，可以看出陈炽这次的心情变化相当剧烈，这大体上代表了一般中国人的共同心声。

清政府在甲午战争中的失败，原因不止一端。陈炽指出："盖此次之错误，在未战之先；而此中之关系，在既和之后也。"他从这两个方面进行了具体分析。他认为，在甲午战争之前，清廷"谈洋务三十年，误于得粗而遗精，舍本而逐末"，没有触及"西人政教之本原，富强之实效"；加之"数十年国家之倚北洋也太重，北洋之忘战负国也太深，一局残棋，势成孤注，此注既掷，虽欲背城借一，而有所不能"，因此"所谓错误在未战之先者，此也"。陈炽把甲午战争失败原因归结为洋务运动没有触及西方政教之本源，朝廷过分依靠李鸿章的北洋海军等。接着他剖析中国面临的严峻形势。陈炽指出，泰西各国虽然在中国通商五十多年，但尚不敢窥我堂奥，日本却"窥我之隐微，而导彼之先路"，致使东西洋五六强国，耽耽虎视，使中国有被"瓜分"之危险。同时，陈炽指出日本内阁伊藤博文等人认为"此次倭兵所以处处得手者，由中国总军旅诸大员，皆年老庸懦无能之辈耳"，而如果日兵抵北京，则此辈非死即逃，否则撤换，"另易一班力强年富、熟悉时务者为政，转恐狡狯难制，不能为所欲为，不如姑留此辈，将就成和，则中国数十年间，断无报复之望"②。陈炽既看到了战后中国被欧美列强及日

---

① 汤志钧编：《康有为政论集》（上），中华书局1981年版，第139页。
② 孔祥吉：《晚清史探微》，巴蜀书社2001年版，第138—139页。

本瓜分的危险，又借日人之言呼吁中国在战后更应发愤自救。

至于如何变法自强，陈炽提出了七项措施，其中有四条涉及日本。一是在"阜财裕国"中，陈炽指出日本疆域不及中国江南一省，十年前出口三千万元之货，仅及中国三分之一，但自用西法，广开利源，去岁出口二万余万元之货，已达中国之半，"明效大验，有如此者"，但中国"掩聪塞明，惛然不悟"，因此他希望皇帝仿效西法进行改革。二是在"分途育才"中，他指出"日本资遣出洋学生，与中国年份相等，惟中国废于半途，彼则锲而不舍，前后出洋者，至二千余人之多"，因此日本"行政用人，左宜右有"，以致堂堂中国，受制小夷，原因即"一学一不学故也"，因此建议多派遣学生及亲王大臣子弟出国留学。三是在"改制防边"中，陈炽指出东三省有"倭南俄北"之窥伺，应拣选大臣操练劲兵，驻扎适中之地，屯田开矿，增辟利源，修筑铁路。四是在"教民习战"中，陈炽指出日本在十年前效法德国教练民兵，"及战事既开，我则转饷募兵，天下骚动，彼则左宜右有，措之裕如，终止上国天威，屈于寻常之小丑者，一则未雨绸缪，一则临渴掘井故也"①，因此他建议沿海沿边各省仿行西法，教练民兵。

2. 介绍日本富国经验，希望中国与之竞争以夺回利权

甲午战争之后，陈炽曾帮助康有为等人筹办"强学会"。在"强学会"被封禁之后，他开始集中注意力研究经济问题，并在1896年出版《续富国策》，多次进行中日对比，介绍日本富国经验，同时批评中国不思进取，坐等利权丧失，提出中国应与日本竞争。

农业方面。中国台湾、江西与日本皆为适合樟树生长之地，日本"广劝国人，遍行种植，种之廿年，即可熬脑"，但台湾既不知种，江西并不知熬，"坐使大利之源空山废弃"②。日本对于种茶"性命以之，土性所宜，岁岁添种"，出茶已"逼近中华"，"已能夺我利权"，但中国官民上下"毫不讲求，掩聪塞明"③。当然并不是日本在农业任何方

---

① 孔祥吉：《晚清史探微》，巴蜀书社2001年版，第143—148页。
② 赵树贵、曾丽雅编：《陈炽集》，中华书局1997年版，第163页。
③ 赵树贵、曾丽雅编：《陈炽集》，中华书局1997年版，第167、168页。

面皆有可取之处，陈炽指出日本仿西法酿制葡萄酒，因气候、地理等原因并不成功。通过中日农业的对比，陈炽希望中国利用农业优势，以维护中国利权。

矿业方面。陈炽曾从争回利权角度谈论日本的烧砖制磁。他说："日本近在东瀛，牟利之心，无孔不入，万一挢泥运甓，夺我利权，或东西两洋，各运新机以入中国，就地取土，开厂造砖，以我之矛陷我之盾，此后中国物物皆资于外，事事仰给于人，虽倾东海以为钱，铸泰山以为币，有皇皇然日忧其不给者。"[①] "日本仿造西磁，物多价廉，且浸淫以入我内地。利权日失，物产日窳，国运之所由日衰，风俗人情之所由日敝也。"[②] 故中国应自立公司，自制磁器，开拓利源。

工业方面。陈炽强调中国设立工厂使用机器做工的重要性。他说，中日两国皆曾购买织机，利用中国之棉花试纺试织，所成之纱布精美细密，温暖厚重，于是中国自纺自织，自用自销，而日本之布亦畅行于沿海各省。后来西国看到中国人工贱，运脚少，定价与西国同，而获利至二三分以上，欲广购中国棉花运归本国。陈炽认为这是中国商务一大转机，但"近日日本商约中有改造土货之说"，若不急行设法，维持保护，自辟利源，正恐收利于桑榆者，又将失利于东隅，拒虎进狼，而且"日本自开埠通商，讲求工艺，皆能精置西物，以廉价售与西人，我亦何妨反其道而行之，迎其机而导之，以隐收其利"[③]。另外，陈炽指出日本在火柴配制、磁器制造、修治道路、军械制造等方面也有值得中国借鉴之处。

商业方面。陈炽主张中国振兴商务与日本竞争。他说，日本"比年仿效西法，农工商三业勃兴，遂乃割据台湾，凭陵上国，多置轮舶，广辟商途，骎骎乎国未可量已"。中国开埠通商六十年来，因情形隔膜，将权利界诸异国之人，以致濒年海溢川流，岁出金钱无数。不过，"西人悬隔重洋六七万里，在彼终有所不便，在我亦犹可自全"，而日

---

① 赵树贵、曾丽雅编：《陈炽集》，中华书局1997年版，第196页。
② 赵树贵、曾丽雅编：《陈炽集》，中华书局1997年版，第197—198页。
③ 赵树贵、曾丽雅编：《陈炽集》，中华书局1997年版，第215页。

本则"近在肘腋之间,急起而窥我心腹,其心计之精刻与西人同,其性格之阴柔与西人异,西人之所能为者,彼优为之,西人之所不肯为者,彼亦决为之。始也财力未雄,不及西人之长袖善舞耳。今一朝战胜,举国宽然,数万万之金钱取之如寄。又得台湾一岛,各国之所垂涎而目为宝山金穴者,助其商力,蠹我中邦,更有行轮造货之约章,夺我之矛,陷我之盾,纵横内地,盘踞利权"。因此,陈炽指出,当此之际,既不能慎之于始,又不能拒之于外,则唯有振兴商务以与彼争。① 此外,陈炽以甲午战争为例谈论修建铁路、多制兵轮的重要性;以日本改革为例,建议中国在内河行驶轮舟、通商各埠仿设巡捕、海外华人居住之地设立领事、修改税则、举行博览会、建立商业学堂等。

甲午战后,康、梁等人看到了日本"明治维新"的成功主要在于变革制度,提出中国不妨以强敌日本为师,实行君主立宪。陈炽在甲午战争前后虽有中国开设议院的设想,但在"强学会"被封禁后,他的主要精力放在"为救中国之贫弱而作"的《续富国策》一书的撰写上,希望中国由弱变强,富甲环瀛。他多次以日本为例,一方面希望中国向日本学习经济富强之经验;另一方面希望争回被日本夺取的利权,反对其经济侵略。这两点在当时是比较深刻的。

3. 倡议六国合纵以抗俄,英日应竭力以保中

甲午战争不仅与中、日、朝三国密切相关,也引起了英、俄、美、德、法等国的关注。特别是俄国认为日本在战后占有辽东半岛影响它对中国东北的扩张,于是纠集法德进行干涉。这一举动使得清朝统治集团内部一些人对俄国抱有很大幻想,认为依靠俄国可以牵制其他列强,于是开始在外交上依赖于俄国,"内而廷臣,外而疆吏,乃无不以联俄拒日为言矣"②。不过,陈炽有不同看法。他在《时务报》发表《中日之战六国皆失算论》,认为中、日、英、德、法、美六国在甲午战争期间外交政策皆有失算而致使俄国独大,"听俄人高视阔步、拊天下之背",

---

① 赵树贵、曾丽雅编:《陈炽集》,中华书局1997年版,第232页。
② 王芸生编著:《六十年来中国与日本》第3卷,生活·读书·新知三联书店1980年版,第94页。

"自今以后，各国之君臣，苟各私其国，各私其民，各私其财与力，则亦惟有束手待毙，听俄人择肥而噬己耳"。因此，陈炽指出中国"当自富自强，急谋而自立"，五国应"蠲除宿忿"，与中国"重订新交"，"中国贫，则助之以财；中国弱，则济之以力"①，希望六国联合起来抵制俄国。

同时，陈炽将俄国比作战国之强秦，中、日、英、法、德、美为六国，建议六国合纵抗秦，尤其是英日应联合阻挡俄国东扩，同时批评清廷联俄为引虎狼自卫之愚。陈炽指出："至以俄比战国之秦，中外明哲无异辞者。"接着他以战国时期六国先后为秦所灭为例，指出："自中败于日，高丽附俄，英人袖手旁观，甘让俄人已先著大东洋，情势危险异常，遂与当日六国弃韩如出一辙。……中国通人智士，知哀六国而不知情事之相同；知畏强秦而转引虎狼以自卫，甚矣哉！其愚不可及也。彼日本者，当日同文之国也，《国策》一书，岂其未见？而甘为戎首，招彼强邻，衽席未安，屏藩已失，正恐他日祸机所发，患气所乘，与中国只有后先，并无彼此，沉迷不反，覆辙相寻，今与古如一丘之貉耳。"② 他认为，中、日、英、美等六国应合力抗俄，尤其是日本若执迷不悟，早晚受俄国之侵略。

另外，陈炽主张英日保全中国，是两国保护自身利益的需要。英俄两国本来在争夺中国问题上存在矛盾，日本因三国干涉还辽对俄国恨之入骨，故英日为对付俄国而结盟。陈炽看到了俄国与日本、英国之间的矛盾，于是主张中国与日本、英国联盟，希望借此来遏制俄国对中国的扩张野心。他在《上清帝万言书》中指出："俄人西伯利亚铁路既成，日本终须与我并力，英人顾念大局，亦须联合中国以拒之。"③ 1897 年6 月，陈炽在《英日宜竭力保中说》文中分析英日保全中国与俄国之间的利害关系。他指出，英、日、俄之间可能会爆发战争，虽然胜负难以预料，不过英国商务"纵横六洲"，日本商埠"亦骎骎遍海东西"，而

---

① 赵树贵、曾丽雅编：《陈炽集》，中华书局1997 年版，第311—312 页。
② 赵树贵、曾丽雅编：《陈炽集》，中华书局1997 年版，第314—315 页。
③ 孔祥吉：《晚清史探微》，巴蜀书社2001 年版，第147 页。

俄、法在世界各地商务较少，若"他日战争蹂躏，俄法无所顾恋，英日则所损实多"；英日"四面距海，战易守难，食用所需，转输非便，设彼以轻师诱敌，而重兵径袭其腹心，则全局所争，登时瓦解"。因此，陈炽希望英日之君臣"早作夜思"，妥善考虑"保中与战俄"之事，最好是"英人化其矜心，日本戢其骄气"①，保全中国，以维护东方大局。

陈炽之外，不少人士皆有联日、联英以拒俄的思想。如唐才常发表《论中国宜与英日联盟》文，梁启超提出"拒俄以联英日"的主张，陈宝箴也说中国应同英日相结，"三国合纵，势将无敌"等。这些观点皆有以夷制夷的目的，实际是合纵连横的变相。"中国知识分子颇多受到战国时纵横家的思想影响。清季人士，亦复如此。"② 翁同龢曾把陈炽称为"纵横家"③。但不管是甲午战后初期的联俄拒日，还是后来的联英日拒俄都失败了，列强在19世纪末期掀起了瓜分中国的狂潮。

三

陈炽关于日本的言论，主要体现在《庸书》《续富国策》《上清帝万言书》以及发表在《时务报》《知新报》上的相关文章里。陈炽既未到过日本，又不通日文，他是通过什么途径获取日本知识的呢？他曾经说"复博采之已译之西书，广征诸华人之游历出使者，参稽互证，悉其统宗"④。加之寓居中国的外人及其所办报纸中对日本的介绍，尤其是《万国公报》刊载日本的论说较多。另外，许多中国官员、文人到日本游览访问，并留下不少观感著作，以及传教士翻译的西书等，都为近代中国人认识日本提供了宝贵资料。陈炽对日本的认识主要来源于此。

甲午战争之前，有人提倡中国实行变法，但主要学习的对象是欧美

---

① 赵树贵、曾丽雅编：《陈炽集》，中华书局1997年版，第321—322页。
② 王树槐：《外人与戊戌变法》，上海书店出版社1998年版，第123页。
③ 陈义杰整理：《翁同龢日记》第5册，中华书局1997年版，第2812页。
④ 赵树贵、曾丽雅编：《陈炽集》，中华书局1997年版，第145页。

各国。王韬、薛福成等人明确提出中国应该效法欧洲各大国富强的经验。对于日本,当时中国普遍性的日本观是"羡日"和"防日"交织在一起。1874年日本侵略台湾事件之后,朝野上下才开始睁眼看日本,做了不少防日的备战工作,但整体上对日本持蔑视态度并准备与他们联合,共同抵抗西方侵略。陈炽在上李鸿章、陈宝箴等人的书信中,涉及一些对日本的看法,但是因属私人信件,加之陈炽仅为职位不高的户部京官,故这些对日认识并未产生多大影响。陈炽在1894年之前写成的《庸书》,其中多次提到日本,既建议清廷警惕日本的潜在威胁,也看到了"明治维新"后的变化,同时主张联合日本拒俄。这与当时很多人的日本认识并无多大不同,轻视日本,没有看到日本在"明治维新"后征台废琉,脱亚入欧,对中国几乎与日俱增的敌对情绪,而中国对其侵略野心缺乏足够的防备。

甲午战争之后,清政府决议改革旧政,变法救国。同时,中国人开始重新审视日本,对日本的认识发生转变,出现介绍和学习日本的热潮。康有为、梁启超认为日本变法成功在于制度改革,康有为更是著《日本变政考》进呈光绪皇帝,希望统治者模仿日本"明治维新"进行变法。严复在甲午战争后发表大量政论文和译著,肯定日本的强盛,反思中国不能富强的原因,认为西方的科技、制度固然重要,提升人的活力更为重要,为此他提出"鼓民力、开民智、新民德",希望用西方的学术思想来救国。陈炽多次以日本变法至强的经验为例,将日本作为中国实行维新变法的榜样,但并未主张仿效日本的制度改革,而是认为"各国之强,皆原于富"①,从经济角度分析中日富国的不同,建议中国学习日本在经济富强方面的经验。陈炽没有像康有为等人提出激进的改革主张,而是在经济方面建议仿效日本,这是陈炽的谨慎之处,与其在维新运动中的政治表现是一致的。

维新运动兴起之后,陈炽积极参与这场运动并充当倾向改革的翁同龢与康有为之间的联络人。翁同龢与康有为商谈改革大计,陈炽为之起草了新政意旨。他曾建议康有为"办事当以办报为先",并捐款助其办

---

① 赵树贵、曾丽雅编:《陈炽集》,中华书局1997年版,第385页。

报事业。不久，他担任《时务报》的京城筹款负责人，并在报上发文表达自己的政治主张和对日认识。其《庸书》由翁同龢进呈光绪皇帝御览，并一版再版，对当时及以后的维新运动的开展起了一定的作用。他与维新派一起成立"强学会"，并担任会长。他上清帝万言书，提出"下诏求言"等10项措施，受到光绪皇帝重视。光绪皇帝颁发谕旨让各地督抚将军对包括陈炽此折的九件奏折进行讨论，以推进甲午之后更张变革。可见，陈炽提出的改革计划，得到了皇帝的认可。

　　不过，从1896年御史杨崇伊奏劾京师强学书局"植党营私"，书局被封禁之后，陈炽逐渐变得消沉，谨小慎微，对设立议院等政治体制改革的态度发生很大变化，不敢再说议院了，而且劝说黄遵宪也别谈议院。同时，他把主要精力用在撰写《续富国策》，关注甲午战后的世界格局。他将当时的国际形势比作中国春秋战国时期，希望日、美、英、法、德五国，尤其是英日应帮助保全中国。陈炽的这些日本认识，反映时代呼声，代表群体走向，同时也有自己的特点，尤其是对甲午战争后国际格局的评判和从经济角度对中日富强之不同的分析，丰富了当时中国人的对日认识。虽然陈炽对日本有着如此认识，但在当时的环境下，由于光绪皇帝软弱和保守派的阻挠，陈炽的建议并没有得到朝廷的重视。当然，英国、日本同情维新派，支持光绪皇帝变法，主要意图是联合中国对付俄国。维新变法失败之后，英日驻华使馆曾援助和拯救部分维新人士，也算是对维新运动时期陈炽等维新派倡导联盟英日的另一种回应。戊戌变法失败后，维新志士分裂了，有的为变法而死，有的被贬官削爵，康、梁远走国外，部分士人走向革命。陈炽深悲国事，经常在酒前灯下，高歌痛哭，若痴若狂，再无论著问世，1900年卒于京师。陈炽对日本的这些认识，为我们了解当时中国士大夫的日本观和追寻国家富强的道路，提供了重要的文献史料、记忆价值和启发意义。

（原载《苏州科技大学学报》2017年第1期）

许景澄与晚清海军建设

许景澄（1845—1900），字竹筼，浙江嘉兴人。1884年担任驻法、德、意、荷、奥等国公使，次年又兼任驻比利时公使，1887年因母亲病逝而回国。1890年后他再次担任驻外使节，出使俄、德、奥、荷。1892年代表清政府与俄国谈判帕米尔地区的分界线，据理驳斥沙俄侵略行径。1897年，任总理各国事务衙门大臣兼工部左侍郎，并兼任中东铁路公司督办，仔细制定修建铁路合同，防止俄国借修路掠夺中国矿权。1900年，因反对清政府利用义和团力量对各国宣战并攻打外国使馆，被慈禧以"意妄奏，语多离间"的罪名而被杀于北京。有《许文肃公遗稿》《奏疏录存》《许竹筼先生出使函稿》《许文肃公外集》等传世。多年以来，学术界对许景澄的研究多侧重于其外交思想与实践，[①] 而对于他在海军建设上的贡献尚无专文系统研究。其实，许景澄在担任驻外使节的十几年中，不仅为捍卫国家主权和领土完整作出了不懈的努力，同时积极参与购买海军舰艇枪弹，筹划海防，为我国近代海军建设也作出了重要贡献。

一 采购船舰、枪炮弹药，参与北洋海军筹建

西方列强用坚船利炮轰开了中国的大门后，如何加强海防变得日益

[①] 如陆玉芹《许景澄与帕米尔交涉述论》，《江海学刊》2005年第1期；吴雪岩、孙梦健《许景澄与中俄四厘借款》，《北方论丛》1999年第3期；陈志明《中东铁路公司首任总办许景澄》，《黑河学刊》1987年第Z1期；姜鸣《许景澄与外国师船图表》，《舰船知识》1987年第12期；等等。

重要。为实现富国强兵，清政府在设厂自制舰船的同时，还向国外购置，但所购多数属于商船而非军舰，很难承担较远海域的军事任务。1874年日本凭借铁甲优势侵略台湾，1879年吞并琉球改为冲绳县，引起清廷朝野极大震动。1879年冬，中俄关于伊犁问题的交涉陷入僵局，俄国派遣以铁甲舰为主力的舰队扬威中国海面。对于这些，南洋通商大臣沈葆桢1879年临终时口述遗疏，称"臣所每饭不忘者，在购办铁甲船一事，今无及矣"①。1880年7月9日，李鸿章也上奏朝廷。② 经过权衡，清政府决定南北洋加快筹办海防，并同意向英、德国购买铁甲舰船。1880年7月2日，李鸿章指示驻德公使李凤苞在德国伏尔铿厂订购2艘铁甲舰，并命名"镇远""定远"。1883年，李鸿章又电告李凤苞在德国购买"济远"号穹面钢甲快船，以辅佐铁甲舰之用。1884年，李凤苞出使任满，许景澄继任出使法、德、意、奥等国大臣，清廷即委之以向德国购置军舰之重任。"时国家创兴海军，前使者于德国订购铁甲船穹甲快船皆未就，景澄接管勘验事宜。"③ 许景澄利用担任驻外使臣的有利条件，积极帮助勘验和购买船舰枪炮弹药。

（一）勘验"定远""镇远""济远"三舰

1884年9月，许景澄乘英国邮船离开上海前往欧洲。由于此次订购舰船事关清政府的海防大计，所以他上任后立即投入料理"定远""镇远""济远"三舰的验收以及开驾回华的工作。他先面晤李凤苞，详细询问了购置"定远""镇远"铁甲船的情形，并商酌应该办理事宜。不久，他乘火车抵达德国溪耳海口，与原监工陈兆翱等连日阅视，详细查验停泊在港内的"定远""镇远"两船工料、机器、全船配置、两船铁甲堡内布置等，正式同李凤苞作了交接，并上《遵旨勘验定远镇远两船工料并接管情形折》，将勘验过程向清政府作了详细汇报。

"济远"舰原为前驻德公使李凤苞所订，1883年12月下水，1884年9月已完工。因遇中法战争爆发，被迫和"定远""镇远"一起滞留

---

① 李扬帆：《晚清三十人》，世界知识出版社2008年版，第207页。
② 《李鸿章全集》第3册，时代文艺出版社1998年版，第1495页。
③ 《许文肃公遗集》，文海出版社1968年版，第1006页。

德国。当时国内许多人对李凤苞不满，称其订购军舰质量低下，进而又出现了李凤苞收受巨额贿赂的传闻。于是，清廷电令许景澄严格查验。他不敢怠慢，又绕赴士旦丁海口，将"济远"钢舰与合同详细查照。验收结果发现，"济远"舰的建造质量并无问题，只是在设计上存在不少缺点，在许景澄的交涉下，德国伏尔铿厂对"济远"舰的设计缺陷，都一一尽量作了弥补。至1885年5月，"定远""镇远""济远"三舰验收和整改工作已圆满结束，许景澄开始筹备三舰开驾回国工作。但是德国还是以中法战争尚未结束，保持中立为由，拒绝将已经造好的三艘舰船交付中国。1885年6月11日，也就是中法停战协议签订后的第3天，清政府立即致电许景澄办理三舰回国一事。许景澄精心安排好管驾和护送水兵，做好粮物储购后，于7月3日来到德国基尔港为三舰饯行。三舰悬挂德国商船旗，由德国水兵驾驶护送，于是日踏上回国路程，1885年10月抵达大沽。11月17日，李鸿章亲赴大沽口验收军舰，"悉与原订合同相符"①。这三艘战舰在构建北洋海军，以及在巩固清政府海防方面起到了重要的作用，而许景澄作为把三舰引领到华者功不可没。

（二）订购"经远""致远"舰船和甲午战争后的购舰活动

中法战争结束后，清廷决定再向国外订购铁甲快船，以加强台湾及澎湖之防务。同年11月，李鸿章便向在欧洲的曾纪泽和许景澄发报，指令他们在所在国各自订购两艘巡洋。

因前所购"济远"舰备受争议，这次所订舰船又需参照"济远"穹甲船式，所以许景澄多次发电与李鸿章商量改造事宜，最后李鸿章电告："请照济式穹甲升高五寸，加长八尺、宽一尺。惟船底钢板宜略加厚。价不得过三百万马。乞与伏厂酌定两艘。"② 接到李鸿章的来电后，许景澄立即向伏尔铿船厂提出了交涉，要求修改"济远"式设计缺陷，并与伏尔铿厂议定订购快船合同。"经、来两舰，第一船价德银三百万马克，第二船价

---

① 中国科学院近代史研究所史料编辑室、中央档案馆明清档案部编辑组编：《洋务运动》第3册，上海人民出版社1961年版，第8页。

② 张侠等编：《清末海军史料》（上），海洋出版社1982年版，第119页。

又减六万马克。仿各国通行善式详拟,中腰水线处围厚甲九英寸半,上覆平钢板,前后覆穹板,用双底层,炮台、令台全护厚甲。比前定式加宽长,炮可加多,吃水仍浅,每船加价四十七万马克。自立合同之日起,第一船十八个月交收,第二船二十个月交收,每点钟行十六海里。"①

"经远""来远"两舰分别于1887年1月和3月下水,完成试航。李鸿章决定派北洋海军英国籍总教官琅威理及邓世昌等人率400余名官兵,前往英、德船厂接收军舰回华。但是德国外部不同意由英人参加接舰,并派总办芬必而克与许景澄会晤,指出"德厂承造两舰,闻中国现定英员与华管驾接带驶回,我毕相之意,以管驾与新船不习,恐不稳当;又德国商业每遭英人嫉毁。今为英员接带,颇不愿意"②。驻华公使巴兰德也向总理衙门提出,德制军舰必须由德国人帮助驾驶回华,否则将来评论该船会有不公允之处。③ 为避免引起纷争,李鸿章只好急电琅威理,转告了必须雇请德人的意思;又电告许景澄,让他与德国外部协商选募,不再另雇别国人帮驾德国所造的船。1887年2月,李鸿章又电告许景澄,要他向德国人声明,"琅威理派往统带,须作中国水师官看待。虽由德廷选雇管轮帮驾,仍归中国水师官节制"。1887年8月,许景澄、林永升等在德国士旦丁港接收"经远""来远"二舰并参加升旗仪式。1887年秋,二舰与在英国订造的"致远"号和"靖远"号巡洋舰一同驶抵中国,因中法关系缓和,清政府为加快北洋海军建军考虑,改留用北洋。

甲午海战,北洋水师全军覆没。国人痛心,朝廷忧惧。之后,清政府内部又出现了重振海军的呼声。光绪皇帝也认识到添设海军、筹办兵舰乃是自强之大计。于是,在《马关条约》签订两个月后,光绪就令李鸿章着手重振海防的事宜。1895年6月27日,李鸿章电许景澄,"在德国伏尔铿厂定购之驱逐舰,取名'飞鹰',将派将弁水手赴德运回"④。

---

① 薛福成:《出使四国日记》,社会科学文献出版社2007年版,第141页。
② 《许文肃公遗集》,文海出版社1968年版,第229页。
③ 姜鸣编著:《中国近代海军史事日志(1860—1911)》,生活·读书·新知三联书店1994年版,第147页。
④ 姜鸣编著:《中国近代海军史事日志(1860—1911)》,生活·读书·新知三联书店1994年版,第239页。

同时，清政府命令许景澄继续在德国购置兵船。1895年8月20日，总理衙门致电许景澄，请他向德国了解订购铁甲舰和防护巡洋舰及其所需费用，"几时可成，有无现成上等船出售？"① 这年冬天，由许景澄在德国主持订购的"辰""宿""列""张"四艘鱼雷艇顺利到华。1896年5月，总理衙门又电嘱许景澄向德厂订购"海容""海筹""海琛"三艘巡洋舰，派曾宗瀛、林鸣埙监造。两年后，"海容"号、"海筹"号、"海琛"号巡洋舰先后顺利自德驶华。许景澄购办的这些巡洋舰和雷艇，大大充实了甲午战后的中国海军的装备，可惜随后的义和团运动和八国联军侵华，使得清政府的购舰活动又搁置了。

总之，许景澄在中法战争前后认真验收和订购这些船舰及枪炮，促进了北洋海军的筹建。1888年北洋舰队建成，而从英德购进的军舰成为北洋舰队的主力，大大加强了中国海军的实力。晚清海军世界中中国海军的地位明显提高，1891年被列为世界第8位，而日本则占第16位。② 在甲午战争后，许景澄从德国订购了巡洋舰和一些鱼雷艇，再次为中国近代海军的创建贡献力量。

二 上书整顿海防海军

许景澄不仅参与购置舰船枪弹活动，而且对中国的海防海军建设积极建言献策。他在1883年、1886年所上的两篇奏折中表达得非常清楚。

（一）"敌情叵测筹备宜严折"

1883年法国在加紧征服越南的同时，进一步将侵略的矛头指向中国，严重威胁我国边疆的安全。许景澄上《敌情叵测筹备宜严折》，建议清政府严加防范。他认真分析了战争形势，指出法国侵略我国藩属越南，并"谋窥北圻三省，转圜无地，战事将成"。因此，他主张清政府

---

① 姜鸣编著：《中国近代海军史事日志（1860—1911）》，生活·读书·新知三联书店1994年版，第239页。

② 姜鸣编著：《中国近代海军史事日志（1860—1911）》，生活·读书·新知三联书店1994年版，第184页。

要加紧筹划、积极备战。他说："为今日计，非严防不足以阻敌谋，且非持久不足以收战效。窃料法衅初动，必先犯我援越之军，迨决裂之极，乃敢称兵海上，辗转月日，已届来年，及兹经营，机不可失。"为了能取得战争的胜利，许景澄提出了重台湾之防、策越师进攻越南分界、慎购洋枪、习铁舰驾驶、审战例以安各国、筹洋款以裕军需、缓练广东水师等抗法之策，其中有三点与海防关系较为密切。

其一，重台湾之防。"沿海万里，节节屯防，兵力万有不逮规形势者，拒敌所必争而已。南北洋要口、天津而外，其次莫若台湾。盖法自西贡驶入内洋，长途汗漫，停顿无地，转运弥艰。该处孤悬海外，万一被其踞屯，大为肘腋之患，亟须添调劲兵，或令道员刘璈选练士兵择要屯守，并请饬下北洋大臣增设海路电线，接通福州省城以联声息。"其二，习铁舰驾驶。"光绪六年定购铁甲两号，订造迟延，迄今仅成其一。德人以法事避嫌，不肯挂旗拨夫驶送来华。而水师人手生疏，又难于出洋自驾，诚有鞭长不及之憾。然俟事定代送，始令我师学习驾驶，尤为迂图。应请饬下李鸿章选派弁勇前赴德国船厂预行练习，冀收速效。"其三，缓练广东水师。"海战非中国所长，现在敌衅渐迫，唯有注重陆军，庶资得力。且英美诸国谋保商局，广州为繁盛口岸，必有投鼠之忌。是购造战舰，实非今日之先务。现闻张树声筹借商银贰百万办理海防，兼拟兴办水师。惟动用巨款，所当区别缓急，不可徒事张皇，应请饬张树声于应筹防务外，暂行停购一切兵船，即以省出余款备拨彭玉麟军及出关各营。"①

许景澄的这些建议还是较为全面和正确的，清政府也相当重视，"疏入，上嘉纳焉"②，并著总理衙门议奏。同年 1 月 18 日，南洋大臣左宗棠、北洋大臣李鸿章、闽浙总督何璟、户部也对许景澄的奏折分别进行议复。③ 实际上许景澄的建议并没有完全被清廷所接受。他在给好友朱亮生的信中说："总署议复将后二条驳去，余但空文敷衍耳。"④

---

① 《许文肃公遗集》，文海出版社 1968 年版，第 37—39 页。
② 《许文肃公遗集》，文海出版社 1968 年版，第 1005—1006 页。
③ 郭廷以、王聿均：《中法越南交涉档》，台湾"中研院"近代史研究所 1983 年版，第 1529 页。
④ 《许文肃公遗集》，文海出版社 1968 年版，第 854 页。

1885年3月，冯子才率清军取得镇南关大捷和谅山大捷，使法国侵略者处于内外交困的境地。但是清政府竟以此为和谈资本，加紧妥协求和活动，接受法国条件，于1885年6月签订《中法新约》，并下令前线清军停战撤兵。许景澄虽然身在国外，仍然关注此事："谅山之捷，巴黎震动，茹斐礼为议院诇攻去位，诸部皆罢，扰扰旬日始定，而和局适于此时订成，可谓差强人意。"① 许景澄提出若干条抗法的积极主张，表现了关心国家安危的拳拳爱国心。

（二）"条陈海军事宜疏"

中法战争结束以后，清廷有识之士纷纷呼吁建立新式海军，加强海防。1885年6月21日，清廷发布上谕，指出"和局虽定，海防不可稍弛"，"上年法人寻衅，叠次开仗，陆路各军屡获大胜，尚能张我军威；如果水师得力，互相援应，何至处处牵制。当此事定之时，惩前毖后，自以大治水师为主！"② 同年10月12日，慈禧颁布"懿旨"，批准设立海军衙门，办练新式海军。清朝枢臣及地方督抚纷纷对海军建制、购造船炮、开办学堂、海口防务等提出建议。1886年，上海格致书院也以"中国创设海军议"为题考课学生。一时朝野上下出现了空前的"海军热"。正在清朝驻法、德、奥、意诸国公使任上的许景澄，也不甘寂寞，于1886年3月13日拟定《出使德国大臣许景澄条陈海军事宜疏》，系统阐述了他对发展新式海军的意见。许景澄主要从以下六个方面论述整顿海军。

第一，大沽口宜设铁甲船炮以固内防。他认为大沽口位置重要，"屏蔽畿甸，形势最为重要"，但因"内口空虚，不能收铁甲之用，似非所便"。所以他建议仿照法、德所制，"增设铁甲炮船六号或四号，合以旧有蚊船四艘，足成一军。设遇战事，以铁甲船、快船鏖逐海中，以炮船、蚊船专扼内口，并附近狙击，庶几重关叠锁，屹若金汤"。

第二，铁甲船、快船吃水尺寸不宜太浅。他认为中国海岸不如外洋之深广，因此船身吃水须有限制。当然，所限尺寸取其可以收口而已，

---

① 《许文肃公遗集》，文海出版社1968年版，第857页。
② 张侠等编：《清末海军史料》（上），海洋出版社1982年版，第42页。

若过于求浅，则不能多装煤斤，铁甲亦不能厚护，船遇风浪侧摆较多，造成放炮也不易准。目前，大沽海口、旅顺、烟台、吴淞、福州、广州等吃水不一，最好以旅顺口为标准度，毋庸过为缩减，否则利不偿病。因此，他建议以后造次等兵舰，应限船全重时吃水不得过十八英尺，造一等战舰应略准"定远""镇远"等船吃水之制，"则造船既得展舒，屯船仍无窒碍，固两利之术也"。

第三，铁甲船式宜分别仿制。由于当时英德两国的铁甲船设计理念不同，设计出的舰船各有利弊，许景澄认为不要局限在一处，要结合英德的优点，取长补短，"照外洋近来行用各式，酌度情形，审择订制"，只有这样才会使中国军舰更加完善。

第四，海军炮位宜用一律。许景澄指出："方今整练海军，炮为当务之急"，如果一军之中船炮各异，既难通力合作，就是迁移起来也很困难，"器械一则心力均，敌忾同袍之效，必以此为始基"。因此他建议，兵船专用克虏伯炮，陆路参用阿姆斯脱郎炮。除船载间有限制外，水陆安炮应购用长式，兵船应备连珠小炮。

第五，船厂、机器局制造宜由渐扩充。许景澄说，中国每年糜费数百万金向外国购买船炮，是情非得已的做法。关键是设厂自制，"十余年来，各省厂局讲求制造迭著成效，正宜开拓规模，广营新制，以为自强根本"。不过，他也指出，自制船炮要循序渐进，如果谋之太急，容易造成"糜费"和"无实"。以中国当时的实际情况看，有些材料在外洋购买更加便捷。

第六，建议在胶州湾筹设防务，建立海军基地。他认为胶州湾是符合条件的优良军港。"其外群山环抱，口门狭仅三四里，口内有岛中峙，实为天然门户。……地当南北洋之中，上顾旅顺，下趋江浙，均一二日可达，声气足资联络。若酌抽北洋、江南海军，合以山东一军扎聚大支，则敌舰畏我截其后路，必不敢轻犯北洋，尤可为畿疆外蔽。……该湾形势完善，又居冲要，似为地利之所必争。"[①] 所以，他建议"山东之胶州湾宜及时相度为海军屯埠"，并有计划地渐次经营，用 10 年的时

---

① 张侠等编：《清末海军史料》（上），海洋出版社 1982 年版，第 70—74 页。

间,将这里建设成为一个大规模的海军基地。早在 1877 年,德国人李希霍芬在《山东地理环境和矿产资源》的专题报告中,提出了胶州湾适宜筑建现代港口的观点。中法战争期间,法国也多次扬言要从胶州湾进犯。到了 1886 年,许景澄上疏明确提出胶州湾的军事价值,这是清政府中首次直接向朝廷奏报的有关在胶州湾设防的书面建议。

这个折子比较全面地反映了许景澄的海军建设思想,"时论韪之"①,"皆海防要策也"②。不过,慈禧太后阅看后,未表示意见,仅批示"下所司知之",将许折发交海军衙门办理。海军衙门随即函告李鸿章:"许星使条奏海军应办事宜,钞折交阅,属即评量有无可仿办者,详复核办。"③ 1886 年 7 月 16 日,李鸿章致函海军衙门称:许景澄所陈大沽口宜设铁甲炮船、铁甲快船,吃水尺寸不宜太浅,铁甲船式宜分别仿制,海军炮位宜用一律,船厂、机器局宜由渐扩充五条措施,大都与现在办法相符。因目前人才、饷力缺乏,"尚有未能推广之处"。至于所提胶州湾宜为海军屯埠一事,"规画远大,尤关紧要"。不过,李鸿章认为,旅顺与大沽犄角对峙,形胜所在,必须先行下手,等到旅顺防务就绪,若有余力,才能考虑胶州之防务;另建设海军基地需要数百万两白银,"北洋目前兵力、饷力实形竭蹶,一旅顺小口,澳坞军库并日而营,至今尚无齐备,断难远顾胶州"。但是,对"肘腋之患"始终保持警惕的李鸿章明白,胶州湾的"地利在所必争,若我不先置守,诚恐海上有警,被人占据"④。御史朱一新也于 7 月初条陈海军上疏,认为胶州湾条件优良,地理居中,建议在胶州湾设防。在此前后,李鸿章通过管理鱼雷营道刘含芳对胶州湾查勘测量,又令水师统领丁汝昌会同英籍总兵琅威理"再行详细审度",最终决定了设防构想,始有调登州镇总兵章高元率领陆军驻防之举。但后因为海军经费不足,清政府主要集中力量建设威海、旅顺等港口,而将胶州暂时搁置。

---

① 《许文肃公遗集》,文海出版社 1968 年版,第 1010 页。
② 《许文肃公遗集》,文海出版社 1968 年版,第 1016 页。
③ 张侠等编:《清末海军史料》(上),海洋出版社 1982 年版,第 254 页。
④ 张侠等编:《清末海军史料》(上),海洋出版社 1982 年版,第 254—255 页。

三 编译《外国师船图表》

在出使外国十几年的时间里，许景澄的足迹遍及法、德、意、俄、奥等国，参观船厂、炮厂，并搜集相关材料，编译《外国师船图表》，于 1885 在柏林编译印行。后呈选清廷，供国内海军建设参考。

首先，他说明了"船学"的重要性。"国家声教四讫，穷发之北，天竺以西，航海款关，亘绝千古。凡夫格致之旨，攻守之械，或献其器，或播其书，涓流撮壤之积，毕萃山河。独船学繁密传之而不详，图之而寡要。"① 而"船学之大者，或课其理，或举其物，若重心吨力诸数龙骨以次诸工验钢、配钢之程，造甲、栓甲之概，至于汽机之制，日盛且新，又若锅炉之由方而圆，汽筒之易二为三，喷油代煤之奇，吹风增速之巧，近今格致未敢忽诸。若夫用之之道，首在人谋，其次得地利，又次察众寡、明攻守。而济以陆师，助以雷艇，亦宜事之不可无者也。"② 因此，他和随员刘孚翊与洋员金楷理合作，参阅各国甲船表，"损益旧文，更定义例，分别船式，以类相从，增巡船、炮船、雷艇等表，西书有图者摹而列之"③，对 19 个国家关于各种舰船制造、验定、性能，武器装备，舰船管理，战船使用的战术及舰船管理的相关章程作了说明，并附了大量图表。

其次，介绍了泰西铁甲的发展变化过程。他说："甲之初兴，炮皆旁列，上起炮门，下逾水线，鳞接翼舒，以多为贵，后房炮台炮，踵事改作前后有障，平乘有覆，扞蔽之方，益臻于备。洎乎今兹，甲日增厚，推絜重力几无以容，乃略彼散地，护其要害，质坚于前，制约于旧时，则有水线带之构，甲堡之峙，井架之连属舱口。甲之缮完，其船之程度，则又有双底以防其损，隔堵以御其漏，双螺轮以速其行，撞嘴以锐其触，雷筒以伏其射，以之自卫则固，以之攻人则厉。风气所导，月异而日新，自是而数百年之船制为一变焉。"不过，当时清廷内部很多人认为制造或购置铁甲船不仅费用高，而且不能完全御敌。对此，许景

---

① 《许文肃公遗集》，文海出版社 1968 年版，第 1125 页。
② 《许文肃公遗集》，文海出版社 1968 年版，第 1141 页。
③ 《许文肃公遗集》，文海出版社 1968 年版，第 1126 页。

澄解释道:"炮之彻札,必取正对,船行旋转,取准匪易,苟其无蔽,则小炮轻弹随触已毁。西人历验战事,每称薄甲之船必胜无甲,厚甲之船必胜薄甲,利钝之故,较焉可睹。"针对有人提出跨海远袭他国当然需要大型战舰,若画疆自守则只需坚其堡垒,或治其陆军也可自保的观点,许景澄也作了答对。最后他指出:"觇国者至即其船之多寡良楛,以为强弱之验。然则铁甲船者,殆天时人事之所迫,而既有其举,莫之能废者欤?"① 表明坚甲巨舰是海军取胜的关键,希望引起清政府的重视。

最后,分析了英国、法国、德国等国家的师船特点。他指出,英国能够成为海上强国,"赖师船四出,长驾远驭":"其官设之厂凡六,民厂以数十计,而善制甲舰者十有一,其外则有造雷艇之厂三,造汽机之厂四,权奇伎俩,艺政日新,船炮之利,甲于欧洲矣。"虽然目前英国受到德、俄、意、丹麦的竞争,"有他族滋逼之尤",但是"其取精用宏,固船学考镜之林也"②。而法国情况较为复杂,又不致力于变更船式,"共和煽乱,更立民主,党局分炽,各推厥魁,国相秉钧,罕有久任,物力耗绌,庶政未修,然其俗嚣动好战,不屑居人下,练兵治船,迄无宁岁。故其水师之盛,卒与英为亚,惟英之舰式屡制屡变,法则择式甚简,其异同、优绌之故,无以决焉"③。因此,法国每与英国角逐海上,累战不胜。德国自 1871 年实现统一后,经济发展迅速,很快成为欧洲强国。许景澄认为,德国陆兵之强为泰西之冠,但是对于海军建设并不重视,所置兵舰也为充数而已,不过自战胜奥、法之后,开始"增练水师,重犒厚饷,得胜兵之士六万,常隶于军者八千人,其海部长官士叩司以甲舰利便宣告议院,略言木质坚舸不能以敌,薄甲、碰船、雷艇不足恃,惟甲舰可御巨炮,因竭智经营,创兴船政"。虽然德国海军无法和英法相比,但是"其心计规画之所及,骎乎有进而日上之势"④。美国舰船发展较为缓慢,"顾其国崇守华盛顿遗约,不尚武功,不争属

---

① 《许文肃公遗集》,文海出版社 1968 年版,第 1123—1125 页。
② 《许文肃公遗集》,文海出版社 1968 年版,第 1126—1127 页。
③ 《许文肃公遗集》,文海出版社 1968 年版,第 1128 页。
④ 《许文肃公遗集》,文海出版社 1968 年版,第 1131 页。

地，又以与欧洲诸大国海疆画隔，如风马牛之不相及。陆兵常制仅二万六千人。二十年来于船工无甚增益，海军著籍悉旋台旧式，殆不免于因陋就简之讥"①。丹麦、瑞典、挪威等国，"一二兵舰尚足以自卫"，原因是"欧土公法有以维系之"，因此"亦以见小国守御之备，为不可忽也"②。这些介绍，为清廷了解世界大势，研究世界舰船制造史和航海史提供了宝贵的资料。

许景澄编译之《外国师船图表》一书，有多种版本问世：光绪十一年（1885）柏林使馆石印本、德国柏林使馆光绪十二年（1886）重版本、上海斐英馆光绪十四年（1888）石印本、浙江官书局清光绪二十二年（1896）石印本；还有不少抄本。维新运动期间，《湘学新报·湘学报》第14册"掌故学书目提要"介绍了《外国师船图表》一书。

该书刊印后也受到部分官绅的高度称赞。使馆参赞王泳霓称书中各表"视长广之比较则知形式之锐钝；审马力速率之同异则知汽机之优绌；考压水力之轻重则知容物之多少；稽时代之远近则知材质之功楛；验入水之深浅、炮力之大小则又以知其因地制宜，利用之道"。原福建船政提调周懋琦谓读该书之后，对"欧洲兵船之始末源流，与其更改异同，一切所以然之故，不啻烛照而数计"③。驻美国、西班牙、秘鲁三国公使张荫桓指出："师船图表始辑于刘孚翊，竹筼集大成而每因加之序，既洞识制器御侮之实，而犹不失中国士夫气概。"④ 甲午战争期间，御史安维峻在奏请慎购外船折中谓："若再购英国快船，何人管驾？且匆促造船，质量难保，虚糜帑项。当按许景澄《外国师船图表》酌定形式。"⑤ 1909年10月1日，出使意国大臣钱恂奏请朝廷续修《外国师船图表》，指出：《外国师船图表》"图之綦精，表之綦详，而解说

---

① 《许文肃公遗集》，文海出版社1968年版，第1137页。
② 《许文肃公遗集》，文海出版社1968年版，第1136页。
③ 皮明勇：《甲午战争前对西方海军建设理论和情况的译介及其影响》，《军事历史研究》1993年第2期。
④ 任青、马忠文整理：《张荫桓日记》，上海书店出版社2004年版，第111页。
⑤ 姜鸣编著：《中国近代海军史事日志（1860—1911）》，生活·读书·新知三联书店1994年版，第206页。

尤为明确，搜罗尤为周备"，是"海军中不可无、不可缓之书""极裨实用之书"①；1909 年 11 月，他在奏折中再次指出，《外国师船图表》一书，"关系船学之研究，关系海军之振兴"②。俞樾高度评价许景澄的外交才能，指出"能知外交学者，惟有许文肃公一人"，其所撰《外国师船图表》"具有深意"③。到了现当代，这部书也得到高度评价。乔伟等在其《德国克虏伯与中国的近代化》书中指出："在早期驻外使节中，许景澄对西方军事状况最为留心，曾编著有《外国师船图表》和《德国陆军纪略》，其中对各国水陆军备多有涉及，这可以从一个侧面认识克虏伯兵工产品在西方军事中的地位。"④ 吴熙敬指出：许景澄撰编的《外国师船图表》，不仅在帮助中国政府官员决策，帮助中国监造师验船，确保船舶建造质量上起到了积极作用，也为在中国传播和掌握西方近代海上军事科学技术作出了重要贡献。⑤ 这些评价充分说明了该书的价值。

　　许景澄对中国近代海军建设的关注，主要基于他对内政和外交关系的认识。他指出，国家内政对外交的作用非常重大，"中国内政涣驰，又不致力兵备，致为外人所轻，使事一无可为"⑥。同时军事上的强弱直接影响外交的成败，"维兵力之强弱，外患之动静系焉"⑦，在外交谈判中应"辩论与兵力每相须而行"⑧，充分利用国家已有军事实力。因此，为了实现建立强大外交基础的目标，许景澄积极支持国内的改革活动，参与中国近代海军、军港的筹建，提出了整顿海军和改革兵制的具体措施，对于巩固中国海防作出了一定的贡献。

（原载《山东师范大学学报》2009 年第 6 期）

---

① 张侠等编：《清末海军史料》（上），海洋出版社 1982 年版，第 422 页。
② 张侠等编：《清末海军史料》（上），海洋出版社 1982 年版，第 422 页。
③ 《许文肃公遗集》，文海出版社 1968 年版，第 1019 页。
④ ［德］乔伟、李喜所、刘晓琴：《德国克虏伯与中国的近代化》，天津古籍出版社 2001 年版，第 87 页。
⑤ 吴熙敬：《中国近现代技术史》上卷，科学出版社 2000 年版，第 349 页。
⑥ 《许文肃公遗集》，文海出版社 1968 年版，第 853 页。
⑦ 《许文肃公遗集》，文海出版社 1968 年版，第 89 页。
⑧ 《许文肃公遗集》，文海出版社 1968 年版，第 380 页。

周自齐与晚清维新运动

周自齐（1869—1923），字子廙，① 山东成武人。早年入广州同文馆和京师同文馆学习。光绪二十三年（1897）作为出使美国大臣伍廷芳的随员赴美，并就近到美国哥伦比亚大学留学。周自齐出国之时，适逢中国维新运动。他虽然远在国外，但仍旧关心国事。除了郭双林、潘光哲的论文中提及周自齐是《时务报》订户，曾为其寻找翻译人才，提供译稿外，② 学界尚无专文探讨周自齐在维新运动时期的表现。本文主要以周自齐在维新运动时期给汪康年的七封书信为依据，结合当时背景资料，对于周自齐与《时务报》的关系、创设女学堂、设立专利局、关注农学会等问题进行考证，以推进戊戌变法史、山东地方史和中国近代人物的研究。

一

周自齐出生官宦世家，其曾祖父周鸣鸾，曾任广东雷琼兵备道；祖父周毓桂，曾任广东雷州知府；父周镐秀，任广东候补巡检。因其父早卒，周自齐从伯父周少棠居住于广州。曾入学广州随宦学堂读书。③ 从

---

① 陈贻范、汪大燮在致汪康年的信中分别称周自齐为"芝仪""子仪"。见《汪康年师友书札》（二），上海古籍出版社1986年版，第2014页；《汪康年师友书札》（一），上海古籍出版社1986年版，第885页。

② 郭双林：《晚清驻外使领与维新运动》，《河南大学学报》1999年第3期；潘光哲：《〈时务报〉和它的读者》，《历史研究》2005年第5期。

③ 察应坤、邵瑞：《周自齐传》，山东画报出版社2011年版，第4页。

"弱冠"开始,他"刻苦自励,于学无所不窥。以为中外交通之世,非通别国语言文字,不能究其政治施为之本末,徒自锢于旧习,无益也"①。于是考入广州同文馆,专攻英语。由于在馆内刻苦学习,学业优秀,深受两广总督张之洞的器重。后来,张之洞以翻译生保送周自齐至京师同文馆。《京师同文馆学友会第一次报告书》中有明确记载光绪十六年三月(1890年4月),广东同文馆第三次咨送到京十二名,其中周自齐在这十二名之中。② 上海广方言馆和广州同文馆作为地方学校,"他们负有向京师同文馆保送优秀学生的义务。从1868年到1899年,广东同文馆共保送5批46名学生,上海广方言馆共保送5批28名学生。这些学生,来自较早对外开放的通商口岸,学习西学的环境较好,又系好中选优,所以素质较高,是京师同文馆学生中最好的一部分"③。光绪十九年《同文馆题名录》曾刊登前一年大考榜单,其中"英文照会译汉"一科,马廷亮与周自齐名列一二名,他们二人属馆中英文翻译的佼佼者。④ 在京师同文馆学习时,周自齐既努力把功课学好,又关心国事,特别是中日甲午战争爆发之前,他与长德、陈贻范、桂绅简等同文馆学生为当时清政府翻译的关于日本的动态日报,以供国内当政者参考。⑤

光绪二十年八月(1894年9月),周自齐参加顺天乡试,录为副榜。⑥ 当时乡试"同考官"吴士鉴认为周自齐的答卷"援泰西科学,为经义之证,诧为奇才",自此之后周自齐之名,"振于京师"⑦。光绪二

---

① 柯劭忞:《勋二位国务总理周公墓志铭》,载卞孝萱、唐文权编《辛亥人物碑传集》,团结出版社1991年版,第324页。
② 朱有瓛主编:《中国近代学制史料》第1辑上册,华东师范大学出版社1983年版,第54页。
③ 熊月之:《西学东渐与晚清社会》,上海人民出版社1994年版,第314页。
④ 李文杰:《总理衙门的翻译官》,《历史档案》2011年第2期。
⑤ "同文馆学生周自齐译日报:光绍二十年五月二十七日(1894年6月30日)",见戚其章主编《中日战争》第5册,中华书局1993年版,第15—16页。
⑥ 《同文馆题名录》(1898)记载历年科甲人员,其中提到周自齐"同知衔分省补用知县周自齐(甲午科副榜)"。见朱有瓛主编《中国近代学制史料》第1辑上册,华东师范大学出版社1983年版,第63页。
⑦ 柯劭忞:《勋二位国务总理周公墓志铭》,载卞孝萱、唐文权编《辛亥人物碑传集》,团结出版社1991年版,第324页。

十二年十月（1896年11月），清政府任命伍廷芳为驻美国、西班牙、秘鲁公使。接到皇帝任命当日，伍廷芳即收到推荐人的"条子三百余"①。户部侍郎张荫桓欣赏周自齐的才能，遂把他推荐给伍廷芳。"自是公留于美国十有余年。历数使，皆倚公如左右手。"② 光绪二十三年二月（1897年3月），伍廷芳率三等参赞、随员周自齐、卢鼐勋、翻译何怙、王心镜等人从上海启程，至三月到达美国首都华盛顿，向美国总统递交国书，就任清朝驻美公使。周自齐成为清政府驻美使馆的正式组成人员。③ 光绪二十三年至二十四年（1897—1898），周自齐一方面在国外协助伍廷芳抗议美国排华以保护在美华侨的生命财产安全，陪伍廷芳去费城参加商务博览会开幕典礼；另一方面他给当时《时务报》经理汪康年七封信，表达对中国维新运动的关注。

二

甲午战争以后，为开风气、广见闻，国内有识之士组织学会，开办报馆。光绪二十二年七月（1896年8月），汪康年、梁启超等人在上海创办了《时务报》，其办报方针是以译报内容为主，兼及政论，"主于使吾华士夫周知中外情事，故于西报之陈说中国利病者则详译之，于西政之可为吾华法戒者亦兼译之"④。即通过"译报"以传播西方新闻来开阔国人眼界，并为政治变革提供参照。周自齐不仅订阅《时务报》，而且积极为报馆找寻译才、提供译稿，关注《时务日报》的刊行等。

（一）为《时务报》馆寻找使署译件、推荐译才

《时务报》的英文翻译张坤德、曾广铨等人曾为该报的"西文报

---

① 丁文江、赵丰田编：《梁启超年谱长编》，上海人民出版社1983年版，第55页。

② 柯劭忞：《勋二位国务总理周公墓志铭》，载卞孝萱、唐文权编《辛亥人物碑传集》，团结出版社1991年版，第324页。

③ 《同文馆题名录》（光绪二十四年刊）记载"光绪二十一—二十四年（1894—1898）的外差人员"中表明周自齐"出使美国参赞"，在"出洋人员"中表明周自齐"同知衔候补知县（出使美国翻译官）"。见朱有瓛主编《中国近代学制史料》第1辑上册，华东师范大学出版社1983年版，第69、70页。

④ 《时务报》第38册，光绪二十三年八月十一日（1897年9月7日）。

译""路透电音"栏目的译稿做出很大贡献。但为了掌握更多的国际新闻线索,扩大信息量,汪康年曾致信当时在驻美使馆工作的周自齐,让其帮助在驻美使馆寻找新闻译件,推荐翻译人才。周自齐在光绪二十三年八月二十九日(1897 年 9 月 25 日)回复汪康年:

> 昨奉□月廿三日手示,使署新闻译件遍查无之,询诸翻译旧人,均言向不存稿,多半译人取回,且连年迁居,均已散佚,函询英馆亦然,怅怅。①

在信中,他很遗憾地告知汪驻美英使馆内均无存新闻译件。同年十月二十六日(11 月 20 日),他致函汪康年时又提到"两馆译件实在无存"。②同时,他还帮助《时务报》馆寻找译才。他主要介绍驻英使馆人员:

> 安生兄译事,即日函告,俟得复信,再奉达,或迳由安生自达。又函托英馆翻译,遇有可采译,汇交安生斟酌去留,随时寄上。容揆(号赞虞)已来英署,洋学颇通(指语言文字而言),已将贵馆译报章程告之,日间当有信件寄上。施植之学尚浅(较中国译生已觉其胜数倍,而远逊容揆),已往纽约大学读书,不暇兼及译事矣。③

信中所称"安生",即陈贻范(1870—1919),江苏苏州人。早年曾在上海广方言馆学习英文,因成绩优异,光绪十六年由南洋大臣咨送京师同文馆,经总理衙门保奏为同文馆七品翻译官。光绪二十二年(1896)被总理衙门派往英国林肯法学院学习。同时,陈贻范还按规定进入清朝驻英使馆当三年见习生,主要任务是充当使馆翻译。④ 周自齐

---

① 上海图书馆编:《汪康年师友书札》(二),上海古籍出版社 1986 年版,第 1173 页。
② 上海图书馆编:《汪康年师友书札》(二),上海古籍出版社 1986 年版,第 1175 页。
③ 上海图书馆编:《汪康年师友书札》(二),上海古籍出版社 1986 年版,第 1173 页。
④ 王冀青:《斯坦因与陈贻范交游考》,《南京师大学报》2007 年第 4 期。

与陈贻范为京师同文馆同学,又在同年派驻国外,两人关系较好。周自齐介绍了安生(即陈贻范,"安生"为其字)、容揆、施植三人的情况,并将《时务报》馆的译报章程告之,其中前两人能够参与译事,后者因去美国纽约大学读书而无暇顾及。

陈贻范在收到周自齐的信函后,很快给汪康年去信。他说:

> 久闻隆名,未得识荆。兴念及此,每为歉然。顷读敝友芝仪兄书,知尊馆以报务日扩,拟添翻译数人,已荐不才,承充斯缺,并蒙先生允许先译时论数则。……今既承芝兄之荐,在贵馆忝司译务,拟即将此新书分次翻译,每月约寄一恰谱脱。①

信中提到周自齐的推荐,未及时认识汪康年的遗憾,同时感谢汪康年的看重,并将所译之打算做了说明。不久,陈贻范生病,对翻译遂感力不从心,不能按时为《时务报》提供译稿。于是他给周自齐去信说明情况。他说:

> 芝仪兄长赐鉴:
> 　　两奉手书,因病未获修复,抱歉之至。弟自八月节后,全身发肿。请西医诊视,据云伤及内肾,投以药剂,虽亦有效,终不能霍然。兼之此间逆意之事恒多,中心未免焦闷,药之不能大见功者,半由于此。穰翁志在广开风气,所商译事,弟本当应命照办。惟现在病情如此,弟书极难译,若译万字,精神恐不继,倘可月译七八千之数,则当仰体汪君之意,勉强从事。薪水多寡,决不计较。至英馆译事,无可抄录,方命歉然。以上各情,祈便达穰翁为感。
> 　　此复,即请升安。弟陈贻范顿首。②

---

① 上海图书馆编:《汪康年师友书札》(二),上海古籍出版社 1986 年版,第 2014—2015 页。着重号为笔者所加。

② 上海图书馆编:《汪康年师友书札》(二),上海古籍出版社 1986 年版,第 2017 页。

收到陈贻范的书信后，周自齐遂在光绪二十三年十月二十六日（1897年11月20日）致函汪康年谈及陈贻范目前的情况。"安生已有回信，久病新愈，确系实情，月译七八千，截长补短，亦无不可，薪金任定，安生不计较也。原函附呈，乞詧阅。"① 同年十二月二十六日（1898年1月18日），他再次致函汪康年："安生译事，即告之，彼亦乐于赞助，无不允也。"② 陈贻范不负周自齐的推荐，他先后为《时务报》提供了《俄人蚕食太平洋迤北边地考》《英京日报馆访事人郎夺君游藏被难略述》《英国威思德敏思偷读书堂章程》《英相沙侯要议院宣论东方事》《英议院绅及外部侍郎宣读东方事》等译稿。

（二）订阅《时务报》等报刊

受甲午战后民族危机的刺激和资产阶级维新派的鼓动，国内各地创办了不少报刊。主要有《时务报》《知新报》《国闻报》《湘学报》《农学报》《集成报》《富强报》《实学报》《无锡白话报》《译书公会报》等数十种。周自齐虽身在国外，但比较关心国内兴起的维新运动。为了解国内情况，他订阅了《时务报》《知新报》《农学报》《实学报》等报纸。

他在光绪二十三年八月二十九日（1897年9月25日）给汪康年的信中说：

> 《时务报》费，弟付之今年七月，现仍送报，《知新报》未付钱。《实学》、《农学》等报弟亦愿看一份，均定一年。惟为款无多，汇寄不便，已函致舍下拨交颂哥代致。乞告知账房诸公（《知新报》）。并请代定《农学》、《实学》一份，按期寄下，费神感甚。③

从这封信中可以看出，他最先订阅的是《时务报》。关于《时务报》的费用，根据该报每册的封面中说明："每册取纸料费一角五分，

---

① 上海图书馆编：《汪康年师友书札》（二），上海古籍出版社1986年版，第1175页。
② 上海图书馆编：《汪康年师友书札》（二），上海古籍出版社1986年版，第1175页。
③ 上海图书馆编：《汪康年师友书札》（二），上海古籍出版社1986年版，第1173—1174页。

订阅全年者取费四圆五角，先付资者取费四圆。"当时，周自齐订购一年，付款之当年七月，但至八月份时仍收到《时务报》。他在信中所说之《知新报》，是光绪二十三年正月（1897年2月）在澳门创刊的发表维新言论，宣传变法方针的报纸。其费用为"每册取费一毫，阅一月者五毫，全年先交费者四圆半，前完者五圆算。南洋八圆，美洲十圆"。周自齐函请汪康年告知《知新报》管理账房之人，因费用较少，不方便汇寄，已托人代为交至报馆。

另外，他在信中所提到的《实学报》，为光绪二十三年八月（1897年8月）在上海创刊的报纸。"以讲求学问，考核名实为主义，博求通议，广译各报，内以上承三圣之谕，外以周知四海之"为办报宗旨。至于《农学报》，为农学会于清光绪二十三年四月（1897年5月）由罗振玉等人在上海创设的报纸。创刊初期主要是翻译外文农书、农报为主。周自齐致函汪康年，表示"愿看"《实学报》《农学报》，希望汪康年代为订购。周自齐通过订阅《时务报》《知新报》《实学报》《农学报》等，成为这些报纸的读者，这也是他了解国内动态的主要途径。

（三）为《时务报》提供译稿

《时务报》的译稿，主要由馆内的英文、日文、俄文、法文翻译等人提供，同时它也需要外来稿，并为之提供稿费。徐建寅将在德国任参赞时所译译稿《伏耳铿制造股会章程》寄来，清政府驻西班牙使馆参赞黄致尧主动投寄译稿《法国印花税章程》等。周自齐为《时务报》馆提供了美国进口茶叶条例、户部立定茶瓣章程、茶叶进口验叶章程等。

光绪二十三年九月初六日（1897年10月1日），他从华盛顿致函汪康年：

穰翁先生足下：

美议院以近来进口茶叶质劣味坏，服之致疾，因于本年新定条例，严定茶式，合则准进，否则退回。此例既行，环球称便，各国茶商咸有吉色。盖前此茶未精选，人多食加非之苦辣等物代茶。今既严加剔选，食茶者日多，而销路益广。中国茶商素图小利，今见无利可图，当亦翻然知悔，未始非吾华茶务一大转机也。特将原文译出呈电，如可采用，乞付印为幸。

专此，即叩著安。

世小弟周自齐顿首。九月初六日华盛顿发。①

汪康年收到周自齐的译稿后，遂在《时务报》第46册登载《美国新定禁止粗劣各茶进口条例》，并表明"驻美使署翻译官周自齐译寄"。其内容包括十二款，其第一款明确指出"美国上下议院会议妥定，一千八百九十七年五月一号即光绪二十三年三月三十日起，凡各国商人运来美国之茶，其品比此例第三款所载官定茶瓣较下者，概行禁止进口"。并附有《户部立定茶瓣章程》，其中涉及中国茶叶，"第一号台湾岛龙、第二号福州岛龙、第三号厦门岛龙、第四号中国北方工夫茶、第五号中国南方工夫茶……以上……茶叶，内掺碎末，不得逾一成，当用第廿六号铜线造之第十六号筛筛过"。在文后，周自齐指出"上开中国各茶，脱漏尚多，业经伍大臣知照美外部转知户部添入矣"②。光绪二十四年二月二十三日（1898年3月15日），周自齐告知汪康年："茶叶进口验叶章程，伍使与美外部再三驳诘，颇有增改，已由户部两次刊定新章通行，特为译出寄上，即希酌削采刊，俾众周知，不无小补。"③ 可惜这篇译作未见在《时务报》登载。

迄今所能看到的，周自齐的译作只有这些。至于周自齐为何未能为《时务报》馆提供更多的译稿，主要原因是使馆内繁杂事项，影响到他的翻译。他曾多次告知汪康年使馆内部工作繁杂，无暇从事译事。"盖自颂哥行后，此间事更繁杂，日无刻闲，惟晚不出应酬，尚略可休息做为己功夫也。"④ "此间自颂公行后，事更忙冗。"⑤ "弟得闲时少，拂意时多，译书一节，竟无一纸能成，歉歉。"⑥ 关于周自齐的翻译水平，

---

① 上海图书馆编：《汪康年师友书札》（二），上海古籍出版社1986年版，第1174—1175页。
② 《时务报》第46册，光绪二十三年十一月初一日（1897年11月24日）。
③ 上海图书馆编：《汪康年师友书札》（二），上海古籍出版社1986年版，第1179页。
④ 上海图书馆编：《汪康年师友书札》（二），上海古籍出版社1986年版，第1173页。
⑤ 上海图书馆编：《汪康年师友书札》（二），上海古籍出版社1986年版，第1175页。
⑥ 上海图书馆编：《汪康年师友书札》（二），上海古籍出版社1986年版，第1175—1176页。

应该不容置疑。他是广州同文馆和京师同文馆学习英语的佼佼者。但汪大燮有不同意见。光绪三十一年（1905），驻英公使汪大燮路经美国，曾在清朝驻美使馆短暂停留，了解馆内运作的许多内情，他在给汪康年信中说："周自齐在美亦多年，然仅能洋译汉，实不能汉译洋，洋文亦竟不能动手也。……兄闻之周子仪（笔者按：子仪为周自齐字）云：渠在中国自以为极优矣，到美后始知不足，至今竟不敢动手，不过看得懂而已。同文馆出身之学生如子仪、安生者，在洋多年尚如此，其余可恃乎？"① 表明他对翻译官外文水平的怀疑，同时也看出周自齐的谦虚谨慎。

（四）关注《时务日报》的创刊

《时务报》刊行后，风行一时，但其为旬刊，不能满足当时的需要。1897年年底，汪康年决定筹划创办日报，认为日报能够"通消息，联气类，宣上德，达下情，内之情形暴之外，外之情形告之内"②。周自齐在《时务日报》筹办之初即较为关心。光绪二十四年正月十五日（1898年2月5日），他在给汪康年的信中表达了自己的观点。

> 闻颂哥纠办《时务日报》，与《时务报》相辅而行，诚不可缓。惟只言中国事，究嫌囿于一隅，宜兼采译路透电报，按日排印，似更美备。外洋诸大报馆皆公订合同，遇有新闻，彼此电达，交易登载。其电报费亦经与电局商妥，格外从廉。美国本地报馆电传新闻，每字收费只一二仙，若有大事随时酌减，故信息灵通，记载征实。今设日报宜仿其法，闻日本已行之，想电局杏孙太常救时念切，当必勉从也。（在电局毫无所损）。体例未见，不知如何分类。分省分地均可，总以眉目清楚为妙，一得之愚，希酌之。③

分析信函中所说，约有四个要点：一是认为创办日报，是诚不可缓

---

① 上海图书馆编：《汪康年师友书札》（一），上海古籍出版社1986年版，第884—886页。
② 汪林茂编校：《汪康年文集》上册，浙江古籍出版社2011年版，第48页。
③ 上海图书馆编：《汪康年师友书札》（二），上海古籍出版社1986年版，第1176—1177页。

之事；二是提议报纸不能仅登载中国事情，应该采译路透电报的内容；三是建议仿照美国之法，各报馆之间订立合同，遇有新闻，彼此电达，交易登载；四是报纸体例，应眉目清楚。同年二月四日（1898年2月24日），他再次致函汪康年："《时务报》想已开办。乞惠寄数张，同人有愿阅者。"① 因《时务报》早已发行，周自齐也订阅该报，故此处应为《时务日报》。

光绪二十四年闰三月（1898年5月），《时务日报》在上海正式创刊，以刊登新闻、评论时政为主。汪康年在《时务日报》第一期发表《论设立时务日报宗旨》并章程十三条及讨论六条，明确指出"本馆之意，在转圜时务，广牗见闻"，对于刊登之"论说之文""所登新闻""采译西报""奏疏、章程、条陈等件之关于时务者"等作了明确规定，并在版面上有所要求，"报纸分为三层，俾阅者少省目力，句读加点，以清眉目"，"首页开明目录，告白分别门类，以便检览"②。《时务日报》分版编排，每版分栏，开明目录，句读加点，揭开了现代报纸版面的序幕。

三

除了关注与《时务报》有关的事项外，周自齐对维新运动时期的女学堂的创办、农学会的发展、振兴工商、教育革新等问题表达了自己的看法。

（一）上海新设女学堂

为了救亡图存，女子教育成为维新派倡导变革的重要内容。光绪二十二年（1896），梁启超在《变法通议·论女学》中指出："推及天下积弱之本，则必自妇女不学始。"即中国积贫积弱的根本原因归结于女子未能接受教育。次年11月，梁启超有《倡设女学堂启》，呼吁设立女子学堂。在梁启超、康广仁等人的协助下，经元善从光绪二十三年（1897）夏开始筹划设立中国女学堂，并于次年五月正式开学。

周自齐两次致函询问汪康年女学堂创办之事。他在光绪二十三年十

---

① 上海图书馆编：《汪康年师友书札》（二），上海古籍出版社1986年版，第1179页。
② 汪林茂编校：《汪康年文集》上册，浙江古籍出版社2011年版，第48—50页。

二月二十六日（1898年1月18日）致函汪康年：

> 女学堂已开办否？始创规模，想不能大，招生尤须认真，毋滥，毋杂。诸君子提倡风气，所造不浅，既有成效，四方当继起矣。此举似非道谋开成，足下与卓如宜以全力图之，诸公辅之，有司持之而已。瞽见当否？①

在信中，周自齐谈及女学堂规模不宜过大、招生须宁缺毋滥，以及称赞汪康年、梁启超等人开拓风气的贡献等。

光绪二十四年正月十五日（1898年2月5日），他再次致函汪康年询问此事：

> 女学堂事如何？需费孔繁，固赖大力为之提倡，尤宜多立缘簿，各省劝捐，彼优婆立庙可集巨款，岂有开风气、培国本、敦教化若女学堂者，顾避嫌不为哉。舍募劝外，别无良法，先生以为然否？②

由于经元善所办女学堂为个人发起的民办学堂，其办学经费只能通过捐款和收取学生的学费来解决。周自齐的建议也是希望多方筹措办学款项，尤其是利用募捐形式，并再次肯定办女学堂的作用。

（二）农学会的渔业、棉种事宜

维新运动时期，学会林立，尤其是直隶、上海、湖南、湖北、广西、浙江、陕西、贵州等地成立不少学会。周自齐主要关心的是上海农学会。

上海农学会，又称务农会。光绪二十二年（1896）冬由罗振玉、徐树兰等人在上海组织成立。农学会的宗旨是"采用西法，兴天地自然之利，植国家富强之原""将以广树艺，兴畜牧，究新法，浚利源"③。同时创办《农学报》，"专译各国农务诸报，及本会开办后一切

---

① 上海图书馆编：《汪康年师友书札》（二），上海古籍出版社1986年版，第1176页。
② 上海图书馆编：《汪康年师友书札》（二），上海古籍出版社1986年版，第1178页。
③ 《务农会章》，《知新报》第13册，光绪二十三年三月二十一日（1897年4月22日）。

情形"①。主要栏目有奏折录要、各省农事、西报选译、东报选译、农会博议等栏目。

周自齐到美国不到半年,即致函汪康年,"顷阅农部去年《政要》(最新之书),有种葡萄法一卷,颇新且详,日来拟拨冗为之,不识能成否?"②表示对种植葡萄方法的兴趣。次年正月,他在致函汪康年时,指出:

> 农学会近状如何?(报自十四号后久未见来。)教养两端万不可缺,万不可缓。渔务亦宜讲求,水之鱼鳖,陆之畜牧,重力相等。蚕务、茶务,近日已稍有转机,宜及渔务。中国江海河湖无处无之,利之所在,毋令旷废。孟子言王政,鱼鳖不可胜食;管子治齐,亦讲鱼盐之利。美国渔利岁进四千余万,日本亦为大宗,其讲求之法,亦周且备。省设渔务局、专员理之。(农务学生,有专习渔事者,四年毕业。)蓄鱼有法,育鱼有经,捕鱼有时。顷设鱼会于南省覃壩地方,政府邀中国赴会,弟捧檄往见,其试验各法,议论各条,皆切实可行,于中国尤有大益,俟稍暇当采辑寄上,转交农学会酌正。同会诸人,拟于一千九百年重为万国大会于巴黎,邀弟入会,弟已签名交去,会中人亦肯联络,此后一切事宜,均可随时询访。如农会诸君子不嫌谫陋,弟拟附名会末,遇有闻见,迳达会中,惟译事实无暇兼任,尚祈诸君子鉴宥也。附上去年《渔务报》二册,乞转交农会察收为叩。③

在此封信中,周自齐告知汪康年,《农学报》自14号后久未能收到;重点是告知他对渔务的看法,尤其是美国渔务管理情况,并将搜寻到的《渔务报》寄给汪康年转交农学会。

---

① 中国史学会主编:《戊戌变法》(四),上海人民出版社、上海书店出版社2000年版,第428页。
② 上海图书馆编:《汪康年师友书札》(二),上海古籍出版社1986年版,第1173页。
③ 上海图书馆编:《汪康年师友书札》(二),上海古籍出版社1986年版,第1177—1178页。

周自齐还帮助购买棉种。光绪二十四年二月初四日（1898年2月24日），他在致函汪康年信中指出："今晨奉客腊廿五惠书，属购棉种，此间（华盛顿本城）并无佳种，已托农会中人电南省代购一百二十磅。（极佳者约美洋一元五角可购三十磅，若购三百磅，当可核减。）约后日可到，当即交寄也。"① 同年二月二十三日（1898年3月15日），他在致函汪康年时再次指出："棉子共购一百二十磅，盛以大木箱，万勿受潮，交金山轮船寄上，日间可到。由华盛顿到金车费已付，由金至沪水脚不知若干？已托金山领事代垫，如其未付，到时请询明给发可也。从前所寄棉种，系向农部要的，不甚见佳，此番特托农学中人电南省选购，当较胜也。所有购价车费，均拟由弟捐出，请转达会中，不必计数矣。"②

（三）主张兴银币、开博览会、设立专利局

甲午战后，清政府鉴于此前的自强新政并没有达到富国强兵的预期目标，于是"反省"过去的政策措施，转换经济政策，"以筹饷练兵为急务，以恤商惠工为本源"③。尤其是在恤商惠工方面，清廷采取了不少振兴工商的举措。周自齐对国内经济改革也较感兴趣。光绪二十四年正月十五日（1898年2月5日）他在给汪康年的信中言"中国行银币，外似吃亏，然能兴制造，运销外洋，操奇计赢，正是良会"，不过他又指出"兴制造，非设博览赛物会不可"，"设赛物会获益最大"。但他认为设博览会需费颇繁，非目前物力所可给，"则莫如速设发给专利执照局（即丕但也。④）美国此例最宽，自船、车、炮、械之大，以至铁钉、笔头、门环、丝线之细，凡有新造一样（只较旧者合用，不必独出心裁也），无不准给执照。盖一室之中，专利之物十居八九焉。故工艺之兴，亦速于他国，中国工贱物博，尤宜仿行，以收实利。刻下虽有地方官出示存案，亦只行于一方，不能遍达。顷搜得美国新发给丕但执

---

① 上海图书馆编：《汪康年师友书札》（二），上海古籍出版社1986年版，第1178页。
② 上海图书馆编：《汪康年师友书札》（二），上海古籍出版社1986年版，第1179页。
③ 朱寿朋编：《光绪朝东华录》，中华书局1958年版，第3631页。
④ "丕但"即英文"patent"的汉译，现译作"专利"。

照、章程、则例各一本寄上,乞择译刊报,倘见诸行事,不无小补于工艺也。"① 同年二月初四日(1898年2月24日),他在致函汪康年时再次表明已经将"丕但"章程寄过去。

周自齐在信中谈论中国行银币、办博览会、发行专利的重要性。当然不止周自齐一人具有这样的认识,但正是他们的呼吁促使清廷最终在戊戌变法时期颁布《振兴工艺给奖章程》等法规并进行其他经济改革。

(四) 教育卫生

变革旧的教育制度是维新运动的重要内容。张之洞、陶模、李端棻等人在甲午战后都对旧的教育制度提出了批评,并提出推广学校、广立报馆、选派游学、开译书局等主张。周自齐在国外主要是通过翻译有关美国学校之书和收集学校章程,来表达对国内教育改革的支持。光绪二十三年十月廿六日(1897年11月20日),他在致函汪康年时说,准备尝试翻译美国学校之事。两个月后,他再次致函汪康年:"各学友赠来《大学章程纪事》十本,预备考入大学课程一本。每夏暑假时,辄开学堂,凡中学生徒卒业者,咸往肄习,以便秋试入大学。统以奉赠,即希哂存。此外有用之书,仍当随时奉寄也。"次年正月十五日,他致函汪康年提到"前寄学堂章程二包,谅递到矣",同时告知他已将卫生防疫章程及照片寄给汪康年,"西人卫生防疫之法,船只由有疫之地来者,须由医生熏沐一次方许进口,亦有深意。搜得章程一本,照式两张寄上,希存之,以俟异日之用"②。

(五) 关注开风气、德占胶州湾、粤汉铁路修建

公车上书失败后,康有为等联络官员在北京组织强学会,定期组织演讲,议论时政,宣传维新变法。虽然后来强学会被封禁,但议论时政的风气已开,各地学会、学堂和报刊纷纷出现。周自齐在给汪康年的信中指出:"中州风气,近得诸君子大力维持,当日进矣。各省提学、督抚若能相助,事半功倍,外省云应风从,京朝大老欲沮末由矣。为大局

---

① 上海图书馆编:《汪康年师友书札》(二),上海古籍出版社1986年版,第1177页。
② 上海图书馆编:《汪康年师友书札》(二),上海古籍出版社1986年版,第1176—1177页。

计，诸君子尤贵联络声气，庶几收效加速，亮不惑迂儒朋党社祸之说也。狂妄之见，祈教之。"① 光绪二十三年十月（1897年11月），德国侵占胶州湾，引发列强瓜分中国的狂潮。在严重民族危机的刺激下，康有为上书光绪帝，指出形势迫在眉睫，如果再不变法，将会国亡民危。周自齐认为："德人踞胶岛，此间共传，积弱受欺，至此已极！翘望神州，不禁三叹！"② 光绪二十四年（1898），湘、鄂、粤三省绅商要求自行集股修建粤汉铁路，但清政府让驻美公使伍廷芳与美国美华合兴公司在华盛顿签订了《粤汉铁路借款合同》。湘、鄂、粤三省绅商和对朝廷出卖路权给美国极为不满。他们强烈要求废除合同，收回路权，由三省自办粤汉铁路。周自齐为广东政要梁士诒代拟赎回粤汉铁路主权的奏章，并大力支持赎权行动。③ 后来在民众的压力下，清政府被迫从美国手中赎回了粤汉铁路修建权。

四 结论

长期以来，学界对于周自齐的了解，主要局限于创建清华学堂的贡献以及民国时期的从政活动，很少有人关注他在晚清维新运动时期的具体表现。其实，甲午战后中国开展的维新运动，国内外都较为关注。晚清驻外公使及其随员以特有方式积极参加了这场变法运动。驻德公使吕海寰和驻美公使伍廷芳等人主动上奏朝廷，鼓吹变法，支持新政；各使领馆的参赞、随员虽没有资格直接上奏朝廷，但他们通过其他方式积极参与维新运动。周自齐即通过与汪康年的通信，与维新运动联系到一起，同时信中内容也让我们看到了周自齐在维新运动中的表现以及为促进近代中国社会变革作出的贡献。

（原载朱亚非主编《山东地方史研究》第2辑，山东人民出版社2016年版）

---

① 上海图书馆编：《汪康年师友书札》（二），上海古籍出版社1986年版，第1174页。
② 上海图书馆编：《汪康年师友书札》（二），上海古籍出版社1986年版，第1175页。
③ 察应坤、邵瑞：《周自齐传》，山东画报出版社2011年版，第12页。

救亡图存的重要探索

——纪念戊戌变法 120 周年

中日甲午战争失败之后，以康有为、梁启超为代表的维新派发出"外患乃以兴邦"的呼声，把维新变法与救亡图存结合起来。但他们的变法主张引起了洋务派和守旧派的反对。德国侵占胶州湾，使得维新变法进入高涨时期。光绪帝决心变法，虽然各省督抚执行态度不一，但山东巡抚张汝梅尚能认真落实朝廷新令。戊戌变法的失败，使许多爱国志士坚定走上革命的道路。

一 甲午战败与变法初起

戊戌变法不是一个突发事件，它是同近代中国社会出现的严重民族危机紧密联系在一起的。尤其是 1895 年甲午战争失败的创剧痛深，给中国人强烈的刺激，中华民族危机空前严重，也进一步唤醒了中华民族的群体意识。梁启超说："吾国四千余年大梦之唤醒，实自甲午战败，割台湾、偿二百兆以后始也。"[①] 为了救亡图存，中国社会各阶级广泛地动员起来，以各自不同的方式，投入到民族救亡运动当中。以康有为为代表的维新派发出"外患乃以兴邦"的呼声，把维新变法与救亡图存有机结合起来。

1895 年春，康有为、梁启超等在北京参加会试期间，传来日本逼迫中国签订《马关条约》的消息。京城的官员和士子纷纷联名上书反

---

① 梁启超：《戊戌政变记》，载《饮冰室合集》专集之一，中华书局 1989 年版，第 1 页。

对。康有为联络各省在京举人集议上书，提出拒签和约、迁都抗战、变法图强三项建议，史称"公车上书"。尽管这次上书连都察院都未送到，但是这一政治行动，已经冲破了长期以来封建王朝规定的不许"庶民干政"的禁令，是近代中国知识分子第一次掀起的群众性爱国运动。

希望中国变革以挽救危亡的呼声，不仅是具有维新思想的士绅和知识分子的专利，而且成为清廷不少高级官员的心声。帝师翁同龢、总督张之洞等官员也积极主张变法。翁同龢会见康有为，与他通信，商讨变法事宜。张之洞、袁世凯、陈宝箴等资助维新派办学会、学堂、报纸。北京强学会在帝党官僚的支持下成立，汇集了趋于维新的各种人士。康有为曾夸张地说，强学会"创办以来朝士云集，军机总署御史翰林各曹来会者至百数，几与外国议院等"[1]。湖南的时务学堂在湖南巡抚陈宝箴的支持下成立，以"中西并重"为教学宗旨，培养造就了一些初步了解西学的新式人士。报纸以上海《时务报》、天津《国闻报》、澳门《知新报》为最。《时务报》以"变法图存"为宗旨，刊发大量宣传西学、倡言民主、鼓吹变法的文章；《国闻报》以"求通"为宗旨，刊载通上下之情、通中外之情的文章；《知新报》大量宣传西方的政治、经济、文化制度，鼓吹康有为的维新变法思想。在康有为、梁启超、严复等维新志士的宣传、组织和影响下，全国议论时政、集会结社的风气逐渐形成，各类学会、报馆相继成立。据统计，到1897年年底，全国出现了讲求变法图强的政治性学会30多个，新式学堂近20所，报刊20种左右。这些举措极大地冲击了封建腐朽的思想文化和顽固守旧的社会，开创了一个维新变法的新局面。

二 胶州湾事件后变法进程加快

维新派进行的变法宣传，最初得到广泛的响应。但是，他们把兴民权、设议院作为宣传工作重点之后，引起封建守旧派和不主张改变封建

---

[1] 康有为：《万木草堂遗稿外编》下册，成文出版社1978年版，第568页。

制度的洋务派的强烈反对。张之洞在《劝学篇》中说，"民权之说一倡，愚民必喜，乱民必作，纪纲不行，大乱四起"①；叶德辉等在摘评湖南时务学堂课艺时，认为"民有权，上无权矣"②，"议院设而废君，大逆不道之事多矣"③。维新派则用西方资产阶级政治学说，对封建君主专制制度作了批判，认为只有兴民权、开议院，实行君主立宪，才是"治国之大经"。同时，维新派批评守旧派和洋务派反对改科举和兴西学的观点，痛斥八股取士的科举制度是"牢笼天下"的愚民政策，因此要救国必须废除八股、改科举，办学堂、兴西学。这场论争开阔了新型知识分子的眼界，西方资产阶级的政治学说在中国得到进一步的传播，为维新运动提供了思想武器。

以德国侵占胶州湾为契机，维新变法开始进入高涨时期。1897年11月，德国借口在山东巨野县两名传教士被杀，派军舰侵占我国的胶州湾。此时康有为正在北京，敏锐地觉察到列强瓜分中国的图谋，立即向光绪皇帝上书，指出"万国报纸议论沸腾，咸以瓜分中国为言"，正如"箭在弦上，省括即发"，建议皇帝当机立断，发奋维新，实行开国会、立宪法等十余项主张。因工部尚书不肯代递，这次上书仍旧未能呈到光绪皇帝手中。不过，康有为的变法主张引起了帝师翁同龢的注意。他向光绪皇帝推荐康有为，同时给事中高燮也上折保荐康有为。于是1898年年初，光绪帝令有关大臣传询康有为，听取他对变法的意见。康有为说明了变法的必要性、紧迫性和变法步骤，特别强调中国应该学习日本明治维新。翁同龢向光绪帝奏报传询情况，光绪帝令康有为随时上奏言事和进呈所著书籍。康有为奉旨之后，写成上清帝第六书，建议光绪帝下定决心，效法明治维新，通过大誓群臣以革旧维新、开制度局于宫中以定新制、设待诏所许天下人上书等步骤以施行新政。光绪帝深受触动，将此放置案头，日加披览，并下发至总理衙门，让大臣们讨论

---

① 张之洞著，李忠兴评注：《劝学篇》，中州古籍出版社1998年版，第86页。
② 朱有瓛主编：《中国近代学制史料》第1辑下册，华东师范大学出版社1986年版，第287页。
③ 叶德辉：《翼教丛编》卷5，载沈云龙主编《近代中国史料丛刊》第65辑，文海出版社1971年版，第354页。

如何实施。5月，一直阻挠变法的恭亲王奕䜣病死，康有为立即鼓动帝党官员上书敦促变法，并代拟两封奏折请光绪帝明定国是，立即开始变法。光绪帝派人将奏折送呈在颐和园的慈禧太后，太后阅后同意按此折变法。

6月11日，光绪帝发布了《明定国是诏》，变法正式开始，并在此后的103天中，接连发布了一系列推行新政的政令，史称"戊戌变法"或"百日维新"。光绪皇帝的变法诏令和措施受到维新派和开明人士的热烈欢迎。吴汝纶在当时一封信中说"新政焕然，耳目一新"，罗振玉后来回忆说变法诏令"如春雷之启蛰，海上志士欢声雷动，虽谨厚者，亦如饮狂药"①。不过，掌握中央和地方实权的大员们，除湖南巡抚陈宝箴外，几乎没有认真执行。新政陆续颁布的过程，也是新旧两党复杂斗争的过程。由于新政措施侵犯了那些与旧制度联系密切的阶层、集团的利益，因此遭到他们的反对，尤其是慈禧太后虽然表面上同意变法，实际上在变法开始后由于担心权力可能发生转移，即采取防范措施，如免去翁同龢的军机大臣及其他一切职务，驱逐回籍；新授二品以上的官员必须到太后前谢恩；任命荣禄署理直隶总督，统领北洋三军。光绪帝也进行过几次反击，如将顽固分子礼部尚书怀塔布等六人全部革职；赏谭嗣同、杨锐、林旭、刘光第四品卿衔，在军机章京上行走，参预新政；开懋勤殿。光绪帝的以上三项措施，引起了慈禧的极度愤恨。她加紧谋划政变，将光绪皇帝囚禁，捕拿维新党人。康有为在英国人的帮助下逃到香港，梁启超在日本使馆人员的帮助下逃到日本。谭嗣同拒绝出逃被捕，于9月底与林旭、刘光第、杨深秀、康广仁、杨锐五人被杀于菜市口。戊戌变法失败。

三 戊戌变法时期的山东

戊戌变法是甲午战争失败后民族危机所促成必然的结果。而变法进程的加快则是1897年11月山东发生的曹州教案。德国借此抢占胶州

---

① 罗振玉述，[日]松崎鹤雄、穆传金译注：《清朝学术源流概略》，商务印书馆2018年版，第150页。

湾，把山东作为其势力范围，刺激了列强瓜分中国的野心，他们群起效之，争相在中国划分势力范围，中华民族危机更加严重。虽然此后中德谈判签订条约，但纠纷不断，尤其是1898年年初侵略胶州湾的德国士兵闯入山东即墨县文庙，将孔子圣像的四体打坏，将先贤子路像的双目挖去。这种作践文庙之举，引起民怨沸腾，而知县朱衣绣对德兵毁坏圣像一事却匿而不报，山东巡抚张汝梅也两次电报清廷均称并无其事。1898年4月下旬，参加会试的山东举人及孔子后裔向都察院告发德兵毁坏即墨文庙圣像一事。当时正处于戊戌变法前夕，以康有为、梁启超等人为代表的维新派鼓动各省举人联合行动，向都察院呈递条陈，维护孔学尊严。部分京官也投入到这次行动之中。前后在上书中签名的各省举人及京师官员达2000余人次，其影响迅速扩大到全国，为维新变法起了推波助澜的积极作用。而张汝梅因瞒报此事，被清廷批为"办事颟顸"，即墨知县朱衣绣革职，莱州府知府彭念宸交部议处。

　　戊戌新政开始之后，虽然各省督抚执行态度有别，但山东巡抚张汝梅在裁兵练军、保荐使才、变通武场、筹办学堂、力行保甲等方面认真落实朝廷新令。例如，根据各省陆军改练洋操和裁兵练军之谕令，山东积极裁并冗兵，防军"仅存三十一营"，同时"一律改习洋操"，并请求朝廷"准将本省裁兵节饷案内余存银二十万两有奇，尽数提拨购买新式快炮、快枪"[1]。当光绪帝要求各省督抚保荐"品学端正，通达时务，不染习气"之官员以充使才时，张汝梅积极荐举山东督粮道桂春、武定府知府尚其亨，光绪帝当日下发谕旨命桂春、尚其亨"来京预备召见"[2]。在文教改革方面，光绪帝令各省督抚学政对变通武场事各抒己见，张汝梅建议不应该遂废。对于各省开办学堂的诏书，山东得到一定程度的贯彻。张汝梅奏报山东筹办学堂及武备学堂情形：武备学堂已就机器局附近地基开工兴造，原有省城之泺源、尚志、景贤、济南等书院，"改习经史时务实学"，至于省会创设中西学堂，"自应广筹经费"，

---

[1] 张耀南等：《戊戌百日志》，北京燕山出版社1998年版，第331—332页。
[2] 军机处《上谕档》《随手档》，光绪二十四年七月二十一日，转引自茅海建《戊戌变法史事考二集》，生活·读书·新知三联书店2011年版，第165页。

但是由于黄河水患，"先顾急赈，以救民生"，所以"将所筹之款，复为急赈所挪"，以后"拟就陆续筹出之款，相地鸠工，次第兴办"，至于至各府州县应设之小学堂"已迭经严札催办"①。当清廷严谕各省督抚力行保甲时，山东积极奉上谕办理保甲团练，命委员分赴各属州县清查户口，编造牌甲，同时劝谕绅民，认真举行团练，"并发给军火器械，以资操演"。因举办保甲团练有成效，清廷命张汝梅"推之通省，一律认真举办，以期民尽知兵，足备缓急之用"②。

新政时期的山东与有些省份不同，当时德国侵占胶州湾，英国强租威海卫，清廷与德、英交涉频繁。所以1898年2月同意山东巡抚张汝梅之请在济南设立山东省洋务局，隶属北洋大臣管辖，负责山东各地外交、对外贸易、外人游历、外侨寄居及其他涉外事务。同时，山东是遭受帝国主义的军事侵略和宗教渗透较严重的省区，民教冲突异常尖锐。前任山东巡抚李秉衡因对巨野教案处理不善，而被张汝梅取代。张汝梅继任山东巡抚后，认为山东各州县人民多习拳勇，创立乡团，名曰义和，原为保卫身家，防御盗贼起见，并非故意与洋教为难，建议对各种拳会组织加以约束利用，"化私会为公举，改拳勇为民团"③。另外，农历六七月间，黄河在山东东明、历城、利津等县决溢十余处，沿河州县受灾严重。张汝梅奏报"黄流为患，忽罹奇灾，小民昏垫余生，嗷嗷待哺"④。为了治理黄河水患和灾后善款筹措等工作，张汝梅投入了大量精力。同时，山东在办理昭信股票时，被参有各县多按地亩摊派之事，张汝梅查明后回奏朝廷，表示知县办股票时确有"急切"，但究属因公得谤，且在任三年，尚能勤政爱民，应请免其置议。张汝梅认购昭信股票10万两，随后宣布将本息都捐给政府，作为"学堂经费"，得

---

① 陈谷嘉、邓洪波主编：《中国书院史资料》下册，浙江教育出版社1998年版，第2481—2482页。

② 山东师范大学历史系中国近代史研究室选编：《清实录山东史料选》（下），齐鲁书社1984年版，第1933、1935页。

③ 郭大松、张礼恒主编：《中国通史教程教学参考·近代卷》，山东大学出版社2001年版，第135页。

④ 陈谷嘉、邓洪波主编：《中国书院史资料》下册，浙江教育出版社1998年版，第2481页。

到光绪帝"好义急公,深堪嘉尚"的赞许。正因为在戊戌年的响应新政、巩固河防、处理赈灾中的作为,才能在年底得到李鸿章"遵旨查明山东巡抚张汝梅,于地方一切情形熟悉,以及河防、海防、赈务,均能实力整饬,尚可胜东抚之任"① 的评价。

四 戊戌政变之后的道路选择

慈禧太后发动戊戌政变之后,除了京师大学堂继续筹办外,光绪帝所颁诏实施的新政被废除殆尽,被裁撤的衙门重又恢复,八股取士重新开始。随着1900年八国联军发动侵略中国的战争和先后侵占天津、北京,义和团运动也以失败而告结束,清政府被迫与列强签订丧权辱国的《辛丑条约》。为了示好列强以博得信任与支持,同时也为了挽救统治危机,1901年清政府被迫实行新政,实际上把戊戌变法的内容基本实现了。

戊戌政变后,康有为逃出虎口,辗转来到日本。他在东京逗留期间,四处奔走,结交日本政界要人和社会名流,恳求日本帮助中国摆脱困境,帮助光绪帝复辟。梁启超在日本创建《清议报》,以"尊皇"为主旨。时革命派孙中山也在日本,他希望革命派与维新派联合起来,并打算面见康有为,说服他放弃保皇思想,两派共举革命大旗。可是,康有为言称皇帝对自己恩宠有加,不能与革命党交往,拒绝会见。孙中山又派革命党人陈少白去拜访康有为,陈述革命道理,劝康有为"改弦易辙,共同实行革命大旗",但康有为坚持己见,拒绝合作。1899年春,康有为离开日本,前往加拿大,在华侨支持下,成立保皇会,又叫中国维新会,借以推动保皇运动。梁启超等人通过与革命派接触,逐渐倾向革命,反对保皇会。南北美洲保皇会员致函康有为,建议以革命手段推翻清朝,学习美国的华盛顿,以革命立国。但康有为在回信中攻击革命派及其民主革命思想,并说革命只能导致中国大乱,因此中国只能实行君主立宪,而不能实行民主共和。这样,在革命运动成为时代主流

---

① 山东师范大学历史系中国近代史研究室选编:《清实录山东史料选》(下),齐鲁书社1984年版,第1936页。

的形势下，康有为仍然坚持保皇的政治立场，反对革命，成为历史前进的落伍者。

  维新派认为慈禧太后是实施新政的最大障碍，决心武装勤王，拥护光绪皇帝复辟，以图东山再起。1899年春，谭嗣同的挚友唐才常在日本广泛联络维新派和革命派，酝酿在长江流域武装起义，得到两派的大力支持。康梁在海外负责筹款，由唐才常负责起义之责。孙中山也介绍兴中会会员帮助他们联络会党。1900年自立军起义是维新派掀起的一次武装勤王活动，是维新派最后的一搏，却遭到惨败。同年10月，孙中山在广东惠州发动起义，惜未成功，不过这次起义产生了很大震动和影响。孙中山曾回顾说，在广州起义失败时，人们还视其为"乱臣贼子"，而到惠州起义失败后，"有识之士且多为吾人扼腕叹息，恨其事之不成"，表明"国人之迷梦已有渐醒之兆"①，推翻清政府的革命运动得到了更多人的同情和支持。因此事实告诉人们：依靠清政府是无法完成救国任务的，要救国就必须推翻腐朽的清政府。这使许多徘徊于革命和维新之间的进步爱国人士开始坚定地走上革命道路，也使许多维新志士迅速调整自己的政治立场，毅然走入革命队伍中去，壮大了革命派的力量。

（原载《联合日报》2018年6月30日，发表时无页下注释，现加）

---

① 《孙中山全集》第6卷，中华书局1985年版，第235页。

近现代山东吕剧的兴衰与发展

吕剧是山东主要的地方戏曲剧种之一，20世纪初年由民间说唱艺术山东琴书演变而来。多年以来，学术界对吕剧的发展有所研究和探索，[①] 但是这些成果主要侧重于吕剧音乐本身的成就及影响。本文试图在前人研究基础上从吕剧的起源、剧种内容及社会反响等方面进一步研究吕剧在近代的兴衰和发展，这不仅对于考察近代大众文化的传播路径与影响有重要学术价值，而且对于弘扬民族优秀文化，建设社会主义精神文明有着重要的意义。

一 吕剧的起源和演变

吕剧的剧种名称的由来，主要存在以下几种说法：

（一）吕剧剧名称谓

一种说法，吕剧的开山剧目《王小赶脚》，主要以纸糊的毛驴作演出道具，群众时称"唱驴戏""跑驴戏"，或直称"驴戏""驴剧"。因"驴"字有失大雅，"驴"与"吕"谐音，后来的艺人便将"驴"写成

[①] 文章主要有何丽《吕剧浅探》（《戏剧丛刊》1997年第1期）；姜巍、山泉《吕剧的源流与发展》（《新文化史料》1997年第4期）；马光俭《吕剧的兴衰与发展》（《发展论坛》1998年第9期）；李继华《山东吕剧基本形成的标志初探》（《滨州师专学报》2004年第3期）；等等。论著主要有张斌《吕剧音乐研究》（山东人民出版社1962年版）；门玉彪等《黄河三角洲民间音乐研究》（齐鲁书社2003年版）；东营市文化局编《吕剧的起源与发展》（黄版出版社1997年版）；王晓家《吕剧艺术发展研究》（中国文联出版社2000年版）；高鼎铸《山东戏曲音乐概论》（人民音乐出版社2000年版）；等等。

"吕"字。

一种说法，在吕剧的孕育和形成初期，没有固定剧本，演员只是串串故事情节即登台演出，艺人们自比是"顺藤摸瓜捋着胡子捋到底"。艺人孙中新曾说过，"咱们的戏是顺藤摸瓜，捋着蔓子捋到底就叫捋戏吧"，故称为"捋戏"①。另外，该剧种的主要乐器坠琴，演奏时经常用手指在琴弦上捋上捋下，又常常出现捋出的音响效果，因此群众将这种以坠琴为主奏乐器的戏称为"捋戏""缕戏"。后改称吕戏。

一种说法，演出内容多是反映男女爱情、家庭伦理等两口子的故事。两"口"为一"吕"，故称作"吕戏"。

一种说法，古代二十五户为一闾，而这种戏尤以表现邻里生活见长，所以也称"闾剧"②。

一种说法，在剧种形成初期，多以《吕洞宾戏牡丹》作为打炮戏，故艺人和群众以剧名中的第一个字——"吕"字作为剧种名称。

一种说法，《惠民地区（文化志）资料专辑》中又提出吕剧的叫法在惠民地区已有80多年的历史了。吕剧之称，是随着渤海根据地的建立而出现的。据查实，1944年耀南剧团的彭飞同志在《渤海日报》的《新地》上发表了吕剧《双寻夫》剧本。从此，吕剧这一名称便广泛流传开来。③

一种说法，沿小清河旅行演出的戏叫"旅戏"④。

20世纪50年代初，在考虑为吕剧定名时，有人提议叫"鲁剧"，时任山东省文化厅副厅长的我国著名作家王统照先生认为欠妥，建议取我国古音乐十二律中"六吕"的"吕"字，同时，又谐"驴""侣""闾"之音，称吕剧。

（二）演进阶段

吕剧自产生到正式定名，大体上经历了说唱扬琴、化妆扬琴、定名

---

① 舒荣先：《吕剧创始人——孙中新》，《大众日报》1987年5月27日。
② 山东省地方史志编纂委员会编：《山东省志·文化志》，山东人民出版社1995年版，第122页。
③ 姜巍、山泉：《吕剧的源流与发展》，《新文化史料》1997年第4期。
④ 吴汝连：《甜润委婉的家乡戏——吕剧》，《农村大众》2004年1月30日。

吕剧之脉络沿革和发展。

　　自清咸丰五年（1855）黄河从河南以北铜瓦厢改道后，山东境内黄河两岸，每到洪水季节，黄河经常泛滥成灾，黄河入海口处的广饶（当时称乐安县）北部和利津东部的灾害尤为严重。每一次洪灾，都给人民带来深重灾难。这一带的老百姓不得不背井离乡，以演唱当时民间流行"小曲"形式进行乞讨。以"唱曲"讨饭遂成为有些人养家糊口的主要手段，活动区域也不断扩大。这一乞讨方式的改变，使他们由讨饭人变成了早期的乡间流浪艺人。洪水退去后，这些民间艺人又回到家乡种田，同时把异乡的小曲民谣带了回来。民间的流唱小曲，成为吕剧的最初萌芽。

　　山东琴书最早产生于鲁西南一带，后演变为南路、北路、东路三个流派。在1880年前后，山东琴书传入广饶北部，学唱者不计其数。"村村听扬琴，妇孺皆会唱"成为广饶一景。在1900年前后，北路琴书艺人时殿元、谭明伦等人，对原来的坐唱扬琴进行更新。他们根据演唱琴书的实践经验，借鉴京剧、五音戏等剧种的艺术形式，尝试将琴书段子《王小赶脚》由坐唱形式改为化妆演出，使观众耳目一新。此后，时殿元等人又将琴书《兰瑞莲打水》《王汉喜借年》等改为化妆演出。化妆扬琴的出现，是吕剧艺术形成的开端，为现代吕剧的兴起和发展奠定了基础。

　　化妆扬琴戏班进入济南是吕剧走向成熟的重要标志。20世纪20年代，随着济南商埠的开放，吕剧也挤入这里的娱乐场所，在新市场、西市场、大观园等戏园或茶社里演唱。较有影响的班子有黄家班、父子班、同乐班等。济南作为山东省省会，既是全省的政治中心，也是文化交流荟萃中心，各类剧种、曲种、戏班、艺人云集之处，有"曲山艺海"之称。根据道光二十年（1840）《济南府志》风俗篇记载："今齐俗比燕赵诸郡号为朴野，惟济南水陆辐辏，商贾所通，倡优游食颇多。"[①] "济南，本山川钟秀之地，又当津浦咽喉要冲，南北中枢，商贾

[①] 李赵璧、纪根垠主编：《山东地方戏曲剧种史料汇编》，山东人民出版社1983年版，第257—258页。

环设,因此游艺剧场林立。无论南北伶工,无不争先恐后莅临此间,以献歌艺焉。"① 到民国初年,济南已经是继北京、天津之后,江北的第三大曲艺活动中心。② 化妆扬琴的幽默自然的表演风格,朴实感人的故事情节,使它很快成为济南观众喜闻乐见的地方小戏。同时,通过与五音戏、东路梆子、京剧等剧种的相互交流,化妆扬琴在唱腔音乐方面有了较大的改进,逐渐发展成为演出剧目多样化、角色行当比较齐全、化妆和表演逐渐规范的戏曲演出形式。可以说,20世纪20年代至30年代中期是吕剧形成和发展过程中逐步趋向成熟的一个重要历史时期。

抗日战争爆发后,因战事频仍,社会动荡加剧,该剧种陷入困境。很多戏班迫于生计,或解散,或合并,或远走他乡。剩下的艺人在于廷臣、时克远等人带领下凑成一个"义和班"维持演出,勉强度日。抗日战争胜利后,演出状况并未好转,"义和班"也于1946年年末解散,艺人被迫改行,另寻出路,严重影响了化妆扬琴的进一步发展。直到1948年济南解放后,在政府及文联的支持和帮助下,义和班又重新组织起来,艺人在艺术水平上、政治地位上都有了很大提高。

中华人民共和国成立后,在党和政府的关怀支持下,化妆扬琴剧种获得了新生。吕剧作为一种真正的舞台表演艺术受到党和政府的重视以及广大群众的喜爱。1951年以"义和班"班底为主,组建了"鲁声琴剧团",后来定名为济南市吕剧团;以原"山东省歌剧团"为基础正式成立了"山东省吕剧团"。至此,吕剧这一名称被正式确定。1953年,山东省吕剧团《李二嫂改嫁》的改编演出获得极大成功,这是吕剧发展史上的一座里程碑。1957年前后,《李二嫂改嫁》《姊妹易嫁》《逼婚记》等剧目先后拍成电影艺术片在全国乃至国外放映,使山东吕剧在全国驰名。"20世纪50年代,吕剧就像今天的流行歌曲一样到处传唱。"③ "文化大革命"时期,吕剧遭到了严重破坏。直到十一届三中全会以后,吕剧才得以重登舞台,恢复它原有的精彩风貌,出现了反映改

---

① 罗腾霄著,济南市图书馆整理:《济南大观》,齐鲁书社2011年版,第430页。
② 魏建、唐志勇、李伟:《齐鲁文化通史》近现代卷,中华书局2004年版,第308页。
③ 《于学剑谈吕剧的现状与未来》,《大众日报》2004年4月12日。

革开放的现代戏,其演出足迹遍及山东城乡,享誉大江南北。

二　吕剧的剧目种类及来源

吕剧由山东琴书转变而来,其传统剧目也多来自琴书整编而成,也有一部分从其他剧种整编而来。总的来说,吕剧剧目大致可以分为三种情况:传统戏,连台本戏,1949年后创作和整理的戏。

传统戏大部分是小戏,形成于化妆扬琴时期。小戏是演出时间较短,故事情节简单,且相对完整的一种剧种形态。小戏是吕剧传统戏中的基本戏目,也是形成吕剧艺术的主体。如《王小赶脚》《小姑贤》(也称《王登云休妻》)《借年》《王定保借当》《空棺计》《小寡妇上坟》《梁祝下山》《王天保下苏州》《小西关》等。小戏故事情节紧凑,语言生动活泼,主题思想明确,思想性和艺术性较强,具有乡土气和生活韵味。这些小戏在民间产生,又反复演唱于民间,深受人民的喜爱。

另一种是连台本戏。也称"全本新戏"或者"长本大戏",是指那些故事较长,情节完整曲折,需要"分日连演"的剧本。大部分根据鼓词、章回小说、琴书脚本改编而成,如《金鞭记》《王华买父》《兴唐传》《小八义》《刘公案》《大英烈传》《温凉盏》《包公案》等。此类戏角色完备,剧情紧凑,能够吸引观众,但也有结构松散,情节冗长,唱词不固定等缺点。较之小戏,连台本戏在思想性和艺术性上都有一定差距,在艺术上比较粗糙,保留下来的剧目不多。

1949年后创作和整理的剧目,使吕剧面貌一新。如《小姑贤》《王定保借当》《李二嫂改嫁》《补天》《苦菜花》《沧浪》《石龙湾》等,不仅保留着吕剧的风格特点,在艺术创作上也成为吕剧代表剧目。这些艺术之作,有不少堪称精品,充分展示了吕剧朴素、真实、亲切、富有生活气息和乡土韵味的艺术特色。

吕剧的源头来自多种民间说唱艺术,以坐唱扬琴和花鼓、小曲、杂调为主,借鉴吸收了五音戏、大鼓书、柳子戏、梆子、京剧等多种戏曲艺术的成分,经过改进、融合,成为独具风格的传统剧目。周贻白指出:"各地戏剧,其格式渐归一律,但有声腔的不同,字句上并无根本差异。而且同一故事,同一情节,同一名目,同一排场的戏剧,所在皆有。甚至连唱词说白，也彼此相差无几。其间虽不知谁为原本，谁为因袭。"① 即强调继承与沿革在近代戏剧发展中的作用。由于商业经济的发展和艺人的流动，以及文化艺术的借鉴，各剧种之间（包括剧目）也存在着相互交流和影响。吕剧在发展过程中，博采众长，推陈出新，成为山东有代表性的剧种。具体来说，吕剧剧目的来源大体有以下几种。

其一，直接沿用琴书的剧本。吕剧由山东琴书演变而来，自然首先继承和沿袭其传统剧目。如《王天保下苏州》《空棺记》《三打四劝》《蓝桥会》等琴书，都成为以后吕剧的传统剧目。

其二，搬用或改编其他剧种。《白玉楼》《温凉盏》《金鞭记》《武则天》原是其他剧种重要剧目，吕剧在发展过程中，曾先后予以移植排演。1953年，移植了全国第一届戏曲会演涌现的优秀剧目《拾玉镯》（桂剧）、《闯宫》（滇剧）、《刘海砍樵》（湖南花鼓戏）。1955年山东省吕剧团排演了第一部反映宫廷生活的袍带戏《打金枝》，是移植越剧的剧本；1958年排演了第一出大型武戏《穆桂英挂帅》，是根据京剧、豫剧等剧本改编的；1959年又排演了新编历史剧《蔡文姬》，是根据郭沫若同名话剧改编。

其三，改编通俗小说。在传统文化中，戏曲与小说有着千丝万缕的联系。吕剧连台本戏中的《刘公案》《包公案》等皆出自当时的公案小说。《姊妹易嫁》的故事原本出自《聊斋志异》；《李二嫂改嫁》根据王安友同名小说改编；《苦菜花》由冯德英的同名小说改编。

其四，专为吕剧新编或创作的剧本。例如，山东省吕剧院创作的《补天》，滨州地区吕剧团创作演出的《滩回水转》，烟台市吕剧团创作演出的《荣辱悲歌》，潍坊市吕剧团创作演出的吕剧《碧水长流》等，都是结合形势创作的新剧本。

总之，吕剧继承了传统戏曲的优秀成果，又推陈出新创编了现代戏，加上优美悦耳的腔调，大众化的语言，生动的人物形象，细腻传神的表演，赢得了广泛赞誉。

---

① 周贻白：《中国戏剧史长编》，人民文学出版社1960年版，第575页。

三 吕剧风行发展的原因

没有观众就没有戏剧。中国戏曲在民间广泛流行,其观众之多,已经达到"无地不有戏,无人不知戏"的程度。民间观众对戏曲的酷爱,可以用"人无男妇,年无老稚,闻将演剧,无不踊跃欢呼"[①]。清代学者焦循在《花部农谭》中曾对地方戏曲的特征做过评述:"其事多忠、孝、节、义,足以动人;其词直质,虽妇孺亦能解;其音慷慨,血气为之动荡。郭外各村,于二、八月间,递相演唱,农叟、渔夫,聚以为欢,由来久矣。"[②] 用此评价吕剧流传情况也不过分。吕剧之所以能够广受大众欢迎,其原因主要有以下几点。

(一) 内容和题材的民间性

王夫之在《姜斋诗话》中说:"意犹帅也。无帅之兵,谓之乌合。"即作品如果没有统率全局的主题,就是一盘散沙。吕剧的内容和题材多是"以小见大",借社会生活中的"说黄瓜,道茄子,打老婆,骂孩子"等小事,表现普通人的日常生活,反映农村中的现实、人物,尤其侧重于家庭伦理、夫妻关系、男女爱情、讽刺时弊、惩恶扬善方面的描述,反映了劳动人民追求幸福美满生活的愿望和思想情感。所演内容和群众生活息息相关,具有广泛而深厚的群众基础。

吕剧的民间性,具体来说,主要通过三个方面体现出来。其一,题材。吕剧的剧目多取材于民间传说和群众熟悉的历史故事,贴近生活,适合中国农民的欣赏水平和口味,成为广大农民的"贴心袄"。所以,吕剧在农村影响很大,深受广大群众的喜爱。"听见谭明伦上了台,顾不得穿那袜子鞋""一听驴戏炸了锅,张大娘、李二哥,扔下耪地锄,推开棉花车""要听吕剧腔,请到时(时家)、谭(谭家)、武(东武)、杜(大杜)、张(东张)""大嫂在家蒸干粮,锣鼓一响着了忙,灶膛忘了添柴禾,饼子贴在门框上"等俗语,生动形象地反映了当年

---

① 王梦生:《梨园佳话》文艺丛刊甲集,商务印书馆1915年版,第1页。
② 焦循:《花部农谭序》,载《中国古典戏曲论著集成》(八),中国戏剧出版社1960年版,第225页。

人们对吕剧艺术的喜爱和痴迷。

其二，剧本撰作者及表演者的民间体验。早期剧目作者多为农民，他们直接遭受苦难，备尝艰辛，对周围发生的一切，非常熟悉，自然能够深刻理解农民的爱与憎，向往和追求，从而创作出反映农民群众普遍关心的事情的剧目，所以，它受到当时农村听众的喜爱和欢迎。吕剧早期剧目，截取生活的横剖面，以其浓郁的地方色彩，再现了19世纪末期20世纪初年山东的农村民俗风情画卷。中华人民共和国成立以后，吕剧的创作者们在创作之前先深入体验生活。当年郎咸芬为演活"李二嫂"到农村体验寡妇生活，结果使其塑造的"李二嫂"这个艺术形象熠熠生辉。1996年，为了演好《苦菜花》中冯大娘这个角色，65岁的郎咸芬去《苦菜花》故事的发生地胶东昆嵛山下冯家镇，走访了一些健在的老人，并找到了小说中母亲的大女儿娟子的原型。2001年冬天，为创作《补天》，三名编剧冒雪跑遍了南疆、北疆，采访了当年的"女娲"（如今的老太太们），该剧的剧情很多就是她们经历的艺术再造。

其三，下层民众通过吕剧获得历史知识、民族意识、道德观点等。柳亚子曾说："父老杂坐，乡里剧谈，某也贤，某也不肖，一一如数家珍。秋风五丈，悲蜀相之陨星；十二金牌，痛岳王之流血，其感化何一不受之于优伶社会哉？"[①] 说明戏剧的教化作用，特别是对于文化水平较低的广大民众产生了广泛影响。台湾学者唐文标也认为"中国戏曲确为民间产物，为民间所爱好，也在民间自我成长，其精神和传统长存在民间"[②]。吕剧剧本撰作和民众的需求，使得吕剧来源于民间，又满足于民间，造成了持久的影响力。

（二）鲜明生动、栩栩如生的人物形象

是否写出性格鲜明、栩栩如生的人物形象，乃是作品成败所系的关键所在，包括吕剧创作，任何作品都是如此。"群注目于场上，每遇奸雄构陷之可恨也，则发为之指；豪杰被难之可悯也，则神为之伤；忠孝

---

① 亚庐：《〈二十世纪大舞台〉发刊词》，载阿英编《晚清文学丛钞·小说戏曲研究卷》，中华书局1960年版，第176页。

② 唐文标：《中国古代戏剧史》，中国戏剧出版社1985年版，第138页。

侠烈之可敬也，则容为之肃；才子佳人之可羡也，则情为之移。及演者形容尽致，淋漓跌宕之时，观者亦眉飞色舞，鼓掌称快。"① 焦循的《剧说》载有观众一时气愤，上台击杀扮演秦桧的演员的故事。这从不同侧面反映了戏剧刻画人物形象的重要性。

吕剧塑造的人物，多是生活中的普通人，尤以各类妇女为主。在我国受压迫民众中，妇女在最底层，受旧制度、旧礼教压迫最深，琴书、吕剧艺人抓住这一点，尽力反映妇女的悲惨命运，极力倾吐她们的心声，为她们伸张正义，受到广大妇女的厚爱。无论是传统剧目还是现代题材，吕剧大多反映了女性的声音。例如《王汉喜借年》中的歌颂善良女性的戏；《小姑贤》中聪慧贤良的李氏女；《姊妹易嫁》塑造的重金钱、权势而不重人品的素花，不以贫富取人的素梅；《丰收之后》中的赵五婶；《补天》中报效祖国、献身边疆的山东女兵；等等，都是通过塑造女性形象，弘扬真善美，鞭挞假丑恶的。

女性永远是吕剧的忠实观众。梅兰芳曾说："从前的北京，不但禁演夜戏，还不让女人出来听戏。社会上的风气，认为男女混杂，是有伤风化的。……民国以后，大批的女看客涌进了戏馆，就引起了整个戏剧界急遽的变化。"② 吕剧中的《王天保下苏州》《双锁柜》《老少换》等，多系反映农村家庭伦理、爱情波折的所谓"针线筐子活儿"，因此深受妇女欢迎。吕剧故有"拴老婆橛子"之称。意思是有些剧目，妇女百听不厌，戏不唱完，不愿离去。"听见坠琴（吕剧特有的伴奏乐器）响，饼子烀到门框上。"有的说"听到旺相（艺人薛金田乳名）唱，饼子贴到门框上"。说的就是那些痴迷吕剧的妇女们为看吕剧而忙中出错的故事。

吕剧《梨花雨》是根据全国民族团结进步模范个人、山东省滨州市阳信县刘庙回民中学汉族教师营新刚的先进事迹创作而成的。这出戏打动观众的并不是主人公的高大形象，而是许多生活化的细节，照亮了

---

① 箸夫：《论开智普及之法首以改良戏本为先》，载阿英《晚清文学丛钞·小说戏曲研究卷》，中华书局1960年版，第60页。

② 梅兰芳：《舞台生活四十年》第1集，人民文学出版社1957年版，第112页。

菅新刚这位年仅28岁的青年教师平凡而高尚的精神境界，也深深地打动了台下观众。《补天》塑造了8000名山东籍赴疆垦荒的女兵形象，将她们比作"新时代的女娲"，讴歌她们的奉献精神，震撼观众。可见，吕剧所塑造的人物形象的魅力和影响。

（三）朴实优美的四平唱腔

吕剧以唱腔体为主，兼唱曲牌。吕剧唱腔的基本板式主要有"四平""二板""流水""娃娃"四种。其基本结构形式是四句为一番，可进行无定次的反复和变化，以构成唱段。后经过无数艺人和吕剧音乐工作者的努力，发展出"慢四平""快四平""尖板""导板"等板式，特点是清新明快，适合表达激越慷慨的情绪。后又出现"反四平""上反四平""商调四平""羽调四平"，具有优美抒情、纤细优雅的风格特色。

除板式唱腔外，吕剧中还有部分曲牌唱腔。例如《凤阳歌》《莲花落》《银纽丝》《叠断桥》《太平年》《爬山虎》《罗江怨》等多种。这些曲牌体的唱腔，有的直接吸收流行于民间的明清俗曲，有的则从山东琴书发展而来。另一部分是吸收了姊妹剧种和曲种的腔调发展创造出来的，如"豫西调""娃娃调""乱调""马头调"。还有一部分唱腔是从群众中广为流传的民间小调发展而来的。有些是民间长期流传的曲调，适时恰当地表达了剧中人物的激动思绪。这些唱腔和曲牌构成了流畅而优美的吕剧音乐。

吕剧的演唱方法，男腔、女腔均以真声为主，个别高音之处则采用真假声结合的方法处理，听起来自然流畅。吕剧的唱腔讲究以字设腔，以情带声，吐字清晰、口语自然。润腔时常用滑音、颤音、装饰音，与主要伴奏乐器坠琴的柔音、颤音、打音、泛音相结合，更显得浑然一体，相得益彰，使整个唱腔优美顺畅。

吕剧主要伴奏乐器，主要有坠琴、扬琴、三弦、琵琶、二胡、提琴、笙、唢呐等文场器乐和武场器乐。在演出时，器乐的文、武场相配合，丰富了吕剧音乐的表现力。

吕剧音乐流畅优美，能根据不同内容和唱词，变化自如；通过不同演唱方法，能够生动地刻画出不同人物的不同情绪；音乐与语言密切结合,将许多快二板、流水板等唱段完全用地方语调说、唱的形式演唱,演唱时能将故事情节逐字逐句地送进观众耳朵里。这使观众深入剧情,渐渐入了迷。另外,吕剧借鉴曲艺"夹叙夹唱"的形式,分为"念多句,唱一句""念一句,唱一句""念半句,唱一句"等形式,加强了唱调的吟诵性。这种说与唱的结合,既富有戏剧真实感,又增强了表现力,使吕剧音乐在广大民众中继续保持着旺盛的生命力。

(四) 丰富通俗的地方语言

戏曲的语言以浅显为贵。清人黄周星说:"曲之体无他,不过八字尽之,曰:'少引圣籍,多发天然'而已。制曲之诀无他,不过四字尽之,曰:'雅俗共赏'而已。"[①] 戏曲语言的表现形式,就是剧本中的唱词和念白。高尔基说:"用来写剧本的口语对于剧本具有多么巨大的、甚至决定性的意义,而加强口语的研究,借以充实自己,对于青年作家来说,又是多么迫切需要。""剧中人物之被创造出来,仅仅是依靠他们的台词,即纯粹的口语,而不是叙述的语言。"[②] 当然戏剧语言不同于日常生活中的口语,而是从中提炼的戏曲舞台上的语言。地方戏曲是地域文化的承载者,延续着一方水土的文化命脉,具有用词造句俚言俗语,自然流畅,朴实风趣,通俗易懂,乡土色彩浓厚,真切感人等艺术特色。在表演中,吕剧善于运用通俗易懂、形象生动的群众语言作为剧词,并以此来塑造人物形象。

吕剧使用的语言属北方语系的济南官话。传统剧目的舞台道白,在以济南官话为标准的基础上偏重于上韵;而现代戏的道白则直接使用济南官话,具有鲜明的地方特色。在吕剧的念白、唱词中,经常使用地方歇后语。像"西北风刮蒺藜——连讽带刺""老鼠拉木锨——大头在后边""高墙上吹喇叭——响声在外""薄冰上过河——进退两难",这种歇后语形象又生动;而使用的山东方言土语如"打谱""整天价""顾了这顾不了那""一个俩仨"等乡土语言,使其浓厚的乡土气息和强烈

[①] 黄周星:《制曲枝语》,载《中国古典戏曲论著集成》(七),中国戏剧出版社1959年版,第120页。

[②] 高尔基:《论剧本》,载《文学论文选》,人民文学出版社1958年版,第244—245页。

的地方特色更加鲜明突出。

除了上述因素外，舞台美术设计的精心巧妙、演员表演的细腻传神、各种媒体的及时宣传，也使得吕剧艺术迅速风靡齐鲁大地，誉满北疆南国，成为中国八大地方剧种之一。

四 吕剧的现状及未来走向

作为具有代表性的山东地方戏剧，改革开放以来，遭受大众流行文化的冲击，娱乐休闲名目逐渐繁多，吕剧开始出现滑坡现象。吕剧团大都面临资金严重不足、人才流失严重的问题，而让人更为担忧的是，吕剧观众的流失也越来越严重，观众群趋于老龄化，年轻观众可谓少之又少。同时，艺术性较强的优秀剧本逐渐变少，在很大程度上制约着吕剧艺术的发展。

一方水土养一方人，一方人唱一方曲。要写出具有较高思想性和艺术性的作品，一定不要轻视生活，脱离生活。毛泽东说："必须到群众中去，必须长期地无条件地全心全意地到工农兵群众中去，到火热的斗争中去，到唯一的最广大最丰富的源泉中去，观察、体验、研究、分析一切人，一切阶级，一切群众，一切生动的生活形式和斗争形式，一切文学和艺术的原始材料，然后才有可能进入创作过程。"①吕剧与乡村是一个不可分割的整体。著名吕剧表演艺术家郎咸芬说："我觉得现在吕剧的现状并不是不正常的，它绝对是正常的事情，是我们的民族艺术一定要历经的阶段。"同时郎老也表示："我们吕剧具有浓郁的地方特色，从长远的角度讲，凡是贴近大众的、贴近大众的思想感情、贴近大众的生活的东西，绝对是有强大的生命力的。现在的人都觉得人家的东西好，但是我相信这个阶段过去以后，大家还是会觉得咱们自己的东西好。"近年来，针对吕剧等地方戏曲的困境，也提出了很多的"应对策略"，其中"戏曲都市化"最受关注，对于这种说法，郎老认为还可以进一步探讨，但是郎老相信吕剧的市场重点主要还是在大众，在农村："山东是个农业大省，我们正在建设社会主义新农村，那

---

① 《毛泽东选集》第 3 卷，人民出版社 1991 年版，第 860—861 页。

可不得了。当然城市也不能放过。"① 相信，吕剧会在传统中不断发展，在发展中不断创新，为建设社会主义新农村，繁荣社会主义精神文明作出应有的贡献。

（原载郑师渠、史革新、刘勇主编《文化视野下的近代中国》，中国传媒大学出版社 2009 年版）

---

① 郎咸芬：《超越我，为了吕剧》，《生活日报》2006 年 5 月 8 日。

周馥与李鸿章

周馥（1837—1921），字玉山，号兰溪，安徽建德（今东至）人。1861年入李鸿章幕府办理文案，后长期跟随李鸿章办洋务、内政及外交，清末新政时先后担任山东巡抚和两江总督兼南洋大臣、两广总督等职。周馥能从一介书生在晚清政坛上取得如此重要官职，除了他的智慧和才干外，在很大程度上与李鸿章的赏识和提拔有着重要关系。

一

周馥受知于李鸿章始于太平天国运动时期。1853年3月，太平天国军队攻占南京，改名天京，并定都于此。清廷震惊之余，遂命南京周围各省在籍大臣举办团练，配合清廷绿营军与太平军作战。时任翰林院编修的李鸿章奉命随同工部左侍郎吕贤基回安徽督办团练。1858年李鸿章投身于曾国藩幕府，成为湘军的一员。当时周馥还在家乡私塾读书，其后因躲避太平军，全家在建德和彭泽两地来回奔波，其间曾经摆过卦摊、贩过茶叶、代人写信和讼状等。1861年，周馥因避战乱辗转到尚由清兵占领的省城安庆，以为人代写书信谋生。1862年，李鸿章受曾国藩之命组建淮军。一次偶然的机会，李鸿章看到了周馥代朋友写的一封书信，对周馥的字十分欣赏，即派人招来担任总文案，周馥遂成为李鸿章的幕僚。这是两人共事的开始。周馥记载："十月，余至安庆。十一月，入李相国营。相国初不识余，因见余文字，招往办文案。"[①] 朱德棠曾记

[①]《周悫慎公全集·年谱》，1922年秋浦周氏校刊本，第15页。

载了周馥受知于李鸿章的过程是:"周馥起家寒士,官至兼圻,其间从李鸿章最久。遇合之始,则在咸丰十一年。时曾国藩以钦差大臣两江总督驻安庆,置木匦于营门外,许军民人等投书言事。周有友人欲投书,倩周代作文字。书入,为曾所赏。批曰:'今之祖生。'李氏在曾幕,尤叹异。嗣知为周作,因招致为己佐,分薪水资以给之。盖李料己当出而独当一面,故预储人才也。翌年,遂以幕僚随往江苏矣。"① 由此可知,周馥因字写得好而入幕李府,是无疑的。

唐朝诗人韩愈写道:"布衣之士身居穷约,不借势于王公大人,则无以成其志;王公大人功业显著,不借誉于布衣之士,则无以广其名。是故,布衣之士虽甚贱而不谄,王公大人虽甚贵而不骄,其事势相须,其先后相资也。"② 对于周馥来讲,能够进入李鸿章幕府,既能解决经济问题,又能为日后入朝做官创造条件,同时又能通过实际事务的磨炼增长才干。而对于李鸿章来说,通过乡谊和地缘关系,把安徽省的人才笼络到自己身边,能够壮大自己的势力和巩固政治地位。长期以来生活在同一环境中的人,因语言、风俗习惯大致相近,使彼此有一种熟悉感、亲切感,他们的情感容易沟通,有较强的乡土认同感。另外,旧时用人要看面相,也要看笔迹,从笔迹看人的性格。李鸿章发现周馥的字体工整,寓含秀气,即断定此人认真而又心灵。因此,当李鸿章看到同乡周馥的一手好字后便欣然邀请其入幕自在情理之中了。此次周馥时来运转,亦步亦趋地跟随李鸿章走上了仕途之路,彻底改变了自己的命运。

二

周馥自进入李鸿章幕府后,即跟随李鸿章镇压太平军、筹划北洋海防、治理直隶和山东水患、参与甲午战争、襄办议和等,成为李鸿章的得力助手。同时,李鸿章也没有忘记周馥的功劳,一有机会即保荐周馥的职务。

---

① 朱德裳:《三十年闻见录》,岳麓书社1985年版,第115页。
② 郭预衡主编:《唐宋八大家文集·韩愈文》,人民日报出版社1997年版,第61页。

其一，协助镇压太平军。1862年李鸿章率淮军到达上海后，很快即被任命为江苏巡抚。当淮军攻打苏州、常州等地太平军时，李鸿章命周馥为之掌管江苏巡抚的大印，随其出征。1863年10月，因淮军屡战屡捷，朝廷令李鸿章保奏各营将士。李鸿章乘便将周馥列入保奏名单，遂得"以从九品留江苏补用"，是为周馥初登仕籍。1864年7月，湘军攻克南京。李鸿章以江苏巡抚入场监临乡试，周馥随李鸿章赴南京应试，未能考中。因协助镇压太平军起义有功，李鸿章以军功保举周馥为县丞。1865年李鸿章署理两江总督后，又保荐周馥"以直隶州知州留于江苏补用"。

其二，治理直隶、山东水患。1871年，李鸿章调任直隶总督兼北洋通商大臣，时值直隶发生特大水灾，永定河漫决30余处，京津一带几成泽国，京畿安全受到威胁。李鸿章非常恐慌，遂派周馥相助治水。周馥堪工备料，终日奔波于淤泥之中，很快将卢沟桥大石坝等处决口堵修完毕。因堵塞石堤决口有功，李鸿章在奏报朝廷时，称赞周馥"耐劳忍苦，办事核实"，要求朝廷让他免补知府本班，以道员改"留直隶尽先补用"。但吏部认为治理水患属于寻常劳绩，照章不准未任原职即予提升，要求周馥先任知府，然后再以道员补用。1872年10月李鸿章再次上奏朝廷，指出周馥"力任劳怨，早夜经营多方鼓舞，竟能克期蒇事，使河流及早复旧，毋误穷民种麦之期，尤为有裨时局。……河务棘手之际，得人为难，该员向办工程深知窾要，近年派往永定河查勘筹办，历练较熟，操守廉洁……今届抢堵险工，妥速蒇事，实赖其力，虽部章寻常劳绩不准免补本班，惟河工熟谙机宜，撙节款项者殊不易得，亟须储才备用，相应吁恳特恩，将补用知府周馥，仍照前保免补本班，以道员留直，尽先补用"①。在李鸿章的极力推荐下，不久周馥奉旨以道员留直隶优先录用。

1898年，山东黄河决口，灾情严重，清廷再次起用李鸿章前往山东治理黄河，这时他又唤来老部下周馥相助。李鸿章在奏折中说："周馥在直境督办河工多年，于修守事宜最为谙练，应机敏决识力过人。前

---

① 《李鸿章全集》第2册，时代文艺出版社1998年版，第904页。

因耳疾呈请开缺回籍调理,臣以东省河工关系重要,专函敦劝前来襄筹一切。"① 而此时周馥已过花甲之年,友人劝其不必勉强,而周馥接电后向人表示:"黄河不治,中原不能安枕。吾从李相久,任河事且三十年,公既出,吾其能自逸乎?"② 遂遍历黄河上下,询访员弁乡民,详考地形,精心规划,先后代李鸿章写出两道奏折,分析了黄河屡屡溃决的原因,并提出了治理方案,李又据此报朝廷。李鸿章对周馥带病考察治理河道深表赏识。

其三,筹划北洋海防。1874年日本侵略台湾事件后,清廷掀起塞防和海防之议。第二年,李鸿章奉命督办北洋海防事宜,着手组建北洋海军。为了筹措军费,李鸿章特地设立了海防支应局,由周馥、长芦盐运使司冠九、津海关道黎兆棠、天津道刘秉琳等驻局办事,但李鸿章当时明确指出:"会办此局虽四人,专责成周一人驻局经理。"不久,他随李鸿章到辽东半岛和山东半岛勘察地形,最后选定旅顺和威海作为海军基地。在建设旅顺基地时,周馥参与修建船坞工程,召集洋商投标,严加挑选,最后选中法国人德威尼。作为中方代表,周馥和法国签订《中法旅顺船坞工程合同》。李鸿章对周馥建设旅顺基地的办事能力和办事效果给予很高评价。之后周馥又自告奋勇担任工程监督,再次受到李鸿章的赞赏,李鸿章奏明朝廷让周馥暂缓回津海关道任,派令其总理北洋沿海前敌水陆营务处兼督办旅顺船坞工程。1887年4月,李鸿章在给朝廷的奏折中说,"北洋创办海军,于奉省金州之旅顺口建造船坞,雇募洋员承办,为水师兵舰停泊、修理之所。工程极关重要,必须明练大员往来监督,庶可克期葳工",周馥"才识闳远,沈毅有为,能胜艰巨,历年随臣筹办军务、洋务、海防力顾大局,劳怨不辞,并熟悉沿海情形,堪资倚任。自应暂缓回任,派令总理北洋沿海水陆营务处,克期前往旅顺督饬洋员妥办坞工。并联络旅顺、大连湾、威海卫水陆各将领,妥筹布置,藉以裨助微臣耳目所不逮"③。可见,李鸿章对周馥

---

① 《周悫慎公全集·年谱》,1922年秋浦周氏校刊本,第75页。
② 《周悫慎公全集·卷首》,1922年秋浦周氏校刊本,第93页。
③ 《李鸿章全集》第4册,时代文艺出版社1998年版,第2226页。

其四，参与中日甲午战争。1894年中日甲午战争爆发后，清廷命李鸿章"派兵往剿"，周馥被任命为总理前敌营务处，这与李鸿章的建议是分不开的。1894年8月17日李鸿章在《论帮办军务》中，建议起用周馥："查有直隶臬司周馥，……与各将领气谊素洽。拟即奏明派令驰赴前敌，作为总理营务处，联络诸将稽察军情。遇有进剿事宜，随时电禀商榷，不至延误。"① 不久，清廷遂有诏令周馥总理前敌营务处之电旨。周馥在赴任前夕，其好友劝阻他说："此役必败无疑，尔往前敌何为？"周馥回答道："明知必败，而义不可辞也。余从相国久，不忍不顾，死生听之。"② 随即交卸了直隶按察使篆务，于1894年9月上旬偕同袁世凯一起赶往辽东前线。不久，清廷又派周馥筹办军械、粮饷供应事宜。李鸿章根据战争形势多次与周馥电报往来。周馥奔走于东北前线，为粮饷军械的采购、调运工作做了卓有成效的工作，基本保证了前线粮饷、军械的及时供应。中日《马关条约》签订后，李鸿章去职，周亦与其共进退，主动称病呈请开缺回籍。《马关条约》签订后，举国上下对李鸿章的骂声一片。周馥站出来，写下《感愤》诗五首，其中一首："十载经营瞥眼空，敢言掣肘怨诸公。独支大厦谈何易，未和阳春曲已终。"③ 1899年周馥奉旨入京，慈禧太后问及中日之战失败原因时，周馥则将"户部掯费，言者掣肘，各事和盘托出"，又说"李鸿章明知北洋一隅之力，不敌日本一国之力，且一切皆未预备，何能出师！"但"李鸿章若言力不能战，则众唾交集矣。任事之难如此"④，极力为李鸿章辩护和鸣不平。

其五，协助襄办八国联军侵华后的残局。1900年7—8月，为收拾八国联军侵华后之残局，朝廷再度授李鸿章为直隶总督兼北洋大臣，与庆亲王奕劻以全权议和大臣的名义，向八国联军求和。面临与八国联军

---

① 《李鸿章全集》第7册，时代文艺出版社1998年版，第4041页。
② 《周悫慎公全集·年谱》，1922年秋浦周氏校刊本，第63页。
③ 《周悫慎公全集·诗集》，1922年秋浦周氏校刊本，第160页。
④ 《周悫慎公全集·年谱》，1922年秋浦周氏校刊本，第57—58页。

谈判的诸多棘手难题，李鸿章向朝廷建议奏调周馥调补直隶布政使，襄办"议和"："四川藩司周馥前在直久任，藩臬情形极熟，洋务、军务均有历练，可否请旨，调补是缺。饬令迅速交卸，沿江下驶，航海北来，以资臂助。"① 因这次干的不是光彩的差事，周馥遂以病重婉拒。1900年11月李鸿章再次发电给周馥，催其速行："国与兄同遭厄运，弟当共任艰危。来电既称非惜身命，奚用退避！幸速命驾乘舟较逸。"② 尽管周馥心里很不情愿，但出于对李鸿章的忠诚，最终还是兼程到京，与李鸿章同住贤良寺，负责处理京畿教案，后参与签订《辛丑条约》谈判。"前年冬奉命入都随办议约，兼办京城教案，其时各国使臣、统将，多方要挟，棘手万分，大局几至决裂。该藩司秉承全权大臣，百计磋磨，心力交瘁。又以李鸿章衰年多病，步履维艰，遇各洋员有会商事件，多由该藩司相机因应，艰苦维持。"③ 周馥在直隶编练保甲和制订调和民教措施，稳定了直隶地区的社会秩序。

1901年11月李鸿章去世后，当清廷决定在京师及李鸿章原籍和立功省处建祠后，周馥积极奏请朝廷尽快将李鸿章事迹付诸国史馆立传，并在山东建立专祠。晚年时他仍十分感念李鸿章，曾赋诗一首以示纪念："吐握余风久不传，穷途何意得公怜；偏裨骥尾三千士，风雨龙门四十年。报国恨无前箸效，临终犹忆泪珠悬；山阳痛后侯芭老，翘首中兴望后贤。"④ 周馥对李鸿章之情，可见一斑。

三

周馥自1861年入李鸿章幕府办理文案，直至1901年李鸿章病逝，前后担任李鸿章幕僚近40年，成为跟随李鸿章时间最长的幕僚。同时，他协助李鸿章办洋务、内政及外交，建树卓著，得到时人高度评价。"凡中国自强之本，与夫今日能以自立之道，莫不由周故督与文忠开其

---

① 《李鸿章全集》第11册，时代文艺出版社1998年版，第6778页。
② 《李鸿章全集》第11册，时代文艺出版社1998年版，第6795页。
③ 廖一中、罗真容整理：《袁世凯奏议》上册，天津古籍出版社1987年版，第473页。
④ 《周悫慎公全集·诗集》，1922年秋浦周氏校刊本，第99—100页。

端，植其基。"①《国史本传》中指出，李鸿章"创立海军，自东三省、山东诸要塞皆属焉。用西法制造械器、轮电、路矿万端并举，尤加意海陆军学校。北洋新政称盛一时，馥赞画为多"②。袁世凯指出，李鸿章视周馥为左右手，所有"北洋办理海军、电报、铁路、矿务、水师武备各学堂及海防紧要事宜，皆其参预创办。当时北洋人才，无能出乎其右。已故大学士李鸿章倚如左右手"③。1897年，李鸿章的门生、著名古文家吴汝纶准备编辑李鸿章文集，写信给周馥说："其中盖多执事底稿，以其有关大计，正不必尽出合肥之手。"④ 1921年周馥辞世后，安庆祠堂碑上刻下了这样的文字："无文忠几无今日之天下，无公亦无以赞成文忠之所为。"⑤ 这些评价虽有溢美之意，但也足以说明周馥对李鸿章洋务事业的影响，更充分说明了周馥与李鸿章之间密不可分的关系。

周馥入李鸿章幕府后，因办事勤奋、周密，故被李鸿章依为左右，视同股肱。在辅佐李鸿章建功立业的过程中，周馥由一介书生而连连加官进爵，在李鸿章生前已升任四川布政使。可见，李鸿章对周馥有知遇之恩，没有李鸿章的保荐，周馥不可能从一介书生做到如此高位官职。两人能够结成如此密切之关系，固然与周馥的智慧和才干有关，中国官场中依靠同乡关系、官幕关系互为依靠庇护以巩固地位也是不可忽视的重要因素。

其一，李鸿章看重周馥的人品和才干。周馥不仅因字写得好而为李鸿章所欣赏，同时其活到老、学到老的品德和作风，亦为李鸿章、同僚及后人所敬佩。周馥说"自少至老未尝一日废书"。他参加淮军后，即使在随李鸿章同太平军作战期间，也从未放弃过读书。李鸿章曾对人说过："曩在兵间，偶行诸将吏营帐至尚书所，几上皆宋儒书，心独异之，以为异日可任大事。"同时，周馥居官以处事精细谨慎著称。李鸿章曾经评价过周馥："周某用心极细，虑事最精，且廉正，有魄力，非

---

① 《周悫慎公全集·卷首》，1922年秋浦周氏校刊本，第21页。
② 《周悫慎公全集·卷首》，1922年秋浦周氏校刊本，第15页。
③ 廖一中、罗真容整理：《袁世凯奏议》上册，天津古籍出版社1987年版，第473页。
④ 雷禄庆：《李鸿章新传》，文海出版社1983年版，第721页。
⑤ 《周悫慎公全集·卷首》，1922年秋浦周氏校刊本，第129—130页。

时人所及也。"周馥虑事周密的要诀是"心存公正"。他说:"大凡人存心公正,则虑事详备。"周馥"用心极细,虑事最精"是其处事慎重的表现。他曾与朋友讨论"修身治家之道",一友主"勤",一友主"俭"又主"和",周馥主"诚"。他说:"惟诚,其遮几乎?昔人言'居官清、慎、勤三字以慎字为主',亦此意。"① 他一生居官以诚慎闻名。因周馥处事慎重,又勤奋好学,李鸿章即断定周馥值得信赖,因此当他遇到洋务外交及繁杂事情时即让周馥协助办理。

其二,周馥与李鸿章是同乡关系。在中国的政治习俗中,历来有"以乡谊结朋党"的风气,即以同乡关系编织结党营私的利益网络,并以此为基础来进行各种政治活动。同乡关系是除了亲属、裙带关系以外最亲近的关系。同乡之间有一种"亲不亲,故乡人"的友情,即所谓"乡谊"。例如,曾国藩创建的湘军即靠乡谊维持,采取"任人唯乡"的办法成就其中兴大业。李鸿章跟他老师一样也特别看重乡谊,对家乡人有特殊的好感。据统计,1862—1869年入李鸿章幕府者共186人,如果按籍贯可考者计算,安徽籍所占比例高达48%。② 李鸿章自称"吾庐英俊,多从游者"③,应为言之有据。胡思敬在《国闻备乘》中曾批评李鸿章滥用乡人,"待皖人,乡谊最厚。晚年坐镇北洋,凡乡人有求无不应之。久之,闻风麇集,局所军营,安置殆遍,外省人几无容足之所。自谓率乡井子弟为国家捐躯杀贼保疆土,今幸遇太平,当令积钱财、长子孙,一切小过悉宽纵勿问"④。这从侧面反映了李鸿章对同乡的宽容和厚待,是李鸿章乡党观念、地缘意识的表现。因此,李鸿章对同乡周馥颇为信赖和器重,凡筹建洋务、外交、治理水患等种种事务,周馥都参与其中。一方面他深知周馥办事干练,另一方面也想扶植周馥这个亲信。所以,一有机会他即保举、提拔周馥。

李鸿章所荐举的许多重要官员都是安徽人。戴季陶曾指出:"中国

---

① 《周悫慎公全集·负暄闲话》,1922年秋浦周氏校刊本,第121页。
② 牛秋实等:《李鸿章幕府》,中国广播电视出版社2005年版,第43页。
③ 《李鸿章全集》第5册,时代文艺出版社1998年版,第3110页。
④ 胡思敬:《国闻备乘》卷1,上海书店出版社1997年版,第8页。

之国民，其爱省之心实较爱国为尤切。……试以政治上之分野观察之，某省而忽出一显吏，则其相援引者，必半以上为同省之人。太平天国战后，曾氏执政，湘人掌权，于是国内湘人同时而为督抚者十五人，其他之幕僚属员无论矣。……合肥李氏执政全枢，而皖之人附骥登龙者复甚盛焉。……此亦省界之现象也。"① 李鸿章通过优用乡人和旧部，让更多同乡进入清政府权力机构，重要原因是以便结成一个庞大的政治集团和关系网，与自己在政治上形成呼应。

其三，周馥是李鸿章的骨干幕僚。幕僚要忠于幕主，但是幕主也要能够为幕僚的不断升官发财提供条件。否则，幕僚的忠诚就会打折扣。关于这一点，曾国藩的幕友赵烈文说得很明白："苟非贤杰以天下为己任，流俗之情，大抵求利耳。使诚无求，将销声匿迹于南山之南，北山之北，又肯来为吾用邪！"② 因此，李鸿章很注意维护周馥等幕僚利益，并不断保举其官职。1886 年，周馥担任津海关道时，因短少洋药厘金受到户部弹劾，奏参将周馥"严议革职"。李鸿章对此非常气愤，认为是户部有意对他掣肘拆台，即以津海关征收洋药税厘"箱数并不短少""查明并无弊混"等情，奏请撤销参案。同时李鸿章又致信工部尚书张之万、吏部尚书徐桐说，"该关道任内所收钞关税、子口税、册报皆有溢余；其于洋务、商务，均能相度机宜，随同悉心筹划，有裨时局"，并强调"北洋交涉事件本极繁重，又须兼顾他省洋务、商务。弟精力渐衰，非有关道得力熟手难免丛脞。若户部乃固执前议，仍令罢斥，则既非其罪，又失臂助，惟有再行分晰顶复，必蒙更正而后已"。故他乞望张、徐等人"主持公道，可否于部议复上时，如有参差，酌乞恩施，免烦案牍"③。正是由于李鸿章的力保与疏通，户部对于周馥的参奏被撤销。李鸿章不仅出面为周馥辩护，而且让他带其亲笔信和礼品拜会户部尚书翁同龢以求私了，翁同龢对李鸿章这种同乡结帮、官官

---

① 唐文权、桑兵编：《戴季陶集》，华中师范大学出版社 1990 年版，第 772 页。
② 太平天国历史博物馆编：《太平天国史料丛编简辑》第 3 册，中华书局 1962 年版，第 198 页。
③ 马昌华主编：《淮系人物列传：文职·北洋海军·洋员》，黄山书社 1995 年版，第 6 页。

相护的做法十分讨厌，曾气愤地说："甚矣，皖人之护局也。"① 李鸿章对周馥等幕僚利益的看重和维护，一方面是使之经办各种日常事务；另一方面是使之向外发展，并进而成为淮系的得力支柱。

周馥在李鸿章幕府勤勤恳恳，忠心耿耿而无怨言；即使在外任职时，严格意义上说，已经脱离了李鸿章幕府，但他仍然与李鸿章保持着非常密切的关系。究其原因，一方面是其报答李鸿章的知遇之恩，实践"士为知己者死""忠臣不事二主"的信念；另一方面地缘意识、乡谊观念应该占了很大比重，他同样希望能够凭借李鸿章的权势、地位，在仕途上谋求更大的发展。因此当周馥等幕僚独自为官时，对李鸿章所指派的任务或请求的帮助也都竭尽所能地去完成。

（原载《山东师范大学学报》2011 年第 4 期）

---

① 陈义杰整理：《翁同龢日记》第 4 册，中华书局 1992 年版，第 2043 页。

陈炽交游述论

陈炽（1855—1900），号次亮，江西瑞金人，中国近代著名维新思想家，官至户部员外郎、户部郎中、军机章京等，有《褒春林屋诗》《庸书》《续富国策》等书传世。陈炽平生喜欢交际，与当时许多人士皆有交往。但是迄今尚无专文探讨陈炽的交游情况，故对其交游群体进行考察和剖析，既有助于了解陈炽的思想性格，亦可更深入地研究这个时期的历史面貌。

一

陈炽交游的第一类人物是他返家省亲时期的诗友。地缘关系将江西籍的士子联系在一起，陈炽早年交往的主要圈子便是江西同乡。当时与陈炽过往甚密者有陶福祖、欧阳元斋、勒深之等人，他们情趣相投，很快结为挚友。陶福祖（1848—1912），字刚伯，号浦孙，江西新建人。光绪九年进士，官户部主事，先后主白鹿洞、鹅湖、友教、洪都诸书院讲习，著有《酒禅诗隐吟草》。陈炽与其初识在1874年。当时陈炽以拔贡进京参加朝考后，分在户部山东清吏司。陶福祖时任户部主事，两人结识后"数为文酒之会，甚欢洽"[1]。1881年陈炽与勒深之、陶福祖、欧阳元斋在一起切磋诗艺，后汇成诗集《四子诗录》，陶福祖曾为该书作序。

陈炽的诗友中提到的欧阳元斋，名熙，字元斋，江西丰城人，曾任

---

[1] 赵树贵、曾丽雅编：《陈炽集》，中华书局1997年版，第387页。

瑞金县训导、军机章京，"读书无师承，自学求进，长于说文校勘。为文善骈体散文，于诗尤有功"，著有《荣雅堂诗》。① 1875 年陈炽省亲时与他结识。两人一见如故，经常在一起切磋诗词。陈炽的诗集中有《酬欧阳元斋》一首："长剑不得意，萧然归旧林。故人惠思我，见枉瑶华音。岁莫此为别，前期行可寻。西山夜雪满，独立知君心。"不过，在陈炽的诗友中，以诗负有盛名，且能在诗中反映现实社会，表现积极思想的，当属勒深之。

勒深之（1857—1898），号元侠，江西新建人，光绪十一年拔贡，曾任某部京官。年少多才，工诗和书画，有《梦余草》《蕉鹿吟》等诗集传世。王伯恭评价他"惊才绝艳，同辈推伏"，诗"风格雅近黄仲则、龚定庵"②；徐世昌认为他"少有异才，出语类龚定庵"③。陈炽在 1881 年赴南昌时与其相识，遂成为莫逆之交。勒深之诗作多反映忧国忧民的思想感情，如《至福州》云："巨镇东南气象开，嵯峨城堞倚星台。无情岁月闽王老，残喘河山胜国哀。地接夷蛮资控制，天生沧海走喧豗。我行自慰趋庭愿，不为兴亡浪费猜。"④ 陈炽的《裛春林屋诗》中《偶作呈元侠》《九日瓜步夜宿忆元侠》即送给勒深之的诗。1886 年，勒深之到京城参加朝考，陈炽遂尽地主之谊，约王伯恭、刘镐仲与勒深之等友"征歌选胜，游宴极谐"⑤。

同时，陈炽的诗集中尚有《留别胡铁庚》《留别郝七延龄》《别金公稚》《答李啸峰》《赠吴子静》《喜周大简可魏二菘园至》《送钟莘生北上》《闻竹香丈南旋却寄》《寄林若木》等，可以看出陈炽在家乡时与这些人也有交往。此时，他们之间主要是诗词唱和，对国事谈论较少。

二

第二类人物是与陈炽同时中举的光绪壬午科同年，主要是文廷式、

---

① 陈荣华等主编：《江西历代人物辞典》，江西人民出版社 1990 年版，第 237 页。
② 王伯恭：《蜷庐随笔》，文海出版社 1985 年影印本，第 112 页。
③ 徐世昌编：《晚晴簃诗汇》（四），中国书店 1988 年版，第 388 页。
④ 徐世昌编：《晚晴簃诗汇》（四），中国书店 1988 年版，第 388 页。
⑤ 王伯恭：《蜷庐随笔》，文海出版社 1985 年影印本，第 87 页。

陈三立、郑孝胥等人。陈炽与陈三立同在1882年江西乡试中举。同年，郑孝胥在福建乡试中举。江西萍乡人文廷式则应顺天乡试中举。1885年春，陈炽与文廷式结识。时文廷式因事从粤经沪来京，曾与陈炽、盛昱、沈曾植等"都中胜流"交游。① 第二年，陈炽、郑孝胥、文廷式等人在义胜居聚会。1890年，陈炽与文廷式、毛实君、刘镐仲诸友又在京聚会。甲午战争失败后，文廷式与陈炽、康有为等时常在陶然亭聚会，谈论朝政，倡议变法。强学会成立后，陈炽任会长、总董；文廷式为副会长、副董，两人合作共事。后文廷式与陈炽同被御史弹劾，文廷式被革职回乡，陈炽未受追究。文廷式返家后仍惦记着陈炽。1897年他在给采兄的信中说："弟出京后，身心泰然。……陈次亮请假出京，闻于枢署有未洽，未知信否。"② 文廷式与陈炽不仅在行动上联系较为密切，思想上也有相似之处。文廷式的《条陈养民事宜折》与陈炽《续富国策·农书》中内容和观点基本一致，甚至有的词句也相同。文廷式提出"今为中国计，惟君民共主"，"君民共主之政，可以长治久安"的思想，与陈炽所赞赏的"君民共主"的主张亦一致。

与文廷式相比，陈三立与陈炽的关系似乎更密切一些。陈三立（1853—1937），字伯严，江西义宁人，湖南巡抚陈宝箴之子。有《散原精舍诗》《散原精舍文集》问世。两人最早结识是在文廷式举办的义胜居聚会上。根据郑孝胥日记记载，"午后，往季直寓，芸阁亦在。偕听三庆戏，未毕，芸阁固邀至义胜居饮，同席十一人：二陈伯严、次亮，二张昆仲、华、乔、毛、方、文、季直及余也"③，推知两人相识当在此年。1892年，因父亲病逝，陈炽请假回籍为父营葬，曾致书陈三立，请其撰墓志铭。后陈三立在《散原精舍文集》中曾提及"炽书来督铭"之事。1894年3月，两人同游庐阜之地，并相约卜筑偕隐事。维新运动时期，陈三立在湖南帮助其父推行新政，曾有意请陈炽来湘共举大事。戊戌政变后，陈炽虽未被追究，但也受到很大打击，"郁郁不得

---

① 汪叔子编：《文廷式集》（下），中华书局1993年版，第1487页。
② 汪叔子编：《文廷式集》（下），中华书局1993年版，第1221—1222页。
③ 中国国家博物馆编：《郑孝胥日记》（一），中华书局1993年版，第85页。

志",于1900年在京都赣宁新馆病逝。陈三立闻此噩耗后,挽诗一首,以示哀悼。诗的全文为:"亘古伤心剩不归,谁怜此士死长饥。罪言杜牧佯狂废,遗行东方世俗非。下榻琴尊来旧梦,买山徒侣泣先几。料难瞑目烽烟外,定有羁魂逐六飞。"① 可见其对陈炽了解之深,两人关系之厚。

陈炽与郑孝胥则是外省同年。郑孝胥(1860—1938),福建闽县人。1885年入天津李鸿章幕,筹办洋务。1889年考取内阁中书,始供职于京城。陈炽与其交往可见郑氏日记:一是义胜居聚会;二是1890年郑与文廷式拜访陈炽;三是在方略馆"晤陈次亮同年,谈数语"②。郑孝胥自1891年起充任驻日使馆书记,甲午战争后回国,入张之洞幕府。因对清政府的丧权辱国表示不满,维新运动兴起后,他赞成中国改革政治,实行变法图强。1895年,在张之洞授意下,他和帝党频繁联系,以了解京都政界动态。因陈炽为帝党中坚,故他赴京后与其颇多往还。这三位同年与陈炽一样具有变法思想,故在维新运动期间,他们与其他维新志士一样成为陈炽交好的对象。

三

第三类人为维新运动时期的朋僚。甲午战争之后,形势危急,变法维新成为时代共识。陈炽与康有为、梁启超、汪康年等人皆力主变法维新,虽然他们的经历和具体见解并不相同,但共同的使命感将他们联系在一起。

维新运动期间,陈炽与康有为"关系密切,过从频繁"③,"私交极密"④。1895年,康有为因上书皇帝不达,决心离京返粤,陈炽与沈曾植曾极力挽留。此后,陈炽与康有为经常探讨时务,"泛论当时人物"⑤。为挽救时局,康有为指出:"开风气,开知识,非合大群不可,且必合大

---

① 陈三立:《散原精舍诗》卷上,商务印书馆1926年版,第2—3页。
② 中国国家博物馆编:《郑孝胥日记》(一),中华书局1993年版,第85、172—173、194页。
③ 孔祥吉:《康有为变法奏议研究》,辽宁教育出版社1988年版,第101页。
④ 王栻:《维新运动》,上海人民出版社1986年版,第269页。
⑤ 王伯恭:《蜷庐随笔》,文海出版社1985年影印本,第147页。

群而后力厚也。合群非开会不可，在外省开会，则一地方官足以制之，非合士夫开之于京师不可。"① 陈炽亦认为"京师者，天下之首善也。移风易俗，必自根本起"②。因此，康有为在"公车上书"后，即在京城"日以开会之义号之于同志"。陈炽及时给予了指导，告诉康有为"办事有先后，当以报先通其耳目，而后可举会"。康氏听从陈炽之言，并在陈炽等人的资助下，在京创办《万国公报》（后改为《中外纪闻》），遍送士夫贵人。随后，陈炽与康有为等人又频集通才，游宴鼓动，"告以开会之故"。当拟设强学会影响渐大，谣传将有劾康之举，陈炽"乃以告康氏，促其即行"，并与同会诸人给康有为饯行，又赠其盘费。清廷筹议京师大学堂时，管学大臣孙家鼐欲请康有为任总教习，康有为面辞之，陈炽曾出面劝其就任。

康有为与陈炽的结交，除去陈炽是翁同龢的亲信僚属，康有为希望变法得到翁同龢的支持因素外，两人的变法方案无根本歧异也是一个原因。王栻认为在强学会中，陈炽属于康有为派系，其重要性仅次于康有为，并说会中只有康、梁、陈三人真正属于维新派；在思想上，陈炽与康有为"更为接近"。王氏并将陈炽作为翁氏对康有为态度的比较对象，指出："翁同龢对于另一个维新派人物陈炽的态度，也可以帮助了解翁同龢对康有为的态度。陈炽的思想作风与康有为略同，与康有为的来往也最密。在翁同龢的眼里，陈炽是一个仅次于康有为的人才。……如果了解翁同龢对陈炽的'爱'与'恨'、'信赖'与'畏惧'的矛盾心理，便也了解翁同龢对康有为的态度。"③ 可见，陈炽与康有为在思想上确有一致之处。

王氏之说并非毫无依据。陈炽对康有为的影响非止一端，康有为创办《万国公报》即听从陈炽建议。1896年李端棻上奏要求设立京师大学堂，朝野上下议论纷纷。康有为认为，当时首办的是小学而不是大学，

---

① 康有为：《康南海自订年谱》，载汤志钧等编《中国近代教育史资料汇编·戊戌时期教育》，上海教育出版社2007年版，第137页。
② 赵树贵、曾丽雅编：《陈炽集》，中华书局1997年版，第385页。
③ 王栻：《维新运动》，上海人民出版社1986年版，第59、129、279—280页。

即是受陈炽的影响。"李苾园侍郎请立大学于国,户部郎中瑞金陈炽次亮告康有为曰,小学无基,无以为大学之才也,何不编小学之书也……乃为编幼学一书"①。康有为的变法奏折与陈炽有关农、工、商、矿的建议也"非常类似"②,故不排除受陈炽的影响,特别是他的《条陈商务折》与陈炽的《续富国策》更是如出一辙。

康有为之高足梁启超与陈炽也有密切联系。1895 年,梁启超与康有为入京参加会试。感于时愤,他联合各省举人上书条陈时局,同时筹划建立强学会。他与陈炽即结识于此时。梁启超在给夏穗卿的信中说:"弟在此新交陈君次亮炽,此君由西学入,气魄绝伦,能任事,甚聪明,与之言,无不悬解,洵异才也。"③ 梁启超能对陈炽评价如此之高,可见陈炽给他的印象之深。强学会成立时,梁启超曾主持会刊的编务工作,与陈炽接触较多。此后,两人经常书信往来。1896 年 10 月下旬,梁启超托当时正在上海的汪大燮代为转寄给陈炽的书函。同年 11 月,梁启超因事待留广东,陈炽颇为挂念,他在给汪康年信中尚有提及。同年 12 月,梁启超在澳门舟中致汪康年信中说:"次亮尚在沪否?请为我慰之,并道我淹留之由。金陵密迩,相见殊易,独惜吾辈在京师断一右臂耳。"④ 同年年底,梁启超计划联合同志捐金,分馈台官,请连上折以变科举,即托陈炽明春入京时办理此事。1897 年,陈炽与李盛铎劝说梁启超在《时务报》之外,再开日报。梁启超的"我辈在京师断一右臂"之语,说明了他们之间的关系以及陈炽在维新运动中的重要性。梁启超对科举制度的批判和专制制度腐朽的揭露,以及提出的开风气、育人才和学校改革等设想,都与陈炽基本相同。

陈炽所交往的维新之士也有未参加变法实践的,郑观应即一例。郑观应(1842—1922),广东香山人,所著《盛世危言》海内传诵。1892 年郑观应在《盛世危言·自序》中提及,"所论洋务五十五篇,请家玉轩京

---

① [日]狭间直树编:《梁启超·明治日本·西方——日本京都大学人文科学研究所共同研究报告》,社会科学文献出版社 2001 年版,第 30 页。
② 萧公权:《翁同龢与戊戌维新》,杨肃献译,联经出版事业公司 1983 年版,第 75 页。
③ 中国史学会主编:《戊戌变法》(二),上海人民出版社 1957 年版,第 539 页。
④ 上海图书馆编:《汪康年师友书札》(二),上海人民出版社 1986 年版,第 1848 页。

卿、陈次亮部郎、吴瀚涛大令、杨然青茂才,先后参定,付诸于民,定名曰《盛世危言》"。据此推知郑观应与陈炽的最初交往当为此年。第二年,陈炽曾为《盛世危言》(五卷本)作序,陈炽的《庸书》也是在此书影响下完成的。这一点陈炽自己说过,郑观应"所著《盛世危言》,淹雅翔实,先得我心。世有此书,而余亦可以无作矣"。不过陈炽并没有"无作",而是发愤著成《庸书》百篇,其中可见郑氏思想的痕迹。

由于陈炽与郑观应皆是留心时务之人,所以对甲午战争的突发,两人都非常关注。1895年2月7日,陈炽从上海发电给翁同龢,谈论时事。郑观应也是忧心忡忡,"蒿目呼天,伤心斫地","痛哭流涕长太息"①。维新运动兴起后,爱国志士成立了强学会。对于强学会之设,陈炽积极筹划并担任会长。郑观应则未列名,不过也表示过关心。他曾在给陈炽与文廷式的信中表达了自己对康有为在沪所设强学会排斥商人的不满:"沪上强学会,南省士大夫多列名捐款相助。惜办事者未允选举沪上殷商为董事,所举者多政界中人,故《强学报》未能畅销也。昨江督闻京都书局被封,即嘱强学会停办矣。京都书局因何被封尚未详悉,然弟不禁窃有感矣。"② 强学会被禁后,陈炽留官书局任事,仍对郑观应寄予厚望,或委托他动员传教士李提摩太、林乐知帮助官书局译书,或希望他联络王韬、吴瀚涛"将外洋有用之书次第译刊",同时送其《地球各国新政考》等书。郑观应也对陈炽信任有加,对陈炽的指点及对时局的认识,"佩服无任";同时把自己与人合译"不愿轻以示人"的有关泰西刑律、学校、官制、兵制、国用等方面之书,"拟择其要者汇寄"陈炽"斧正",并告知"《盛世危言》现将续集附入……约中秋节后可成,容当多寄以副雅望"③。同时,郑观应也经常托付陈炽帮助办理私人事宜。1896年他从汉阳给盛宣怀的电报中称:"弟托陈次亮送公增订《危言》十部,俾转赠人。"④ 他还托陈炽寄呈孙家鼐书信

---

① 夏东元编:《郑观应集》(下),上海人民出版社1988年版,第483—484页。
② 夏东元编:《郑观应集》(下),上海人民出版社1988年版,第369页。
③ 夏东元编:《郑观应集》(下),上海人民出版社1988年版,第368页。
④ 陈旭麓等主编:《汉冶萍公司》(一),上海人民出版社1984年版,第219页。

以及《时事急务条陈》、日本《大学一览》《教育法规类钞》《文部年报》《学校规则》等书。郑观应曾多次写信给陈炽谈论自己对时局的看法，共同探讨中国的改革和自强之路。正是由于对社会现状具有共同的认识，使两人之间的交往直至陈炽病逝前也未曾间断。

四

第四类人物是陈炽的上级与洋务大吏，如翁同龢、张之洞、刘坤一等，其中陈炽与翁同龢长期保持密切联系。翁同龢（1830—1904），江苏常熟人，曾为"两朝帝师，十载枢臣"。甲午战争后，他倾向于变法，不仅多次向光绪帝条陈变法主张，又与维新派人士交往。由于其身份尊贵，又善于招贤纳士，所以许多中下层京官都成为其门客。陈炽恰好在户部任职，又兼军机章京，在总署值班，而"当时翁同龢正以户部尚书兼军机大臣，为这两个衙门的主管官"，所以"他们两人的关系很密切"[①]。据现有资料推知，陈炽与翁氏发生联系最早是在1887年，此时翁同龢刚刚调补户部尚书，而陈炽为户部主事，为翁下属。当年黄河从郑州决口，改道入淮，祸及三省，朝野震惊。黄河决口的第二天，西太后谕旨翁同龢筹措堵塞决口经费。陈炽也是忧心忡忡，遂于九月初向翁同龢送议河说帖一件，管陈己见，得到翁氏赞赏。这是陈炽与翁氏第一次正式交往。此后，两人关系更加密切。

在维新运动期间，陈炽不时给翁同龢去信，谈论对时局的看法。翁同龢也非常信任陈炽，翁同龢与康有为畅谈变法时，即由陈炽草拟了十二道新政意旨。当康有为责备"翁氏未有所应"时，翁同龢即派陈炽转告康有为"苟不能为张柬之之事，新政必无从办矣"[②]。说这些话在当时是冒风险的，而翁同龢却不避陈炽，让其转告康有为，说明他对陈炽的足够信任。

陈炽与翁同龢的交谊如此密切，除因共有变法思想和工作上的接触

[①] 王栻：《维新运动》，上海人民出版社1986年版，第59页。
[②] 汤志钧等编：《中国近代教育史资料汇编·戊戌时期教育》，上海教育出版社2007年版，第136页。

外，还与当时清政府高层统治集团的内部矛盾有关。为同对立势力相抗衡，翁同龢有意网罗人士，着力培植亲信，聚集力量。汪荣祖指出："翁氏虽有忠君之心，然不无一己权益之念，其政治目的实在以其个人为主导的变法运动。职是之故，李鸿章、张之洞虽与翁俱属温和的改革派，而翁不惜事事阻挠，盖因李、张的声名与权力非翁所能驾驭。是故乃大力引进新锐：如张謇、汤震、陈炽等，以为己援，康有为亦因此而进。"① 因此考察陈炽在维新运动中的活动，翁同龢的态度也是影响陈炽思想和行动的因素。

翁同龢能够参加维新运动，王栻认为这是受了陈炽的督促和怂恿。萧公权认为翁氏的观点接近冯桂芬、陈炽、汤震、张之洞等人，"1889年翁把冯的《校邠庐抗议》呈献给光绪，大约五年以后，陈的《庸书》、汤的《危言》这些内容丰富并特别强调变法的书籍，也都由他介绍给光绪。假若翁不同意这些书里所陈述的主要观念，他必不会用这些书来灌输皇帝有关变法的理论与实际"②。当然，翁同龢的立场对陈炽的改革主张有一定的影响。陈炽得到翁同龢的非常信任，他也将改革的希望寄托在翁同龢身上，相信翁氏能一言九鼎，把他们呼吁的变法事业进行下去。所以他与康有为等维新派跟翁同龢走得很近。由于有翁氏为靠山，陈炽在维新运动中极为活跃，上条陈、发议论，但其思想多注重经济、外交方面，很少谈论政治改革，这固然与陈炽等知识分子谨小慎微有关，但他们的支持者翁同龢的态度恐怕也是一个不可忽视的因素。

翁同龢是陈炽交好的朝中高官，刘坤一则是其结识的封疆大吏。刘坤一（1830—1902），字岘庄，湖南新宁人。曾任江西巡抚、两江总督兼南洋大臣，具有洋务思想，是一位开明的封疆大臣。维新运动期间，他支持建立强学会并捐助活动经费。陈炽与其交往，可能由于刘坤一曾任江西巡抚以及两江总督期间，管辖之地即有江西一省，陈炽对管理自己家乡的地方官抱有亲近之感，因此他不时写信给刘坤一，联络感情。

---

① 汪荣祖：《翁同龢与戊戌维新》弁言，载萧公权《翁同龢与戊戌维新》，杨肃献译，联经出版事业公司1983年版。

② 萧公权：《翁同龢与戊戌维新》，杨肃献译，联经出版事业公司1983年版，第72—73页。

陈炽自己承认"素受岘庄之知",并在给陈宝箴的信中谈到"岘庄师谢折,此时尚未到京,同人多为盼望",因"莘垞丁忧,子密年伯升官,均已出缺",故他认为自己"一切当为料理"①。从 1891 年起他接连给刘坤一写过七封信,就有关教案、海防、军事、铁路等问题畅谈自己的看法。刘坤一亦非常欣赏陈炽,一一回信。这些信反映了陈炽对社会问题的关心,并希望将自己的看法反馈给刘坤一以期被采纳。

除刘坤一外,张之洞也是陈炽交好的洋务大臣。张之洞在 1889 年上《筹设炼铁厂折》,并创办了汉阳炼铁厂。陈炽读过该奏折后,思想上产生了共鸣,遂予以高度评价:"读香帅铁厂奏稿,精思伟论,真经世大文。"② 甲午战争后,陈炽将张之洞与翁同龢看作中国实行新政的希望,除与翁氏频繁来往探讨时局外,1897 年春还发给张之洞《论借款电》,谓:"俄人将取中,旨创银行,揽华路,禁各国借款,俄谋密而急,根本可借,他何惜焉?并闻专走内间,与杏翁作对,蹶此兴彼,惟及该王爵未来,将各路分认,勿露洋款,则我有辞,彼无辞,安危大局,亟望主持。"③ 张之洞答复道:"三电均悉。苏宁路似宜向江南两帅商,弟未便置喙。杏孙出示阁下致渠书,言有洋股,窃思此事似不宜有洋股。如有此等事,将来恐受累。局外妄刍荛,散以备采。"④ 可见,张之洞对陈炽的建议还是相当重视的。

通过对陈炽交游群体的考察,我们看到时代发展到非维新不可时,不论是身居高位的总督大臣,还是官职卑微的京官,以及在朝在野的思想家,均不约而同地举起了维新的大旗,他们聚集在一起,探讨着中国的前途。可以说,陈炽的变法思想,并不是独有的,而是时代潮流的反映。

(原载《鲁东大学学报》2008 年第 3 期)

---

① 赵树贵、曾丽雅编:《陈炽集》,中华书局 1997 年版,第 354 页。
② 赵树贵、曾丽雅编:《陈炽集》,中华书局 1997 年版,第 353 页。
③ 赵树贵、曾丽雅编:《陈炽集》,中华书局 1997 年版,第 400 页。
④ 苑书义等主编:《张之洞全集》第 9 册,河北人民出版社 1998 年版,第 7289 页。